"十三五"全国高等院校人力资源管理系列规划教材

COMPENSATION MANAGEMENT

薪酬管理

葛玉辉◎主编　蔡弘毅　张玉玲　赵晓青◎副主编

電子工業出版社
Publishing House of Electronics Industry
北京 • BEIJING

图书在版编目（CIP）数据

薪酬管理 / 葛玉辉主编. —北京：电子工业出版社，2021.6

ISBN 978-7-121-40572-3

Ⅰ. ①薪… Ⅱ. ①葛… Ⅲ. ①工资管理－高等学校－教材 Ⅳ. ①F244

中国版本图书馆 CIP 数据核字（2021）第 026800 号

责任编辑：刘淑丽　　特约编辑：田学清
印　　刷：天津千鹤文化传播有限公司
装　　订：天津千鹤文化传播有限公司
出版发行：电子工业出版社
　　　　　北京市海淀区万寿路 173 信箱　　邮编：100036
开　　本：787×1092　1/16　印张：16.25　字数：394.4 千字
版　　次：2021 年 6 月第 1 版
印　　次：2021 年 6 月第 1 次印刷
定　　价：58.00 元

“十三五”全国高等院校人力资源管理系列规划教材丛书编委会

丛书序言

互联网时代，“创新”已经成为社会发展的关键词，上至国家人才战略，下至组织发展规划，人们对“创新”有太多的解读与理解。VR 和 5G 技术的运用将引发新一轮的科技发展，组织的人力资源管理必将迎来新时代。面对新时代，人力资源管理必将再次升级。正在发生和即将发生的，包括 AI/VR 技术的引入，将给招聘、面试、培训等工作带来全新的体验。各类 App 将取代大多数绩效管理工具；大数据将改变组织人力资源战略决策模式；人们的需求和行为也在不断地改变。新时代背景下，人力资源管理工作面临着前所未有的机遇与挑战。这就需要我们在人力资源管理方面做出新的改变以顺应时代发展。本套丛书将和你一起拥抱新时代，为人力资源管理的再升级打开一扇窗、推开一扇门。

一、丛书框架（本套丛书共 10 本）

- 《人力资源管理》
- 《劳动经济学》
- 《工作分析》
- 《绩效管理》
- 《薪酬管理》
- 《人才测评》
- 《员工培训与开发》
- 《职业生涯规划》
- 《招聘与录用》
- 《人力资源战略与规划》

二、丛书特色

近年来，管理学界掀起了国学之风，大多数经理人承受着极大的工作压力，时常接触古代圣贤、管理学大师的先进思想，也未尝不是一件好事。但在放下书本重新回到现实的管理生活中后，才发现“书走书的路，人走人的路”，所学的管理思想难以运用到日常的管理活动中去。

学术是实践的后台，丛书的作者一直想把自己在讲授“人力资源管理”课程中产生的许多心得体会、研究人力资源管理及相关领域时所得的思想和新观点，以及在做企业管理咨询和诊断等工作中所获得的成果融入书中，进而编写出一套体现理论的系统性与前沿性、理论与实践平衡、网络与教学互动的丛书来。呈现在读者面前的这套丛书就是在这样的背景下努力完成的结果。

（1）理论的系统性与前沿性。针对高等院校的教学要求，丛书在内容上力求涵盖人力资源管理的相关内容及主要活动，保持理论的系统性；同时，收集国内外人力资源管理的理论与技术的最新进展和作者多年来的研究成果，使丛书与其他同类书相比更能体现人力资源管理与时俱进的特点。

（2）理论与实践平衡。强化人力资源管理与实际工作的紧密结合，体现理论与实践并重的特色。

（3）网络与教学互动。丛书有一个作者与读者的互联网互动平台，将丛书的最新理论成果、策划案例分析、图形、表格、工作文本等相关资料上传至 http://www.boshizixun.cn，以形成有效的互动；同时，丛书会及时增加、更新相关资料，读者扫描丛书序言最后的二维码即可查看、领取，以实现丛书资源的共享。

三、丛书的作者（学术界+企业界）

本套丛书的作者既有来自高校管理学院的教授、博士，又有来自管理咨询公司的资深高级咨询师，更有来自企业的人力资源总监、高层管理者，这为丛书的理论与实践结合、学术与应用并重、操作与理念相互渗透提供了强有力的支撑。

本套丛书从调研、策划、构思、撰写到出版，前后历时两年半。丛书的出版，既是作者辛勤付出的成果体现，更是“产学研”团队合作的成果。衷心感谢团队成员付出的努力，以及电子工业出版社的编辑为丛书的出版给予的支持和帮助。

在本套丛书的编写过程中，我们参阅和借鉴了大量的相关书籍和论文，在此谨向相关的作者和专家表示最诚挚的谢意。限于作者的水平和经验，丛书难免存在不足之处，恳请读者予以批评指正。

丛书互动网站：http://www.boshizixun.cn

丛书主编邮箱：gyh118@126.com

扫码可查看、领取丛书共享资源

葛玉辉，管理学博士、教授、博士生导师

2019 年 9 月于上海

丛书主编

葛玉辉，男，华中科技大学首届MBA、管理学博士、工商管理系主任、教授、博士生导师。劳动经济学、旅游管理硕士点带头人，国内著名的管理咨询专家、中国管理学网名师、上海交通大学海外教育学院特聘教授、复旦大学特聘教授、同济大学特聘教授、慧泉（中国）国际教育集团高级教练、精品课程人力资源管理主讲教授、上海解放教育传媒·学网特聘教师，上海博示企业管理咨询公司首席顾问、技术总监。中国人力资源开发与管理委员会委员、上海人才学会理事、上海市系统工程学会会员、上海社会科学联合会会员、湖北省社会科学联合会会员、中国管理研究国际学会理事。

学术科研

出版《现代企业策划与创新》《现代人力资源管理与创新》《人力资本产权及其制度创新研究》《人力资源管理》《成功职场修炼》等30部专著；在《管理工程学报》《科学学与科学管理技术》等杂志上发表论文239余篇，2000—2018年主持了企业策划与人力资源开发及管理研究等科技项目40余项。其中国家级项目4项，省部级项目6项，横向课题31项；主持的4项科研成果分别获得国家优秀成果二等奖、湖北省重大科技成果奖、湖北省科技进步三等奖。

管理实践

葛玉辉教授自1997年开始专向为企业提供培训与咨询服务，专注于提升企业战略、人力资源竞争力和营销管理能力。他先后受渤海油田、江汉油田、吐哈油田、克拉玛依油田、荆州自来水公司、湖北水泥厂、甘肃丰源建安商贸有限公司、安徽石油销售公司、五凌柳州机械厂、东风汽车公司（上海）、泛亚汽车技术中心有限公司（上海）、东风悦达起亚汽车有限公司、华东石油销售公司、江苏油田、上海临空经济园区、上海海洋大学、上海完美教育集团、浙江诸暨组织部和人事局、杭州诺贝尔集团、安庆石油化工有限公司、温州市人事局、吴江经济技术开发区人事局、安徽皖投公司、铜陵有色金属集团控股有限公司、马鞍山钢铁集团、上海电力公司、浙江电力公司、河北电力公司、四川省农商行、上海影视集团、上海医药集团、上海临空经济园区、中国人民银行上海总部、上海期货交易所、上海银行、上海建行、上海工商银行、黑龙江省农商行、上海市委党校、上海宣传系统人才交流中心、诺霸精密机械（上海）有限公司、浦东干部学院、国家税务总局、苏州税务局、国家科技部、上海电气集团、上海印包集团、上海申通地铁集团公司、中国电力投资集团公司、华能电力集团公司、复旦大学、上海交通大学、中国人民大学等大型国有企业、合资企业、民营企业、高等院校的邀请，做关于企业人才管理创新、人力资源管理、营销生产力、员工执行力、战略规划、文化整合方面的专题讲座、培训和科研工作，为企业创造了一定的经济和社会效益，同时塑造了良好的社会形象。

前言

随着我国经济体制改革的进一步深化，市场竞争也日趋激烈，激烈的市场竞争归根结底是对人才的竞争。吸引人才、留住人才是企业的当务之急，而能否吸引人才、留住人才的关键在于企业能够建立一种什么样的薪酬体系。薪酬作为企业必须付出的人力成本，同时是吸引和留住人才的重要手段。一套科学合理的薪酬体系可以使企业吸引和留住人才，同时能适当控制成本。实际上，一些企业的薪酬体系能留住人才，充分调动员工的工作积极性，还有一些企业的薪酬体系却使员工抱怨不止、满意度很低，这说明企业必须遵循一定的原则和要求进行薪酬体系的设计。然而做好薪酬管理工作并非易事，为企业人力资源管理工作者出谋划策、编写一本实用的薪酬管理图书更不是一件容易的事情。如何让企业的人力资源管理工作者提高员工薪酬满意度的同时保持合理的企业人力成本？如何让正在进行薪酬管理研究的学者对薪酬管理实务有更新、更深入的认识？这正是我们在编写本书时一直思考的问题，因此本书始终在朝深入解决这些问题的方向努力，希望最终呈现在读者面前的图书能够给读者带来一些启发。

本书遵循“理论基础—设计操作—实施运用—模板工具”的思路，首先对需要研究的问题——“薪酬与薪酬管理”进行概述，其次介绍“薪酬管理理论”“薪酬管理制度”“薪酬管理体系设计”，最后详细分析了薪酬管理体系设计中的关键流程——“工作分析与岗位评价”“薪酬水平决策”“薪酬结构设计”“薪酬预算、控制及调整”，以及“员工福利与社会保障管理”。此外，本书还提供了一些在实际薪酬管理工作中能够直接应用的表单类范本、流程类范本和制度类范例。

本书从动态角度审视企业薪酬管理问题。本书的内容涵盖薪酬管理相关概念的概述、一般流程、误区、原则、影响因素及实操性工具，既对薪酬进行了概括性的描述，把握了薪酬管理的发展动态，又突出了薪酬管理流程中的重要环节。每章都设有“引导案例”，以帮助读者更直观地理解各章将要讲述的内容。同时，每章均设有“本章小结”“复习思考题”“案例分析”“本章实训”，以帮助读者提高薪酬管理操作技能，从而使本书具有较强的可操作性。

本书由葛玉辉、蔡弘毅、张玉玲、赵晓青共同编写完成。

在本书编写过程中，编者参考和引用了大量国内外有关资料和研究成果，特此向各位专家学者表示感谢。由于编者的水平及编写时间所限，书中难免存在疏漏之处，恳请广大读者批评指正。谢谢！

目录

第 1 章
薪酬与薪酬管理

学习目标

- 理解薪酬的概念。
- 掌握薪酬的基本构成。
- 掌握薪酬各部分构成的特点和作用。
- 理解薪酬管理和战略性薪酬管理的内涵。
- 了解基于不同企业战略的薪酬管理。
- 理解战略性薪酬体系设计的原则与流程。

关键术语

薪酬、薪酬管理、战略性薪酬管理

引导案例

20 世纪 90 年代中期，“蓝色巨人”IBM 公司发展艰难，从一家食品公司空降过来的首席执行官郭士纳对 IBM 公司进行了改革。他从薪酬体系入手，改变了公司原有的官僚化薪酬体系，将薪酬与市场接轨，将员工个人的薪酬更多地与绩效及客户等因素联系起来，同时将股权从高层管理人员扩展到一批优秀员工。公司大力推行全面薪酬体系，尤其在认可员工的贡献、保持员工工作与生活之间的平衡、企业文化建设及员工发展等方面进行了创新。第一，IBM 公司设立了各种各样的认可奖项，其中既包括由同事提名的奖项，也包括由管理层提名的奖项。这些奖项可以用来对员工长期服务等各种表现提供奖励和认可。

第二，IBM公司制订了专门的生活和工作计划，将公司原来的部分方案整合进来，明确了平衡员工的工作和生活的主旨目标。第三，IBM公司文化的变革很明显，同时很微妙，大家穿着清一色蓝色制服的现象不见了，公司把重点转移到通过高层管理团队来培养各层次员工的领导力方面。第四，IBM公司充分利用在线的方式进行知识管理，员工可以在线学习和进行职业生涯规划。第五，IBM公司采取各种措施来改善员工的工作条件，为员工充分提供各种工具和资源，以确保满足员工的需求。

IBM 公司做出的上述努力，使它在与微软等一些实力更加殷实的企业进行竞争的时候，仍然能够保持对优秀人才的强大吸引力。IBM公司的薪酬总监安德鲁·里其特博士说："我们发现，那些能吸引并留住人才的因素，并不一定能够激励员工。工作体验是薪酬中的一个驱动性因素，如果我们忽视了这一点，就会给我们带来损失。"

在整个人力资源管理体系中，健全的薪酬管理系统是吸引、激励、发展与留住员工的有力工具。薪酬管理系统向员工传达企业的价值导向，说明什么样的行为是企业所倡导的，什么样的行为是企业所不愿看到的。同时，它通过与企业发展战略的充分一致性，使企业所有员工的努力和行为都集中到提升企业竞争力的方向上。

资料来源：刘昕. 从薪酬福利到工作体验——以 IBM 等知名企业的薪酬管理为例[J]. 中国人力资源开发，2005，000（006）：62-65，73.

1.1 薪酬概述

1.1.1 薪酬的概念

今天我们使用的"薪酬"（Compensation）的概念源自西方的经济学和管理学。在英文中，对薪酬有许多不同的表述方式，国内的学术界在引入这些表述方式时，常常在不同的概念之间存在分歧。因此，要理解薪酬，就要在对这些概念进行梳理的基础上对它们进行比较分析。

薪酬是指员工因为雇用关系的存在而从雇主那里获得的各种形式的经济收入，以及有形服务和福利。这里的薪酬概念主要强调补偿或赔偿的物或款，侧重对员工劳动贡献的一种补偿，包括货币形式和实物形式。相比之下，Reward（报酬）侧重奖赏、报答和致谢，可以包括感情方面的、知识方面的及财务方面的多种报酬形式。另外两个与薪酬相关的概念是 Pay 与 Remuneration。Pay 译为工资或薪金，是指付钱给某人作为货物或服务的费用，倾向于一种不带任何感情色彩的纯粹交易，一方愿买，一方愿卖，而且只是以货币的形式出现。Remuneration 译为酬金、报酬，蕴含 Pay 与 Reward 的概念，可为接受者带来利益，它强调这样一种理念：薪酬除了是对劳动者劳动贡献的一种补偿，对劳动者来说还应该是有利可图的。

此外，我国还有一个关于薪酬的名词——待遇，它是指企业如何对待和关心员工，因此作为薪酬组成部分的福利十分重要。员工的待遇和企业效益之间的联系非常紧密。

对社会来说，薪酬是国民收入的重要组成部分，薪酬水平决定社会整体的消费水平。我国的许多社会经济问题都是由薪酬问题引起的。

对企业来说，薪酬首先意味着成本。薪酬是企业人工成本的主要组成部分且具有刚性特征，所以如何提高效率、用更低的人工成本使员工创造最大的价值是企业人力资源部精益管理永恒的课题。反过来，薪酬发挥的效用往往也是企业衡量薪酬体系设计得好坏的重要指标。其次，薪酬通过吸引人才帮助企业获得竞争优势从而达成战略目标；薪酬的长期工具（如股权激励）对稳定、保留人才起着积极作用；薪酬构成中软性、灵活的部分通过满足员工不同层次的需求达到激励员工的效果。最后，薪酬制度是企业价值观与企业文化的重要载体，它能够引导员工做出企业期望的行为。

对劳动者来说，薪酬是劳动所得，既是员工个人及其家庭的基本生活保障，也是员工个人价值的间接反映。一般来说，劳动者十分关注企业薪酬的内部公平性与外部竞争性两个维度，内部公平性与外部竞争性也是薪酬体系设计的两大原则。

社会、企业和劳动者对薪酬的定义形成了鲜明对比，每一种观点均与薪酬决策息息相关，对薪酬这个主题的相关性都起到了有益的作用。

综上所述，薪酬是员工因向所在的组织提供劳务而获得的各种形式的酬劳。狭义的薪酬是指货币和可以转化为货币的报酬。广义的薪酬除了包括狭义的薪酬，还包括获得的各种非货币形式的满足。

虽然薪酬的内涵与外延经历了一系列变化，但是薪酬的本质始终没有变——它代表企业与员工的交换关系，其自身是一种交易价格。因此，企业的薪酬制度本质上是对企业与员工交易规则的规定。这种交换关系的一方是劳动者，他们通过付出自己的劳动获得劳动报酬，“不劳动者不得食”就是对这一观点的鲜明写照；另一方是企业，它在要求员工为其创造价值后，理应支付给员工报酬。也就是说，雇主只想让员工为其工作却不支付报酬是不可能的。

1.1.2　薪酬的类型

依照薪酬的发放形式、作用机制、内容实体的属性，可以将薪酬分为以下几种类型。

1. 经济性薪酬和非经济性薪酬

依照是否以货币的形式支付，薪酬可分为经济性薪酬（Financial Compensation）和非经济性薪酬（Non-Financial Compensation）。其中，经济性薪酬又可分为直接经济性薪酬与间接经济性薪酬。直接经济性薪酬是指企业按照一定的标准以货币形式向员工支付的薪酬，包括基本工资、奖金、绩效工资、激励工资、津贴、加班费、佣金、利润分红等。间接经济性薪酬是指所有不直接以货币形式发放给员工，但通常可以给员工的生活带来便利，减少员工额外开支或者免除员工后顾之忧的东西。非经济性薪酬是指个人对工作本身或者对工作环境在心理上的满足感，是指无法用货币等手段来衡量，但会给员工带来心理愉悦效用的一些因素。与工作本身相关的因素是指工作兴趣、工作挑战性、工作责任感、工作成就、发展机会等，与工作环境相关的因素是指合理的政策、称职的管理、人际关系、社会地位、工作条件、工作时间等。

2. 外在薪酬和内在薪酬

依照作用机制，薪酬可分为外在薪酬（Extrinsic Compensation）和内在薪酬（Intrinsic Compensation）。外在薪酬是指企业对员工从事生产劳动和工作而支付的货币或非货币形式的薪酬，如工资、奖金、津贴、股票期权，以及各种形式的福利待遇。内在薪酬是指员工从企业生产劳动和工作过程本身中获得的利益，如富有挑战性、具有趣味性的工作，个人成长和发展的机会，参与决策管理，弹性的工作时间等。

3．物质薪酬和非物质薪酬

依照内容实体的属性，薪酬可分为物质薪酬（Material Compensation）和非物质薪酬（Immaterial Compensation）。物质薪酬又可分为激励性物质薪酬和保健性物质薪酬。激励性物质薪酬主要包括工资、奖金、股利等报酬形式；保健性物质薪酬主要包括津贴、福利、保险等报酬形式。非物质薪酬又称精神薪酬，可分为发展因素和生活因素两个方面。其中，发展因素包括发展机会、培训学习、学习环境、公司荣誉等，生活因素包括工作条件、俱乐部、工作氛围、假期等。

1.1.3 薪酬的主要内容与功能

1．薪酬的主要内容

通常我们所说的薪酬为广义薪酬。广义薪酬包括经济性薪酬和非经济性薪酬。一般地，薪酬的构成如图 1-1 所示。

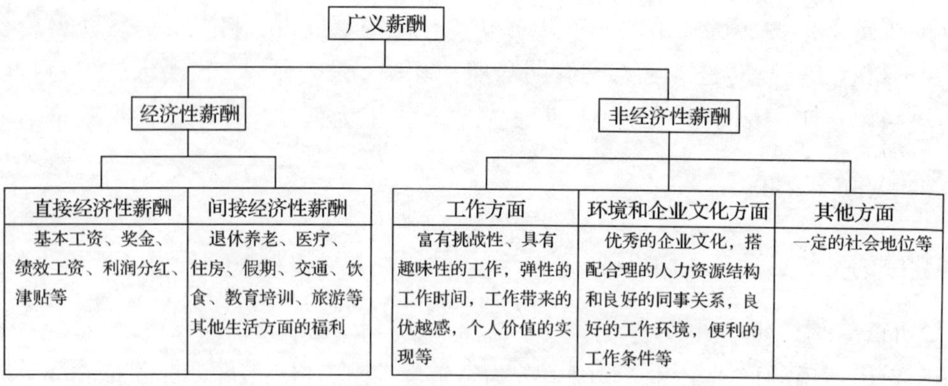

图 1-1　薪酬的构成

2．薪酬的功能

薪酬的功能可以从员工、企业和社会三个角度来分析。

1）对员工的功能

（1）补偿功能。员工在劳动过程中体力与脑力的消耗应该得到补偿，只有保证劳动力的再生产，劳动才能得以继续，社会才能不断进步。同时，员工为了提高自身素质，要进行教育投资，这笔费用也应该得到补偿，否则就没有人愿意对教育进行投资，劳动力素质就难以不断提高，进而会影响社会发展。在市场经济体制下，对以上两个方面的补偿不可能完全由社会承担，有相当一部分要由个人承担。对员工来说，通过薪酬的取得，以薪酬换取物质、文化生活资料，就可以保证劳动力消耗与劳动力生产费用支出的补偿。

（2）激励功能。为了提高生活水平，员工就要通过多劳动来获取更多的薪酬。但是，薪酬的多少不仅取决于提供的劳动量，还取决于劳动的质量。在提供的劳动量相同的情况下，劳动的质量越高，员工获得的薪酬越高；反之，员工获得的薪酬越低。因此，员工还应不断地、全面地提高自身素质，以求能够提供数量更多、质量更高的劳动，从而获得更高的薪酬。通过薪酬的激励功能，企业可以从物质利益上激励员工重视自身素质的提高和劳动成果的增加，最终促使社会经济不断发展提高，人们生活不断改善。

（3）价值实现功能。薪酬是员工工作业绩的“显示器”，合理的薪酬是对员工工作能力和付出的认可。薪酬水平的高低也往往代表着员工在企业内部的地位与层次，是对员工的个人价值和成功进行识别的一种信号。此外，合理的薪酬还能增强员工对企业的信任感和归属感。

2）对企业的功能

（1）调节功能。薪酬的调节功能主要表现在引导劳动者合理流动方面。在劳动力市场中，劳动力供求的短期决定因素是薪酬。薪酬高，劳动力供给数量就多；薪酬低，劳动力供给数量就少。因此，科学合理地运用薪酬这个经济参数，可以引导劳动者合理流动，使其从不急需劳动力的产业流向急需劳动力的产业，从发挥的作用小的产业流向发挥的作用大的产业，实现劳动力的合理配置。薪酬的调节功能还表现在通过对薪酬关系、薪酬水平的调整来引导劳动者努力学习和钻研企业等经济组织急需的业务知识，从人才过剩的职业向人才紧缺的职业流动，既满足了各行各业的需要，又平衡了人力资源结构。最后，薪酬的确定还能协调国家、集体、个人三者的利益关系。

（2）效益功能。从企业等经济组织的角度来说，薪酬是劳动的价格，是所投入的可变成本。因此，不能将企业的薪酬投入仅看成货币投入。它是资本金投入的特定形式，是投入活劳动（通过劳动力）这一生产要素的货币表现。因此，薪酬投入也就是劳动投入，而劳动是经济效益的源泉。从劳动者的角度来说，薪酬是收入，是生活资料的来源。一般情况下，一个劳动者所创造的劳动成果大于其获得的薪酬，剩余部分就是薪酬的经济效益。从企业的角度来说，薪酬具有效益功能。正因为薪酬具有效益功能，社会才能扩大再生产，经济才能不断发展，人们的生活水平才会不断提高。

（3）统计与监督功能。薪酬是按劳动数量与质量进行分配的，因此薪酬可以反映劳动者向社会提供的劳动量（劳动贡献）的大小。薪酬是用来按一定价格购买与其劳动支出量相当的消费资料的，因此薪酬还可以反映劳动者的消费水平。通过薪酬可以把劳动量与消费量直接联系起来，这有助于国家从宏观上考虑合理安排消费品供应量与薪酬增长的关系，以及薪酬增长与劳动生产率增长、国内生产总值增长的比例关系。

（4）塑造和强化企业文化。薪酬对员工的工作行为和态度具有引导作用，因此合理的和富有激励性的薪酬制度有助于企业塑造良好的企业文化，或者对已经存在的企业文化起到积极的强化作用。但是，如果企业的薪酬制度与企业文化和价值观冲突，它就会对企业文化和价值观产生消极影响。

（5）控制经营成本。薪酬成本是企业成本支出的重要组成部分。虽然较高的薪酬水平有利于企业吸引和留住员工，但同时会给企业带来很大的成本压力，从而对企业在产品市场上的竞争产生不利影响。因此，能够在保证一定的薪酬吸引力的同时，有效地控制薪酬成本支出，对企业来说具有重大意义。

3）对社会的功能

薪酬对社会的功能主要表现在劳动力资源的再配置上。

薪酬作为劳动力价格的信号，调节着劳动力的供求和劳动力的流向。当某地区、工种的劳动力供不应求时，薪酬水平就会上升，促使劳动力从其他地区、工种向紧缺的领域流动，进而趋向平衡。通过薪酬的调节，劳动力资源实现了在社会上的优化配置。此外，薪酬还调节着人们对职业和工种的看法，调节着人们的择业愿望和就业流向。

1.1.4 全面薪酬

美国西雅图的华盛顿大学准备修建一座体育馆。消息传出后，立刻遭到了教授们的反对，校方只好顺从教授们的意愿，取消了这项计划。教授们为什么反对修建体育馆呢？原来，校方选定的修建体育馆的位置在校园的华盛顿湖畔，体育馆一旦建成，便会挡住从教职工餐厅窗户可以欣赏到的美丽风光。为什么校方如此尊重教授们的意见呢？原来，与美国教授平均工资水平相比，华盛顿大学教授的工资一般要低 20%左右。教授们之所以愿意接受较低的工资，而不到其他大学任职，完全出于留恋西雅图的美丽景色。西雅图位于太平洋沿岸，华盛顿湖大大小小的水域很多，天气晴朗时可以看到美洲最高的雪山之一——雷尼尔山峰，开车出去还可以游览活火山——圣海伦火山。他们为了美丽景色而放弃了获得更高的收入的机会，这被华盛顿大学经济系的教授们戏称为“雷尼尔效应”。

美国全面薪酬学会对全面薪酬下了定义：全面薪酬是指雇主能够用来吸引、保留和激励员工的各种可能的工具，包括员工认为他们从雇用关系中能够获得的各种有价值的东西。它是雇主为了换取员工的时间、才智、努力及工作结果而向员工提供的各种货币性和非货币性的报酬，是能够有效吸引、激励和保留优秀人才，从而达到理想经营结果的五个关键要素的有目的的整合。这五个关键要素包括薪酬、福利、工作和生活的平衡、绩效管理与赏识和认可、开发和职业发展的机会。通过这些要素，全面薪酬从多个角度体现了员工的价值和贡献，将多种激励方式有机地整合在一起，使之成为支持组织战略实现和应对变革挑战的有力工具，在组织和员工之间形成一种积极的关系，并最大限度地调动员工的积极性、提升员工的敬业度，使员工全身心投入工作，从而实现组织的战略目标。

很多组织都提出过自己的全面薪酬体系模型，提出较早的有韬睿公司，该公司曾在 1997 年做过一次相关调查，以此为基础提出了自己的全面薪酬体系模型，包括薪酬、福利、学习与发展、工作环境四个维度。作为美国四大人力资源管理咨询公司之一的合益公司也提出了自己的全面薪酬体系模型，包括可视化报酬、员工评价、工作和生活的平衡、工作质量、令人愉悦的工作环境和成长机会六个基本要素。

美国全面薪酬学会也先后提出了两个全面薪酬体系模型。第一个模型是在 2000 年正式提出的，包括薪酬、福利和工作体验三个维度，其中工作体验又包括赏识和认可、工作和生活的平衡、组织文化、发展机会、环境五个方面的要素。2005 年，美国全面薪酬学会又进行了一次大规模调查，提出了一个范围更广的、作为组织经营战略一个组成部分的、新的全面薪酬体系模型（见图 1-2），包括薪酬、福利、工作和生活的平衡、绩效管理与赏识和认可、开发和职业发展的机会五个关键要素。

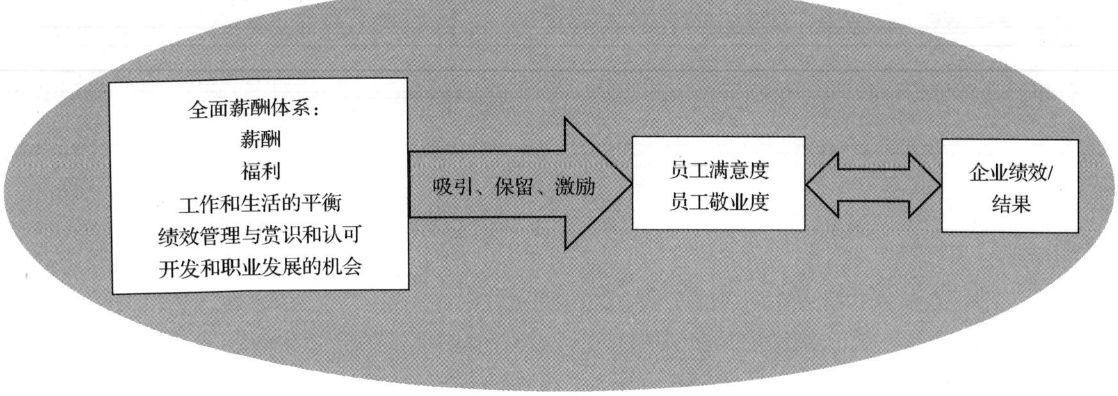

图 1-2 美国全面薪酬学会提出的全面薪酬体系模型

1. 薪酬与福利

薪酬包括基本薪酬、浮动薪酬、短期奖励、长期奖励等，用于满足员工在收入方面的最基本经济需求，是吸引员工的初始要素；福利是为满足员工保护方面的需求而设计的，如社会保险、带薪非工作时间等，它是除薪酬之外的另一个有吸引力的条件，并且是保留员工的首要工具。这两个因素是传统薪酬战略的主要内容，当然在内容上也有所改进和创新。例如，原来的可变薪酬基本上流于形式，企业和员工都将其视为一种既得利益，因此几乎不具有激励作用；现在的浮动薪酬直接与绩效水平或工作结果的实现程度挂钩，如果某员工在某个绩效期间内的工作结果没有实现，该员工就不能获得这种薪酬。

2. 工作和生活的平衡

工作和生活的平衡是指为帮助员工在工作和家庭中都获得成功而提供支持活动的一系列组织管理理念、政策、计划及实践。这类计划包括工作场所的灵活性、工作时间的灵活性等。随着全球经济的发展和生活节奏的加快，人们工作和生活之间的界限变得越来越模糊，员工经常抱怨休息时间不足，工作和生活之间的失衡日益严重。当员工从一堆文案中抬起头来思考时，却忽然发现，在经济收入越来越高的同时，他们可自由支配的时间越来越少，对于那些高收入阶层的关键人才更是如此。例如，某公司高级管理人员李强虽然有体面的工作、丰厚的收入，但是他几乎没有休闲娱乐的时间和心情。试问在这种生活状态下，他能有多高的绩效，即使他能高效地工作，那么他又能坚持多久？长此以往，最终的结果很可能是企业痛失关键员工。因此，企业如果想留住关键员工，不能仅仅依靠支付高水平的薪酬或提供优厚的福利来弥补员工拼命工作的损失，有时其效果会越来越差，甚至起反作用。当员工工作强度很大时，企业应该特别关注员工工作和生活之间的平衡，在灵活的工作安排和为员工提供便利的各种计划等方面进行大量的投入。在工作安排方面，给予员工组织上的支持，如提倡“尊重人”“以人为本”的价值观，保持支持性的沟通渠道，适当实施弹性工作时间制、工作分担及远程办公等；在关注员工家庭生活方面，可以为他们提供儿童和老人看护、医疗保健等服务，以消除他们的后顾之忧，使其专心为企业工作。

3. 绩效管理与赏识和认可

绩效管理也是全面薪酬体系的一个重要因素，它是为了明确应该达到什么结果、已经实现的程度，以及如何达到这种结果，而对组织、团队和个人的绩效进行整体的评价。绩效管理使组织、团队和个人所付出的努力协调一致，从而实现组织经营目标及团队和个人的目标。绩效管理包括绩效计划、绩效沟通、绩效考核和绩效反馈四个主要环节。

赏识和认可是指对员工表示感谢，或者对员工的行为、努力或绩效给予赞扬和关注。越来越多的组织认识到对员工的赏识和认可可以成为一种强有力的激励方式，而且是一种成本很低、收效良好的激励方式。例如，口头表扬、颁发奖状、上光荣榜、晚餐宴请等，能够很好地满足员工被尊重的需要，激励员工奋发向上，为取得更高的业绩而更加努力工作。接下来这个小故事就可以让我们直观地感受赏识和认可的巨大激励力。

小张是某市一家连锁快餐店的前台点餐员，其时薪只有 4.5 元，一天干满 8 小时才能获得 36 元钱，而且这份工作既无挑战性又很烦琐，更谈不上有意义了。但是，小张很喜欢自己的这份工作，每当谈起她的工作、她的领导和公司，小张就十分兴奋。她这样对人们解释："其实我喜欢的是领导对我所付出努力的认可。他经常在大家面前赞扬我。在上半年，我已经两次被评选为'月度工作明星'了。只要顾客来我们餐厅就餐，就可以看到墙上贴着的我戴着奖章的照片。"其实，快餐业的服务岗位一向被看作员工满意度较低、离职率较高的一个岗位，很多管理者也一直对其高离职率束手无策，但是通过小小的表扬和认可就能取得意想不到的收获。

4. 开发和职业发展机会

如果你做过招聘面试工作，那么当你问求职者对所应聘职位有什么期望的时候，多半会听到这样的答复：能够有较多的学习和发展机会。这也是近年来人们择业的一个新趋势，即关注招聘单位所提供的开发和职业发展机会。开发是指为了强化员工的应用技能和工作能力而提供的一整套学习经历。职业发展机会是指员工以职业岗位方面取得进步为目标而制订的计划，这里的目标可能包括晋升到组织中更高的岗位、承担更多的职责等。开发和职业发展的主要形式包括各种学习的机会、从组织内部或外部得到指导和培训的机会、从组织内部或外部取得进步的机会。通过对员工的开发，不但可以使员工更好地完成现在承担的工作，而且可以为员工提供职业发展机会，确保有能力的员工有机会到更高的岗位上贡献自己的力量，实现自我价值和组织价值的最大化。

在现今的新型雇用关系中，随着知识型员工队伍的不断壮大，员工关注的不再仅仅是高薪酬、厚福利，他们也开始关注工作和生活之间的有效平衡、组织对个人价值和贡献的认可，以及组织能否为自己提供多渠道的职业发展机会。企业如果想吸引和留住优秀人才，就应该及时转变自己的薪酬设计视角。

1.2　薪酬管理概述

1.2.1　薪酬管理的含义

薪酬管理是在企业发展战略的指导下，以企业内所有员工提供的服务为依据，来确定他们应该得到的薪酬总额、支付原则、薪酬结构、薪酬构成等的动态管理过程。薪酬管理包括以下两个方面。

（1）薪酬体系设计。薪酬体系设计主要包括薪酬水平设计、薪酬结构设计和薪酬构成设计。薪酬体系设计是企业薪酬管理最基础的工作，企业只有在合适的薪酬水平、薪酬结构、薪酬构成等条件下，才能达到相应的薪酬目标。

（2）薪酬日常管理。薪酬日常管理是针对薪酬预算、薪酬支付、薪酬调整这个循环过程所进行的管理，又称薪酬成本循环管理。

薪酬预算、薪酬支付、薪酬调整是薪酬管理的重中之重。企业为实现薪酬管理的目标，应切实加强对薪酬预算、薪酬支付、薪酬调整的管理工作。企业在确定合理的薪酬体系之后应将管理重点转向以薪酬预算、薪酬支付、薪酬调整为重点的薪酬日常管理。针对薪酬日常管理中出现的问题，及时、有效地调整薪酬水平、薪酬结构、薪酬构成等薪酬体系设计问题。通过薪酬体系设计和薪酬日常管理的相互促进，企业的薪酬管理良性发展，从而保证公平、合理的薪酬目标及企业发展战略的实现。

1.2.2　薪酬管理的原则

在进行薪酬管理时，企业应当遵循以下几项原则。

1．战略导向原则

战略导向原则是指从有利于企业战略发展的角度来合理设计企业的薪酬，制定薪酬策略、薪酬管理的制度和政策。在企业中，薪酬管理的过程就是要形成一个有利于激励企业成长和发展、驱动和鞭策企业实现战略目标的机制，同时对一些不良因素进行有效的遏制。因此，在进行薪酬体系设计时必须考虑企业的战略目标，分析出其中的核心要素，剥离出次要要素，从而有针对性地设计出更加合理的薪酬体系。

2．经济性原则

经济性原则强调的是薪酬管理整个过程中的成本控制，要充分考虑企业目前及将来的发展态势、企业的发展特点和企业的支付能力。短期来说，企业的销售收入减去各项非人工（人力资源）成本和费用后要能够有足够的资金支付所有员工的薪酬；长期来说，企业要发展，就必须在满足短期需求的基础上有一定的盈余，用于扩大企业的发展空间，实现可持续发展。

3．体现员工价值原则

在当今社会的发展中，员工不仅有物质方面的需求，还有精神方面的需求（个人价值的实现、获得尊重等），因此企业在设计薪酬时应当将企业的价值与员工价值的实现相结合，支持员工实现自我价值，调节员工的情绪，保证员工与企业的协调发展，实现员工创造与员工待遇（价值创造与价值分配）之间短期和长期的平衡。

4. 激励原则

激励原则是指企业在设计薪酬时，必须充分考虑薪酬的激励效果。例如，企业将 8 万元的薪酬，以"5 万元工资和 3 万元奖金"的形式支付给员工与以"3 万元工资和 5 万元奖金"的形式支付给员工所产生的激励效果是完全不同的。因此，企业应在不同的发展阶段、不同的部门以不同的薪酬形式支付给员工薪酬，以产生最大的激励效果。也就是说，企业的人力资源投入与企业的产出（企业的薪酬与激励效果）之间存在比例关系。因此，企业在设计薪酬时应充分考虑各相关因素，以达到薪酬支付激励效果的最大化。

5. 内部一致性原则

内部一致性原则是指企业在设计薪酬时应做到"一碗水端平"。这是亚当斯的公平理论在企业薪酬设计中的应用。首先，应做到横向一致性，即企业在进行薪酬体系设计时，所有员工的薪酬标准、薪酬尺度应一致。其次，应做到纵向一致性，即企业在进行薪酬体系设计时，应该对员工过去的、现在的及将来的投入产出比的一致性进行考虑。因为在正常情况下，企业支付给员工的工资"只能看涨，不能看跌"，否则会引起员工对企业极大的不满。最后，应做到外部公平，即企业在进行薪酬体系设计时必须考虑同行业内同类人才薪酬水平的一致性。

6. 外部竞争性原则

企业在设计薪酬时，必须考虑同行业的薪酬水平和竞争对手的薪酬水平，保证自身的薪酬水平在市场上具有一定的竞争力，能吸引和留住企业发展所需的关键人才。

1.2.3 薪酬管理的内容

在薪酬日常管理过程中，薪酬制度本身和制度的执行往往会出现一系列问题。例如，薪酬管理体制不健全，没有实行分类管理，分配不公、按人头分配倾向严重；薪酬制度有缺陷，工资结构没有突出职位因素，技能工资变成了熬年头涨工资，与职位技能脱节；工资结构复杂、项目多，其各自功能不明显；薪酬体系缺乏系统规划，出现特殊情况就不停"打补丁"；工资缺乏正常增长机制，各类人员的薪酬增长往往取决于领导的主观意志，进一步打乱了薪酬体系内部的结构均衡等。

这些问题实际上涉及薪酬日常管理过程中的五大职能模块。

1. 薪酬体系管理模块

薪酬体系管理主要是明确组织的薪酬体系的类型与构成，以及对各类薪酬体系之间的比例关系予以确定。

（1）组织必须明确薪酬体系的类型与构成，如基于市场的薪酬体系、基于能力的薪酬体系、基于职位的薪酬体系、基于绩效的薪酬体系等。

（2）组织必须明确各类薪酬体系之间的比例关系，如基本薪酬和绩效薪酬、固定薪酬和浮动薪酬、直接薪酬和间接薪酬之间的比例关系，比例关系与组织文化、组织战略、职位性质等息息相关。如果组织提倡竞争文化、成功者文化，那么各类薪酬之间浮动的比例宜高不宜低；如果组织采取稳健的发展战略和保守的经营模式，那么各类薪酬之间浮动的比例宜低不宜高。同时，职位性质和职位层次也会影响薪酬的浮动比例，组织中绩效容易量化的职位（如营销类、生产类）的薪酬浮动比例应高于绩效不容易量化的职位（如管理类、后勤类）；高层和中层员工的薪酬浮动比例往往会高于基层员工。

（3）组织还必须明确各类薪酬体系中每类薪酬的确定依据是什么。以基本薪酬为例，组织在进行薪酬体系设计和管理时，需要明确组织的基本薪酬是以工作为基础（职位工资制），还是以人为基础（技能工资制或能力工资制）的。

2. 薪酬结构管理模块

薪酬结构管理分为两个层次，其结果将对员工的流动率和工作积极性产生重大影响。

薪酬结构管理的层次之一是确定组织内部不同职位类别（生产类、销售类和职能管理类、研发类、后勤类）所得到的薪酬之间的相互关系，确保组织内部横向公平。

薪酬结构管理的层次之二是确定组织内部同一职位类别所得到的薪酬之间的相互关系，如职能管理类内人力资源管理类、行政管理类、财务类所得到的薪酬之间的相互关系。如果这种关系处理不当，该层次上引发的横向不公平感会更明显、直接，对员工的工作积极性影响也更大。

3. 薪酬水平管理模块

薪酬水平管理主要是对组织中各部门、各职位及整个企业平均薪酬水平的管理。

（1）为了保持组织对核心员工及外部优秀人才的吸引力，组织必须根据组织战略和薪酬外部市场调查结果，确定适合本组织的薪酬战略和薪酬水平，如整体薪酬水平是领先于市场策略、市场跟随策略，还是低于市场策略。

（2）在确定了某种薪酬策略后，组织应明确在组织内部不同员工之间，是对所有员工采用同一种薪酬策略，还是对高层、中层和基层员工分别采用不同的薪酬策略；是基本薪酬采用这种薪酬策略，绩效薪酬和间接薪酬采用其他薪酬策略，还是三者都采用同一种薪酬策略……以达到在激励效果既定的情况下人工成本最小的目标。

（3）此外，组织还需要确定组织薪酬总额及个体薪酬总额的正常增长机制，如前者与物价指数、组织效益挂钩，后者与个体的学历、资历、业绩挂钩等。最后，组织在进行薪酬水平管理时还应该对薪酬预算、控制方式等做出设计和规定。

4. 薪酬支付形式管理模块

员工得到的总薪酬通常包括直接薪酬和间接薪酬。薪酬支付形式管理往往需要确定总薪酬的各个组成部分的支付形式和支付周期。

（1）确定薪酬以什么样的形式支付，是货币、股票，还是实物、培训、带薪休假或健康保险，不同层次（高层、中层、基层）的员工对此需求的排序存在较大差异。

（2）确定薪酬支付的周期，是周薪制、月薪制，还是年薪制，组织中不同年龄段的员工对此的需求也存在一定差异。

5．薪酬类别管理模块

薪酬体系管理只是确定了组织内部各种薪酬可能存在的组合形式，在薪酬设计的实际操作中，现代组织一般实行“组合薪酬制”或“结构薪酬制”，即对组织内部的生产人员、销售人员、专业技术人员、高层管理人员等不同类别的人员采用不同的薪酬体系和组合形式。

例如，适用于生产人员的“基本工资+计件工资”制度，适用于销售人员的“佣金制”，适用于管理人员的“基本工资+职位工资+绩效工资”制度，适用于特殊人才的“薪酬特区”制度等。组织需要对不同类别人员的不同薪酬模式做出详细界定，对每类薪酬构成内部不同层次员工之间的薪酬层次与等级差距、薪酬是否与绩效考核结果挂钩，以及如何与绩效考核结果挂钩等做出具体规定。

1.3 战略性薪酬管理

1.3.1 战略性薪酬管理的概念与作用

1．战略性薪酬管理的概念

战略性薪酬管理是指以企业发展战略为依据，根据企业某一阶段的内外部总体情况，正确选择薪酬策略、系统设计薪酬体系并实施动态管理，使之促进企业战略目标实现的活动。因此，战略性薪酬管理不仅是对员工贡献的承认或回报，还是一套把企业愿景、目标和价值观转化为具体行动方案，以及支持员工实施这些行动方案的管理流程。

战略性薪酬管理实际上是一种看待薪酬管理这一管理职能的一套新理念。它的核心是做出一系列战略性薪酬决策。

2．战略性薪酬管理的作用

战略性薪酬管理的作用表现在以下几个方面。

1）对提升企业绩效的作用

（1）降低人工成本。人工成本一般占企业整体运作成本的20%～50%，服务行业人工成本所占的比重更大，甚至可以高达60%～70%。因此，降低人工成本是提高企业竞争优势的重要途径。对于初创企业和处在困难时期的企业，依靠有效的薪酬管理可减少薪酬开支，对企业的生存与发展至关重要。

（2）吸引和留住人才。一方面，薪酬管理具有吸引和留住人才的作用，较高的薪酬水平和较新的薪酬形式可以吸引和留住稀缺人才和创新人才；另一方面，薪酬问题一直是员工流失的主要原因，尤其在人才竞争激烈的今天，建立公平、合理的薪酬激励体系对维系人才是十分重要的。

（3）引导员工行为。一个设计和实施优良的薪酬体系可以传达这样的信息：什么样的员工是企业需要和关注的？什么样的行为是企业认可并给予奖励的？比如，岗位薪酬约束员工的尽职尽责行为，技能薪酬奖励员工学习知识和掌握更多技能的行为，绩效薪酬鼓励员工为企业价值增加做出更大的贡献等。企业可以根据对员工管理的需要，设计符合发展战略的薪酬体系。

（4）促进劳资和谐。薪酬管理是一把"双刃剑"，不科学或不公平的薪酬管理往往是劳资双方争论的焦点，但战略性薪酬管理是建立在合理的劳资关系基础之上的，它不但有利于缓解劳资冲突，而且可以促进企业的持续发展。

2）对提高企业竞争优势的作用

（1）价值性。薪酬管理能否对控制人工成本、吸引和留住人才，以及影响员工的态度和行为等产生直接和较强的影响对企业来说至关重要。应该说，对上述因素不产生影响或影响较弱的薪酬管理行为，不具有对提高企业竞争优势的显著价值。比如，传统的薪酬结构设计多依据各种工作评价技术，但一些研究显示各种工作评价方法之间的相关系数达到 0.9，也就是说，尽管工作评价是企业薪酬管理的基础性技术，但对它们的选择和使用对提高企业竞争优势的帮助不大。

（2）难以模仿性。如果一个薪酬战略很容易被模仿，那么所有的企业都可以通过它来获得竞争优势，其优势也就不复存在。因此，为了使薪酬战略具有难以模仿性，必须使薪酬管理具有企业的专属特征——它根植于企业内部，内化为员工行为，最终与企业文化融为一体。

（3）有效执行性。战略性薪酬管理的关键不仅在于它的制定是否科学，更重要的是它能否得到贯彻和执行。战略性薪酬管理只有得到有效的贯彻和执行，才能提高企业竞争优势。在当前的企业薪酬管理领域，从不缺乏有效的战略，缺乏的是战略执行，而薪酬的战略执行性又主要体现在企业全体成员对薪酬战略的理解能力和接受能力上。

3）对促进企业可持续发展的作用

（1）实施战略性薪酬管理是应对企业外部环境变化的需要。市场需求的变化、竞争对手的变化、资源供应的变化、相关宏观政策的调整等，都将引起企业生产经营管理的变化，都将对企业薪酬策略和整体薪酬管理带来重大影响。为此，企业需要及时调整薪酬管理策略以适应外部环境的变化。

（2）实施战略性薪酬管理是适应深化企业改革的需要。企业改革已经进入攻坚阶段，改革是深层次的、根本性的。改革主要强调资源、资产、债务、股权、业务、机构、人员和利益关系八方面的重新组合，其中利益关系的重组要与前七个重新组合相匹配。所谓利益关系的重组就是企业整体分配关系的调整，就是薪酬体系及其他分配制度的重建。

（3）实施战略性薪酬管理是加强科学管理的需要。企业使命和企业愿景决定了企业的发展战略，其中制度建设对企业发展战略起到了巨大的支撑作用。这些制度主要包括战略决策管理制度、生产运行管理制度、市场营销管理制度、技术研发管理制度、战略性薪酬管理制度、财务会计管理制度、新型用人管理制度等。企业需要在这些制度建设的基础上形成科学的管理体制，其中战略性薪酬管理是科学管理制度的有机组成部分。

1.3.2 基于不同企业战略的薪酬管理

在不考虑具体职能战略的情况下，企业战略通常可以分为两个层次：一是企业的发展战略，二是企业的经营战略或竞争战略。当企业采取不同的战略时，企业的薪酬水平和薪酬结构必然会存在差异。

1．适用于企业不同发展战略的薪酬管理

1）成长战略

成长战略是一种关注市场开发、产品开发、创新及合并等内容的战略，它又分为内部成长战略和外部成长战略两种类型。其中，前者是通过整合和利用组织所拥有的所有资源来强化组织优势的一种战略，它注重的是自身力量的增强和自我扩张；后者是试图通过纵向一体化、横向一体化或者多元化来实现一体化的战略，这种战略往往通过兼并、联合、收购等方式来扩展企业的资源或者强化其市场地位。

对追求成长战略的企业来说，它们所强调的内容是创新、风险承担及新市场的开发等，因此与此相联系的薪酬战略往往是企业通过与员工共同分担风险，同时分享企业未来的成果来帮助企业实现自己的目标，同时使得员工有机会在将来获得较高的收入。这样，企业需要采用的薪酬方案就应当是在短期内提供水平相对较低的固定薪酬，同时实行奖金或股票期权等计划，从而使员工在长期中能够得到比较丰厚的回报。此外，成长型企业对于灵活性的需要是很强的，因此它们在薪酬管理方面往往会比较注意分权，会赋予直线管理人员较大的薪酬决定权。同时，由于企业的扩张导致员工所从事的工作岗位本身在不断变化，因此薪酬系统对员工的技能比对他们所从事的具体职位更为关注。

当然，内部成长战略与外部成长战略之间的差异决定了两者在薪酬管理方面存在一定的差异。其中，采取内部成长战略的企业可以将薪酬管理的重心放在目标激励上，而采取外部成长战略的企业应该注意企业内部薪酬管理的规范化和标准化。

2）稳定战略

稳定战略是一种强调市场份额或者运营成本的战略。这种战略要求企业在自己已经占领的市场中选出自己做得最好的部分，然后把它做得更好。采取稳定战略的企业往往处于较稳定的环境中，企业的增长率较低，企业维持竞争力的关键在于能否维持自己已经拥有的技能。从人力资源管理的角度来说，企业主要是以稳定已经掌握相关工作技能的劳动力队伍为出发点，因而这种企业对于薪酬的内部一致性、薪酬管理的连续性及标准化有比较高的要求。因此，在薪酬管理方面，薪酬决策的集中度比较高，薪酬的确定基础主要是员工所从事的工作本身。从薪酬结构来说，采取稳定战略的企业往往不强调企业与员工之间的风险分担，因而较为稳定的基本薪酬和福利所占的比例较大。从薪酬水平来说，这种企业一般追求与市场持平或者略高于市场水平的薪酬，但是从长期来看，由于绩效占比小，增长速度不快，这种企业在长期中的薪酬水平不会有太大的增长。

3）收缩战略

收缩战略通常会被那些由于面临严重的经济困难因而想要缩小一部分经营业务的企业采

取。这种战略往往是与裁员、剥离及清算等联系在一起的。根据采取收缩战略的企业本身的特征，我们不难发现，这种企业对于将员工的收入与企业的经营业绩挂钩的愿望是非常强烈的。除在薪酬中稳定薪酬部分所占的比重之外，许多企业往往还想实现员工股份所有权计划，以鼓励员工与企业共担风险。

2．适用于企业不同竞争战略的薪酬管理

1）创新战略

创新战略是以产品的创新及产品生命周期的缩短为导向的一种竞争战略。采取这种战略的企业往往强调风险承担和新产品的不断推出，并把缩短产品由设计到投放市场的时间看成一个重要目标。这种企业的一个重要经营目标在于充当产品市场上的领袖，并且在管理过程中会特别强调客户的满意度和客户的个性化需要，而对企业内部的职位等级结构及相对稳定的工作评价等不是很重视。因此，这种企业的薪酬体系往往特别注重对产品创新和新的生产方法及技术的创新给予足够的报酬或奖励；其基本薪酬通常会以劳动力市场上的通行水平为基准并且会高于市场水平，以帮助企业获得勇于创新、敢于承担风险的人。同时，这种企业会在工作描述方面保持相当的灵活性，从而要求员工能够适应不同环境的工作需要。

2）成本领先战略

所谓成本领先战略，实际上就是低成本战略，即企业在产品本身的质量与竞争对手产品的质量大体相同的情况下，以低于竞争对手的价格向客户提供产品的一种竞争战略。因此，追求成本领先战略的企业非常重视效率，对操作水平的要求尤其高，其目标是用较低的成本去做较多的事情。因此，对于任何事情，它们首先要问的是：“这种做法的成本有效性如何？”为了提高生产效率、降低成本，这种企业通常会比较详细地对员工所从事的工作进行描述，强调员工工作岗位的稳定性。在薪酬水平方面，这种企业会密切关注竞争对手所支付的薪酬水平，本企业的薪酬水平既不能低于竞争对手，最好也不要高于竞争对手，宗旨是在尽可能的范围内控制薪酬成本支出。在薪酬构成方面，这种企业通常会采取一定的措施来提高浮动薪酬或奖金在薪酬构成中的比重。这一方面是为了控制总体的成本支出，不至于由于薪酬成本失控而导致产品成本上升；另一方面是为了鼓励员工降低成本，提高生产效率。

3）客户中心战略

客户中心战略是一种通过提高客户服务质量、服务效率、服务速度等来赢得竞争优势的战略。采取这种战略的企业所关注的是如何取悦客户，它希望自己以及自己的员工不但能够很好地满足客户所提出来的需要，而且能够帮助客户发现一些他们自己尚未明晰的潜在需要，并且设法帮助客户满足这些潜在需要。客户满意度是这种企业十分关心的一个绩效指标；为了鼓励员工持续发掘服务于客户的各种不同途径，以及提高对客户需要做出反应的速度，这类企业的薪酬系统往往会根据员工向客户所提供服务的数量和质量来支付薪酬，或者根据客户对员工或员工群体所提供服务的评价来支付奖金。比如，在一些服务行业，企业通常根据员工所服务的客户数量，按照一定的单价来实行计件工资制，但是当客户主动寻求某一位员工为其服务时，企业就会将计件单价上浮一定的百分比，这样实际上就起到了鼓励员工积极满足客户需要、吸引客户的作用。

1.3.3 战略性薪酬体系设计的原则与流程

1．战略性薪酬体系设计的原则

实践证明，战略性薪酬在吸引、保留和激励企业战略性人力资源方面具有突出的功效，能够很好地为实现企业的发展战略服务；同时，它是一把“双刃剑”，如果运用不当，就会给企业带来极大的负面影响。因此，企业在设计战略性薪酬体系时应遵循以下几项原则。

1）必须保持战略性薪酬体系设计的动态性

企业战略管理本质上就是一种动态管理，因此为企业战略服务的战略性薪酬体系必然具有动态性。企业可以结合自身生命周期来设计战略性薪酬体系。企业和生命体一样，也要经历出生、成长、成熟、衰退直至死亡或转型等不同阶段。处于生命周期不同阶段的企业具有不同的发展战略瓶颈与核心人力资源，因此需要不同的薪酬系统来适应其战略条件。

2）审慎处理由战略性薪酬带来的较大薪酬差距问题

实施战略性薪酬体系带来的必然结果之一是薪酬差距拉大，有可能影响企业内部薪酬的公平性。我们知道，公平原则也是薪酬设计必须遵循的原则之一。一个企业内部如果薪酬差距过大，虽然可能激励了享受高薪酬的群体，但容易在企业内部造成对立局面，大大打击其他群体的工作积极性，进而影响企业的整体团结与部分员工的士气，最终造成企业生产率下降和管理混乱。

如何避免由实施战略性薪酬带来的薪酬差距拉大问题呢？企业可采取的对策之一是，对战略性薪酬体系中的薪酬倾斜进行“隐性”处理，以补偿原则来替代性地作为薪酬倾斜的理论依据——战略瓶颈部门的员工和核心人力资源有更长的工作时间，更大的工作强度，更大的工作压力，因此他们应该享有较高的薪酬补偿。“隐性”处理薪酬倾斜和内部公平之间的矛盾，显得更为理性，而且企业实施起来阻力也较小。

3）合理选择战略性薪酬体系的调整时机

企业发展战略的特征之一是对企业发展的把握具有前瞻性。这客观上要求战略性薪酬体系的调整也具有前瞻性，即薪酬不仅向当前对企业发展具有决定性作用的部门和人力资源倾斜，还应前瞻性地向即将成为企业发展瓶颈的部门和核心人力资源倾斜。

通过这样一种平滑的过渡，一方面可以使战略性薪酬的调整具有缓冲性，不至于明显打破企业内部的薪酬平衡；另一方面可以向员工和应聘人员显示有关前瞻性瓶颈部门和关键岗位的重要信息，从而提高该部门和岗位的吸引力。

2．战略性薪酬体系设计的流程

一般而言，战略性薪酬体系的设计要经过以下几个步骤。

1）寻找企业发展的战略瓶颈

不同的行业，不同的企业，不同的发展阶段，不同的市场环境，企业发展的战略瓶颈是不同的。战略性薪酬体系设计的第一步就是要找到企业发展的战略瓶颈。找出企业发展的战略瓶颈有许多方法，其中成功关键因素分析法和标杆分析法是十分有效的方法。

成功关键因素分析法是指企业在特定市场持续获利所必须拥有的资源和能力。每个行业都有不同的成功关键因素。对高科技行业而言，研发能力、营销能力等是其成功关键因素；对制造业而言，成本控制技术、供应链管理能力等是其成功关键因素。如果某企业在成功关键因素上有缺陷，那么该缺陷往往是该企业发展的战略瓶颈。

标杆分析法是目前应用较多的一种衡量企业运营状况的方法。它通过与本行业中运营最好、最有效率的企业进行比较，从而获得需要改进的信息。

2）分析相应的人力资源瓶颈

当找到企业发展的战略瓶颈后，就要分析该战略瓶颈部门存在的人力资源瓶颈。战略瓶颈部门存在的人力资源瓶颈通常表现为数量不足、质量不高、配置不当、缺乏激励等各种现象中的一种或几种的组合。

3）制定相应的战略性薪酬体系

企业发展的战略瓶颈有时表现为一个或几个部门，有时表现为一个或几个部门中的部分岗位。比如，某企业的营销部门虽然不是企业的战略瓶颈部门，但营销部门中的渠道管理人员仍然十分稀缺，属瓶颈之一，可以称这些岗位所需要的人力资源为核心人力资源。

战略性薪酬设计的要点在于，薪酬要向企业的战略瓶颈部门和核心人力资源倾斜，企业可以为其战略性人力资源建立"薪酬特区"，以吸引、保留与激励战略性人力资源，进而为突破企业发展战略瓶颈提供人才保障。

4）动态分析企业发展战略瓶颈及其带来的人力资源瓶颈，并制定具有前瞻性的战略性薪酬政策

以一种动态的眼光来看，企业面临的市场环境复杂多变，企业内部组织也在不断调整之中，因此企业的战略瓶颈也是不断变化的。因此，想获得持续竞争优势的企业，必须前瞻性地分析企业的战略瓶颈及其人力资源瓶颈，并制定具有前瞻性的战略性薪酬政策。

【本章小结】

薪酬与薪酬管理是人力资源管理的重要内容，随着企业人力资源管理的不断发展，对薪酬管理的研究也在不断完善。薪酬由经济性薪酬和非经济性薪酬构成。薪酬可在员工方面、企业方面和社会方面发挥功能。薪酬管理是个系统的过程，是在企业发展战略的指导下，以企业内所有员工提供的服务为依据，来确定他们应该得到的薪酬总额、支付原则、薪酬结构、薪酬构成等的动态管理过程。薪酬管理要遵循一定的流程和原则，实现规范管理，激发员工的积极性。薪酬日常管理工作的五大模块基本概括了薪酬管理在实践中的特点。此外，全面薪酬和战略性薪酬管理是薪酬管理不断发展的结果，全面薪酬是人性化管理在薪酬管理中的具体体现，战略性薪酬管理是将薪酬管理与企业战略相联系，以保证企业的长期稳定发展。

【复习思考题】

1. 什么是薪酬?
2. 薪酬的组成部分有哪些?各部分的含义和特点是什么?
3. 什么是薪酬管理?
4. 薪酬管理的内容是什么?
5. 薪酬管理的原则是什么?
6. 薪酬日常管理过程中的五大职能模块是什么?
7. 薪酬与全面薪酬在理念上存在什么区别?
8. 不同企业战略下的薪酬管理战略具有什么特点?

【案例分析】

与战略发展同步——海尔集团的薪酬管理

一、公司概述

创立于 1984 年，崛起于改革大潮之中的海尔集团，是在引进德国利勃海尔电冰箱生产技术成立的青岛电冰箱总厂的基础上发展起来的。经过卓越创新和艰苦奋斗，它从一个濒临倒闭的集体小厂发展壮大为享有盛誉的跨国企业。2002 年，海尔集团实现全球营业额 711 亿元，跃居中国电子信息行业自强之首，其员工不但发展到 3 万人，而且拉动就业人数 30 多万人。海尔集团依靠成熟的技术和雄厚的实力在东南亚、欧洲等地设厂，实现了成套家电技术向欧洲国家出口的历史性突破。2003 年，海尔集团获准主持制定四项国家标准，这标志着海尔集团已经将企业间的竞争由技术水平竞争、专利竞争转向标准上的竞争。

海尔集团价值观的核心是创新。以观念创新为先导、战略创新为基础、组织创新为保障、技术创新为手段、市场创新为目标，伴随着海尔集团从无到有、从小到大、从大到强，从中国走向世界。海尔集团的薪酬体系也是随着整体战略的创新而不断创新的。

二、使薪酬制度同变化的战略相匹配

海尔集团的发展可以概括为三个阶段。

第一，名牌战略阶段（1984—1991 年）。海尔集团用 7 年的时间，通过专心致志研究电冰箱产品，实施了名牌战略，建立了全面质量管理体系；

第二，多元化战略阶段（1992—1998 年）。海尔集团用 6 年的时间，通过企业文化的延伸及“东方亮了再亮西方”的理念，成功地实施了多元化的扩张；

第三，国际化战略阶段（1998 年至今），海尔集团采取以创国际名牌为导向的国际化战略，通过以国际市场为发展空间的先进策略，加快集团发展。

1. 名牌战略阶段的薪酬制度——以质量为主

这一时期，海尔集团推行了全面质量管理，以开创海尔集团的优质品牌。海尔集团把重点放在产品与服务质量上，因此薪酬制度也就以工作质量为主要内容。以质量为主的薪酬制度主要是改变员工的质量观念，薪酬制度的特点是把工资考核制度的重点放在质量考核上。

当时，海尔集团建立了“质量价值券”考核制度，要求员工不但要生产出一台产品，而且要生产出一台好产品。海尔集团把以往生产过程中出现的所有问题整理、分析并汇编成册，针对每个缺陷，明确规定了自检、互检、专检三个环节应负的责任价值，质检员发现缺陷后，当场撕价值券，由责任人签收，每个缺陷扣多少分全印在质量手册上。对操作工互检发现的缺陷，经质检人员确认后，当场予以奖励，同时对漏检操作工和质检员进行罚款。质量价值券分红券和黄券，红券用于奖励，黄券用于处罚。

在海尔集团曾经有这样一个小故事。1992 年 11 月 23 日，一位总装质检员在检查电冰箱装配质量时发现一台电冰箱温控器螺丝没有固定到位，就按缺陷性质和责任价值撕了价值券，引起被查员工对质检员出言不逊，并拒签价值券，当质检员要按拒签规定对被查员工进行处罚时，挨了这个员工一拳。最终厂方对这个员工进行了通报批评并将其降为临时工。制度就这样坚持下来。后来员工们发现，虽然每天一旦出现问题马上就会受到处罚，并要立刻整改，但到月底一算，他们在质量方面的收入反而比以往增加了，因为制度的严格执行使质量指标提高了。质量价值券在生产过程中的实行使海尔集团上下工序建立起严格的质量监督机制，每个员工都把下道工序当作用户，质量指标日益提高。另外，海尔集团的考核重点是遵章守法，凡是企业的规章制度，不是摆样子，而是建立一项就执行一项、考核一项、兑现一项。因此，此阶段海尔集团的薪酬制度主要同质量挂钩，谁出质量问题，就按考核规定扣谁的工资。

2. 多元化战略阶段的薪酬制度——多种工资模式并存

海尔集团多元化战略阶段的薪酬制度是分层、分类的多种薪酬制度和灵活的分配形式，规范到了 13 种薪酬模式。科研人员实行科研承包制，营销人员实行年薪制和提成工资制，生产人员实行计件工资制，辅助人员实行薪点工资制。海尔集团将工资分档次发放，岗位工资标准不超过青岛市职工平均工资的 3 倍。岗位工资和国家补贴的总和为海尔集团员工的工资总额。每月无奖金，年终奖金不超过两个月的工资。科研人员和营销人员的工资与工效挂钩，科研人员按市场效益和科研成果进行奖励，营销人员如果是外聘的推销员，收入则和推销的成果挂钩。

对于一线员工，海尔集团在质量价值券的基础上，推行计点到位、绩效联酬的全额计点工资制。这里的“点”是指员工在劳动过程中的体力和脑力消耗的基本计量单元。本着“工资总额增长低于企业利润增长、平均工资增长低于劳动生产率增长”的“两低于”原则，确定员工的工资总额与增长幅度，然后根据预计的点数总和来确定点值。岗位点数是根据工作的操作复杂程度、岗位体力要求、工作危险程度等来确定的。岗位点数工资单价=点数×点值，从而算出岗位计件工资额［岗位计件工资额=岗位点数工资单价×产量+各种奖励（-各种处罚）]。在海尔集团的日常管理中，一线员工的工资是运用上述公式通过3E卡（3E——每人：Everyone；每天：Everyday；每件事：Everything）算出的，员工可以根据劳动成果自己算出工资数额。例如，海尔电冰箱的生产过程分为160个工序、540项责任，具体落实到每个员工。这种计酬方式使一线员工的收入与其劳动数量和质量直接挂钩，激发了员工的工作热情，降低了管理的难度，避免了互相推诿等现象的发生。

在工资分配政策的制定和执行上，海尔集团一直坚持"公开、公平、公正"的原则，对每个岗位、每个动作都进行了科学的测评，计点到位、绩效联酬。每个员工都有一张3E卡，一天工作结束后，员工就可根据当天的产量、质量、物耗、工艺等指标的执行情况计算出当日的工资，即所谓"员工自己能报价"。管理人员则根据目标分解为年度目标—月度目标—日清，计算出员工当月的应得工资。员工的工资公开透明，只看效果，不论资历，由同岗同酬转变为同效同酬。在海尔集团内，高素质、高技能的员工获得高报酬，人才的价值在工资分配中得到了真正的体现，极大地调动了员工的生产积极性。对于营销人员和科研人员的工资确定，海尔集团一直坚持向市场要报酬的做法，并较早地实行了年薪制。"主副联酬"是海尔集团对营销人员采取的特有的工资奖惩制度，即将业绩分为主项（如卖货量）和副项（如产品均衡率），并将两者结合起来综合考查营销人员具体的工作业绩。通过严格的量化指标，真正实现了有市场才有效益。对于研发人员，其薪酬的高低并不是以进行了多少项改造创新为衡量标准，而是取决于其科研成果的市场转化率和市场效益。

在激励的方法上，海尔集团更多地采用"即时激励"的方式。为鼓励员工搞技术发明，海尔集团还颁布了《职工发明奖酬办法》，设立了"海尔奖""海尔希望奖""合理化建议奖"等，根据员工为企业创造的经济效益和社会效益的大小，分别授奖。

3. 国际化战略阶段——市场链

在海尔集团内部，"下道工序就是用户"，每个人都有自己的市场，都是一个需要对自己的市场负责的主体。"下道工序就是用户"，自己就代表用户，或者自己就是市场。每个员工最主要的不是对他的上级负责，更重要的是对自己的市场负责。

简单地说，海尔集团的市场链管理模式就是把外部市场效益内部化，不但让整个企业面对市场，而且让企业里的每个员工都去面对市场，把市场机制成功地导入企业的内部管理，把员工相互之间的同事关系和上下级关系变为市场关系，形成内部的市场链机制。市场链旨在增强员工的市场竞争观念，并在工资分配中加以体现。

海尔集团是国内最早开始国际化的企业之一，也是在国际上具有较大影响力的中国家电企业。海尔集团成功地将市场链管理模式引入企业的内部管理，形成内部的市场链机制。

这一管理机制使每个部门、每个员工都面对市场，变职能为流程，变企业利润最大化为用户至上，促进了企业的管理，使员工之间的责任环环相扣，增强了员工的岗位责任感，提高了企业的市场竞争力，为全面进军国际市场打下了基础。

在薪酬管理方面，海尔集团不断在原来的基础上进行改进和完善，使薪酬制度与经营战略相匹配，对员工做到了有效的"与时俱进"的管理和激励。海尔集团的管理模式是值得各企业学习和借鉴的。

资料来源：文跃然. 薪酬管理原理[M]. 上海：复旦大学出版社，2004.

请根据案例回答以下问题。

1. 你怎样看待海尔集团这种“与战略发展同步”的薪酬管理模式？

2. 为什么说了解企业经营发展战略、正确认识企业所面临的各种环境对于薪酬管理非常重要？薪酬管理对于企业经营发展又有何作用？

【本章实训】

佳丽宝公司是由原来的三家企业合并而成的中型汽车配件企业。近年来，该公司的经济效益迅速提高，财务实力明显增强。但由于领导层重视生产、轻视管理，公司各项管理的基础工作十分薄弱，规章制度也不够完善，特别是在人力资源管理方面，绝大部分员工对公司目前的薪资制度十分不满，严重地影响了公司生产经营活动的正常进行。为此，公司董事会决定对薪资制度进行一次全面调整。该公司目前对一般员工实行的是技术等级工资制，采用计时工资加奖金的计酬方式（按月支付）；对管理人员实行的是职务等级工资制，按照职务高低支付工资，每个季度按照对各个部门的绩效考评结果，支付一定数额的季度奖，其奖金水平不超过一般员工奖金水平的 30%。

图 1、图 2、图 3 所示为该公司的员工薪资满意度调查结果分析图。图中横轴表示同一类员工的三种不同态度，纵轴表示持各态度员工所占的百分比。

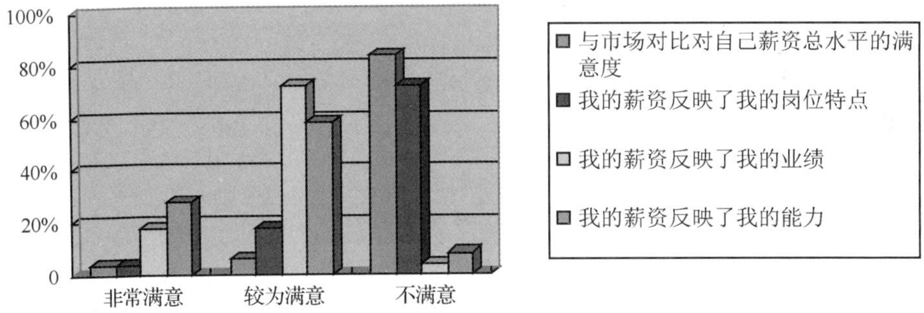

图 1　一般员工薪资满意度调查结果分析图

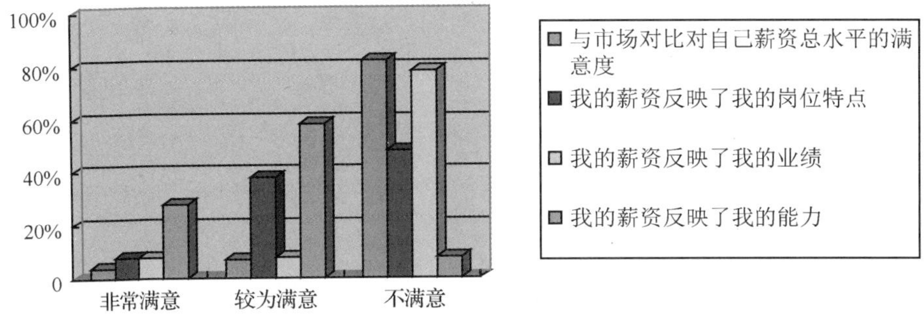

图 2　中级管理人员薪资满意度调查结果分析图

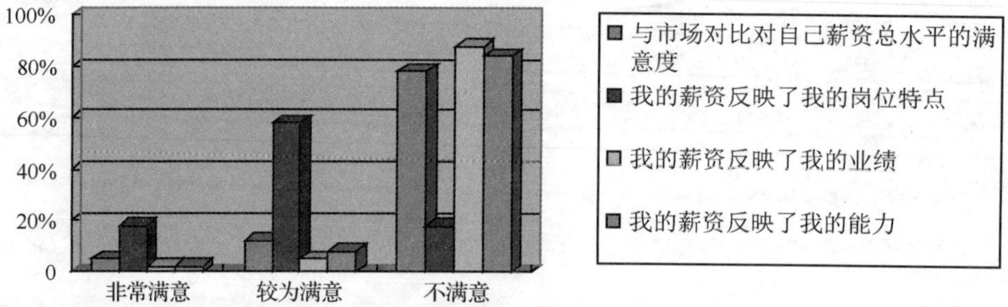

图 3　高级管理人员薪资满意度调查结果分析图

资料来源：国家职业资格考试命题研究组，国联职业资格考试研究中心. 企业人力资源管理师职业资格考试辅导 基础知识部分（二级）[M]. 北京：经济管理出版社，2007.

请结合上面三张调查结果分析图，回答下列问题。

（1）案例中提到的技术等级工资制和职务等级工资制的概念是什么？

（2）根据员工薪资满意度调查结果分析图，说明三类人员的薪资结构存在的主要问题。

（3）针对上述三类人员薪资管理存在的问题，该公司应如何进行整体性的调整？

第 2 章 薪酬管理理论

学习目标

- 了解薪酬管理理论的起源及发展。
- 熟悉薪酬管理的相关理论。
- 掌握薪酬管理的发展趋势。
- 熟悉薪酬管理在实践中常见的误区。

关键术语

薪酬管理理论、薪酬管理、历史演变、发展趋势、实践误区

引导案例

长新皮鞋厂成立于 1995 年，是一家民营企业。企业创立之初，规模不大，是典型的直线制企业。总经理聘请了自己的几个亲友负责管理生产、销售、技术及后勤业务，那几名管理人员的分工虽不明确，但都非常敬业，忠诚度很高，在企业的发展初期起到了很大的作用。目前生产线的员工实行的是计件工资制；销售人员只有提成工资；其他员工实行的是固定底薪，到年底按企业当年的效益发奖金，奖金的多少由总经理决定。企业的经济实力和业务规模近几年有了很大的提高，但也遇到很多问题。例如，企业的管理工作日趋繁重，员工反映管理人员方法生硬；产品缺乏创新，导致一部分固定客户流失；有些生产和销售骨干被竞争对手高薪挖走；人才的引进工作也不顺利，好不容易招聘到的几个技术人才不到半年就纷纷离职。

资料来源：孙利虎. 战略薪酬管理：理论与实务[M]. 大连：东北财经大学出版社，2015.

结合案例，试分析企业薪酬水平及其外部竞争性在吸引、保留和激励员工方面的重要性。

2.1 薪酬管理的相关理论研究

2.1.1 薪酬管理理论的起源及发展

薪酬管理理论始于18世纪末19世纪初的生存工资理论，这种理论在19世纪中叶逐渐被工资基金理论取代，19世纪末20世纪初的边际革命，带来了边际生产力薪酬决定理论的诞生。英国著名经济学家阿弗里德·马歇尔在吸收克拉克边际生产力薪酬决定理论等成果的基础上，提出了均衡价格薪酬理论，成为薪酬理论的又一个新代表。

随着工会和劳动市场的发展，分别产生了集体谈判薪酬理论、效率薪酬理论。随着激励理论、人力资本理论和信息经济学的发展，在薪酬分配和运用上，除传统的按劳分配理论有了较大发展外，薪酬公平理论、分享经济理论、整体薪酬理论、委托-代理薪酬理论和战略薪酬理论逐步产生并日益呈现多元化格局。

2.1.2 薪酬管理理论介绍

薪酬管理理论的发展主要经历了早期薪酬理论、薪酬决定理论、薪酬分配理论、薪酬运用理论四个阶段。

1. 早期薪酬理论

1）生存工资理论

在现代西方薪酬管理理论的发展史上，最先形成的第一种薪酬理论被人们称为生存工资理论，也有人把它称为糊口工资论或者工资铁律、工资铜律。这种理论是由早期西方经济学家在18世纪末19世纪初提出来的。最早的古典经济学家魁奈和杜尔阁等人在他们的经济学著作中就已经对这种理论进行了一定的论述。其后，古典学派的大师亚当·斯密和大卫·李嘉图等对生存工资理论进行了更多的论述，为这个理论的确定奠定了基础。

生存工资理论的要点是从长远看，在工业化社会中，工人的工资等于他们的最低生活费用。工资按这样一个规律运动，是因为如果由于某种原因，工资提高到维持生存的水平之上，即资本家付给工人的劳动价格高于劳动的自然价格，就会使工人的生活资料增加。如果工人的生活资料多了，就会使工人生育的孩子增多，从而刺激工人人口增长。

西方资本主义经济是一种自由竞争型市场经济，劳动力供给增加了，劳动力需求就会相对减少，从而导致工资下降。换句话说，被雇用的工人人数多了，资本家就可以并且必然压低工资。

生存工资理论作为工资理论史上第一个里程碑，尽管在一定程度上反映了历史的真实性，并为最低工资的确立提供了理论框架，但总体来说它是一种“粗糙”的理论。它不但没有深刻揭示工资的本质，而且没有为工人生活条件的改善留下余地。

2）工资基金理论

19 世纪中叶，随着生存工资理论的日趋没落，一种新的工资理论——工资基金理论开始登上舞台。工资基金理论倡导者约翰·穆勒提出，工资基金理论主要是为了弥补生存工资理论的不足。工资基金理论的要点是：

首先，工资不是由生存资料决定的，而是由资本决定的。

其次，在工资基金确定后，工人的工资水平就取决于工人人数的多少。

工资基金理论强调，一个国家在一定时期内的资本总额是一个固定的量，其中用来支付工资的部分也是一个固定的量，而工资是资本的函数，即 $W=F(C)$。

约翰·穆勒认为，每年的产品收入中，必须先扣除用于补偿和追加的生产资料、资本及利润后，剩余部分才用于支付劳动者的工资。如果用于支付劳动者工资的部分多了，工资的增长影响了资本的增加，就必然影响生产的发展，从而使用于下一个生产周期的资本和工资减少。

显然，工资基金理论提示了这样一种思想：工人所能得到的工资总量是固定不变的，这个不变量构成了工资理论。这种情况意味着，工人阶级为提高工资所做的任何努力都是没有意义的。约翰·穆勒提出的这种理论虽然指出工资可以不受生存资料的限制，但是工资增长要受工资基金的限制。这种理论所承认的工资增长是以不减少资本的增长为前提的。因此，工资基金理论实际上是生存工资理论的翻版。

2. 薪酬决定理论

1）边际生产力薪酬决定理论

约翰·贝茨·克拉克是 19 世纪末 20 世纪初美国著名的经济学家，他运用边际分析的方法，在《财富的分配》一书中提出了边际生产力薪酬决定理论。

约翰·贝茨·克拉克将“资本生产力论”与“边际效用论”相结合，提出了边际生产力论，并以此作为薪酬分析的理论基础。约翰·贝茨·克拉克认为，劳动和资本都有生产力，劳动的生产力遵循生产递减规律，即在资本量不变的条件下，劳动的生产力随劳动者的增加而递减，最后增加的单位劳动者就是边际劳动者，他所生产的产品就是劳动的边际生产力。边际劳动者处于资本集约利用的边界上，若在此基础上再增加劳动者，则雇用支付的薪酬将不能从劳动者提供的产品中得到补偿，因此边际劳动者生产的产品产量是决定劳动者薪酬的自然基础。

边际生产力薪酬决定理论在薪酬理论的发展史上占有十分重要的地位，它的开创不但将薪酬研究的视线从致力于总体薪酬问题的一般分析转到了对厂商层次的微观分析上，而且建立了薪酬与生产力的本质联系，这一思想对于薪酬理论和实践都具有十分重要的参考意义。

2）均衡价格薪酬理论

马歇尔在吸收边际效用价值论和边际生产力薪酬决定理论等成果的基础上，提出了均衡价格薪酬理论，成为西方薪酬理论的又一个新代表。

均衡价格薪酬理论是马歇尔经济学说的核心。所谓均衡价格，就是商品的需求和供给达到一致，需求价格和供给价格相等时的价格。一般来说，需求价格是指买者（消费者）对某种商品所愿意支付的价格，它取决于这种商品对买者的边际效用；供给价格是指卖者（生产者）对提供某种商品所愿意接受的价格，它取决于卖者生产这种商品所付出的边际生产费用。

马歇尔认为，无论是劳动的需求曲线还是劳动的供给曲线，都不能单独决定薪酬水平，薪酬水平取决于两者的均衡。也就是说，薪酬水平是由劳动的需求曲线和劳动的供给曲线的交点（供求均衡点）决定的。马歇尔还对劳动供给价格的影响因素进行了分析。他认为，在现代复杂的技术条件下，各种劳动客观上存在较大的差别，每种劳动都具有不同的薪酬均衡点。同时，劳动者的生活费用，既包括生活必需品，也包括一些习惯必需品，而这些习惯必需品可能受非经济因素的影响。因此，劳动的供给价格是变动的，由劳动的供给价格和劳动的需求价格共同决定的薪酬均衡点也是处于不断变化之中的，这有效地论证了均衡价格水平的决定因素。

3）集体谈判薪酬理论

集体谈判又称集体交涉，是指以工会为代表的工人集团一方，与以雇主或雇主集团为代表的另一方进行的劳资谈判。早在 18 世纪，包括亚当·斯密在内的一些早期经济学家就注意过劳动力市场上的集体谈判及其对薪酬决定的影响。之后，克拉克和庇古等经济学家对此也有过研究，但那时由于工会的规模和影响比较小，集体谈判对薪酬水平的实际影响不大，人们对之并没有给予重视。

19 世纪中叶以后，边际主义学派和新古典主义学派与古典经济学一样，研究的重点仍然停留在自由竞争决定薪酬水平的分析思路上。但是，随着工会组织的成长和壮大，工会作为一个重要的市场主体参与薪酬的决定，使得作为分析工具的竞争模型所起的作用越来越小，这一事实引发了一批学者进行开创性的研究。其中，韦伯就是最早和最重要的一位。第二次世界大战前后，工会势力在美国等发达资本主义国家迅速增长，工会会员人数达到产业工人总数的 1/4 左右，再加上许多未参加工会的工人的收入实际也受到工会活动的影响，因此工会在薪酬决定中的作用引起了高度关注，集体谈判薪酬理论就此产生。集体谈判薪酬理论的产生与发展是工会发展的产物。

集体谈判薪酬理论就如何确定短期货币薪酬而言，是迄今能做出最好解释的一种理论。这种薪酬理论与边际生产力薪酬决定理论之间是内在统一并相互补充的。通过集体谈判确定的短期薪酬水平有时会高于或低于边际生产力水平，但边际生产力是现实薪酬水平运动的中线。集体谈判的具体过程极其复杂，它与政治学、社会学、心理学及法学都有密切联系。

4）效率薪酬理论

效率薪酬理论是 20 世纪 70 年代后期产生的一种薪酬理论。这种理论不是将薪酬视为生产力的结果，而是倾向于将薪酬视为促进生产力提高的手段。效率薪酬理论的基本观点是，薪酬与生产力之间是相互依赖的。传统的薪酬决定模型是建立在劳动同质并隐含薪酬水平不改变劳动的边际产出和劳动力需求曲线位置的基础上的，因此任何薪酬水平的变化只会导致劳动力需求量的变化，而不会导致劳动力需求曲线本身位置的移动。然而在劳动异质和薪酬与生产力之间相互依赖的情况下，厂商降低薪酬，不一定会增加利润，厂商提高薪酬，也不定会减少利润。进一步讲，厂商可以通过支付较高的薪酬水平来降低每单位有效劳动的费用，薪酬可作为增加利润的有效手段。

效率薪酬理论认为，工人工作的效率与工人的薪酬有很大的相关性，高薪酬使工人效率更高。目前，主要存在以下四种关于效率薪酬理论的解释。

第一种适用于贫穷国家的效率薪酬理论认为，工资影响营养。多给工人一些薪酬，工人才吃得起营养更丰富的食物，而健康的工人生产效率更高。

第二种适用于发达国家的效率薪酬理论认为，高薪酬降低了劳动力的流动性。工人由于各种原因离职，如接受其他企业更好的职位、改变职位，或者迁移到其他地方。企业通过支付高薪酬降低了工人离职的概率，从而减少了雇用和培训新工人的时间和费用。

第三种效率薪酬理论认为，劳动力的平均素质取决于企业向工人所支付的薪酬。如果企业降低薪酬，高素质的工人就会到其他企业工作，留在企业里的可能是没有其他机会的低素质工人。

第四种效率薪酬理论认为，高薪酬会提高工人的努力程度。企业不可能时刻监督工人工作，工人是否努力工作是由自己决定的。工人可以选择努力工作，也可以选择偷懒，并有被处罚或解雇的风险。这里引起了工人的“道德风险”，企业可以通过支付高薪酬减少工人的“道德风险”，提高工人的努力程度，进而提高工人的工作效率。

虽然这四种解释在细节上有所不同，但它们有一个共同的理论：因为企业向工人支付高薪酬就能更有效地运行，所以企业发现使工资高于供求均衡的水平是有利的。

3. 薪酬分配理论

1）按劳分配理论

马克思的按劳分配理论包含两个部分：一是对社会主义分配方式的本质概括，即按劳分配原则；二是依据对未来社会特定经济环境的分析所构成的按劳分配的实现模式，即消费品的具体分配形式。

（1）按劳分配的前提。

① 全部生产资料归社会共同占有，社会成员在生产资料占有关系上处于完全平等的地位。

② 商品经济已经消亡，整个社会生产都直接按计划有组织地进行，每个人的劳动都直接构成社会总劳动的一部分。

③ 旧的社会分工和劳动的本质差别依然存在，劳动还仅仅是个人的谋生手段。

④ 不但同一部门的劳动生产力的高低取决于本部门劳动者的劳动强度和熟练程度，而且不同部门的不同的复杂劳动较容易转化为简单劳动，并能用劳动时间直接计量。

⑤ 按劳分配的对象是进行了必要社会扣除之后的社会总产品。

（2）按劳分配的特征。

① 实施范围的全社会统一性。

② 按劳分配的社会直接性。

③ 分配形式的实物性。

④ 劳动时间作为消费品分配依据的唯一性。

⑤ 等量劳动领取等量报酬（个人消费资料）的绝对性。

2）分享经济理论

所谓分享经济，既是一种劳动的单位成本随着就业的增加而下降的经济，也是一种劳动的边际成本小于劳动的平均成本的经济。

分享经济理论是美国麻省理工学院经济学教授马丁·魏茨曼于 1984 年提出来的一个新的经济学理论。分享经济理论的核心是传统的资本主义经济的根本弊病不在于生产，而在于分配，特别是在雇员报酬制度上。

马丁·魏茨曼认为，要摆脱滞胀（停滞性通货膨胀）需要新的手段，必须对导致滞胀的根源——工资制度"动大手术"，把工资制度改为分享制度，把工资经济改为分享经济，非如此不能使现代西方经济从根本上摆脱困境。

这种雇员报酬制度的改变带来的优点如下所示。

（1）分享制度与工资制度有根本不同的动态特点，它是一种劳动短缺型经济制度。

（2）分享制度比工资制度具有小得多的通货膨胀倾向。

（3）分享经济在偏离均衡时，比工资经济具有更强的返回均衡的倾向。

（4）分享制度还有改善人际关系的积极作用。

3）人力资本理论

人力资本理论不是薪酬决定理论，但是它对薪酬的决定有影响。人力资本理论的起源可以追溯到古典经济学家亚当·斯密和近代经济学家马歇尔等人，但是他们都未进行深入研究。真正提出人力资本理论的是美国经济学家西奥多·舒尔茨，后来对其加以发展的是加里·贝克尔。

西方经济学家认为资本有两种形式，即体现在物质形式方面的物质资本和体现在劳动者身上的人力资本。劳动者的知识、技能、体力（健康状况）等构成了人力资本。人力资本对经济增长具有十分重要的作用，能促进国民收入明显增加，人力资本投资也必然影响薪酬的高低。人力资本是通过人力资本投资形成的，其投资是多方面的，包括教育（培训）支出、保健支出、劳动力国内流动（移居）支出及用于移民入境的支出（为了寻找工作）等多种形式，其中最主要的是教育支出（包括在职培训）。人力资本投资还包括为了补偿劳动力消耗，在衣食住行等方面的支出，不过这种支出并非仅仅为了工作，而是为了满足人的生理需要所必要的经常性支出，所以一般不计算在内。这些人力资本投资都有初始支出，都希望未来获得投资报酬。劳动者的知识和技能形成一种生产资本储备，这种生产资本的价值派生于劳动力市场上技能的报酬，寻找职业与迁移等提高技能储备的价格（薪酬），从而提高人力资本的价值。

人力资本投资的目的，对国家及企业等单位来说是获得经济增长，对劳动者个人来说是现在和未来获得效用、得到满足。如果得不到效用，无论是国家、企业还是个人，都不会进行投资的。那么，具体来讲，人们在什么情况下才愿意投资呢？一般情况下，只有当预期收益的现值大于现在支出的现值时，人们才愿意投资。从薪酬角度来说，只有未来得到的薪酬现值等于或大于现在的教育投资等支出的现值时，人们才愿意投资。也就是说，人力资本投资必须得到补偿。例如，如果大学毕业生的初始薪酬水平低于中学生的初始薪酬水平，也许就不会有很多人愿意投资上大学；如果工作很长时间后，大学毕业生的薪酬仍然低于原中学同班同学（未上大学）的薪酬，那么也不会有很多人愿意上大学。一般情况下，大学毕业生的初始薪酬应高于中学毕业生的初始薪酬，其薪酬水平可能低于已参加工作多年的中学毕业生，但工作时间长了就会超过中学毕业生。

4. 薪酬运用理论

1）薪酬公平理论

薪酬公平理论由斯达西·亚当斯提出，他认为，公平感与满足感既有区别又有联系。满足感取决于已经获得奖励的数量和仍然希望进一步获得奖励的数量；公平感取决于员工所获得的奖励和他所做出的贡献之比与某个衡量标准相比是高还是低。

这里的公平指的是员工对自己在工作中的投入与自己从工作中得到的收益两者之间的平衡。员工的投入包括教育、工作经验、特殊技能、努力程度和花费的时间；员工得到的收益包括薪酬、福利、成就感、认同感、工作的挑战性、好名声和其他形式的薪酬。

与其他人进行比较的模型是：用 A 表示“自己对本人所获报酬的感觉”，用 B 表示“自己对他人所获报酬的感觉”，公平理论的基本公式可以表达为：（1）A=B；（2）A<B；（3）A>B。

当 A=B 时，员工会感到公平，工作处于稳定状态。

当 A<B 时，员工会感到不满意，往往会减少自己的投入，或者要求增加自己的报酬；另外，员工期望组织减少比较对象的报酬或增加其工作投入。

当 A>B 时，员工开始感到满意，但往往不会增加自己的投入或期望降低自己的报酬；在大多数情况下，员工会重新衡量感觉程度，会有增加他人报酬同时降低他人投入的感觉，直到平衡为止。

在这个主观比较的过程中，由于信息不对称，员工往往会高估他人的报酬；由于人的本性，员工又会高估自己的投入。因此，很难令所有人都感到公平和满足。这个理论提醒管理者以下两点：一是信息公开的重要性，要尽量做到过程公平，这样会减少感觉误差，会给管理带来促进作用，增加员工的公平感；二是员工认为不公平在一定程度上是正常现象，不可能让所有人都感到公平。

在企业管理实践中，管理者除了关注结果公平，更应关注过程公平，因为只有过程公平，人们才会对结果信服。

2）战略薪酬理论

从战略角度理解，薪酬不只是对员工贡献的认可和回报，它还是一套把组织的战略目标和价值观转化为具体的行动方案，以及支持员工实施这些行为的管理流程。它是连接雇主与雇员的纽带，薪酬体系不仅能帮助组织吸引和留住发展必需的人才，还能够影响员工的责任感和他们为组织付出努力的程度。薪酬体现的是组织内全新的价值观和实践方法，它是组织战略和文化的组成部分，它以自己特有的方式改变着组织的精神面貌，改变着雇主与雇员的关系及组织的竞争力和活力。薪酬需要不断进行调整，通过创造新的方法和形式让员工分享其成果，推动组织变革，使员工成为组织竞争与发展的战略伙伴。

战略性薪酬政策的目的如下所示。

（1）奖励员工过去的工作绩效。

（2）保持在劳动力市场上的竞争性。

（3）维持薪酬在员工之间的公平。

（4）融合员工未来的工作绩效和组织的目标。

（5）控制薪酬预算。

（6）吸引新员工。

（7）减少不必要的人员流动。

战略性薪酬政策的要点如下所示。

（1）组织内的薪酬水平是高于、低于还是正好处于普遍接受水平。

（2）薪酬水平能否获得员工的认同，同时激励员工付出最大努力。

（3）员工的起薪以及新员工与资深员工薪酬相差的幅度。

（4）调薪的间隔期以及员工的绩效与资历对加薪的影响。

（5）薪酬水平能否对实现好的财务状况以及产品或服务有所推进。

2.2 现代薪酬管理思想与发展趋势

2.2.1 现代薪酬管理思想

对企业来说，薪酬是一把“双刃剑”，使用得当能够吸引、留住和激励人才，可以卓有成效地提高企业实力和竞争力，而使用不当则会给企业带来危机。毫无疑问，建立全面的、科学的薪酬管理系统，对于企业在知识经济时代培育核心竞争力和竞争优势，获得可持续发展具有重要意义。因此，不断调整和完善薪酬制度是当前企业面临的一项紧迫任务，同传统薪酬管理相比，现代薪酬管理思想主要包括以下内容。

（1）薪酬管理最根本的是对劳动生产率的管理，即对劳动效率的管理。

我们判断一种薪酬制度、薪酬策略的优劣，不是看人力成本的高低，而是看劳动生产率的高低。成功的薪酬管理必然会引起激励因素的提高、员工效率的提高。反之，没能促使劳动效率提高的薪酬管理，不能说是成功的。

（2）精神激励的作用不可忽视。

现代管理者已经认识到，优厚的薪酬能用来留住员工，却不能带来任何的激励因素，而内在精神激励往往更能发挥员工的积极性。

（3）薪酬公平化的“可比价值”公平。

用“可比价值”来解释公平付薪理论，将公平化建立在更为广大的基础上，引导人们将报酬公平与否的注意力放在对相似职位的工作评价上，使薪酬的内涵更加深化。

（4）重视员工自我激励的能动性。

管理学家指出：员工有自我激励的能动性。企业管理者的任务是爱护和开发员工的自我激励能动性。员工自我激励基于这样一个事实：每个人都对归属感、自尊感、成就感并对驾驭工作的权力充满渴望。恰当地满足员工的这些需求，就会激发员工的自我激励行为。

（5）薪酬管理和绩效考核管理密不可分。

任何薪酬管理要想成功，必须与科学有效的考核制度和考核方法相配合。一些企业往往由于绩效考核管理上存在漏洞，而使优良的薪酬管理发挥不出较大价值。

（6）薪酬结构应随行业、企业而改变。

薪酬结构作为薪酬策略选择的一部分，日益成为薪酬管理的重要内容。薪酬结构主要是指工资、奖金、津贴、股权、福利之间的比例关系，以及固定工资与浮动工资之间的比例关系。这些比例关系就像调节阀，可以整合和变化出许多新的薪酬格局。

① 总体来讲，浮动工资不应太少，但也不是越多越好。浮动工资不足，难以推动员工业绩的提高；浮动工资比例过高，则会导致短期行为。

② 一般而言，工资仍是薪酬的主体部分，奖金和津贴应该少而精。

③ 福利是十分重要的因素。作为一种薪酬支付手段，福利有其独特的价值：首先，由于减少了以现金形式支付给员工的薪酬，企业可通过这种方式降低薪酬成本；其次，福利为员工将来的退休生活和一些可能发生的不测事件提供了保障；最后，福利是调整员工购买力的一种手段。因此，企业应重视福利。

④ 员工持股和股票期权。这些属于长期激励，但影响因素十分复杂。例如股票期权，既要看到其显著的长期激励效果，也要看到其负面影响——助长贫富两极化，诱发经营层的短期行为，也应看到其局限性——一旦股票市值的高速增长不再继续，其激励作用将一落千丈。

（7）薪酬管理应与企业文化、企业形象建设相得益彰。

薪酬管理意在启动企业内部的物质发动机，企业文化建设意在启动企业内部的精神发动机。优厚的薪酬可以吸引和留住优秀的人才，而优秀的企业文化以及由此而塑造出的优秀企业形象，则可以使人才迸发出高度热情和创造性，甚至可以用中等竞争力的薪酬把一流人才吸引过来、留住他们，并使其积极工作。

（8）薪酬管理过程鼓励和强调公平竞争。

薪酬管理的本质是提高劳动生产率，而提高劳动生产率的杠杆就是竞争。如果一个薪酬政策鼓励和造就了公平竞争，这种薪酬管理就充满了活力。为达到此目的，薪酬管理必须与公平、科学的考核制度相结合，必须强调薪酬与贡献挂钩，与个人、团队、组织的绩效挂钩，并且适当地拉大薪酬差距，表现出“奖勤罚惰，奖优罚劣”的明显功能。

2.2.2 现代薪酬管理的发展趋势

现代薪酬管理呈以下发展趋势。

1. 薪酬内容全面化

薪酬作为组织人才战略的重要调节杠杆，在整个人力资源管理系统中居于核心地位。人们对于薪酬管理重要性的认识也日益加深，同时随着薪酬现实经济的发展和各种薪酬管理理论在组织薪酬管理实践中的不断渗透，薪酬管理内容更加丰富多元。组织性质、管理模式的变革带动了薪酬的发展，其成分和结构等也在不断变化。

2. 薪酬结构去等级化

“宽带薪酬”在近几年备受推崇，究其原因就是它在一定程度上打破了传统薪酬结构所维护的等级制度，缩小了等级差距所带来的薪酬差距，引导员工的注意力从职位晋升或者薪酬等级晋升转移到个人发展和能力的提高方面，同时给予了绩效优秀者比较大的薪酬上升空间，进而确保了组织对员工的有效激励。“宽带薪酬”所代表的就是去等级化的薪酬结构改良模式，以此减少职位或者薪酬等级所引发的各种问题。

3. 薪酬目标长期化

人才在组织发展中占据着重要的地位，因此薪酬作为吸引和留住人才的重要手段必须充分发挥其功能。现在越来越多的组织开始重视对于核心技术人才和管理人才的长期激励，如通过股权红利或者各种福利的发放等方式，以期留住关键人才，稳定员工队伍，保障组织长远发展。

4. 薪酬制度透明化

以前关于薪酬制度的问题，大多数人持较为保守的意见，认为薪酬需要保密，因为透明的薪酬容易引发组织内的横向比较，影响组织的正常运行。但反而言之，正因为薪酬制度不透明，才会使员工对组织的薪酬制度和政策产生怀疑，进而容易引起暗箱操作、恶性竞争等现象。如果将薪酬制度和政策透明化处理则有利于管理者引导员工正向竞争。把薪酬透明建立在公平、公正、公开的基础之上，甚至采取邀请员工参与相关工作的做法，这将有利于组织薪酬制度的制定和实施。

5. 福利方式弹性化

福利是薪酬的重要组成部分。一些组织对员工福利投入的并不少，但有时候会被员工忽视。此外，由于个人偏好，组织难以完全满足所有人的需求。对于这个问题，一些组织开始采取选择性福利（也称作“自助式福利”），即让员工在规定范围内选择自己需要的福利组合，最大限度地满足员工的需求，提高员工的满意度，增强员工的向心力。

2.3 薪酬管理存在的误区

薪酬管理要为实现薪酬管理目标服务，薪酬管理目标是基于人力资源战略设立的，而人力资源战略又服从于企业发展战略。很多企业在薪酬管理实践中存在一些误区，具体表现在以下几个方面。

1. 薪酬观念方面

在薪酬观念方面，有些企业高估了薪酬管理作为一种独立系统而存在的作用。从总体管理流程来看，薪酬管理属于企业人力资源管理的末端环节，它位于一系列人力资源管理职能之后，是在工作分析、岗位评价及绩效管理等完成之后才能得到的一个结果。但是，薪酬管理的作用绝不仅仅是“分蛋糕”或“论功行赏”，薪酬分配本身既是一种结果，也是一种过程。进而言之，薪酬系统本身所规定的分配方式、分配基准、分配规则及最终的分配结果，会反过来对进入价值创造过程的人的来源及价值创造过程本身产生影响。也就是说，薪酬分配的过程及其结果所传递的信息可能导致员工有更高的工作热情、更强烈的学习与创新愿望，也可能导致员工工作懒散、缺乏学习与进取的动力。

目前，相当一部分企业将薪酬作为对员工进行激励的唯一手段或者最重要的手段。企业管理者相信“重赏之下，必有勇夫”——只要工资高，一切都好办；只要支付了足够的薪水，企业在人力资源管理方面就可以减少很多麻烦，如更容易招聘到一流的员工、员工离职率更低、更便于向员工施加努力工作的压力等。在这些企业中，薪酬往往被当作企业激励员工的“杀手锏”，加薪成为解决问题的一种最有力的手段。

根据赫兹伯格的双因素理论，薪酬主要属于一种保健因素而非激励因素。也就是说，较高的薪酬水平可以保证员工不会产生不满意，但是并不能使员工产生满意。事实上，这种情况在我国许多企业员工（尤其是在那些受教育程度较高的人）身上体现得非常充分。劳动力市场上很多人为了个人的能力得到充分发挥，以及寻求适合自己的企业文化和领导风格而辞去高薪工作，宁愿接受薪酬水平稍微低一些的工作。事实上，很多时候，当员工抱怨对企业的薪酬水平不满时，真正的原因并不一定是薪酬本身有问题，很可能是员工对企业人力资源管理系统的其他方面有意见，只不过是借薪酬说事罢了。这时，加薪仅仅是对员工在其他方面不满所导致的心理损失而提供的一种补偿，但是往往不会产生企业所期望的激励效果。

2．薪酬管理制度方面

1）当前的薪酬制度使多数企业对内缺乏公平感，对外缺乏竞争力

当前的薪酬制度和传统的薪酬制度相比虽然有了很大的改进，但由于我国企业在人力资源管理方面经验的积累时间较短，人力资源管理的基础性工作存在缺陷，企业的薪酬管理存在一些问题。大多数企业考虑更多的是员工的潜在劳动能力，而员工潜在劳动能力的实际发挥往往不会引起人们的注意，所以薪酬的分配主要靠工龄、学历、职称、行政级别等，而忽视了每个员工所做的差异性和对实现企业目标的贡献。这种制度看上去很公平，但实际上是对工作价值的否定，难以体现员工能力高低的区别，因此挫伤了优秀员工的积极性，从而造成企业对内缺乏公平感，对外缺乏竞争力。

2）与薪酬相关的制度不配套

基本的薪酬体系搭建好之后，还远远无法达到理想的境界。对于怎样确定员工薪酬，有什么参照标准，怎样考核，怎样调整，怎样激励，怎样突出优秀员工与一般员工的区别，怎样体现公平性等问题必须经过理性的思考和分析，并用详细的文字描述出来，形成一个个彼此关联的制度，并且需要具有可操作性。这样的制度不出台，再好的薪酬结构也起不到作用。

3．薪酬激励方面

1）薪酬的激励功能被忽略

企业在对薪酬的功能理解上常过于偏颇，只注意到薪酬的保健功能，而忽视了薪酬的激励功能。不管员工在工作中贡献多少，“上班拿钱”似乎理所当然。奖金在一定程度上已失去了奖励的意义，变成了固定的附加工资。其结果是企业员工长期积累的惰性和安全感，使薪酬失去

了应有的激励功能。工龄的增加意味着工作经验的积累与丰富，代表着能力或绩效潜能的提高。因此，工龄工资具有按绩效和贡献分配的性质，而大多数企业实行的工龄工资是等额逐增的调整方法，这显然不太合理。

2）薪酬系统的激励手段单一，激励效果较差

在基本薪酬差距一定的情况下，薪酬对于员工的激励主要取决于两大工具：一个是绩效加薪，另一个是奖金的发放。所谓绩效加薪，就是在员工现有基本薪酬的基础上，参考市场薪酬水平，同时结合员工的绩效评价结果（有时还要考虑员工所在部门的业绩及整个企业的业绩）来增加员工的基本薪酬的一种做法。奖金是一种主要与员工个人的绩效相关的现金奖励。绩效加薪会使员工的基本薪酬不断提高，而奖金则大多实行一次性支付，奖金的发放不能改变员工的基本薪酬水平，而绩效加薪具有一种刚性特点，尽管每次加薪的幅度往往不大，但是久而久之就可能导致企业在不知不觉中，将员工的基本薪酬提高到对成本构成较大压力的地步。与此同时，这种日积月累式的加薪也渐渐被员工看成一种理所当然的既得权利，而不是一种激励手段。因此，企业可以在绩效优异时支付较高水平的奖金，在绩效不佳时适当控制奖金的发放，从而适当控制成本。

如今，在一些企业中，生产工人的薪酬制度相对来说变得越来越合理，越来越接近市场的要求，但是对于管理类、事务类、技术类及营销类员工的薪酬体系设计仍然存在一些问题。一些企业试图拉开企业内部的收入分配差距，但实际上往往“雷声大，雨点小”。员工的收入差距，一方面应当取决于员工所从事的工作本身在企业中的重要程度及外部市场的状况，另一方面取决于员工在当前工作岗位上的实际工作业绩。单一的薪酬激励手段势必影响激励效果。

4．薪酬结构方面

1）企业薪酬结构存在问题，主要是薪酬水平之间的差距很小

企业由于所处的环境不同、行业不同，企业的发展阶段不同，员工的构成不同，薪酬结构往往存在较大差异。甲企业的薪酬构成乙企业要照搬，除非两家企业处于同一地区、同一行业，并且在同一发展水平上，否则这种抄袭式的薪酬体制注定失败。

一些企业薪酬水平之间的差距很小。美国薪酬设计专家爱德华·海曾提出“职务的现状构成”这一概念，根据职务责任因素与智能和解决问题的能力这两个因素之间影响力的对比与分配，将企业中的职务分为三种类型：“上山”型，如总裁和销售部经理等；“平路”型，如会计和办公室职员等；“下山”型，如市场分析员和科研开发工程师等。企业据此确定薪酬水平。一些企业的薪酬实践与上述职务类型走向正好相反，是“低级职位领先”型、“中级职位匹配”型和“高级职位落后”型。其实，为低端职务支付高薪根本没有战略意义，原因在于：低端职务人员众多，总成本相对较高；市场上此类人员的供给大于需求，这类员工的替代成本较低；这类员工对企业的贡献有限。对企业来说，市场上供不应求、替代成本较高、贡献相对较大且难以获取的高端职务人员，其薪酬却相对职务特性较低。这体现了企业的薪酬设计问题，主要是结构问题。

2）薪酬结构零散，基本薪酬的决定基础混乱

从一些企业的薪酬表上，我们能看到多达七八项甚至十几项的薪酬构成，看上去很复杂。究其原因，就在于许多企业的薪酬体系设计是一种机械式的设计思路，认为薪酬中应当体现的因素（如岗位的重要性、技术水平的要求高低、最低生活费用等）都必须在薪酬结构中单独设立一个板块。事实上，很多时候，企业的薪酬构成被划分得越多，员工的薪酬水平差异就越不容易得到合理的体现。不仅如此，薪酬构成板块过多还会导致员工薪酬水平高低的决定因素变得模糊。员工既不清楚决定自己薪酬与他人薪酬的差异的主要原因，也不清楚自己怎样才能通过个人努力来增加薪酬，更看不到企业的薪酬制度鼓励什么及其与企业的战略之间是怎样的关系。

从我国企业的实际状况来看，对管理类、事务类及生产类的员工来说，以职位为基础的基本薪酬决定方式起码在现阶段是比较适用的。但是，需要指出的是，即使在一些明确实行岗位工资的企业中，在岗位的界定和评价方面也存在很多误区。在一些企业中，作为基本薪酬决定依据的是行政级别或者人员类别，而不是真正意义上的经过分析和评价之后确定的岗位。例如，很多企业的部门经理都拿基本相同的薪酬，理由是他们属于同一类岗位，但事实上，不同部门经理所承受的压力及对企业战略目标的贡献的差异非常大，可以将其归入同一行政级别，却不能说他们属于同一个等级的岗位。对一些规模较大的电信企业和保险企业进行实际量化职位评价的结果表明，不同部门经理职位通常可以被划分为 3～4 个不同的岗位等级。

对企业来说，对技术类人员实行以技能为基础的基本薪酬决定方式，可能是比较合理也比较有利的。只不过在实行技能工资制的情况下，企业必须制定出明确的技能等级评价及再评价的方案，而不能搞成变相的论资排辈。企业单纯依赖国家的职称评定系统来界定技术类人员技能等级的做法，已经远远满足不了人力资源管理的需要，企业必须自行研究制定适用于本企业技能资格的等级标准，并定期进行评价及再评价，这样才能保证技能工资制真正落到实处。

5．薪酬管理体系设计方面

在讨论薪酬设计的问题时，企业较多考虑的是公平原则、补偿性或利害相等原则、透明原则等，而对整个薪酬的界定缺乏理性的战略思考。薪酬设计上的战略导向原则，是将企业薪酬体系构建与企业发展战略有机结合起来，使企业薪酬体系或薪酬计划成为实现企业发展战略的重要杠杆。很多企业在薪酬管理体系设计方面存在问题，如有的企业声明的战略之一是成为市场上的佼佼者，但该企业将薪水标准定位于中档水平；有的企业声明将增加股东的长期利益作为自己的一个战略目标，但该企业着重奖励短期经营业绩，这易导致高管人员的短视行为，可能放弃或忽视一些对企业长远发展有决定性影响的工作，如新市场的开拓、新技术的研发、经营创新和管理变革等。每个企业都希望自身利润最大化，企业应该强调自身整体业绩、团队协作，但实际上企业往往过分强调员工的个人业绩考核与激励，这必将影响员工之间的协作，从而影响组织整体的运作能力；而过分强调团体的利益，又会使员工产生吃“大锅饭”的思想。因此，处理好个人和组织之间的矛盾，实现企业生存和发展及持续发展，是战略性薪酬设计的重要任务。

应对薪酬管理在各方面存在的误区，企业可以采取以下几个对策。

1）建立“以人为本”的薪酬制度

“以人为本”的薪酬管理是指把“以人为本”的思想贯穿到企业的薪酬管理当中，从而真正发挥激励和留住人才的作用。企业要想真正留住人才，建立“以人为本”的薪酬制度至关重要。建立“以人为本”的薪酬制度，关键在于了解员工的需求。按照情境领导理论，领导的效果主要取决于下属的活动，每个下属在能力、意愿等方面是不同的，因此领导必须对下属进行认真的分析并找出差异，从而采取不同的领导方式，这样才能取得最佳的领导效果。不同的员工具有不同的需求，甚至同一个员工在不同时间的需求都可能不同。对于低工资人群，奖金的作用不容忽视；对于收入水平较高的人群（特别是知识分子和管理干部），则晋升职务、给予尊重、授予职称、鼓励创新及工作的自由度显得更为重要。如果领导想使对下属的激励最大化，就必须以下属为中心，看重他们的需求，了解需求的多样化并做出积极的反应，从而实现领导效果最大化，真正体现“以人为本”的思想。

2）导入动态的战略导向原则

战略导向原则是具有战略意义的，主要是对外部环境的适应，战略视角着眼于那些有助于组织获取和保持竞争优势的竞争性原则。以资源为基础的战略管理理论是从企业的资源特性和战略要素的角度来解释企业持久竞争优势的来源的。企业有人力、物力和组织资源三类资源，能力是一系列资源整合的结果。在一个企业中，并不是所有的资源和能力都有潜力成为持久竞争优势的基础，只有当资源和能力有价值、稀缺且难以模仿时，这种潜力才可能变成现实。战略导向薪酬体系设计就是整合各种资源，从而形成企业的核心能力，而其本身也是企业的一种独特能力，也能帮助企业获取竞争优势。薪酬关系到组织目标和个体目标的实现及其统一，加之企业将大量的资金用于薪酬及其相关事项，因此企业必须先从战略的角度来看待它。一方面，管理层和人力资源主管在进行薪酬决策，确立指导性原则进而制订薪酬计划时，必须使这一计划从“战略上”适应企业的目标并且方向准确，这一点对企业来说至关重要；另一方面，在具体设计薪酬体系之前，应从战略的层面展开分析和思考，这样才能保证在企业战略指导下设计出来的薪酬体系适合本企业。

3）引入整体薪酬回报方案

随着经济全球化的发展，为了应对愈发激烈的商业竞争，各企业为了保持自身人力资源的竞争优势，针对员工薪酬结构的优化和改良也由浅尝辄止至深入本质地迅速展开。整体薪酬回报在这一形势下应运而生，它从整体上考虑企业对不同员工的需求回报，包括直接财务酬劳、间接财务酬劳、工作内容、职业生涯设计和从属关系五个要素。一方面，整体薪酬回报符合人们不同层次的需求；按照马斯洛的需求理论，不同的人在不同的职业发展阶段具有不同的需求，运用整体薪酬回报，可以使对不同层次的人的激励效果最大化。另一方面，整体薪酬回报符合人口统计学理论对触发人的内在潜质的分析；传统的薪酬方式存在种种弊端，包括高强度的紧张工作、令人压抑的工作环境、事无巨细一把抓的管理方式、对员工长期投资的重要性的忽略、“大锅饭”式的奖励制度和虚假空泛的工作评价。整体薪酬回报方案可以从各个方面来激发员工的潜能，包括适宜的学习机会、根据个人需要制定的灵活的工作时间、提供准确的工作反馈、根据个人情况制定的福利制度、有规律的员工会议、突出员工个人绩效的重要性、有利于提高效率的工作环境等。

4）将薪酬纳入市场经济范畴进行管理，大胆创新

企业是围绕市场运行的，所以应将薪酬纳入市场经济范畴进行管理。要建立与现代企业制度相适应的薪酬分配制度，就应从分配制度、分配机制和分配管理等方面大胆创新。分配制度创新是根本，分配机制创新是关键，分配管理创新是基础。

人力资源是企业在竞争中生存和发展所依赖的最重要的物质基础。企业应掌握现代薪酬管理理论和设计方法，大胆着眼于创新实践，根据企业内外的特点重塑薪酬激励机制，使其逐步科学化、系统化、规范化，真正起到调动员工积极性和创造性的作用。

【本章小结】

薪酬管理理论的发展主要经历了早期薪酬理论、薪酬决定理论、薪酬分配理论、薪酬运用理论四个阶段。

早期薪酬理论包括生存工资理论、工资基金理论；薪酬决定理论包括边际生产力薪酬决定理论、均衡价格薪酬理论、集体谈判薪酬理论、效率薪酬理论；薪酬分配理论包括按劳分配理论、分享经济理论、人力资本理论；薪酬运用理论包括薪酬公平理论、战略薪酬理论。

薪酬管理的五大发展趋势：薪酬内容全面化，薪酬结构去等级化，薪酬目标长期化，薪酬制度透明化，福利方式弹性化。

很多企业在薪酬管理实践中存在一些误区，具体表现在薪酬观念方面、薪酬管理制度方面、薪酬激励方面、薪酬结构方面、薪酬管理体系设计方面。

【复习思考题】

1. 简述薪酬管理理论的发展过程。
2. 薪酬管理的发展趋势是什么？
3. 薪酬管理的实践误区主要体现在哪些方面？

【案例分析】

微软一直沿用的薪酬体制被证实是非常成功的。在微软的薪酬构成中，薪金部分只处在同行业的中等水平，很多中级和高级人员加入微软时的工资都低于原来所在公司的工资水平。但是，“持有微软股权”的诱惑足够吸引大部分人才。

微软的薪酬体制是这样的：一定级别以上的员工被雇用即得到一部分认股权，以当时市场最低价为授权价，所授认股份分期在几年内实现股权归属，员工可以按授权价认购已归属自己的股权，实际支付的认购价与认购当时市场价的差价就是股权收益。员工被雇用

后每年都可能得到新的持股权奖励，这取决于个人的绩效和对于公司的长期价值。此项制度实际上是公司在为员工投资而公司又不冒任何风险。对于员工也没有风险：股权归属时如果市价不高也不必着急，可以等到升值时再认购。唯一可能存在的风险是股票一路下跌再不升值，员工在较低工资方面的“损失”就补不回来了，可是这在微软的历史上还没有出现过。这种方法对于已经上市或将要上市的处于上升阶段的公司效果会很好，但很快就可能遇到新的问题：人员过于稳定，不称职的员工宁可降职也要留在公司里，这个问题十几年前就在微软出现了。因此，要激励、鞭策员工自觉地努力工作，必须有一套强有力的绩效管理体制。微软的绩效管理体制的核心是形成内部竞争，保持员工对绩效评定的焦虑，驱使员工自觉地追求超越自己和超越他人。微软的绩效管理体制由三部分组成：个人任务目标计划，绩效评分曲线，与绩效评分直接挂钩的加薪、授股和奖金。个人任务目标计划由员工起草，由经理审议，再修改制订。制订计划有几个原则：具体，可衡量，明确时限（不能用“努力提高”“大幅度改进”之类的模棱两可的词语），现实且必须具有较高难度。绩效评分曲线的形状和角度是硬性的（各级分数的百分比是规定的，最佳和最差的比例都很小），不许改变。绩效评分等级包括最佳、较好、及格、不及格。完成个人任务目标计划并不一定意味着获得高分，员工必须争取做“英雄中的英雄”，这样才可能不落到最后。微软的绩效体制能不断地驱使本来就很优秀的员工更努力地进取、竞争，置优秀的员工于危机感之下，使其自觉保持巅峰竞技状态。年度加薪、授权、奖金与绩效评分直接挂钩，不及格就什么都得不到，还要进入“绩效观察期”。一个进入观察期的人通常会选择主动辞职，那么其自然也就失去了所有未到期归属的股票认购权，这是一项巨大的损失。

资料来源：张宝生. 薪酬管理[M]. 北京：北京理工大学出版社，2018.

请问：微软的薪酬体制具体是怎样的？它好在哪里？

【本章实训】

A 公司是一家电力行业的机电设备制造企业，其前身是一家机电设备的区域代理销售公司，在原始资本积累完成之后，开始进入制造生产领域。2002 年，A 公司投资 1 亿元在国家级开发区购买了土地，兴建了现代化、规模化的厂房，开始了产、供、销、研一体化运营。在其销售渠道优势的基础上，A 公司采取高薪策略，在原代理产品的企业中挖取了研发、生产、质量、销售等方面的专业技术和管理人才，很快完成了生产、研发和销售能力储备，在市场上快速形成了竞争地位。2004 年，A 公司提出了三年内产值翻两番、五年内名列行业前三位的发展战略，但是由于 A 公司缺乏薪酬管理的系统性建设，员工薪酬缺乏均衡的体系，中高级岗位，尤其是对于第一批从原代理产品的企业而来的专业技术和管理人员全部采取谈判协议工资，灵活性和随意性很大，很难保障内部的公平性。此外，A 公司的薪酬结构过于简单，对于这部分员工的“奢侈工资”没有设计基于绩效的浮动薪酬，刚性很强。同时，对于掌握了核心技术和销售资源的核心员工没有设计长期激励措施，随着时间的推移，相互之间有关薪酬公平性的矛盾日益突出，对团队合作产生了严重的影响。加之由于管理层与公司之间缺乏共同利益的结合，“打工心态”浓重，至 2007 年，第一批核心员工陆续离开，企业的研发能力青黄不接，人心不稳，经营绩效逐渐下滑，三年战略目标无法实现。随着外部市场竞争环境的变化，A 公司陷入经营困境之中。

资料来源：李志畴. 薪酬体系设计与管理实务[M]. 南京：凤凰出版社，2012.

请结合本章的学习分析 A 公司陷入经营困境的原因。

第 3 章
薪酬管理制度

学习目标

- ◆ 熟悉现代薪酬管理制度的含义与特征。
- ◆ 掌握薪酬管理制度的影响因素。
- ◆ 掌握薪酬管理制度的设计原则。
- ◆ 掌握薪酬管理制度的设计流程。

关键术语

薪酬管理制度、影响因素、设计原则、设计流程

引导案例

1962 年，美国沃尔玛公司创立于美国西部的一个小镇，1991 年成为美国第一大零售企业，2001 年获得世界 500 强企业第一的位置，2002 年其销售额达到 2 465 亿美元。沃尔玛公司有折扣商店、仓储商店、购物广场和邻里商店四种零售业态，店铺有 4 000 多个，员工人数约 100 万人，分布在全球 10 余个国家。

零售业的竞争，归根结底是人才的竞争。沃尔玛公司最独特的优势是其员工的献身精神和团队精神。沃尔玛公司的人力资源战略可以归纳为：留住人才、发展人才、吸纳人才。沃尔玛致力于为每位员工提供良好和谐的工作氛围，完善的薪酬福利计划，广阔的事业发展空间，并且在这方面已经形成一整套独特的政策和制度。

沃尔玛公司的薪酬体系是：固定工资、利润分享计划、员工购股计划、损耗奖励计划、

其他福利计划。沃尔玛公司不是把员工视为雇员，而是把员工视为合伙人。因此，沃尔玛公司的人力资源管理制度都体现这一理念，除让员工参与决策之外，还推行一套独特的薪酬制度。沃尔玛支付的固定工资处于行业较低的水平，但是其利润分享计划、员工购股计划、损耗奖励计划及其他福利计划在整个薪酬制度中具有举足轻重的作用。

1. 利润分享计划

凡是加入公司一年以上，每年工作时数不低于 1 000 小时的员工，都有权分享公司的一部分利润。公司根据利润情况按员工工薪的一定百分比提留，一般为 6%。提留后用于购买公司股票，由于公司股票价值随着业绩的增长而提升，当员工离开公司或退休时，就可以得到一笔数目可观的现金或公司股票。一位 1972 年加入沃尔玛公司的货车司机，工作 20 年后（1992 年）离开公司时得到了 70.7 万元的利润分享金。

2. 员工购股计划

本着自愿原则，员工可以购买公司的股票，并享有比市价低 15%的折扣，可以交现金，也可以用工资抵扣。目前，沃尔玛公司 80%的员工都持有公司的股票，真正成为公司的股东，其中有些员工因此发家致富。

3. 损耗奖励计划

店铺因减少损耗而获得的盈利，公司与员工一同分享。

4. 其他福利计划

沃尔玛公司还建立了员工疾病信托基金，并且设立了员工子女奖学金。从 1998 年开始，沃尔玛公司每年资助 100 名其员工的孩子上大学，每人每年 6 000 美元，连续资助 4 年。

沃尔玛公司通过利润分享计划和员工购股计划，建立了员工和公司的合伙关系，使员工明白自己的收入取决于自己的努力，因此他们十分关心公司的发展，工作非常努力。但是，这种薪酬制度也有局限性，对那些温饱问题没有解决的员工来讲，他们更关心眼前固定工资的多少，而非未来的收入。

沃尔玛公司认为：薪酬的激励作用毋庸置疑，它决定着员工对工作的满意度，在激发员工工作积极性等方面起着重要的作用。薪酬可以满足人们不同层次的需要，它在满足员工衣食住行的需要的同时，也为员工发展个人业余爱好，追求更高层次的需求提供了条件。此外，薪酬还是成就的象征，员工常常把薪酬看成企业对他们工作的认可和欣赏。

资料来源：樊技飞，杨娜. 现代企业管理[M]. 2 版. 西安：西安交通大学出版社，2013.

3.1　薪酬管理制度概述

3.1.1　薪酬管理制度的含义与特征

1. 薪酬管理制度的含义

在现代组织制度中，薪酬管理制度是人力资源管理系统中不可缺少的组成部分，从组织的生存、发展到战略的实施、目标的实现，再具体到组织内部保持稳定和拥有一支优秀的团队，无不体现着薪酬管理制度的存在价值。薪酬管理制度是指依据国家法律法规、政策及市场经济的客观规律，为规范薪酬分配行为所制定的系统性准则、标准、规章、实施措施和具体分配形式的总称。

薪酬制度按其内容不同，有广义与狭义之分。广义的薪酬制度包括等级薪酬制度、薪酬调整制度、薪酬发放制度、各种薪酬形式、薪酬激励方案和薪酬基金管理等内容。狭义的薪酬制度主要是指组织的基本薪酬制度和辅助薪酬制度，或者二者的综合。

2. 薪酬管理制度的特征

现代薪酬管理制度具备以下四个方面的特征。

1）薪酬构成的多元化与激励的长期化

在现代西方先进管理理论、劳动要素资本化、员工参与利润分享及全面薪酬理念的影响下，现代组织薪酬的构成具有多元化特征。这集中表现在两个方面：其一，工资、奖金等传统的劳动性收入与红利、股份、期权等资本性收入并存，体现了人力资本价值与劳动要素剩余索取权的有机结合。其二，现金和非现金等物质收益与员工的心理满意度和个人发展机会等精神收益并存，实现了物质激励和精神激励的统一。多元化的薪酬构成不但更能满足员工的各种需求、更有助于调动员工的积极性，而且使组织获得了更多样的激励手段，尤其是股份、期权等新型薪酬形式的采用，使现代薪酬管理制度又具有激励长期化的特征。

2）薪酬设计的战略性与个性化

根据现代薪酬理念，薪酬是组织战略决策的重要组成部分和实现组织目标的关键因素。因此，战略性薪酬成为现代薪酬制度设计的出发点。战略性薪酬强调薪酬战略必须支持组织的经营战略，薪酬制度必须成为实现组织战略的重要工具。通过薪酬设计向员工传递组织需要他们做什么，如何做，以及他们从中能得到什么利益的信息。运用薪酬的激励导向作用，引导员工的行为与组织的目标和战略相一致。此外，战略性薪酬要求组织根据实际需要和可能，设计、创造一种或几种适合自己的薪酬制度，因此薪酬设计又具有个性化特征。

3）计酬的绩效化和弹性化

薪酬计发的绩效化，是以员工个人或团队的绩效取代工作量测定作为计酬的依据，更普遍地采用绩效工资或以业绩为基础的收益分享薪酬体系。据调查，美国约有 70%的大型企业采用了这种制度。薪酬计发的弹性化，是指根据组织的经营状况和绩效水平确定薪酬水平，通过扩大变动薪酬的比率（研究表明变动薪酬达到员工总薪酬的 60%时会产生强大的激励效应），实行多样化的薪酬形式（如绩效工资、奖金、红利、股权激励等），使薪酬计划随组织经营状况和员工绩效的上下浮动而变化。

4）薪酬制度的宽带化和透明化

宽带化的薪酬是指对多个薪酬等级和同一等级的薪酬幅度进行重新组合，将多层次、多等级、窄幅度的薪酬结构压缩成层次和等级相对较少、同一等级薪酬变动幅度较宽的薪酬结构，给予部门主管更大的薪酬分配权限，使绩效优秀者有较大的薪酬上升空间。宽带化的薪酬制度打破了等级森严的官僚层次型组织结构和束缚员工发挥主动性和潜能的管理体制，适应了组织结构扁平化、团队合作、薪酬分配技能导向和绩效导向的新型管理战略，形成一种新的薪酬管理系统及操作流程，具有显著的优点。

3.1.2 薪酬管理制度的影响因素

1. 组织类型与组织的人力资源策略

组织类型不同，其员工类型必然也不同。比如，在劳动密集型组织中，员工的知识、技能水平普遍较低；在知识密集型组织中，知识型员工占据的比例则非常高。由于员工的构成不同，对薪酬制度的需求也不同，组织在设计和选择薪酬制度时也必然各有侧重。比如，对劳动密集型组织而言，岗位薪酬制度可能比较适合；对知识密集型组织、资本密集型组织而言，技能薪酬制度或能力薪酬制度可能更合适。

2. 组织的规模与组织的支付能力

组织的规模通常可以从组织的人员数量、财务资金、所有资产等方面的规模来理解。一般而言，组织的规模对组织高层管理人员的薪酬有较大影响，人员越多，资金越密集，资产越多，高层管理人员的工作就越复杂，工作责任就越重大，对其知识、能力和经验等方面的要求就越高，他们付出的时间和精力也越多，所期望获得的薪酬也就越高。

组织的支付能力是员工薪酬水平的上限。组织的支付能力涉及的因素较多，一方面取决于公司人力、物力和财力投入所能产生的价值和带来的利益；另一方面取决于员工的结构类型、公司的资本结构、用于再投资的金额、历史经济状况和竞争力等。因此，组织的支付能力是很难明确定义和测算的，一个组织的支付能力到底有多强，通常是富有争论性的。在人力资源管理实践中，组织支付能力确定的问题常常需要员工与公司管理层协商来解决。

3. 组织的发展阶段

组织的发展具有生命周期，一般要经历创业期、成长期、成熟期和衰退期四个典型的发展阶段。处于不同发展阶段的组织具有不同的特征和需求，相应地也有不同的发展战略，其所需的薪酬制度自然也有所不同。

创业期一般是指组织的技术创新和新产品试销阶段。这一阶段组织一方面要进行中试生产，排除技术障碍，另一方面要进行市场试销。组织在这一阶段人员不多，对高层管理人员、核心技术人员和业务骨干的依赖性非常大，而组织又无充足的现金流量，所以既有必要对其核心员工实施较大力度的激励，又要考虑到有限的现金流量。这一阶段组织通常会考虑和员工风险共担、收益共享，以较低的固定薪酬和比例较高的浮动薪酬（如业务提成、奖金等）来组成员工的总收入，另外，组织可以考虑以股权激励等长期激励形式来进一步提高员工的积极性。

成长期为组织的技术、工艺改进和批量生产阶段。这一阶段仍需大量资金投入，产品虽然开始销售，但尚未盈利，所以组织的现金流量的压力仍很大。此时组织为了吸引、保留和激励其核心员工，需要给予员工较高的固定薪酬。同时，员工薪酬组成部分中浮动薪酬部分的激励力度不能降低，这样更利于市场的开拓。在这一阶段，长期激励的力度可以适当减弱。

成熟期是组织技术成熟和产品进入工业化生产阶段。此时组织需要扩大生产、拓展市场，技术障碍已基本排除，组织面临的主要是市场风险和管理风险，但仍需进行技术创新，以避免在市场竞争中落败。这一阶段组织的人员规模迅速扩张，业绩较稳定或稳定增长，组织能提供较有竞争力的基本工资、短期激励和福利。组织通常会给予员工较高的固定薪酬，浮动薪酬（如业务提成）虽然不是很高，但由于组织销售情况良好，此部分的数额也不会太低。

组织在经历鼎盛时期之后，有可能逐步进入衰退期。这一阶段组织的市场竞争力下降，生产规模萎缩，现金流量减少，无法吸引和留住优秀人才。组织在步入衰退期的时候，通常表现为人员队伍庞大，业绩却每况愈下，现金流量呈持续下降趋势，因此无法提供具有竞争力的薪酬，通常组织只能给予员工低于市场平均水平的固定薪酬和数额很低的浮动薪酬。

4. 人力资源策略与员工需求

组织制定薪酬福利政策的指导思想是吸引最合适的人才，留住最合适的人才，并激励全体员工的工作积极性。但是，所谓“最合适的人才”在不同类型的组织中或同一组织的不同阶段，其定义都有可能是不同的，而不同的人对于薪酬福利的需求也不尽相同，由此导致公司的薪酬福利组成也各有特色。例如，对于高科技组织，研发人员通常很重要，他们是组织的核心人力资源，是激励的重点；而对于金融投资类组织，专业投资人员是组织的核心人力资源，是激励的重点。对于处于创业期的组织，掌握核心技术的人员对组织的发展至关重要，因此组织的薪酬政策和薪酬制度必须首先满足这些人的需求；而对于处于成长期和成熟期的组织，市场开拓是组织发展的关键，此时，销售人员需求的满足是组织薪酬制度设计时必须着重考虑的问题。

即使对处于某一特定发展阶段的某一组织，由于其员工的年龄、性别、兴趣爱好等不同，他们对薪酬福利结构的需求也有所不同。例如，如果员工的年龄普遍为 20～35 周岁，那么养老对他们来说还是一件比较遥远的事，与之相比更为重要的事情可能是买房还贷。这样，员工所期待的并不是数额较高的养老保险，而是无息贷款或数额较高的公积金和补充公积金。

5. 生活水平

一个地区居民生活水平的高低也会影响组织的薪酬水平。目前，我国已有许多城市规定了居民最低生活保障线，组织在确定员工的薪酬水平时，必须将之作为一个考虑因素。

6. 薪酬调查结果

通过薪酬调查结果，我们可以大致或比较精确地了解同地区、同行业组织中不同岗位的薪酬水平和薪酬组成部分及其比例，这对于薪酬制度的设计具有一定的参考价值。目前，有多种机构提供人才市场上各职种的薪酬水平或薪酬构成情况，这些机构包括人才市场的主办单位、人才中介机构、专业的人力资源咨询机构等。通常人才市场的主办单位和人才中介机构免费提供其薪酬调查结果，但其数据的全面性和精确性要差一些，而专业的人力资源咨询机构提供的薪酬数据、薪酬结构及相应的分析要全面和准确得多，但此类机构要向薪酬调查结果的使用者收取一定的费用。

3.2 薪酬管理制度的设计原则与设计流程

3.2.1 薪酬管理制度的设计原则

1. 战略导向原则

薪酬制度设计上的战略导向原则是指将组织的薪酬制度构建与组织发展战略有机结合起来，使组织的薪酬制度或薪酬计划成为实现组织发展战略的重要杠杆之一。该原则是薪酬制度设计应遵循的基础原则。

战略导向原则强调薪酬制度或薪酬计划对组织发展战略的支撑作用。组织的薪酬制度应该在组织发展的特定阶段为所有员工提供适当的激励，同时对组织在该阶段的“核心人力资源”或“战略性人力资源”采取有重点、有区别的薪酬政策，以更好地实现组织的发展目标。这里所说的“核心人力资源”，是指那些掌握组织核心资源（如组织的重要客户、关键技术、核心管理秘密等），对组织的发展有重要影响的员工。依据薪酬设计的战略导向原则，组织可以为这些核心人力资源设计相对较高的薪酬水平，或增加特殊的薪酬组成部分（如特殊津贴、长期激励等），也可以将这些人员与其他员工区分开来，将其单独纳入一个专门的薪酬系列，实行与其他薪酬系列不同的薪酬政策。

2. 公平性原则

公平性原则是薪酬制度设计中最重要的原则。薪酬制度设计的公平性原则可分为内部公平性和外部公平性。内部公平性是指组织内的每位员工应该认同自己的薪酬与组织内其他员工的薪酬相比是公平的。内部公平性又可分为横向公平性和纵向公平性。横向公平性是指与自己相同职等职级的岗位相比，员工所获得的薪酬是公平的；纵向公平性是指与其他不同职等职级的岗位相比，员工所获得的薪酬也是公平的。外部公平性是指与外部其他类似组织相比，组织所给予员工的薪酬是公平的。

3. 竞争性原则

竞争性原则要求组织支付的薪酬在同行业中处于较优水平，以吸引、留住组织需要的人才，并充分发挥薪酬的激励作用。当然，一个组织的薪酬水平在市场中应处于什么位置，要视该组织的发展战略定位、支付能力、所需人才的市场供求状况，以及组织具有的其他资源（如良好的市场声誉等）而定。比如，一个将自身发展目标设置为用 3～5 年时间成为市场领先者的组织，可能将组织的薪酬水平定位在市场较高水平，而另一个将自身发展目标设置为中小规模、市场跟随者的组织，其薪酬水平可能处于市场中等或偏下水平。因此，竞争性原则对组织而言，并不是组织的薪酬水平绝对高于市场平均水平才说明是有竞争力的，而是应该根据组织的实际情况和所需要的人才类型而定，或者与本组织定位大致相同的组织相比，制定的薪酬方案是有竞争力的。

4. 激励性原则

激励性原则是指组织所设计的薪酬制度要具有引导员工朝着组织所期望的目标而努力的

功能。具体来说，一是要求组织在薪酬结构上要尽可能地满足员工的实际需求。由于不同员工的需求不同，相同的激励措施产生的激励效果也不同。即便同一个员工，在不同时期或不同环境下，也会有不同的需求。由于激励取决于内因，和员工的主观感受相关，激励要因人而异。在制定和实施薪酬制度时，首先要调查清楚组织内部员工的年龄、性别、兴趣偏好等，了解每个员工真正需要的是什么，然后将收集到的信息整理、归类，并在薪酬结构上体现出来。二是要求组织在内部各类、各级职位的薪酬水平上适当拉开差距，真正体现按能力、技能、绩效分配和奖优罚劣的原则。这也是效率优先、兼顾公平原则的一种体现，"大锅饭"式的平均主义分配方法是无法实现这一点的。三是要求组织的奖惩要适度，因为奖惩的力度会直接影响激励的效果。

在协作性很强的组织（如高科技通信企业、管理咨询公司等）中，团队的高效率合作对组织绩效具有十分重要的作用。设计一种基于团队合作的薪酬制度可以使员工了解到，只有加强团队协作，所有人才能因此而获益，这样有助于强化员工的团队协作意识。应用团队激励原则时还需要考虑薪酬在团队成员之间如何分配的问题。因为在团队协作的情况下，各个团队成员都起着别人无法替代的作用，他们之间工作重要性的界限比较模糊，其工作责任和绩效表现也难以准确界定，所以薪酬分配的依据不明确。实际上，一个完全公正、合理的薪酬制度是不可能存在的，组织需要做的就是设计不同的薪酬方案，并权衡其利弊，选择最优或较优的模式。

5. 经济性原则

组织提高薪酬标准，固然可以提高其激励性，但一方面，这不可避免地会导致人工成本的上升，另一方面根据边际收益理论，当组织的薪酬标准达到一定程度之后，增加的薪酬为员工所带来的边际效用以及为组织所带来的边际收益会递减，而组织为此需付出的边际成本却递增，所以组织在设计薪酬制度时还必须考虑收益和成本之间的制约关系。从整体报酬的角度而言，报酬由物质报酬和非物质报酬两部分组成。物质报酬包括员工的工资、奖金、福利、带薪假期等；非物质报酬包括和谐的人际关系、良好的发展前景、赞赏、认同、荣誉、较高的社会地位、成就感等。在一些知识密集型企业中，更多的物质报酬对员工的激励作用已开始减弱，而非物质报酬在很大程度上左右着员工的工作满意度和工作成绩，而且与物质报酬相比，非物质报酬的激励更具有持久性。非物质报酬通过员工的心理感受来满足和激励员工，可以使组织从主要靠物质报酬激励员工和加薪再加薪的循环中摆脱出来。因此，组织不仅要运用好物质激励手段，还应该重视非物质激励。

3.2.2 薪酬管理制度的设计流程

1. 确定薪酬策略

薪酬策略由组织文化和组织战略决定，是薪酬制度设计后续环节的前提，对后续工作起着重要的指导作用。确定薪酬策略的工作主要包括对薪酬制度设计的必要性、激励重点和设计目标等的分析论证，在此基础上，才能确定薪酬策略（如分配的原则、拉开差距的标准、薪酬各组成部分的比例等）。

2. 明确现状和需求

通过对组织的经营状况、薪酬制度对员工和组织绩效的影响进行全面、深入、细致的调查，发现组织现行的薪酬制度存在的问题，并对此进行分析、判断。弄清楚问题产生的原因、背景和条件，明确组织和员工的切实需求，确定薪酬制度设计的方向，这是薪酬制度设计中必不可少的一步，是做出正确设计的基础。现状和需求调查的内容可以包括：①组织所处的发展阶段、具体组织结构、工作岗位分布、各岗位的工作内容；②各类人员的构成、现有薪酬水平、各类人员的薪酬在组织薪酬总额中所占的比例；③组织员工对现行薪酬制度满意和不满意之处，员工对薪酬结构和薪酬水平的想法；④组织当前最关键的工作岗位和关键岗位上的人员供求目标，薪酬政策应向何种工作岗位、何种员工倾斜，当前应激励什么、约束什么；⑤各项成本和费用对组织经营业绩的影响程度，包括人工成本对组织总成本的影响程度，以及适应组织当前类型和发展阶段的人工成本在组织总成本中的比例；⑥组织的产品和生产技术水平，组织以往的经营业绩、未来利润增长空间等。在调查分析的基础上，可以初步提出适应组织当前经营状况的薪酬制度、薪酬水平、薪酬组成和支付方式，确定薪酬弹性幅度等。

3. 岗位分析

在以岗位为基础的薪酬制度设计过程中，岗位分析是一项非常重要的工作。结合组织的经营目标，组织高层管理人员要在业务分析和人员分析的基础上，明确组织治理结构、组织结构、部门职能和岗位设置，由人力资源部和各部门主管、员工合作编写岗位说明书。

4. 岗位评价

在以岗位为基础的薪酬制度设计过程中，岗位评价能在一定程度上解决薪酬的内部公平性问题。进行岗位评价的目的一是比较组织内部各个岗位的相对重要性，得出岗位价值序列，使不同岗位之间具有纵向和横向的可比性，为确保薪酬的公平性奠定基础；二是为进行薪酬调查建立统一的岗位评价标准，消除不同组织间由于岗位名称不同，或即使岗位名称相同但实际工作要求和工作内容不同所导致的岗位差异，使薪酬调查结果具有实际参考价值。

5. 等级划分

经过岗位评价得出岗位价值序列后，就可以按照一定的规则来划分岗位等级了。岗位等级的划分没有统一的规定，但通常跟组织采用的薪酬模式相对应，如在等级工资制中，岗位等级的划分较细，如有的大型组织的岗位等级多达 20～30 级、规模较小些的组织中的岗位等级也可能为 15～20 级，而在宽泛式的岗位薪酬管理制度中，一个组织中的岗位等级可能只有 7 级或更少。

6. 建立健全的配套制度

薪酬制度在组织中并不是孤立存在的，它需要其他管理体系的支撑，这样才能发挥其应有的作用。这些配套制度包括绩效考核制度、技术评价标准、能力评价标准等。通常情况下，为了引导员工的工作行为，使之符合组织的发展目标和方向，组织会将员工的薪酬水平和薪酬组成与组织的业绩、员工的业绩或技术水平及能力水平相挂钩，员工的薪酬随着组织和本人的业绩或技术水平及能力水平而浮动。这样，就要求组织必须建立客观、公正、合理的绩效评价体系或技术评价标准、能力评价标准。如果缺少了绩效考核体系或技术评价标准、能力评价标准，薪酬制度就是“空中楼阁”，无法有效发挥其作用。

7．市场薪酬调查

市场薪酬调查重在解决薪酬的对外竞争力问题。薪酬调查的对象最好选择与自己有竞争关系的公司或同行业的类似公司，重点调查员工离职后的去向和招聘来源。薪酬调查的数据包括调查范围内组织上年度的薪资增长状况、不同薪酬结构对比、不同职位和不同级别的职位薪酬数据、奖金和福利状况、长期激励措施及未来薪酬走势分析等。在进行市场薪酬调查时，只有采用相同的标准进行岗位评估，并各自提供真实的薪酬数据，才能保证薪酬调查的准确性。市场薪酬调查一般可以委托专业的咨询公司进行，只通过有关报纸、网络上的一两篇文章或者利用应聘者的信息等途径所获得的薪酬数据多半具有随机性，其可信度不高。

8．确定薪酬结构与水平

在分析了同地区、同行业的薪酬数据及组织自身的特点和支付能力后，接下求就要确定薪酬结构和薪酬水平了。所谓薪酬结构，是指组织结构中各岗位的相对价值与其对应的实付薪酬之间的关系，薪酬的组成及各组成部分之间的比例。薪酬水平是指组织所支付的薪酬在市场薪酬中所处的位置。为了简化薪酬制定工作，确定薪酬水平时可以先确定不同职等职级的薪酬水平、薪酬幅度和薪酬差距，在确定了薪酬的总体水平和结构之后，再确定每个岗位的具体薪酬水平。

9．薪酬制度的实施与修订

薪酬制度设计完成、获得组织高层批准之后，在正式实施之前还需要和员工，尤其是组织的中层管理人员进行充分的沟通并进行必要的宣传和培训。及时的沟通、必要的宣传和培训是保证薪酬改革成功的因素之一，人力资源部可以通过薪酬制度变革方案路演、薪酬制度答疑、公司内部刊物刊登等途径，来充分介绍薪酬制度制定的依据、目标、原则等相关问题。

薪酬制度在实施一段时间后，必然会反映出当初设计时存在的一些缺陷和问题，薪酬制度设计者有必要对此进行修订。随着时间的推移，当初符合组织实际的薪酬制度也会在某些方面变得不太合理、有效，因此为了保证薪酬制度的适用性，组织也必须对薪酬制度进行适时的调整。

【本章小结】

本章主要介绍了薪酬管理制度的含义与特征及影响因素，并对薪酬管理制度的设计原则和设计流程进行了讲解。

【复习思考题】

1. 现代薪酬管理制度的特征是什么？

2. 薪酬管理制度的影响因素有哪些?
3. 薪酬管理制度的设计原则有哪些?
4. 简述薪酬管理制度的设计流程。

【案例分析】

F公司是一家生产电信产品的公司，在创业初期，主要依靠一批志同道合的朋友，大家不怕苦不怕累，从早到晚拼命干，公司发展迅速，几年之后，公司员工由原来的十几人发展到几百人，业务收入由原来的每月 10 多万元发展到每月 1 000 多万元。虽然公司规模大了，人也多了，但公司领导明显感觉到，大家的工作积极性越来越低，也越来越计较报酬。F公司的总经理黄先生一贯注重思考和学习，为此特地到书店买了一些关于企业经营管理的书籍来研究，他在《松下幸之助的用人之道》一文中看到这样一段话："经营的原则自然是希望能做到'高效率、高薪资'。效率提高了，公司才可能支付高薪资，但松下幸之助提倡'高效率、高薪资'时，却不把高效率摆在第一个努力的目标，而是借助提高薪资，来激发员工的工作意愿，以此达到高效率的目的。"黄先生想，公司发展了，确实应该考虑提高员工的待遇，这一方面是对老员工为公司辛勤工作的回报，另一方面是吸引高素质人才加入公司的前提。为此，黄先生请一家知名的咨询公司为F公司重新设计了一套符合公司现状的薪酬制度，大幅度提高了公司各类员工的薪酬水平，并对工作场所进行了全面整修，改善了员工的工作环境和工作条件。新的薪酬制度推行以后，其效果立竿见影，F公司很快就吸引了一大批有才能的人，员工们都很满意，工作十分努力，工作热情高涨。但这种好现象没有持续多久，员工又逐渐变回以前懒洋洋、慢吞吞的状态。公司的高薪没有换来员工持续的高效率，公司领导十分苦恼，问题到底出在哪里呢?

资料来源：胡君辰. 人力资源开发与管理[M]. 5 版. 上海：复旦大学出版社，2018.

请根据案例回答以下问题。

1．案例中，黄先生想用高工资获得员工的高效率，请说明薪酬对员工的激励功能体现在哪些方面?

2．该公司应采取哪些措施对员工的薪酬制度进行再设计、再改进?

3．为了持续保持公司员工工作的积极性，应当采取哪些配套的激励措施?

【本章实训】

沃尔玛薪酬制度转型

沃尔玛位于美国俄克拉荷马州塔尔萨城超市的生产管理助理布莱德原本期望通过良好的年度综合表现，可以使自己的工资有所上涨，但就在两周前，他的希望破灭了。

据美联社报道，全球大型零售商沃尔玛美国公司 8 月 7 日宣布，该公司将为旗下 1/3 美国商店的员工加薪，并且在所有商店设定工资上限。给旗下的各个岗位设定最高工资上限意味着，除非升职，否则员工的工资将不会超过规定的上限。记者从沃尔玛中国总部了解到，这一举措仅限于沃尔玛美国公司，中国公司目前还没有接到任何通知。工资上限对作为两个孩子的父亲的布莱德来说十分残忍，他已经向另一家沃尔玛商店提出申请，要求调到那里一个薪酬更高的职位工作。因为工资上限制度一旦生效，他每小时的工资将从原有的 16.72 美元减至 15.54 美元。“我感到很苦恼，原本以为下半年的工资会高一些，这样我们就可以购买更多的物品，但没想到事情竟然是这样的。”布莱德无奈地说，“感觉就像眼前的一扇门被突然关上了。”这是沃尔玛自 1962 年创建以来，第一次对员工工资设定上限。沃尔玛在美国有 4 000 多家商店，并雇用了 100 多万名员工。这一制度的出台，引起了众多员工的不满，因为不少工龄很长的员工将面临减薪的情况。

沃尔玛相关领导解释说，新规定一方面能帮助公司节省人员开支，保持公司的竞争力；另一方面能激发员工的工作积极性，使其提高工作效率，并保证同一商店同一职位工资的一致性。在沃尔玛得克萨斯州一家超市工作的冈萨雷斯表示，减薪使他感到担忧。据了解，今年 49 岁的冈萨雷斯已在沃尔玛工作了六年，现在每小时挣 11.8 美元。他说：“很多人都对此感到愤怒，特别是已经在这里工作了 15 年、20 年，甚至 25 年的员工，因为他们的工资马上就要升到工资上限以上了。”50 岁的刘易斯已经在沃尔玛工作了 14 年，现在他的工资是每小时 15.82 美元，当得知按照新的规定，他的工资上限是每小时 12.92 美元时，刘易斯表示没有任何动力让他在年度综合表现方面取得好成绩。8 月 15 日，沃尔玛公布的财务报表显示，沃尔玛 10 年来首次出现季度利润滑坡。虽然公司把其中原因归咎于在德国市场的全面撤出和能源价格高涨对其在美国销售的影响，但业内人士仍不免把这项新近颁布的劳资制度与公司业绩联系起来。由此可见，薪酬制度的制定与实施对企业发展有重大的影响。

资料来源：李育英，行金玲. 薪酬设计与管理[M]. 西安：西安交通大学出版社，2011.

请从薪酬制度的设计原则对此次沃尔玛的薪酬制度进行分析。

第 4 章 薪酬管理体系设计

学习目标

- 理解薪酬体系的内涵与功能。
- 熟悉薪酬体系设计的基本原则。
- 掌握薪酬体系设计的基本步骤。
- 熟悉不同类型薪酬体系的设计步骤。
- 了解基于职位的薪酬体系的应用范围与条件。
- 了解基于职位的薪酬体系的具体形式。
- 了解基于业绩的薪酬体系的优缺点。

关键术语

薪酬体系、市场薪酬体系、职位薪酬体系、能力薪酬体系、业绩薪酬体系

引导案例

秦先是一家中日合资企业的销售员。作为日语专业的大学毕业生，秦先在大学里就是一个很有抱负的学生。

秦先一开始对这份工作很满意，因为这家企业给销售员的是固定工资而不是销售佣金，并且固定工资很高。尤其对于刚毕业的他，拿佣金肯定会比别人少很多。

随着秦先对于业务的熟悉，他的销售额逐渐提升了，到第二年，他已经进入企业销售员的前 20 名了。第三年，他当属销售冠军了。不过企业的政策是不公布个人的销售额，

也不相互比较。某年9月初，秦先就完成了比上一年高25%的销售额。但日方销售经理并没有对他大加奖励，只是说了一些祝贺话语。

新的一年，企业把秦先的销售定额提高了25%，虽然难度加大了，但根据自己的经验，秦先预计自己10月就能完成任务。但令他苦恼的是，一贯的固定工资使他的工作热情大减。因为他听说另外两家中外合资企业都搞销售竞赛和奖励活动，让人人都知道自己的销售排名，表扬每季度和年度的最佳销售员。对于自己所在企业的制度，秦先很不满，他向销售经理建议实行佣金制，不料销售经理回绝了他，因为在日本的母公司中一直实行的是此制度。这是该公司的文化所决定的。

不久，秦先被其他公司挖走了。

资料来源：郑晓明. 人力资源管理导论[M]. 北京：机械工业出版社，2011.

4.1 薪酬管理体系设计概述

4.1.1 薪酬体系的内涵与功能

1. 薪酬体系的内涵

薪酬体系是指工资政策、奖金方案、福利补助计划、保险金、公积金及带薪假期等各项支付给员工或为员工个人而支付的制度总称，也是企业运用各种薪酬管理手段，按照一定的原则向员工支付报酬的政策和程序的集合。

在本质上，薪酬体系体现的是企业内部的一整套价值观和实践方法，向员工传达了企业中什么是有价值的，并且为向员工支付报酬制定了政策和程序。显然，一个企业的薪酬体系设计得是否合理、适用，直接关乎组织战略的实现。

2. 薪酬体系的功能

第一，合理的薪酬体系不但能有效地激发员工的积极性与主动性，促进员工努力实现企业目标，提高企业的效益，而且能为企业合理支付薪资提供一个长期、可靠的基础，在人才竞争日益激烈的知识经济条件下吸引和保留一支高素质的员工队伍。

第二，薪酬体系是企业的人力资源管理系统中的一个子系统，薪酬体系设计也是企业进行战略转型或企业变革的重要支撑。实践证明，薪酬体系在企业变革和指导企业的过程中扮演着十分重要的角色，其往往以自己特有的方式改变企业的精神面貌，改变企业和员工的关系，使员工能够把自己的努力和行为集中到帮助企业在市场中赢得竞争和生存的方向上去，从而增强企业的竞争力和活力。

第三，薪酬体系如果设计得当，也能传递和强化企业的价值观、企业文化和人力资源策略，提高企业的向心力和员工的忠诚度。

4.1.2 薪酬体系设计的基本原则

一个合理的薪酬体系不仅可以充分体现岗位和员工的价值，还可以起到良好的激励、督促员工的作用，有助于企业有效地实现战略目标。企业在进行薪酬体系设计时要考虑组织外部和内部各种环境因素的影响，在设计的过程中必须遵循一定的原则，具体包括以下几个方面。

1. 公平原则

企业员工对薪酬多少及薪酬发放是否有公平的认识与判断，是进行薪酬体系设计必须考虑的因素。公平不是绝对的，它与人的主观感受相关。因此，公平不仅是结果的公平，更是过程的公平。

一般而言，薪酬体系设计的公平性体现在以下三个方面。

（1）外部公平性。外部公平性强调企业在设计薪酬时必须考虑同行业薪酬市场的薪酬水平和竞争对手的薪酬水平，保证企业的薪酬水平在市场上具有一定的竞争力，能充分吸引和留住企业发展所需要的关键人才。因此，有效的薪酬体系必须保证能够维系一支高质量的员工队伍，否则就会导致员工素质下降、流动率上升、工作积极性下降，甚至会影响企业的兴衰。

（2）内部公平性。内部公平性是指员工之间的薪酬公平，同一组织中不同职务所获薪酬有一个匀称的比例关系，体现为不同员工之间所获薪酬与其贡献和绩效成正比。内部公正性原则是亚当斯的公平理论在薪酬设计中的运用，它强调企业在设计薪酬时要"一碗水端平"。通常，员工十分关注企业内部不同工作之间的薪酬对比情况，他会将自己的薪酬与比自己低的级别、高的级别、不同技能类别及不同职能部门相同级别的人员的薪酬进行对比。内部公平性会影响员工之间的协作、员工的工作态度及其对企业的忠诚度。

（3）个人公平性。员工会将自己所获得的薪酬与自身在工作中付出的努力相比较。如果企业支付的薪酬与员工个人的努力及其工作结果相关性很小，那些积极工作、有着良好表现和较高工作绩效的员工就会产生不公平感，会挫伤他们的积极性，甚至会导致离职率的上升。因此，有效的薪酬设计应同员工的绩效及个人能力等联系起来，不要刻意追求公平，绝对公平是不存在的。这就要求企业努力建设相对公平的环境，同时不断完善薪酬制度，使之更好地体现公平。

公平理论可以较好地解释员工感觉薪酬制度设计公平与否的心理过程。从下面的公式中可以看出，当员工感觉不公平时，会以比较对象的工作方式为模范，即工作上表现为减少对工作的投入，降低个人的工作效率，采取消极抵制的工作态度。当员工感觉公平时，其工作会表现为热情高效，积极努力，富于团队合作与奉献精神。

$$K_1=\frac{\text{IP}\left(\text{员工对自身收入的感受}\right)}{\text{OP}\left(\text{员工对自身工作投入的感受}\right)}$$

$$K_2=\frac{\text{IO}\left(\text{员工对比较对象收入的感受}\right)}{\text{OO}\left(\text{员工对比较对象工作投入的感受}\right)}$$

说明：K_1——收入与投入心理平衡比，比值越大，心理越满意；

K_2——对比心理平衡比，当数值为 1 时，感觉公平。

当 $K_1=K_2$ 时，感觉公平。

当 $K_1>K_2$ 时，多报酬，感觉不公平。

当 $K_1>K_2$ 时，少报酬，感觉不公平。

2．竞争原则

如今，企业间的竞争不再是单纯的设备的竞争，而是人才的竞争。人才的竞争已经成为市场竞争的焦点。薪酬体系设计的目的之一就是为本企业吸引到优秀的人才，促进企业的发展。因此，企业的薪酬体系必须有足够的竞争力和吸引力，以战胜竞争对手，招聘到优秀的人才，并长久地留住他们。

企业要想拥有优秀的人才，必须制定出一套对人才具有吸引力并在行业中具有竞争优势的薪酬体系。如果企业的薪酬水平太低，那么必然在与其他企业的人才竞争中处于劣势，甚至连本企业的优秀人才也会流失。亚当·斯密在很早以前就强调以市场力量来影响薪酬结构。早期的理论侧重从劳动力供给方面考虑薪酬结构。19 世纪后期，面对日益提高的薪酬水平，出现了研究劳动力需求的新理论，著名的边际生产力理论便是其中之一。影响薪酬结构的市场因素包括市场薪酬水平、市场人才供给与需求情况、竞争对手的薪酬政策与薪酬水平、企业所在市场的特点与竞争态势等。

企业究竟要付出多少成本才能制定出具有竞争力和吸引力的薪酬制度，要视企业财力、市场人才供求状况等因素而定。一般来说，企业的薪酬标准要等于或高于市场薪酬水平才能吸引到优秀人才。

3．激励原则

有效的薪酬制度能够激励员工努力工作，提高绩效。由于各职务的重要性、任职资格条件及工作环境等不同，因而较为平均的分配会影响某些重要岗位员工的工作积极性。如果企业内部员工的薪酬与个人努力、个人对企业的贡献之间的匹配性不强，没有起到很好的激励作用，就会使员工产生不满的情绪。因此，企业要避免平均分配，薪酬分配应适度向高职位、关键人才及市场短缺人才倾斜，同时要适当地拉开薪酬差距，对绩效高的员工提供更高的薪酬。

薪酬设计必须适应组织的人力资源政策并为之服务，如实行以职位晋升为激励手段的政策，就要求保持薪酬等级有足够的差距；如实行以不断提高技能为激励手段的政策，则要求提高技能工资的比例。这里涉及企业薪酬（人力资源投入）与激励效果（产出）之间的比例关系，企业在制定薪酬策略时要充分考虑各种因素，使薪酬的支付获得最大的激励效果。

一方面，激励原则要求企业在进行薪酬设计的时候要在结构上尽可能地满足员工的实际需求。另一方面，激励原则要求企业在内部各类、各级别的薪酬水平上适当拉开差距，真正体现按能力、按绩效分配的原则。

4．经济原则

薪酬体系设计的经济原则强调企业在设计薪酬体系时必须充分考虑企业自身发展的特点和支付能力。它包括两个方面的含义：从短期来看，企业的销售收入扣除各项非人工费用和成本后，要能够支付起企业所有员工的薪酬；从长期来看，企业在支付所有员工的薪酬及补偿所用非人工费用和成本后要有盈余，这样才能支撑企业追加和扩大投资，获得可持续发展。

人工成本还与企业的成本构成及所处的行业性质有关。在人工成本占企业总成本比例较高的劳动密集型企业中，经济原则对企业薪酬超标准的制约力量较强，以控制企业产品的成本处于一个较低水平；而在人工成本占企业总成本比例较低的资本密集型、技术密集型企业中，适当提高员工的薪酬水平对企业总体经营压力的影响并不大，而且这些企业的生存和发展也通常比劳动密集型企业更依赖于核心人力资源的工作积极性和创造性。

经济原则与竞争原则、激励原则是对立统一的。当三者同时作用于企业时，竞争原则和激励原则是受经济原则制约的。管理者所考虑的不仅是薪酬体系的吸引力和激励性，也会考虑企业财力大小、承受能力强弱等问题。

提高企业的薪酬标准，虽然可以提高其竞争力、增强激励性，但不可避免地会导致人力成本的上升。要降低人力成本，需要合理配置劳动力资源。劳动力资源过剩或资源配置过高，都会导致人力成本上升。一般来讲，劳动力资源配置存在以下三种情况。

（1）当 $A_1=A_2$，$E_1=E_2$ 时，配置合理，经济；

（2）当 $A_1>A_2$，$E_1>E_2$ 时，配置过低，资源浪费，不经济；

（3）当 $A_1<A_2$，$E_1<E_2$ 时，配置过高，资源紧张，不经济。

说明：A_1——劳动力资源的数量需求：

A_2——劳动力资源的数量配置；

E_1——劳动力资源的能力需求；

E_2——劳动力资源的能力配置。

5．战略导向原则

薪酬体系设计的战略导向原则是指将企业薪酬体系的构建与企业发展战略有机地结合起来，使薪酬成为实现企业发展战略的重要杠杆。它强调企业设计薪酬时必须从企业战略角度进行分析，设计的薪酬结构要能体现企业发展战略的要求。因此，在薪酬制度设计的过程中，一方面要时刻关注企业的战略需求，要通过薪酬制度设计反映企业的战略规划；另一方面要把企业战略转化为对员工的期望和要求，并进一步转化为对员工的薪酬激励。

企业在设计薪酬体系时，必须分析哪些因素重要，哪些因素不重要，并通过一定的价值标准，给予这些因素一定的权重，同时确定它们的价值分配（薪酬标准）。依据薪酬设计的战略导向原则，企业可以为核心人力资源设计较高的薪酬水平，也可以单独把这类员工纳入一个专门的薪酬体系，实行与其他系列不同的薪酬政策。

企业在设计薪酬时必须充分考虑自身的发展战略，这与战略导向原则是一致的。此外，薪酬设计还必须结合企业自身的发展阶段，不同的阶段对薪酬策略的要求是不一样的。

在创业期，企业的薪酬政策关注的是易操作性和激励性，表现为非常个人化的随机性报酬，在薪酬评价上以主观为主，总裁拥有较大的决策权；处于高速成长期的企业，在制定薪酬政策时，必须考虑薪酬的激励作用，这时候设计的薪酬中工资较高，奖金也相对较高，长期报酬和福利水平也比较高；当企业处于平稳发展期或者衰退期时，薪酬策略的制定应从企业总体发展战略出发，根据企业文化、不同的发展战略、不同的市场地位和发展阶段，选择不同的薪酬策略，达到有力地支持企业总体发展的目的。薪酬策略与企业发展战略的关系，如表 4-1 所示。

表 4-1 薪酬策略与企业发展战略的关系

<table>
<tr><th rowspan="2">发展战略</th><th rowspan="2">企业发展阶段</th><th rowspan="2">薪酬策略</th><th rowspan="2">薪酬水平</th><th colspan="2">薪酬结构类型</th></tr>
<tr><th>特点</th><th>导向</th></tr>
<tr><td>以投资促进发展</td><td>合并或迅速发展阶段</td><td>以业绩为主</td><td>高于市场平均水平的薪酬与高、中等个人绩效奖相结合</td><td>高弹性</td><td>以绩效为导向</td></tr>
<tr><td rowspan="3">保持利润与保护市场</td><td rowspan="3">正常发展至成熟阶段</td><td rowspan="3">薪酬管理技巧</td><td rowspan="3">市场平均水平的薪酬与中等个人、部门或企业绩效奖相结合</td><td>高弹性</td><td>以绩效为导向</td></tr>
<tr><td>高稳定性</td><td>以工作为导向</td></tr>
<tr><td>折中</td><td>以能力为导向
以工作为导向
综合薪酬</td></tr>
<tr><td rowspan="2">收获利润并向别处投资</td><td rowspan="2">无发展或衰退阶段</td><td rowspan="2">着重成本控制</td><td rowspan="2">低于市场平均水平的薪酬与刺激成本控制的适当奖励相结合</td><td>高弹性</td><td>以绩效为导向</td></tr>
<tr><td>折中</td><td>以能力为导向
以工作为导向
综合薪酬</td></tr>
</table>

4.1.3 薪酬体系设计的基本步骤

企业薪酬体系设计导向反映了企业的分配哲学，即主要依据什么原则确定员工的薪酬。企业的薪酬设计主要包括两个方面：一是设计薪酬的纵向结构，即确定组织内各个不同职位、不同能力员工的薪酬的等级和标准；二是设计薪酬的横向结构，即确定构成员工薪酬的各种薪酬形式，如基本薪酬、薪酬激励、福利津贴的比例等。

企业薪酬体系设计一般来讲可以分为六个基本步骤。

（1）制定薪酬策略。首先是明确企业的总体战略。它包括对员工本性的认识（人性观），对员工总体价值的评价，对管理骨干及高级专业人才所起作用的估计等，以及由此衍生的有关薪酬分配的政策和策略，如薪酬等级间差异的大小、薪酬及奖励与福利费用的分配比例等。

（2）市场薪酬调查。市场薪酬调查主要指地区及行业的调查。这项活动主要需研究两个问题：要调查什么；怎样调查和进行数据收集。调查的内容，首先是本地区、本行业，尤其是主要竞争对手的薪酬状况。参照同行或同地区其他企业的现有薪酬制度来调整本企业对应工作的薪酬，以保证企业薪酬制度的外部公平性。

（3）职务分析与岗位评价。职务分析又称工作分析，其任务是进行组织结构设计并编写职务说明书；岗位评价是确定薪酬因素，选择评价方法，一般把这两部分分开表述。这是薪酬制度建立的依据，这一活动将产生企业的组织机构系统图及所有工作说明与规格等文件。这是上述过程中保证内部公平的关键一步，要以必要的精确性、具体的金额来表示每一职务对企业的相对价值，此价值反映了企业对各工作承担者的要求。

（4）薪酬结构设计。通过职务分析和市场薪酬调查，企业可以确定每项工作的理论价值。

一项工作的完成难度越大，对员工的素质要求越高，其对企业也越重要，这意味着它的相对价值越大。使企业内所有工作的薪酬都按同一原则定薪，便保证了企业薪酬制度的内部公平性。在确定了工作的理论价值后，还必须据此能转换成实际的薪酬值，这样才具有使用价值。这便需要进行薪酬结构设计。所谓薪酬结构，是指一个企业的组织机构中各项工作的相对价值及其对应的实付薪酬间的关系。这种关系不是随意的，是服从以某种原则为依据的一定规律的。这种关系的外在表现就是"薪酬结构线"，因为这种方式更直观、更清晰、更易于分析和控制、更易于理解。

（5）薪酬分级和定薪。薪酬分级和定薪又称确定薪酬水平，主要内容是薪酬范围及数值的确定。这一步骤是指在岗位评价后，企业根据其确定的薪酬结构线，将众多类型的职务薪酬归并组合成若干等级，形成一个薪酬等级（或称职级）系列。通过这一步骤，就可以确定企业内每一职务具体的薪酬范围，保证员工个人薪酬的公平性。

（6）薪酬制度的控制与管理。企业薪酬制度一经建立，如何投入正常运作并对之实行适当的控制与管理，使其发挥应有的功能，是一个相当复杂的问题，也是一项长期的工作。

4.2　基于市场的薪酬体系

4.2.1　基于市场的薪酬体系的内涵及特点

基于市场的薪酬体系，又称协商薪酬制（或谈判薪酬制），主要是指以劳动者为一方，用人单位为另一方，通过直接协商（或谈判）来确定薪酬支付标准，并将确定的薪酬标准和支付方式写入劳动合同的一种薪酬管理模式。基于市场的薪酬体系是我国人才市场建立和发展的直接产物，也是各类人才价值得到合理评价和认可的有效方式，是落实"科学人才观"的表现形式之一。基于市场的薪酬体系能够真实地反映各类劳动力的价值和供求关系，薪酬水平随行就市，劳动者与用人单位双方都比较满意。此类薪酬体系在实践中一般分为两种模式：一是对于企业急需的高素质人才的协商薪酬制；二是对于企业中技能要求不高的后勤类职位的协商薪酬制。

表 4-2 所示为基于市场的薪酬模式的一种表现形式，企业根据市场薪酬的中位数确定企业自身的薪酬水平。为了吸引和留住人才，企业在重要岗位上往往采取比市场平均薪酬水平略高的策略，以使企业有较强的竞争优势。

表 4-2　基于市场的薪酬模式（示例）

人 才 类 型	市场薪酬的中位数/元	企业定价/元
……	……	……
市场总监	7 500	8 500
产品经理	7 000	8 000
人力资源部经理	6 500	7 000
……	……	……

基于市场的薪酬体系的优点是协商薪酬制可以使企业在人才竞争中处于有利地位，一般适

用于企业急需的高素质人才（高级技术人才或管理人才），还有助于控制人工成本。同时，协商薪酬制操作简单，可有效减少员工显性的薪酬攀比行为。

但协商薪酬制并不是在任何场合都适用，其往往存在以下缺陷或问题。

（1）容易导致协商薪酬体系内部的不公平。在实践中，协商薪酬制是员工与企业通过协商的方式确定薪酬数额的薪酬决定模式。由于谈判水平的差异，企业中相同技能水平员工的薪酬可能有较大差距。同时，如果短时间内企业提高或降低同类人才引进待遇，也容易引起老员工或新引进人员的不满。

（2）薪酬协商时企业很难对员工的技能水平及未来的工作表现进行准确衡量和预测，只能根据市场行情及员工过去的业绩确定，所确定的薪酬数额随意性较大。一旦引进的人才不符合企业要求或业务素质不高，则容易使企业陷入进退两难的境地。

（3）协商薪酬制一般适用于企业的外部人才引进，即“空降兵”。这种薪酬决定模式如果缺乏严格的条件或门槛限定，会使企业内部原有的按照科学原则建立起来的薪酬等级结构遭到破坏，影响“同工同酬”原则，引致企业内部员工的不满，不利于企业凝聚力的培育。在这种情况下，企业内部的员工往往会对企业中拥有高薪酬的“空降兵”产生忌妒、排斥，甚至抵制，最终导致企业改革失败。

此外，企业中还大量存在对于技能要求不高的后勤类职位的协商薪酬制，如农民工、下岗职工、返聘职工等人员。对于这类人员，一定要防止协商薪酬制的滥用，保证协商薪酬不能低于当地最低薪酬标准，并遵守《中华人民共和国劳动合同法》的相关规定，使其享有法定福利及与企业内部员工同等的福利。

4.2.2 基于市场的薪酬体系的设计

在管理实践中，企业一般针对企业急需的高素质人才，通过设立工资特区的模式来实施基于市场的薪酬体系。

企业设立工资特区的目的是使薪酬分配向那些对企业有特殊贡献，并在市场上特别稀缺的高素质人才倾斜，从而保证企业薪酬的外部竞争性，提高企业对关键人才的吸引力，增强企业在高素质人才市场上的竞争力。

企业设立工资特区（协商工资）时应遵循以下原则。

（1）谈判原则：特区工资以高素质人才市场价格为基础，由雇用双方谈判确定。

（2）保密原则：为保障高素质人才顺利工作，应对该类人员及其工资严格保密，禁止员工之间相互打听。

（3）限额原则：对工资特区高素质人才的数目实行动态管理，依据企业战略目标、经济效益水平及高素质人才市场的供求状况确定享受特区工资制度的人员，宁缺毋滥。

（4）考核原则：实行协商薪酬的正式人员拿出协商工资总额的一定比例（如 30%）参加年终绩效考核，并根据考核结果，决定其最终的薪酬发放水平。企业在进行工资特区高素质人才的选拔时，可委托猎头公司和当地高素质人才推介公司推荐高素质人才候选人，成立临时选聘委员会并对候选人进行考评，委员会成员包括企业级领导、人才测评专家、有关技术专家等，选聘方法可综合采用情景模拟、面试和评价中心等多种人才测评办法。

需要注意的是，企业应建立进入工资特区人才的淘汰机制。例如，对工资特区内的高素质人才，年底要根据业绩合同进行考核。一旦有以下情况将要求其退出人才特区：考核总分低于预定标准；人才供求关系变化——不再是市场稀缺人才。此外，工资特区工资总额不超过企业年度工资总额的一定比例（如 10%左右）。

4.3　基于职位的薪酬体系

4.3.1　基于职位的薪酬体系的内涵及特点

基于职位的薪酬体系是一种在对职位本身的价值给出客观评估的基础上，根据这种评估的结果赋予担任这一职位的从业人员与其职位价值相当的工资的工资制度。这种薪酬体系设计的基本理念是“对岗不对人”与“按岗付酬”。一方面，不同职位对知识、技能有不同的要求，承担职责的大小也不一样，所以不同职位对企业的贡献值不同；另一方面，在每个职位任职的员工对企业的贡献和重要程度不同，他们应当根据所从事的工作领取相应的报酬。

目前，就世界范围内的企业管理实践而言，基于职位的薪酬体系是应用最广泛的薪酬管理模式。其中，原因包括以下两个方面：一是职位薪酬体系下工资水平的确定依据内部的职位价值评估完成，既能通过向核心职位的倾斜以体现企业的战略发展方向，又能做到有理有据，相对客观和公正；二是职位薪酬体系虽然建立的过程比较烦琐，但一旦制度建立起来，后续的管理和体系维护工作相对比较简单。基于职位的薪酬体系是建立在职位评价的基础上的，员工所胜任职位的差别是决定基本工资差别的最主要因素。这种薪酬体系的建立往往首先需要对每个职位所要求的知识、技能及职责等因素的价值进行评估，根据评估结果将所有职位归入不同的薪酬等级，每个薪酬等级包含若干综合价值相近的一组职位；然后根据市场上同类职位的薪酬水平确定每个薪酬等级的工资率，并在此基础上设定每个薪酬等级的薪酬范围。这样，每个职位都会对应某一薪酬等级。员工可以从某个职位向另外一个职位流动，但各个职位本身及其所对应的薪酬水平保持不变。

从以上分析可以看出，基于职位的薪酬体系具有以下四个特点。

（1）具有严格的职位职责界定和职位价值评价，比较客观公正。

（2）职务工资比重较大，职务津贴高，在整个工资中职务工资一般在 60%以上；工资浮动幅度小，比较稳定。

（3）设立了严格的职等职级，并对应严格的工资等级，职位不变，薪酬水平基本不变。

（4）并不按照员工的个人能力支付报酬，往往假定担任某一种职位工作的员工恰好具有与工作的难易程度相当的能力，不鼓励员工拥有跨职位的其他技能。

4.3.2　基于职位的薪酬体系的应用范围与条件

目前，我国广泛运用的三种薪酬体系是基于职位的薪酬体系、基于能力的薪酬体系和基于绩效的薪酬体系。这些薪酬体系有各自不同的特点，因而企业在选择薪酬体系时要充分考虑其应用范围，有针对性地设计和选用，否则就容易进入薪酬管理的误区，导致薪酬体系运用不当。薪酬体系的应用范围主要由岗位性质和岗位特点决定。企业的职位主要有管理类、销售类、研发类、生产类等，企业的职位性质主要分为能力导向、过程导向和结果导向。基于职位的薪酬体系一般针对那些能力和业绩难以区分和界定的岗位，主要应用于过程导向的岗位，如管理岗位、行政工勤类岗位、部分专业管理岗位等。基于职位的薪酬体系的特点及应用范围决定了其特定的应用条件，企业在对该体系加以应用前必须充分考虑是否满足这些条件，以保证合理、高效地利用此薪酬体系。企业采用基于职位的薪酬体系时，应当满足以下前提条件。

（1）明确工作分析，建立系统、清晰的职位体系。企业要采用基于职位的薪酬体系时，必须以工作内容为依据，明确划分出所有的职位，以使各职位的工作内容、所需的知识经验和能力都明确具体，同时不会出现职位之间的重复交叉。在职位具备了工作分析的条件后，还要保证企业有系统、清晰的职位体系。

（2）员工的胜任力。因为基于职位的薪酬体系严格按照职位价值来定薪，所以员工具备的能力应与职位所需的能力相匹配，契合职位价值，保证薪酬公平性，以防出现由于员工能力低于职位所要求的能力而正常工作无法按时保质完成，员工却多获利，最终影响企业效益的情况。此外，如果员工的能力超出职位所要求的能力，就会引起员工不满，从而工作积极性下降，甚至导致企业人力资源流失。

（3）工作内容保持相对稳定。如果工作内容经常发生变化，就会引起一系列连锁反应。首先，工作难度和工作要求发生变化，相应地对员工的知识、技能和经验要求也会发生变化，进而导致职位价值发生变化，之前的基于职位的薪酬体系就会脱离当前变化了的实际情况。

4.3.3 基于职位的薪酬体系的设计

基于职位的薪酬体系的设计主要分为四个模块，即工作分析、岗位评价、薪酬调查、薪酬决策，如图 4-1 所示。

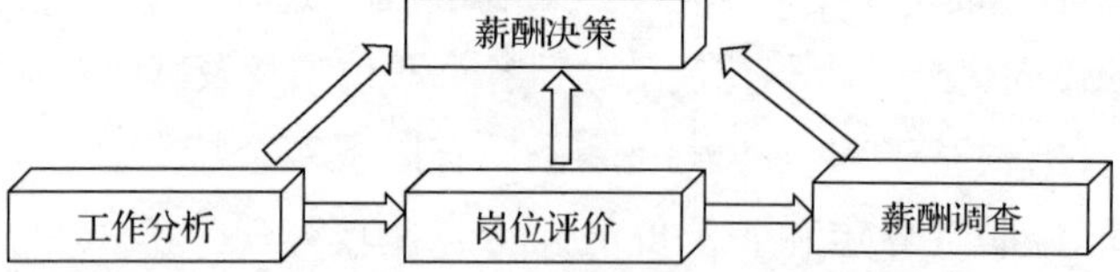

图 4-1 基于职位的薪酬体系设计的四个模块

1. 工作分析

工作分析就是客观地描述并研究组织中某个特定职务的工作内容和职务规范（任职资格）。工作分析的过程基于所需工作分析的目的之上，明确目的后，运用适当的方法收集资料，由专业人士进行资料的整理、分析、研究，编写工作描述与工作规范，并将其运用到人力资源管理其他各项工作之中，进行反馈与修订，不断完善，以形成最终准确的基础性资料，即岗位说明书。

2. 岗位评价

第一，组建岗位评价委员会。对岗位评价因素表进行讨论，确定统一的评价工具，即岗位评价因素及定义分级表。第二，对评价人员就相关岗位评价进行培训。第三，对典型的岗位进行试点评价。第四，进行全面评价。第五，对于岗位评价所得分数按照一定顺序排列，形成岗位评价的结果。

3．薪酬调查

一般情况下，进行职位评价后，企业还需对外部市场的薪酬水平进行调查，以便获得相关信息，为确定本企业的薪酬战略提供依据。薪酬调查主要是根据企业特点了解特定行业及领域内，相关企业的薪酬战略、薪酬设计、薪酬结构、薪酬水平等信息。经过市场调查后形成的薪酬体系更合理、更有效。不同企业进行调查的程度不同，有的复杂、有的简单，企业应根据自身需求选择调查方式。外部市场薪酬水平调查的一般步骤为选定相关市场、确定调查范围、收集资料、进行资料分析。

4．薪酬决策

薪酬决策包括两个方面的内容，即薪酬水平战略和薪酬结构设计。

（1）薪酬水平战略。每个企业都有各自的薪酬战略，薪酬战略依据本企业薪酬和外部薪酬水平的差异主要可以分为领先薪酬战略、紧跟薪酬战略、滞后薪酬战略和综合薪酬战略四种。

领先薪酬战略是指本企业的薪酬水平高于外部平均薪酬水平。采取这种薪酬战略的主要目的是吸引人才，激励和稳定原有的员工队伍，以此为基础把握市场时机，使企业得以快速发展。此种战略比较适合发展中的企业，但人力资源的成本较高。

紧跟薪酬战略是指本企业的薪酬水平与外部平均薪酬水平相同或相近。采取这种薪酬战略的企业往往利用除薪酬外的其他方面的优势与其他企业竞争，而在薪酬方面采取保持市场平均水平的保险策略。此种战略所带来的人力资本压力不会太大，同时薪酬方面不会太失吸引力。

滞后薪酬战略是指本企业的薪酬水平低于外部平均薪酬水平。企业采取此种战略的主要目的是节省人力资本，以得到可用资本，将更多的资金用于其他方面的投资，获取较高的利润。

综合薪酬战略是指企业对不同的职位可能采取不同的薪酬战略。某些职位的薪酬水平可能低于外部平均薪酬水平，某些职位的薪酬水平可能高于外部平均薪酬水平，某些职位的薪酬水平可能与外部平均薪酬水平相近或相同。在此种综合薪酬战略下，企业根据不同职位的具体情况来确定其合适的薪酬水平，针对性强且更加合理，有利于企业取得更好的效果和获取更大的利益。

每个企业所面临的情况不同，在选择薪酬战略时，企业应根据自身具体情况和外部的竞争环境来选择适合企业发展的薪酬战略。

（2）薪酬结构设计。薪酬结构是指同一组织内员工的各种薪酬比例及其构成。通过工作分析、岗位评价、薪酬调查及薪酬战略定位，企业可以基本确定每个岗位的工作价值、职位级别、市场薪酬水平。在设计薪酬结构时，企业往往要综合考虑五个方面的因素：职位等级、个人的技能和资历、工作时间、个人绩效及福利待遇。在工资结构中与之相对应的分别是基本工资、技能工资、加班工资、绩效工资及福利。

4.3.4 基于职位的薪酬体系的具体形式

职位薪酬制是指以职位劳动责任、劳动强度、劳动条件等评价要素确定的职位系数为支付工资的根据，职位成为发放工资的唯一或主要的标准。职位薪酬制的主要特点是对岗不对人。职位薪酬制有多种形式，主要有职位等级薪酬制、职位薪点制、职位系数工资制。但不论哪种工资制，只要称为职位薪酬制，职位工资的比重就应该占整体工资收入的60%以上。

1. 职位等级薪酬制

职位等级薪酬制是指将职位按照职位价值评估结果划分类别和级别，再进行排序，最终确定薪酬等级的薪酬制度。

职位等级薪酬制的实现模式一般包括两种："一岗一薪"制模式和"一岗数薪"制模式。

1）"一岗一薪"制模式

在"一岗一薪"制模式下，一个职位只有一个薪酬标准，职责或任务类似的职位之间不存在职位工资差异（在基本工资、绩效工资上可以存在差异），严格遵循"同岗同酬"的原则。对于新员工则采取试用期的办法，试用期内的职位工资为正常职位工资的 80%或按低一级别的职位工资标准发放，试用期满即可执行职位薪酬标准。"一岗一薪"制模式具体范例如表 4-3 所示。

表 4-3 某企业管理职务和技术职务职位等级薪酬表（"一岗一薪"制）

职　位	薪酬标准/元	管理职务	技术职务	工人职位薪酬标准	
				职　位	薪酬标准/元
十级	500	公司总经理		一岗	108
九级	435	公司副总经理		二岗	135
八级	390	总经理助理		三岗	165
七级	370	公司室经理	正高工程师	四岗	195
六级	325	公司室副经理	副高工程师	五岗	225
五级	280	科长		六岗	260
四级	238	副科长	工程师	七岗	305
三级	195	主办科员	助理工程师		
二级	160	科员	技术员		
一级	130	办事员	技术员		

"一岗一薪"制模式的优点是简便易行，缺点是同类职位之间缺乏差异和激励。因此，此种模式一般适用于专业化和自动化程度高、流水作业、工作技术单一、工作物等比较固定的工种或青年员工占员工总数比重较大的企业。

2）"一岗数薪"制模式

在"一岗数薪"制模式下，一个职位内往往划分几个不同的薪酬标准，以反映职位内部不同员工之间的劳动差别。员工也可以在本职位内依据年度业绩考核情况逐步升级，直至达到本岗位的最高薪酬标准。职位内部级别的制定是根据不同工作的技术复杂程度、劳动强度、责任大小等因素确定的。

“一岗数薪”制模式根据不同职位之间工资水平是否存在交叉分为“可变型”模式和“宽带薪酬”模式。“宽带薪酬”模式是在“可变型”薪酬模式的基础上演变而来的，即在同一职务（职位）内部仍设立不同档的薪酬标准，但低职务（职位）的高等级薪酬标准与相邻高职务（职位）的低等级薪酬标准间适当交叉。

“一岗数薪”制模式的优点是员工的薪酬增长渠道和机会较多，在不晋升、不变换工作职位的情况下也可以增长薪酬。此外，在企业处于困难时期需要缩减人工成本的情况下，员工的薪酬增长速度和水平又可以灵活控制。因此，“一岗数薪”制模式一般适用于职位之间存在劳动差异的情况，尤其是职位划分较粗、职位内部技术有些差异，职位晋升和薪酬增长机会都比较少的工种或职位。

2. 职位薪点制

1）职位薪点制的定义与特征

职位薪点制是一种通过采用比较科学、合理的“点数”，按照每个职位的职位因素确定每个职位的基本薪点数，并依据员工个体绩效、部门绩效、企业绩效最终确定薪点值和收入水平的一种弹性工资分配制度。

职位薪点制具有以下三个主要特征。

（1）突出了职位对薪酬分配的关键性作用。

在职位薪点制模式下，职位薪点数可根据企业战略需要和现实需要，经测算和预估后由企业统一确定。企业可根据等差递减法加大职位之间的薪点数的差距，体现关键职位和重要职位的作用，从而真正发挥职位序列的重要作用。

（2）使个体目标与企业目标有机统一，体现了工资的市场意义。

在职位薪点制模式下，员工的职位薪酬标准不是固定的绝对数，而是一个薪点数，薪点值的大小取决于企业年度经济效益的好坏。企业年度经济效益好，薪点值就高，员工的薪酬就高；企业年度经济效益差，薪点值就低，员工的薪酬就低。这体现了工资的市场意义，员工的工资实际上就是个人的劳动价格或价值。

在员工的个人利益与企业的整体利益紧密挂钩的情况下，一方面，这有利于强化员工对企业的责任感，提高员工对企业市场竞争的感受程度；另一方面，企业可以不再实施年度调薪和考核调薪等一系列调薪制度，员工的薪酬随着企业年度的经济效益自动增减。

（3）在企业内部形成有效的竞争氛围，鼓励职位人员内部正常流动。

职位薪点制以“以岗定薪”“岗变薪变”为基本运作规则，发挥了薪酬的激励作用。如果变化后的职位与原职位差异较大，那么收入的差距也会相差较大。这就会促使员工竞争上岗和岗上竞争意识的提高，同时会促使员工为保住职位或竞争到更好的职位去自觉地钻研技术、提高自身业务能力，真正体现了按劳分配的原则，有利于形成一种突出实际工作贡献的企业文化。

2）职位薪点制的实施形式

职位薪点制的实质是通过职位劳动评价要素，以职位为主体，以效益为核心，以经营目标责任制为基础，以完善的考核制度为保障，把职位类别、工作责任、劳动质量、劳动复杂程度、劳动环境作为职位评价因素，以此来确定员工的工资点数，再按企业实际经济效益确定点值并上下浮动，员工的薪酬用点数和点值的乘积来确定。

因此，职位薪点制实施的核心原则就是坚持“以职位为主确定薪点数、以绩效考核增减薪点数、以企业经济效益好坏核定工资总额、以结算工资总额确定薪点值”。由以上介绍可知，职位薪点制需要员工分担的风险度较大。因此，在实践中，为了降低职位薪点制的风险度，其实施形式上发生了诸多变化。

3）职位薪点制的适用范围与实施基础

职位薪点制的缺点在于职位价值评价和职位薪点数的确定过程比较复杂，还可能引发员工之间的过度竞争，它将影响部门或者企业整体工作效率的提高。因此，职位薪点制一般比较适用于职位职责比较固定、职位劳动以重复性劳动为主的职位。

职位薪点制的实施基础包括以下两个方面。

（1）以实现企业战略目标为核心，建立科学、合理的机关管理组织架构，并在此基础上，坚持“因事设岗、因岗定编、因编定员”的原则，做好定岗定编和职位分析与职位评价工作。通过建立职位评估标准，对职位责任、职位劳动强度、职位条件和职位技术复杂程度等进行相应的评价，体现职位劳动的区别，合理确定职位类别和职位档别，最终确定相应的职位薪点数，并依变化情况适时调整，实现职位动态管理。

（2）改革传统的人事用工制度，实行竞聘上岗及全员定期考核评价制度，完善优胜劣汰的用人机制。否则，职位薪点工资就可能成为一种固定工资而失去激励作用。

3. 职位系数工资制

职位系数工资制的实质是将员工的收入与职位价值、工作业绩和企业效益挂钩的一种分配方式。在实践中，职位系数工资制的实施如下所示。

（1）员工工资收入=基本工资+职位标准工资×职位工资系数×个人绩效考核系数×企业当期绩效系数+年终奖金+福利。

（2）职位工资标准由行业的平均薪酬水平和当期企业整体效益决定，以企业领导层会议确定的人均标准为准，一般相对稳定。

（3）职位工资系数由职位价值评估结果确定，一般分为不同的等级，具体示例如表 4-4 所示。

表 4-4　某公司职位工资系数（示例）

职　　务	职位工资系数
董事长、总经理	4
监事会主席、工会主席、副总经理	2.8
中层正职	2
中层副职	1.4
主管	1.2
职员	1

（4）员工的绩效系数取决于个人的考核结果。考核结果为“优秀”的员工，绩效考核工资

兑现 130%（绩效系数为 1.3），考核结果为“良好”的员工兑现 110%（绩效系数为 1.1），考核结果为“一般”的员工兑现 100%（绩效系数为 1.0），考核结果为“差”的员工兑现 80%（绩效系数为 0.8）。某部门季度考核得分与绩效系数对应表如表 4-5 所示。

表 4-5　某部门季度考核得分与绩效系数对应表

	优　秀	良　好	一　般	差
考核分数	大于或等于 90 分	74～89 分	60～73 分	小于 60 分
绩效（薪酬）系数	1.3	1.1	1.0	0.8

（5）企业当期绩效系数主要由企业当期任务完成的情况决定，常用的指标包括销售回款率、生产计划完成比例、经营计划完成比例等。

从以上分析可以看出，职位薪点制、职位系数工资制可以把企业盈亏指标的完成情况与员工的工资总额紧密联系起来，从而使企业的经营状况成为影响员工工资高低的直接因素，是企业内部直接效益量的体现。这些工资模式的实施，应注意下列问题：第一，在这些工资模式下，企业内部的间接效益与社会效益无从体现；第二，企业总部或上级部门核定盈亏指标时，必须考核市场动态等因素，否则容易导致企业盈亏指标核定的不合理，从而使效益概念模糊；第三，盈亏指标的高低会直接影响员工月度工资水平的高低，但这些盈亏指标往往不是员工个体所能够控制的，在那些生产周期或产品季节性特征明显的行业，这些工资模式容易导致员工的实得工资不稳定，不利于员工生产经营积极性的正常发挥。

4.4　基于能力的薪酬体系

4.4.1　基于能力的薪酬体系的产生背景与内涵

1．基于能力的薪酬体系的产生背景

基于能力的薪酬体系与基于职位的薪酬体系是实践中存在时间最长、应用最广泛的两种薪酬决定方式。基于能力的薪酬体系的产生背景主要包括两个方面：一是基于职位的薪酬体系在部分行业或部门中存在诸多弊端；二是现代企业中“以人为本”理念的产生与推行。

基于职位的薪酬体系无法体现个体能力的差异。基于职位的薪酬体系支付工资的依据是职位的性质及其对组织的价值。职位是相对稳定的，员工一旦拥有了某一职位，就享有与该职位相对应的工资；人们在一个职位待得越久，工资就会越高。但个体的技能和知识是可变的，即使在同一职位，人们拥有的技术和知识也是不同的。

基于能力的薪酬体系更能体现“人”的价值和主体地位。首先，在职位薪酬体系下，企业往往假定员工和企业的利益是对立的，合作是暂时的，企业对员工的个人人力资本投资有限；而在能力薪酬体系下，企业往往假定员工和企业的合作是长期的，企业愿意对员工进行大量的人力资本投资。其次，职位是有限的，故在职位薪酬体系下员工的发展机会比较少；而技能是无限的，人们可以通过学习使技能不断增强或增多，故技能工资制鼓励员工学习新技能，并给

员工提供更多的流动和发展机会。

能力薪酬制是近年来引起越来越多企业青睐的一种基本工资制度。与职位薪酬制“对岗不对人”的支付原则相反，能力薪酬制的实质是“对人不对岗”。在能力薪酬制下，企业依据员工所拥有的相关技能，而不是其所承担的具体工作和职位的价值来支付报酬，员工薪酬水平的提高主要取决于个体技能的增加或已有技能的完善。

2．基于能力的薪酬体系的内涵

能力又称胜任力，是指任职者胜任某职位所需掌握的知识、技术及所需具备的心理、行为等方面的特征或特点。与此相对应，能力薪酬制就是要找出胜任某职位所需的能力要素，依据这些要素来支付员工报酬的一种分配方式。例如，某企业的销售人员的销售业绩十分出色，该企业就可以研究确定究竟是什么使那些销售人员如此出色。一旦找到预示销售成功的要素，就把这些要素归为能力一类，然后根据各位销售人员所表现出来的能力来支付他们的工资。

从人力资源管理的角度来看，能力是指绩效行为能力，而不是一般意义上的能力。绩效行为能力又称素质、胜任力，它是指与实现高绩效的行为有关的各种素质和能力，包括知识、技能、行为方式、价值观、个性特征和动机等要素。员工的这种能力不仅与高绩效的工作密切相关，还可以从一种工作带到另一种工作中去。因此，能力薪酬又称胜任力薪酬，它是一种根据员工具备的与实现高绩效相关的知识、技能、行为方式、个性、动机等素质或能力的高低来决定其工资水平的薪酬方案。它主要适用于从事复杂工作和创造性工作的知识型员工。

4.4.2 基于能力的薪酬体系的设计步骤

基于能力的薪酬体系的设计步骤如下所示。

1．分析组织能力，建立科学的任职资格体系

不同的企业所需的组织能力不尽相同，即使同一企业在不同的发展阶段所需的组织能力也不相同。企业采用能力薪酬方案的目的是激励员工不断提升自己的能力，以保持组织能力的持续提升，从而实现企业战略，获取竞争优势。因此，企业在进行基于能力的薪酬体系设计之前应当首先明确组织的战略是什么，组织赖以生存和发展的关键能力是什么……这些问题构成了能力薪酬设计的基础。在明确了组织能力之后，企业还必须把组织能力分解落实到员工的具体工作能力上。实现这一过程通常有以下两种方式。

（1）小型组织员工人数较少，工作差异不大，组织能力可以直接等同于员工的能力。组织可以建立一套涵盖组织能力的通用素质模型，并把它作为衡量员工能力的标准和决定薪酬的依据。

（2）对大型组织而言，组织能力难以直接分解落实到员工身上。这时组织必须首先考虑与组织能力密切相关的是哪些部门和职类，这些部门和职类需要具备哪些职能才能支撑组织的发展。在对各职类进行能力分析之后，就可以建立各职类的素质模型，再把它作为衡量员工能力的标准和决定薪酬的依据。比如，一家从事日用消费品生产和销售的公司对市场类员工的能力要求如下：制定销售策略，建立销售基础设施，制订和实施客户开发计划，管理供应链、经销商；对企业人力资源管理专业人员的能力要求如下：人力资源战略制定、人力资源规划与开发、组织结构设计、招聘管理、绩效管理、薪酬管理。总之，进行组织能力分析的目的是确定哪些能力是支持组织战略、为组织创造价值的，从而为具备这些能力的员工支付报酬。

2. 建立员工素质模型

与其他薪酬体系相比，基于能力的薪酬体系是近年来新兴的尚未完全成熟的薪酬体系。基于能力的薪酬体系是建立在素质模型基础上的，素质模型包括通用素质模型和专用素质模型。通用素质模型是企业所有员工都应具备的一系列素质组合。专用素质模型是某职类员工应当具备的一系列素质组合。素质模型是区分员工能力高低的一套标准体系，它包括员工应当具备的各项能力及每项能力的等级层次。素质模型的建立包括以下几个步骤。

1）选择职类、职种

企业通常并不需要对所有职位都建立素质模型，并实施能力薪酬方案，而是只需选择少数对保持组织核心能力起关键作用的职位实施能力薪酬方案。在进行职位筛选后，企业可以把那些工作内容相似的职位归入某一职类或职种，再针对这些职类或职种建立素质模型。这样做不仅可以减少建立素质模型的工作量，还能够引导员工拓展自己的能力。例如，企业可以将职位划分为管理类、研发类、营销类、生产类。在管理类职位内部还可以细分为人力资源管理、财务管理等职种；在研发类职位内部还可以细分为软件研发、硬件研发等职种。

2）确定各职类、职种的能力等级

各职类、职种的能力等级的确定往往需要部门主管、业务专家和核心员工的参与。在确定各职类、职种的能力等级时主要应考虑两个方面的因素：一是要深入分析专业人员成长的自然规律，各类专业人员在成长过程中会出现某些能力特征明显的阶段，可以把这些阶段设置为几个能力等级。二是要保证员工之间有区分度，如果等级设置过少，则可能导致大量员工被归入同一等级，区分不出员工间的能力差异，从而影响素质模型的实用价值；如果等级设置过多则会导致管理过程过于烦琐。一般而言，设置 4～6 个能力等级比较合适。

3）典型人物分析

典型人物分析的目的是确定各个能力等级的具体评价标准。这一过程同样需要部门主管和业务专家的参与，分析的能力要素应包括知识技能、行为方式、专业工作经历和成果等。

4）素质模型的评审和修订

通过对典型人物的分析，企业可以初步建立各职类、职种的素质模型。在此基础上，人力资源部门应组织相关部门主管、业务专家和核心员工对素质模型进行评审和修订，以保证素质模型的有效性和可操作性。

3. 员工能力评价

员工能力评价是实施能力薪酬方案的关键步骤，员工能力评价可以为确定员工的能力薪酬提供依据。此外，员工能力评价还可以引导员工的行为符合企业的要求，促进员工自我完善，不断提高自身能力，以实现更高的工作绩效。这里需要强调的是，我们所要评价的员工能力不是宽泛、抽象的一般能力，而是应对能力进行明确的界定，从而对能力进行客观评价，使能力评价的工作富有实际意义。为确保能力评价的客观、公正，企业应遵循以下原则。

（1）工作导向的原则。评价的能力应该是与工作紧密相关的能力。

（2）公平公开的原则。能力评价应该公平、公开，同时要保证评价结果的透明。

（3）测试与评议相结合的原则。能力评价采用标准化测试和小组评议相结合的方式，以最大限度保证能力评价结果的客观、公正。

在能力评价之前，企业应先成立能力评价小组，评价小组通常由 5～7 人组成，成员包括人事测评专家、业务专家、部门主管、人力资源管理人员等。能力评价的主要过程如图 4-2 所示。

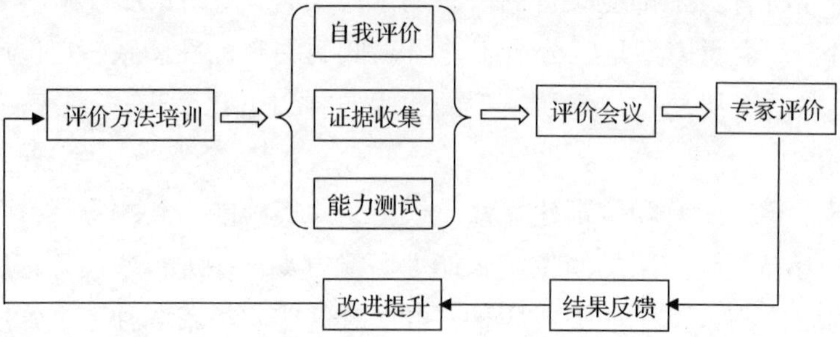

图 4-2　能力评价的主要过程

（1）评价方法培训。

在能力评价时，人力资源部应对所涉及的员工进行培训。通过培训使被评价者能正确理解能力标准的内容和要求，掌握能力评价的过程和方法。另外，培训还能向员工阐明能力评价的目的，消除员工对能力评价的抵触情绪。

（2）自我评价与证据收集。

被评价者首先对照素质模型确定的能力标准进行自我评价，填写自我评价表并收集和整理相关证据。证据收集和整理是能力评价的关键环节。证据是员工在典型工作活动中的行为记录。通过证据收集和整理，员工可以按照能力标准体系回顾和展示自己的工作过程、证明自己的工作能力，员工需要收集的证据包括工作文件、关键事件、第三方意见等。

工作文件是员工根据公司的要求，在工作过程中产生的规范书面资料。工作文件主要包括工作报告，如项目策划报告、市场规划报告等；工作计划与工作总结；工作成果；其他业务技术资料。工作文件必须是员工过去工作的真实输出，能够反映员工典型的工作活动，并且可以证明员工是否符合能力标准的要求。只有符合这些条件的工作文件才能作为能力评价的证据。

关键事件是员工过去工作中的一些客观事实和数据，而非个人的主观感受和判断，它反映了员工的工作或活动过程。员工在进行关键事件描述时应尽量使用行为动词描述自己工作上的行为，注意避免一些主观感受和判断的描述，如积极主动、认真负责等。对关键事件的描述要尽量全面深入，除描述工作行为外，还应描述事件的原因、当时的情景、事件的结果等。

第三方意见是由员工的同事和内外部客户对其日常工作行为的评价。在收集第三方意见时可以采取灵活多样的形式，如对第三方进行访谈、让第三方提供书面说明、让第三方直接参加能力评价会议等。

（3）能力测试及评价会议与专家评价。

通常情况下，能力测试以知识考试为主。通过知识考试可以检验员工的专业知识水平。知识考试应由人力资源部组织各业务部门编制试卷进行考试。考试每年进行 1～2 次，以考试成绩作为评价员工知识水平的主要依据，考试成绩当年有效。有条件的企业还可以根据需要，在完成证据收集和能力测试以后，由人力资源部组织被评价者参加能力评价会议。

在评价会议上，被评价者对关键事件进行陈述，并回答评价小组成员的提问。评价小组成员在核实证据和参考能力测试结果的基础上，经过充分讨论，最终确定被评价者的能力等级。

（4）结果反馈及改进提升。

能力评价结果确定后，人力资源部应及时向被评价者反馈评价结果和改进意见，让被评价者知道自己的成绩和不足，并制定相应的改进措施，以提高自己的能力和工作绩效。

能力评价小组在获得有关被评价者各方面数据和资料的基础上，可以着手进行员工能力评价，从而确定员工能力等级。员工能力评价的具体方法主要有两种：一是定性评价法；二是定量评价法。

① 定性评价法。定性评价法是企业最常用的能力评价方法。在进行定性评价时，企业必须建立一套以员工素质模型为基础的能力评价标准体系。能力评价标准体系通常包含 4～6 个能力等级，并详细规定了每个能力等级必须具备的知识与技能、专业经验、行为方式等能力要素的具体要求。然后根据每个被评价者的实际情况，按照能力评价标准"对号入座"，从而确定员工的能力等级。例如，某企业可能采用如表 4-6 所示的能力评价标准体系。

表 4-6　能力评价标准体系

能力级别	具体要求	
一级	知识与技能	具备初级深度的电信网络知识；掌握设备硬件基本规范
	专业经验	至少参加一个工程施工；参加工程勘测不少于一次
	行为方式	能主动解决工作中的问题；具备基本的团队合作能力
二级	知识与技能	具备中级深度的电信网络知识；能够按照工程设计文件，独立完成两种设备的硬件安装
	专业经验	至少协同完成一个重点工程的施工工作；独立完成工程勘测不少于一次
	行为方式	具备较强的团队合作能力；主动为客户、同事提供帮助

② 定量评价法。定量评价法的基本思路：首先确定需要评价的能力要素，并建立能力评价指标体系；然后运用层次分析法（AHP）确定各指标的权重；再按照各指标的评价标准，由评价小组专家对被评价者的各项指标进行评级；最后运用模糊综合评价法对被评价者的能力做出综合评价并确定其能力等级。定量评价法的主要流程如图 4-3 所示。

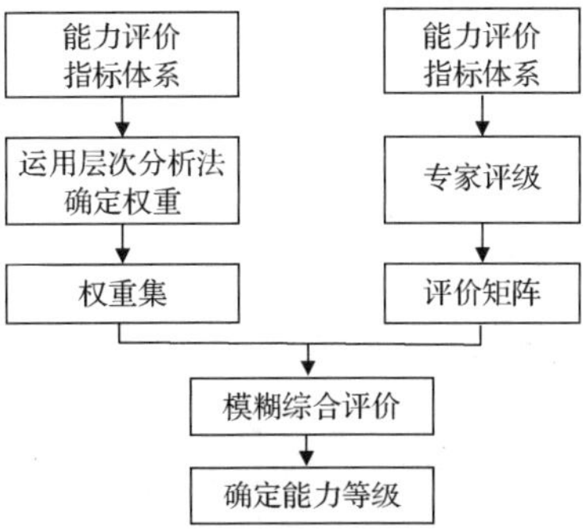

图 4-3　定量评价法的主要流程

4.4.3 基于能力的薪酬体系的具体形式

基于能力的薪酬体系在实践中有多种形式，包括技术等级工资制、职位技能工资制、能力资格工资制等。

1. 技术等级工资制

技术等级工资制是一种主要根据技术复杂程度和劳动熟练程度来划分员工等级和规定相应的工资标准，然后根据员工所达到的技术水平评定技术（工资）等级和标准工资的一种等级工资制度。技术等级工资制一般适用于技术复杂程度高，员工劳动熟练程度差别大，分工较粗及工作物不稳定的工作和职位。

在实践中，技术等级工资制主要由工资等级表、工资标准和技术等级标准三大要素组成。

1）工资等级表

工资等级表是指规定工资等级数目和各等级之间工资差别的总览表。它表示的是不同质量的劳动或工作之间工资标准的比例关系，反映不同等级劳动报酬的变化规律，是确定各等级工资标准数额的依据。

2）工资标准

工资标准又称工资率，是按单位时间（时、日、周、月）规定的各等级的工资金额，表示某一等级的工作在单位时间内的货币工资水平。按时规定的为小时工资标准，按日规定的为日工资标准，按周规定的为周工资标准，按月规定的为月工资标准。

按照规定的工资标准支付的工资，是员工完成规定的实际工作时间或劳动定额后用人方所支付的工资，称为标准工资。

3）技术等级标准

技术等级标准又称技术标准，是用来确定员工的技术等级和员工工资等级的尺度。技术等级标准一般包括专业知识、工作技能和工作实例三项内容，一般简称“应知”“应会”和“操作实例”。

“应知”是指完成某等级工作所应具备的理论知识，或员工应达到的文化水平；“应会”是指员工完成某等级工作所必须具备的技术能力和实际经验；“操作实例”是指根据基本知识和专门技能的要求，列举不同技术等级员工应该会做的典型工作项目或操作实例，对员工进行培训和考核。

2. 职位技能工资制

职位技能工资制是基于能力的薪酬体系的一种组合或变异形式。该工资模式是以劳动技能、劳动责任、劳动强度和劳动条件等基本劳动要素评价为基础，以职位工资、技能工资为主要内容建立起来的工资制度，充分体现了工资中职位与技能这两个结构单元的特点。其中，技能工资模块是根据员工所掌握的技能水平和技能数量来确定薪酬水平的。

由于职位技能工资制中各个工资单元分别对应体现劳动结构的不同形态和要素，因而较为全面地反映了按职位、按技能、按劳分配的原则，在一定时期内对调动员工的积极性、促进企业生产经营的发展和经济效益的提高起到了积极的作用。

但在实践中，职位技能工资制存在诸多问题。

（1）技能工资往往无法与员工的实际技术等级挂钩。技能工资的高低主要体现在员工工龄的长短和劳动贡献的积累上（“论资排辈”），反而降低了员工学习、提高技能的积极性。

（2）职位技能工资一般存在工资单元划分过细的弊端。工资的各个单元相对独立，并且平均分配的部分占相当大的比例，与工作绩效直接挂钩的绩效工资或浮动工资比例较小，从而使该工资模式的平均主义、“大锅饭”的色彩浓厚，失去了工资分配应有的弹性，往往是平衡有余，弹性和激励不足。

3. 能力资格工资制

能力资格工资制是基于能力的薪酬体系的一种最新、最灵活的形式。该工资模式是一种以员工自身的条件，包括技术资格、体质、智力和文化程度等因素为主来反映员工劳动质量差别的薪酬等级制度。它通过对员工综合能力的评价来确定员工的薪酬等级和薪酬标准，而不管员工的这种能力是否得到发挥，是否为企业创造了效益。类似的薪酬支付在职位薪酬制下是不存在的。

在这种工资制度下，如果一个初级工具备高级工的能力资格，即使他还在初级工的工作职位上，企业也应该给予该员工高级工的待遇。短期内员工从事的职位或工作都没有变，企业支付的薪酬总量却增加了，企业似乎得不偿失，但实际上这种工资模式在实践中得到了较为广泛的应用。美国《商业周刊》对于一项技能工资的使用情况和效果的调查研究表明，能力资格工资制已在美国 30%以上的企业中推广使用，并带来了员工，特别是知识工作者更高的绩效和满意度。这是为什么呢？主要原因有以下三点。

（1）就实践而言，拥有多项技能的员工的素质一般比技能单一的员工的素质高，绩效水平也往往高于一般员工。能力资格工资制的应用能使企业以较为客观的评定标准来制定员工的薪酬水平，并易于进行横向和纵向比较，具有较高的信度和效度。

（2）知识产品本身就难以量化和测量，导致知识工作者在实践中的薪酬决定因素也难以比较和测量。采用能力资格工资制可直接避免管理盲点的出现。

（3）就整体而言，在能力资格工资制下，会在企业营造一种鼓励学习、提高技能的氛围，进而带动员工整体素质的提高，企业的劳动生产率和产品质量也会随之得到提高，企业用较小的人工成本获取了较大收益。

因此，能力资格工资制适合于生产设备技术含量较高、对员工基本素质要求较高的高新技术企业。

4.4.4　基于能力的薪酬体系在应用中的难点

尽管基于能力的薪酬体系有广阔的应用前景，并且已经在一些企业中成功实施，然而它并非一套完美的薪酬解决方案。它自身也存在一些缺点和不足，从国内外企业目前的应用情况来看，实施这一薪酬体系面临的难题主要有以下几个方面。

1）实施基于能力的薪酬体系可能会大大增加企业的成本

首先，由于工资具有刚性的特点，企业实施这一薪酬体系往往意味着人工成本的增加。随着时间的推移，员工掌握的技能和能力不断提高，企业面临的加薪压力会越来越大。其次，为了保证技能和能力薪酬方案的顺利实施，企业需要为员工提供大量的培训机会以满足员工不断增长的培训需求。培训费用的增加，员工参加培训对本职工作的影响都会在短期内增加企业的成本。此外，基于能力的薪酬体系的引入、维持和更新是一个费时费钱的过程，它通常会带来管理成本的大大增加。如果这些成本的增加超过了企业收益的增长，影响了企业的利润，企业很可能无法继续采用这一薪酬体系。美国的一项研究显示，成本是导致基于能力的薪酬体系失败的主要因素，企业采用基于能力的薪酬体系后，工资成本平均上升 15%、培训成本上升超过 25‰。克服成本增加带来的负面影响已成为实施这一薪酬体系必须解决的重要问题。

2）基于能力的薪酬体系在推行过程中可能会受到抵制

许多创办时间较长的企业在思想意识和管理制度上比较保守和僵化，存在抵制新事物倾向，从原有的、长期的薪酬方案向这种新的薪酬方案转变的过程必然会带来组织内部的冲突和摩擦。从群体角度而言，基于能力的薪酬方案可能会影响一些部门或群体的利益，一些原有的既得利益集团很可能竭力抵制这一薪酬方案的实施。从个人角度而言，薪酬方案的改变会带来员工收入的变化，在方案实施初期，员工不能确定自己的收入是否会下降，因此可能抵制这种引起不确定性的薪酬方案。另外，该方案更有可能受到那些能力成长空间不大的员工的反对，因为新方案不会给他们带来太多的薪酬增长机会。

3）员工在实际工作中难以应用自己的全部能力

企业如何有效地利用员工所掌握的能力是基于能力的薪酬体系面临的另一个现实问题。如果企业无法为员工提供应用能力的机会，员工依然长期从事与过去相同的工作，那么企业将无法达到实施这一薪酬体系的目标——通过激励员工不断学习，改善工作绩效，提高企业适应力和竞争力。知识、技能和绩效之间并没有必然的因果关系，虽然绩效的提高需要相应的技能和能力的支撑，但是技能的增多、能力的增强并非一定能引起绩效的提高。因此，企业在实施能力薪酬方案时必须解决好能力有效利用的问题，否则会导致企业成本大大增加而获得的收益较少。

4）能力的评价比较困难

对员工的能力进行评价是实施能力薪酬方案的核心环节，也是企业在操作过程中面临的最大难题。技能与能力很难定量分析，它的评价涉及较多定性甚至主观的因素，这也是一些企业对基于能力的薪酬体系望而却步的原因。

5）基于能力的薪酬体系的实施过程比较复杂

企业在实施能力薪酬方案时会涉及众多的环节。这一薪酬方案在引入之前要做大量的基础工作，如工作分析、技能分析等，在引入之后需要外部专家、部门主管和员工的充分合作。这一薪酬体系的建立过程烦琐、周期较长，建立之后还需要持续维护和更新。这些要求都是对企业人力资源管理的挑战。

4.5　基于业绩的薪酬体系

4.5.1　基于业绩的薪酬体系的内涵及特点

绩效薪酬制度来源于计件工资，但它不是简单意义上的工资与产品数量挂钩的工资形式，而是建立在科学的工资标准和管理程序基础上的工资体系。它的基本特征是将员工的薪酬与个人业绩挂钩。业绩是一个综合的概念，它比产品的数量和质量的内涵更宽泛，不仅包括产品的数量和质量，还包括员工对企业的其他贡献。企业支付给员工的业绩工资虽然也包括基本工资、奖金和福利等几项主要内容，但它们之间不是独立的，而是有机地结合在一起的。

基于业绩的薪酬体系的主要特点：一是有利于员工工资与可量化的业绩挂钩，将激励机制融于企业目标和个人业绩的联系之中；二是有利于工资向业绩优秀者倾斜，提高企业效率和节省工资成本；三是有利于突出团队精神和企业形象，提升激励力度和员工的凝聚力；四是绩效工资占总体工资的比例在 50%以上，浮动部分比较大。

基于职位的薪酬体系只考虑了职位对于企业的静态价值，却忽略了员工实际工作绩效对企业的动态价值。为了把薪酬与绩效联系起来，鼓励员工更加努力工作，目前已有很多企业采用基于业绩的薪酬体系。绩效薪酬是将员工的收入与绩效水平挂钩的薪酬制度。它来源于由科学管理之父泰勒创造的一种激励性计件工资制度。

4.5.2　基于业绩的薪酬体系的设计

绩效薪酬的计量基础是员工个人的工作业绩，业绩评估是绩效薪酬制度的核心，如果业绩评估没有说服力，那么整个绩效薪酬制度就毫无意义。业绩评估手段可以分为非正式体系和正式体系。非正式体系主要依据管理人员对员工工作的个人主观判断；正式体系建立在完整评估体系之上，强调评估的客观性和公平性。

基于业绩的薪酬体系的设计分为以下几个步骤。

1. 制定评估目标

业绩评估的目的不仅是为付给员工合理的劳动报酬提供依据，更重要的是发挥员工个人的能力和创造性，使员工个人目标与企业发展目标趋向一致。因此，制定切实可行的评估目标是绩效薪酬制度的基础。评估目标的制定要遵循以下原则。

（1）评估目标一定要被员工所接受、认可，评估目标一定要在上级和下级之间、部门负责人和员工之间充分交流的基础上制定。

（2）业绩测量手段要客观、可靠和公正，评估后要将规划业绩和实际业绩的差距及时反馈给被评估者，听取被评估者的意见，和被评估者充分交流。

（3）对业绩不佳者，企业要帮助和督促其制订完善的计划，根据计划有针对性地进行培训，或提供改进的条件，使其得到提升。

（4）对业绩优秀者，企业不仅要给予其外在奖励，还要给予内在奖励，如提供晋升和发展机会等，从内、外两个方面激励其为企业做出更大的贡献。

2．确定业绩要素

企业在进行业绩评估时要选择一些有代表性的业绩要素，这些业绩要素应该能够全面、客观地反映被评估者的业绩，有利于评估者做出公正的评价。不同的企业在业绩要素的选择上侧重点不同，现将使用频率较高的业绩要素筛选如表 4-7 所示。此外，在业绩要素的选择上企业还要注意：特定的评估方式只允许选择特定的业绩要素；避免选择一些与工作关系不大，纯属个人特点和行为的要素；培养关注业绩评估的文化氛围，尽管业绩评估的结果与员工薪酬直接联系在一起，但业绩评估的最终目标是提升员工对于实现企业目标的积极性和创造性，而不仅仅局限于薪酬发放。

表 4-7　业绩评估要素

要素类别	要素内容
一级要素	相关知识、技能和能力
	工作态度、进取心、责任感
	工作质量、努力程度
	工作数量、努力程度
二级要素	处理问题的能力、创新精神
	领导能力
	业务熟练程度
	出勤守时率
	对目标的把握能力
	劳动卫生和安全意识

3．确定评估方法

业绩评估的方法很多，先进的评估方法要体现规范化和程序化，要注重评估效果，突破为评估而评估、为报酬而评估的传统框架。

1）自我评估法

自我评估法是一种比较民主的评估方法，在我国企业中的应用很普遍。这种方法比较强调业绩指标的量化，具体做法是：首先，业绩评估部门设计一张表格，将各项自我评估指标列在表格中，包括出勤率、工作效率、工作质量、安全操作、合作精神及责任感等；其次，由被评估者填写表格，评定分值；最后，评估主管者根据评估表与被评估者交换意见。自我评估方式易于上级和下级之间的交流和信息反馈，也节省了人力、物力和时间，其缺点是需要对评估结果进行检查和再评定。

2）图解化评分法

图解化评分法主要采取分析和指标对比的方法，具体操作步骤为：首先，制定一些与业绩相关的要素，包括工作质量，知识和技能，合作精神，以及诚实性、守时性、主动性等个人品质要素；其次，根据这些要素，为被评估者逐个评分，可以采取 5 分制或 100 分制的方法，最高分代表最佳值；最后，将各项分值累计加总，得出一个综合分值。

图解化评分法的实质是一种“行为针对性评分”方法，它主要是对评分系列中每个与级别对应的行为分别进行描述，每个工作岗位都有相关的行为系列，通过员工的业绩要素与特定行为的结合，既可以明确在特定岗位上的员工的行为标准，也可以确定员工实际达到的业绩水平或者达标程度。

图解化评分法在使用时要针对不同岗位的员工制定不同的评定标准，业绩要素的规定和组合要有区别。例如，对管理者，要侧重评估“领导能力”“开创精神”“合作精神”等特征；对一般员工，要侧重评估“专业技能”“诚实守时”“勤奋努力”等特征。

3）多人比较法

多人比较法不是针对某员工的业绩进行评估，而是在多人之间进行比较，对不同业绩进行排名，根据名次进行分配和奖励。常用的排名方式有个人排名、小组排名等。个人排名是将所有的被评估者从好到差排序，然后按照名次评定等级；小组排名是将被评估者按照业绩归类，各类别代表不同的业绩层次。例如，将 60 名被评估者分成若干类，第 1～20 名为第一类，第 21～40 名为第二类，第 41～60 名为第三类。业绩最佳者在顶级小组，业绩最差者在底层小组。

4）评估报告法

评估者以书面的形式对被评估者做出全面、客观、具体的评估报告，报告的主要内容包括被评估者的主要优点和缺点，评估期被评估者的主要业绩，被评估者的未来发展潜能，能够表现为被评估者能力和素质的一些重要事件、成绩和失误等。

评估报告法多用于上级对下级的评估，采取自上而下的操作方式，这种方法有利于员工的集中管理，但是评估的有效性依赖于评估体系和评估者的公正和客观。在一些企业中，这种评估方法也用于下级对上级的评估，即采取下级为上级打分的形式评定管理者的工作业绩，目的是使下级拥有对上级的优点和缺点、工作情况进行评价的机会，同时有利于企业全面掌握各级主管人员的情况。

自上而下的方法与自下而上的方法一样，都需要具备一些基本的前提条件。例如，良好的企业文化支撑，上级和下级之间能做到诚实、公正和公开的积极交流，特别要避免一些下级出于害怕上级的心理，不敢袒露心声，或者有意避开评分级别中的两极而选择中间分数的情况等。

4.5.3　基于业绩的薪酬体系在实施中存在的问题及解决措施

基于业绩的薪酬体系是一种有效的激励机制，与基于职位的薪酬体系相比，它具有很多优点。例如，基于业绩的薪酬体系有利于员工薪酬与可量化的业绩挂钩，将激励机制融于企业目标和个人业绩的联系之中；由于有明确的绩效目标，它能够把员工的努力集中在企业认为重要的一些目标上，从而有利于企业通过灵活地调整员工的工作行为来达成企业的重要目标；由于薪酬支付实际上成了一种可变成本，它的实施减轻了企业在固定成本方面开支的压力，有利于企业根据自身的经营状况灵活地调整自己的支付水平。

基于业绩的薪酬体系也有缺点和不足之处，其缺点和不足之处主要表现在以下几个方面。

（1）容易产生对业绩优秀者激励有方，对业绩不佳者约束欠缺的现象，而且在业绩优秀者奖励过大的情况下，容易引起员工虚报业绩的行为，因此对员工业绩的准确评估和有效监督是绩效薪酬的实施关键。

（2）可能导致员工只关注结果而不注重形式。此种薪酬体系可能导致员工之间或员工群体之间的竞争，而这种竞争可能忽视企业整体利益。此外，在执行的过程中还可能增加管理层和员工之间的摩擦，对企业文化产生一定的负面影响。

（3）可能不利于团队合作。在组织实现一定的绩效目标时，其绩效总额通常是一个固定数值，员工所能得到的份额不仅取决于个人绩效，还取决于其绩效在组织中的相对水平。因此，绩效薪酬这种对以自我为中心的个人努力进行激励的做法，往往会造成在需要员工进行团队合作时却出现员工间过度竞争的情况，因而影响组织整体目标的实现。

由于基于业绩的薪酬体系有很多的优点，所以很多企业都在使用它，但这种薪酬模式的缺点和不足也提醒企业在实施过程中必须慎重，具体来说，企业要做好以下几点。

（1）建立科学、客观的绩效考核体系。绩效薪酬制度是以员工、群体，甚至组织整体的业绩为薪酬支付的基础的。如果没有科学、客观的绩效考核体系，绩效薪酬制度就难以真正发挥作用。要使绩效薪酬制度发挥作用，必须首先做好绩效考核工作，保证绩效考核的客观性和准确性。对于真正为企业做出贡献的员工给予合理回报，充分拉开差距，在企业内形成有效的激励机制。总之，良好的绩效考核指标可以明确员工奋斗的方向和目标，检查工作中存在的错误及不足，实行奖惩分明的薪酬管理，从而建立基于激励机制的薪酬体系，激励所有的员工为企业的长期战略目标而奋斗。相反，一套存在种种缺陷的绩效考核指标，轻则会使企业的绩效考核流于形式，重则导致员工对企业的忠诚度降低，工作积极性下降，目标不明确，从而阻碍企业的发展。

（2）绩效薪酬制度必须与企业战略、文化、价值观保持一致。实现企业战略目标或经营目标及维护企业的价值规范是实施绩效薪酬制度的主要目的，但是如果企业的价值观和战略目标不清晰或者员工对其不理解，那么很可能出现企业所激励的行为和结果与战略目标相背离的情况。

（3）基于业绩的薪酬体系应保持一定的动态性。绩效薪酬是围绕企业的经营目标、企业外部的经营环境，以及员工的工作内容、工作方式等情况的变化而不断变化的，因此企业需要不断地修订经营目标，并对原有的考核计划进行调整，保持一定的动态性。

（4）平衡各成员的角色。在一些具有特殊文化的企业中，绩效薪酬制度的推行可能会破坏工作气氛，打击员工的积极性。可行的弥补措施是以团队为单位进行绩效考核，然后将绩效工资在各成员间平均分配，但这样可能会引起团队中业绩优秀者的不满，甚至促使其离开团队或企业。因此，在重视团队合作的经营环境中，平衡各成员的角色很重要。

4.5.4 绩效薪酬的具体形式

根据支付基础的不同，绩效薪酬可分为组织绩效薪酬、团队绩效薪酬和个人绩效薪酬。

1. 组织绩效薪酬

组织绩效薪酬是根据组织的整体绩效来确定薪酬发放的薪酬计划。组织通常根据关键绩效指标的完成情况来确定整个企业的绩效薪酬发放额度。在确定了绩效薪酬发放额度后，企业再确定发放对象和分配方式。通常，组织绩效薪酬主要发放对象是对企业整体业绩具有重大影响的人员，如中高层管理人员、专业技术人员、市场营销人员等。组织绩效薪酬的优点是将薪酬与企业整体业绩紧密联系在一起，引导员工关注企业整体效益，同时企业可以根据经营状况来调整薪酬的多少，避免产生太大的财务压力。

企业通常的做法是，根据企业利润指标完成情况确定组织绩效薪酬的基数，然后根据其他几个关键业绩指标的完成情况确定能够实际发放的薪酬比例。例如，某企业在年初制定的利润目标为 5 000 万元，如果该企业在年终完成了该利润目标，全体员工就分享企业利润的 10%，即企业将 500（5 000×10%=500）万元的利润作为组织绩效薪酬的基数；然后该企业根据其成功关键因素提炼出其他几个关键业绩指标，如销售计划完成率、安全责任事故的控制率、产品优良率等。如果这几个关键业绩指标的考核结果达到了 S 等（远远超过绩效期望），那么全体员工能完全获得 500 万元的绩效薪酬；如果达到了 A 等（超过绩效期望），那么全体员工能获得这 500 万元的 90%。随着考核结果等级的下降，薪酬发放比例逐步降低。

绩效薪酬分配有以下几种方式。

第一种方式是根据参与人员的职位评价点数进行分配，即人员 A 所获得的绩效薪酬=绩效薪酬总额/参与人员总的职位评价点数×人员 A 所在职位的职位评价点数。

第二种方式是根据参与人员的职位等级来进行分配。比如，参与人员分布于三个职位等级，其分配的相对比例为 6：5：4。那么，先用薪酬总额除以总的分配人数，可以得到平均薪酬，三个职位等级人员分别得到平均薪酬的 120%、100%和 80%。

第三种方式是根据参与人员的绩效水平来进行分配。比如，参与人员的绩效水平分布于 S、A、B、C、D 五个等级，其分配的相对比例为平均薪酬的 150%、120%、100%、80%和 60%。

在上述三种分配方式中，前两种主要考虑参与人员的职位和工作性质不同所造成的贡献差异，第三种方式主要考虑参与人员的绩效差异所造成的贡献差异。

2. 团队绩效薪酬

团队绩效薪酬是根据团队或部门的绩效来确定薪酬发放的计划。团队绩效薪酬有多种形式，主要包括利润分享计划和收益分享计划。利润分享计划是将企业或某个利润中心所得利润的一部分在员工之间进行分配的计划。它把员工薪酬与企业总体利润收入联系在一起，有助于促使员工关注企业的整体经营成果，而不是仅仅关注个人行为和工作结果。此外，利润分享计划也使企业在薪酬方面拥有更大的灵活性，企业可以根据利润的高低来调整薪酬的发放。收益分享计划是企业让员工分享因生产率提高、成本节约、质量改善所带来收益的团队激励计划。著名的斯坎伦计划、拉克计划等都属于这种计划。员工按照设计好的收益分享公式，根据团队或部门的工作绩效而获取薪酬。收益分享计划是由部门或团队的工作绩效决定的，相对利润指标而言，成本、质量、生产率等指标更容易被员工认可为自己的行为所能控制的要素。员工更清楚自己的努力与获得薪酬之间的关系，因而它比利润分享计划的激励作用更强。另外，员工分享的收益是员工自己节约出来的收益，并不会对企业的整体利益产生影响。但是，收益分享计划依然没有将个人绩效与薪酬联系起来，可能导致“搭便车”等现象发生，团队中工作出色的成员的积极性可能受挫。

3. 个人绩效薪酬

个人绩效薪酬是指根据员工个人的工作绩效决定其薪酬的金额。个人绩效薪酬主要有两种模式：一种是由个人工作成果直接决定薪酬的模式，如销售人员的佣金制和生产人员的计件工资制；另一种是由绩效考核的结果决定薪酬的模式。个人绩效薪酬根据员工间个人绩效的差异来决定薪酬的金额，有利于激励员工努力工作、提高绩效，以获得较高的薪酬。但是，个人绩效薪酬计划同样存在一些缺陷：一是员工个人的绩效往往难以准确衡量，工作的完成通常是分工合作的结果，准确度量每个人的贡献十分困难；二是个人绩效薪酬可能导致员工间的激烈竞争，不利于团队合作，影响部门或组织的整体绩效；三是员工可能只关注那些可以增加报酬的短期绩效，而忽略学习新的知识和技能，也不愿创新和冒险，这将影响员工和组织的长远发展。个人绩效薪酬制度主要包括三种基本形式：计件制、计效制和佣金制。

1）计件制

计件制包括以下几种形式。

（1）简单计件制。

简单计件制易于掌握，计算过程非常简便，因此得到普遍采用。简单计件制的公式如下：

$$应得工资=完成件数\times每件的工资率$$

这种方法将报酬与工作效率相结合，可以激励员工努力工作，完成产品数量多的员工收入比较多，可以使员工更加勤奋地工作。

（2）梅克里多计件制。

这种计件制将员工分为三个等级，随着等级变化工资率递减 10%。中等和劣等的员工获得合理的报酬，优等的员工会得到额外的奖励。

（3）泰勒的差别计件制。

这种计件制首先要制定标准的要求，然后根据员工完成标准的情况有差别地给予计件工资。

2）计效制

由于计件制存在侧重产品数量而相对忽视产品质量的情况，因此在其后又出现了计效制。

计效制有以下几种形式。

（1）标准工时制。

这种制度以节省工作时间的多少来计算员工应得的工资。当员工的生产标准要求高时，按照员工超出的百分率给予其不同比例的奖金。

（2）哈尔西 50-50 奖金制。

哈尔西 50-50 奖金制的特点是员工和企业分享成本节约额，通常进行五五分账，若员工在低于标准工作时间内完成工作，那么其可以获得的奖金是自己节约工时的工资的一半，计算公式如下：

$$E=T\times R+P\times(S-T)\times R$$

其中：E 表示收入，R 表示标准工资率，S 表示标准工作时间，T 表示实际完成时间，P 表示分成率（通常为 1/2）。

下面我们用一个例子来说明这种计效制。若某工人的工资率为 25 元/工作时，规定用 4 个工作时完成工作，但他在 3 个工作时内完成了工作，则他的收入如下：

$$E=3\times25+1/2\times(4-3)\times25=87.5\text{（元）}$$

我们还会发现，$P\times(S-T)\times R$ 部分（奖金）可能大于 $T\times R$ 部分（日工资），只要 $P\times(S-T)\times R>T$，即 $S>3T$，也就是当工人的实际工作时间不足预计标准工作时间的 1/3 时，他的奖金会超过日工资。

（3）罗恩制。

罗恩制的薪酬水平不固定，是依据员工节约的时间占标准工作时间的百分比而定的，计算公式如下：

$$E=T\times R+[(S-T)/S]T\times R$$

或

$$E=T\times R\times[1+[(S-T)/S]$$

下面我们用一个例子来说明这种计效制。若某工人完成工作的实际时间为 6 个工作时，标准工作时间为 8 个工作时，标准工资率为 20 元/工作时，那么该工人的收入如下：

$$E=6\times20+[(8-6)/8]\times6\times20=150\text{（元）}$$

当实际工作时间等于标准工作时间的一半时，所获薪酬与哈尔西 50–50 奖金制的相同。

3）佣金制

佣金制包括以下几种形式。

（1）单纯佣金制。

对销售人员而言，单纯佣金制是一种风险较大而且挑战性极强的薪酬制度，计算公式如下：

收入=销售产品数×产品单价×提成比率

例如，小王在以单纯佣金制计算薪酬的 A 公司工作，提成比率为 3.5%，若小王推销出 180 件单价为 100 元的产品，则他的收入为 630（180×100×3.5%=630）元。

（2）混合佣金制。

对小王来说，每个月都推销那么多产品太难了，于是他跳槽到有 300 元底薪的 B 公司。B 公司推销员的薪酬是这样计算的：

收入=销售产品数×产品单价×提成比率+底薪

尽管 B 公司的提成比率略低，仅为 2.5%，但推销员每个月能最少获得 300 元人民币，同样推销出 180 件单价为 100 元的产品，小王的收入为 750（180×100×2.5%+300=750）元。

（3）超额佣金制。

C 公司的产品十分畅销，其推销员薪酬的计算公式如下：

收入=（销售产品数-定额产品数）×产品单价×提成比率

从公式中可以看出，推销员必须完成一定的定额才能有收入，按 3 月份销售的平均水平来看，单价为 100 元的产品平均每位推销员销售 600 件，定额产品数为 200 件，提成比率为 2.5%，此时推销员的收入为 1 000 元，即（600–200）×100×2.5%=1 000。

从以上三种佣金制我们不难看出，根据不同的产品销售情况，应制定不同的员工激励制度，只有这样才能保证以合理的薪酬实现最大的激励效果。佣金制的优点是由于薪酬明确地同绩效挂钩，因此销售人员为了得到更高的薪酬，会努力提高销售额，促进企业市场份额的迅速扩大；佣金制计算简单，易于被销售人员理解，所以管理和监督成本比较低。佣金制的缺点是会导致销售人员只注重提高销售额，而忽视培养长期客户，不愿推销难以出售的产品；由于市场的风险性，使企业风险转移到销售人员身上，可能造成销售人员收入忽高忽低。

4.5.5 基于业绩的薪酬体系的优缺点

1. 基于业绩的薪酬体系的优点

（1）该薪酬模式有利于员工的薪酬与可量化的业绩挂钩，将激励机制融于企业目标和个人业绩的联系之中，能够把员工的努力集中在企业认为重要的一些目标上，有利于企业通过灵活地调整员工的工作行为来达成企业目标。

（2）绩效薪酬实质上是一种可变成本，有利于企业根据自身的经营状况灵活地调整自己的支付水平。在整体效益不好时，企业无须支付过高的薪酬，从而有利于节省人工成本，不至于因为成本的压力而陷入困境。

（3）绩效薪酬往往与直接的绩效改善联系在一起，有利于工资向业绩优秀者倾斜和企业总体绩效水平的改善。

（4）支付水平较高的绩效薪酬是解决工作无法监督或监督成本太高问题的最好途径。

2. 基于业绩的薪酬体系的缺点

（1）该薪酬模式过于强调物质刺激，长期或过度使用容易造成不良导向，使员工看重个人绩效，造成部门之间、员工之间的不正当竞争，影响员工间的合作与企业的和谐发展。

（2）在企业困难时员工得不到高报酬，可能引起员工消极怠工甚至离职。

（3）在绩效计划的设计和执行过程中，管理层和员工之间可能产生摩擦，而且企业在绩效薪酬计划中使用的衡量标准很难做到客观、准确，这就可能造成新的不公平，影响其激励功能。

（4）绩效计划使员工收入增加后，企业可能会进一步出台更苛刻的标准，从而影响员工提高绩效的积极性。

【本章小结】

职位薪酬制有多种形式，主要有职位等级薪酬制、职位薪点制、职位系数工资制。

绩效薪酬是一种有效的激励机制，有利于员工的薪酬与可量化的业绩挂钩，将激励机制融于企业目标和个人业绩的联系之中；有利于达成企业的重要目标，减轻了企业在固定成本方面开支的压力，有利于企业根据自身的经营状况灵活地调整自己的支付水平。

根据支付基础的不同，绩效薪酬可分为组织绩效薪酬、团队绩效薪酬和个人绩效薪酬。

【复习思考题】

1. 薪酬体系设计的基本步骤是什么？
2. 职位薪酬制有哪几种形式？
3. 根据支付基础的不同，绩效薪酬分为哪几种？
4. 职位薪酬制的应用范围是什么？
5. 简述基于业绩的薪酬体系的优缺点。

【案例分析】

康贝思公司是一家于 20 世纪 90 年代中期成立的集研发、生产和销售为一体的民营家电企业，主要产品为燃气用具、厨房电器、家用电器等家电产品。经过多年发展，公司员工达到 1 000 多人，总资产为 8 亿元，净资产为 3 亿元，年销售额达到 10 多亿元。

近年来，由于燃具行业竞争的加剧、技术的快速更新，以及不断变化的多样性的客户需求等，康贝思公司所处的经营环境发生了巨大的变化。公司出现产品开发跟不上客户需求变化和开发周期过长、向客户提供产品不及时、生产成本与竞争对手相比居高不下、销售业绩停滞不前等现象。为了应对新环境对公司产生的影响，康贝思公司采取了战略重组、流程优化、组织精简等变革措施，以期提升自身的经营业绩。然而，康贝思公司付出的这些努力并没有取得预期的效果。

后来，康贝思公司在内部进行了一次民意调查，调查结果清晰地反映出几个主要问题：除高层领导外，大多数普通员工不清楚公司的战略和目标，更不知道公司如何有效地实施战略，以及公司战略和个人之间的关系；公司在实施变革后，虽然员工工作责任发生了变化，但薪酬没有变；员工薪酬的增减只以职务等级有关；员工的薪酬虽然依据绩效考核确定，但绩效考核缺乏相应的客观标准，基本由上级说了算等。虽然调查结果令管理层十分不满，但是管理层非常高兴看到了问题所在，这有利于他们采取有针对性的措施以改变现状。

康贝思公司以前的薪酬制度是基于管理职务等级标准建立的，公司薪酬项目主要包括三部分：基本工资、绩效工资和福利。这种基于管理职务等级标准来确定薪酬的内部等级体系，主要考虑的是岗位的职务高低、管辖范围、决策权力等。

康贝思公司所有岗位按照管理职务等级划分为 12 个等级，一个职务等级对应一个薪酬级别，即一岗一薪。基本工资和绩效工资总额水平是由管理职务等级确定的；工资等级要得到提升必须在管理职务上获得提升，如果员工的职务得不到提升，那么其工资水平基本不会发生变化，除非公司进行员工工资普调。实际上，公司在前几年由于效益很好，也曾对全体员工的工资进行过一次普调。

康贝思公司通过每个月进行员工绩效考核来确定员工的绩效工资，这主要是对生产人员和销售人员的考核，考核是由员工的直接上级进行的，人力资源部负责进行复核和归总。考核内容为工作态度、工作任务和出勤率。绩效考核结果分为三级——一等（优秀）、二等（称职）、三等（不称职），其相应等级的考核系数为 1.1∶0.9∶0.7；并采取强制分布法将员工考核一等、二等、三等的比例控制在 10%、60%、30%。每年年底康贝思公司会对员工一年的绩效进行一次归总性评估，以评选出具有卓越贡献的员工，并给予其特别奖励。自此制度实施以来，最多的一次获得特别奖励的员工人数也没有超过 5 人。

康贝思公司的薪酬策略

薪酬项目组合：基本工资+绩效工资+福利。

状态：固定+浮动+固定。

比例：60%+40%+20%（福利占工资总额的 20%）。

公司总经理为了调动员工的积极性，在薪酬之外实施了总经理奖励制度，由总经理依据公司阶段性工作任务安排进行奖励，奖励方式为现金奖励，额度为 200～1 000 元，奖励对象主要是部门负责人以上级别人员。

基本工资确定方法

- 依据职位等级标准进行确定，等级越高工资水平越高。
- 反映职务高低、管辖范围、决策权力的职位等级标准是工资等级体系建立的基础。
- 工资水平是基于内部职务高低来确定的，而不考虑外部工资水平。
- 每一等只有一级，共有 12 个等级，其平均差距为 25%左右。
- 工资增长凭借职务晋升实现。
- 基本工资每月固定发放，与员工的出勤相关。
- 绩效工资占基本工资的 11%左右。
- 绩效工资依据员工的绩效考核结果对应的等级系数确定。
- 绩效认可：绩效考核由员工的直接上级依据员工的工作态度、工作任务和出勤率来完成。
- 考核结果等级的系数按等级分为：一等（优秀）——1.1、二等（称职）——0.9、三等（不称职）——0.7。
- 考核等级必须严格控制：员工考核一等、二等、三等的比例控制在 10%、60%、30%；
- 在每年年底对具有卓越贡献的员工给予特殊奖励。
- 公司对表现优异的员工发放现金奖励。

资料来源：文宗瑜. 薪酬体系构建与薪酬模型设计案例教程[M]. 北京：经济管理出版社，2007.

1. 康贝思公司的薪酬体系是以什么为主建立的？
2. 康贝思公司的薪酬体系存在什么问题？应该如何改进？

【本章实训】

A 公司在进行了职位分析，获取职位信息以后，着手进行职位评价，以确定职位的相对价值。

为了确定职位相对价值，A 公司成立了以人力资源部经理为首的职位评价小组，并邀请了外部专家参与职位评价。在外部专家的建议下，A 公司将国际通行的 IPE（评估系统）作为职位评价的工具，为保证职位评价工具的科学性，职位评价小组没有对职位评价方案进行修订。

A 公司共有 80 多个岗位，有管理类、技术类、营销类三种职位类别，职位评价小组从中选择了约 30 个岗位作为标杆，标杆岗位的选择是按照纵向的职位等级进行的，没有考虑横向职位类别的因素，这一疏漏为以后的职位评价方案的扩展埋下了隐患。

为保证职位分析的公平性，A 公司采取三方评价的方式——上级评价（占 40%）、专家评价（占 30%）、员工个人评价（占 30%），职位评价方案下发后，立刻在员工中引起了强烈的反响。首先，由于事先没有进行培训，员工根本不理解进行职位评价的意义和作用；其次，由于职位评价方案过于专业，员工很难对各种描述准确把握，经过一番争论，大家渐渐对职位评价失去了信任；最后，由于个人对方案中的描述理解不一样，每个人对自己职位的评价都超出了常理。

通过这种方式收集的职位评价数据当然不能使用，A 公司只好放弃这一途径，采取人力资源部会同上级评价和专家评价的方式确认职位的价值。在这一评价的过程中，又遇到了一个问题：技术类职位的评价结果平均水平低于管理类职位，这一结果显然和公司倡导的薪资分配向技术人员倾斜的导向不符，而按照这一结果所得的薪酬显然不利于留住技术核心人员，经过商议，形成了职位评价方案的初稿。

职位评价方案一出台，立刻在员工中引起轩然大波，员工纷纷将自己职位的评价结果与其他职位进行对比，然后通过各种渠道向公司反应。职位评价小组经过仔细审查，发现确实有很多职位横向对比差异明显，在职位评价的各维度上，各职位也缺乏可比性，甚至出现在“沟通”维度上，人力资源部文员的得分比营销部主管还高的情况，这些明显不公平的地方，成为本次职位评价最为薄弱的被攻击环节，直接导致职位评价最终失败。

资料来源：金延平. 21 世纪工商管理类专业主干课系列教材：薪酬管理[M]. 3 版. 大连：东北财经大学出版社，2016.

1. A 公司在职位评价过程中遇到了哪些问题？为什么 A 公司的职位评价最终会失败？
2. 在职位评价中，员工应有多大的参与程度，职位评价是否应完全公开透明？
3. 如何确定技术类职位的薪酬水平？
4. 职位评价的适用范围是什么？

第 5 章
工作分析与岗位评价

学习目标

- ◆ 熟悉工作分析的流程。
- ◆ 了解职位分析问卷法的操作流程。
- ◆ 了解管理人员职务描述问卷的结构。
- ◆ 熟悉职能工作分析法的框架结构。
- ◆ 掌握排序法的实施步骤。
- ◆ 掌握分类法的操作步骤。
- ◆ 掌握因素比较法的操作步骤。
- ◆ 掌握要素计点法的操作步骤。
- ◆ 理解工作分析、岗位评价与薪酬确定的关系。

关键术语

工作分析、岗位评价、薪酬确定

引导案例

益华国际饮料有限公司是一家生产奶茶的外商独资企业。由于开创初期实施了卓有成效的经营战略，产品一炮打响，并迅速占领了国内市场。随着市场的扩大，企业规模也急剧扩张，生产线由初期的两条扩展到十二条，员工也达到了上千人，然而管理上暴露出种种问题。首先，企业中出现了大量的“窝工”现象，即有的岗位员工疲于奔命，有的岗位员工无所事事；其次，企业中存在令出多门的问题，即同一个问题很多部门都在管，要求互相矛盾，结果适得其反，反而没人管；最后，最为突出的是报酬问题，各部门人员都觉得自己付出的比别人多，而得到的并不比别人多，所以都认为不公平。生产部门的人员强调自己的劳动强度大（确实，在炎热的夏季，车间温度高达 40 摄氏度，劳动强度可想而知）；经营部门的人员强调自己整天在外边跑业务，既辛苦又承受着巨大的心理压力；还有的部门强调自己的责任重大……大家各执一词。又快到发放奖金的时候了，究竟该怎么分配呢？袁总经理决定聘请外界专家协助解决这个问题。专家们经过一番调查研究，决定从工作分析入手解决这个问题。

资料来源：https://wenku.baidu.com/view/2ac1c919ff00bed5b9f31d18.html

5.1 工作分析概述与工作分析的流程

工作分析是人力资源管理中一种常见的活动。我们如何从理论的层面来解释与把握它，这其中涉及哪些相关术语呢？

5.1.1 工作分析概述

1. 工作分析的含义

工作分析，简单来说，就是人力资源管理部门在短时间内用以了解有关工作信息与情况的一种科学手段；具体来说，就是一种活动或过程，它是分析者采用科学的技术与手段，直接收集、比较、综合与工作相关的信息，就工作岗位的状况、基本职责、资格要求等做出规范的描述与说明，为组织的发展战略和组织规划、人力资源管理及其他管理行为提供基本依据的管理活动。

这种分析活动包括分解、比较与综合。其中，分解是基础，比较是关键，综合是结果。所谓分解，是对一定事物的分割，把它的组成部分拆开，研究它们是如何组合成这个事物的。当待分解的事物是较大的系统时，不仅要研究该系统内部的组成关系，还要弄清每个组成部分是如何为整体服务的。这些分析、研究能帮助我们找到系统与组成部分之间不断变化的关系。这种解析思想在工作分析中的运用是典型的，即把工作看作组织的组成部分，进而研究工作内部的组成要素之间的关系。

任何复杂的工作系统都是从产出、投入、过程及其关联因素四个层面进行分析的。

（1）产出。对一项工作而言，什么是其规范化、标准化的物化产品与服务产品？它们在哪些方面不同于组织内其他工作的产品或服务？

（2）投入。完成这项工作需要具备哪些知识、品性、技能和能力？这项工作的运作中需要哪些材料、资本和其他非人工成本的参与？

（3）过程。资源是怎样变成令人满意的产品和服务的？在这种转变过程中，需要使用哪些生产程序、技术和工艺方法？哪些靠机器，哪些单纯靠人来完成？

（4）关联因素。这项工作能在组织结构图中的哪一部分找到？它的责任与权力是什么？对这项工作的工作环境与心理承受力有何要求？员工是在什么样的时限与环境下操作的？这项工作在工作环境方面有哪些法律法规或其他法定要求？

因此，工作分析作为一种活动，其主体是工作分析者，客体是整个组织体系，对象是工作。工作具体包括战略目标，组织结构，部门职能，岗（职）位的工作内容、工作责任、工作技能、工作强度、工作环境、工作心理、工作方法、工作标准、工作时间及其在组织中的运作关系。

研究成果表明，工作分析对一个特定的组织在特定时期内解决特定的工作问题，起着至关重要的作用。例如，一个企业为了弄清一系列特定的职位的具体职责与任务，往往召开一系列会议进行讨论。对工作分析来说，则是通过对具体的工作环节乃至行业状况的全面分析来制定职务说明书。因此，工作分析被认为是现代组织中的一种重要的管理手段。

2．工作分析的发展趋向

组织作为社会结构的基本构成部分，始终经受着变革潮流的冲击，它面临的内外部环境不断改变，从而引起组织的最小构成单位——岗（职）位的不断变化。作为以岗位为分析客体的工作分析，面对变革浪潮，其中隐藏的一些问题也越来越突出。许多人抱怨传统的工作分析过于墨守成规，不能适应当今快速变化的内外部环境，而且创造了许多人为的工作边界，而这些边界长会成为实施创新管理的巨大障碍。这就对工作分析进一步发展提出了新的要求，要求工作分析拓宽视野、更新观念。

1）工作分析方法发展趋向

随着工作分析的发展，其分析方法也从独立的工作分析转变为系统的工作分析，从描述性工作分析转变为预测性工作分析，从使用手工进行分析的方法转变为使用高科技手段进行分析的方法。下面对工作分析方法发展趋向进行简要的描述。

（1）从独立的工作分析到系统的工作分析。传统的工作分析一般仅着眼于对分析对象进行独立的分析，并不考虑同一部门内或部门外分析对象之间的相互联系。即使考虑到了，也只是简单描述一下与本岗位工作密切相关的其他岗位的名称而已。但是，在现代组织中，由于员工对于工作成就感和工作挑战性的要求，工作扩大化和工作丰富化的实施，各工作岗位之间的分工界限变得不那么清晰，从而要求工作分析不能只分析一个单独的工作岗位，而应该分析一个岗位族类，分析该岗位与其他岗位之间的联系，包括信息联系、产品联系、人员联系等内容。

（2）从描述性工作分析到预测性工作分析。传统工作分析的目的是对工作现状进行描述。例如，职位说明书和工作规范等都是对研究对象的实际情况，如工作内容、职责范围和任职资格等进行描述。然而，现代社会经济处于快速变化之中，工作内容、职责范围和任职资格等也发生着相应的变化，因此现代的工作分析改变了传统工作分析的描述性方法，逐渐朝预测性工作分析的方向发展。

2）工作分析技术发展趋向

随着社会生产技术的迅速发展，新技术被应用于人类社会的各个领域。相应地，工作分析领域也逐渐引入许多新技术和方法，尤其是计算机和网络技术等，在工作分析领域已成为必不可少的一部分。计算机和网络技术可以应用于工作分析的各个阶段。在工作分析的准备阶段，工作分析小组可以利用计算机查阅资料、制订进度计划和进行人员安排。在工作分析的实施阶段，工作分析小组可以利用计算机网络及其数据库查找同行业其他组织的工作设置、工作内容、职责任务及任职资格等，并且将所获取的与本组织相关的工作信息输入数据库，以便进行进一步分析。在工作分析结果的检验阶段，计算机更是一种必不可少的工具，它使多元回归统计技术的应用更加可行，从而有助于消除工作分析中的潜在歧视与偏见，使分析的结果更加客观、准确。在工作分析成果的修改、维护与适用阶段，计算机和网络技术也发挥着巨大的作用。例如，工作评价系统就是这样一种技术。通过工作评价系统，组织可以运用计算机数据库收集、储存和分析与人力资源相关的信息。计算机的使用可以缩短工作分析的周期，提供更加准确的工作分析、工作描述、工作评价等。另外，目前的结构化工作分析问卷的开发渠道仅包含本行业工作专家及组织内的工作描述，而计算机的应用则又为其发展增加了一条更为便捷的渠道，即与本行业工作任务的数据库联网。

总体来说，现代工作分析中计算机和网络技术等高科技手段的应用逐渐成为工作分析技术发展的新趋向。计算机的应用使工作分析更加快捷、客观、完善和准确。

3）工作分析研究发展趋向

（1）从准确性的工作分析研究转向战略性的工作分析研究。所谓准确性的工作分析研究，就是致力于提高工作分析结果的准确性的研究，包括工作分析信息的正确性保证措施研究、信息分析与综合准确性保证技术研究等。战略性的工作分析研究则是将现在的工作分析与未来工作的导向相结合的一种研究，要求现在的工作分析应当体现工作的未来发展趋势和组织的战略需求。

（2）从具体的任职要求分析研究到与胜任特征分析相结合的研究。目前工作分析中的人员分析技术研究与胜任特征建模之间的结合正在变得越来越紧密。例如，一方面，人员分析能够为胜任特征模型提供大量的实证数据；另一方面，胜任特征可以体现组织的特性和工作的未来需要，能够弥补人员分析对于组织层面信息和工作未来需求的不足。两者的结合将成为未来工作分析研究的发展方向。

（3）从工具性的工作分析研究到工作分析影响因素研究。所谓工具性的工作分析研究，就是把工作分析作为人力资源开发与管理过程中的一种方法与技术进行研究，主要研究如何改进现有的工作方法与技术，提高工作分析的效率与效果。但是近年来，对工作分析影响因素的研究日益成为该领域的重要发展趋势。这方面的研究主要在两个层面上展开，包括个体影响因素的探讨和组织影响因素的探讨。

5.1.2　工作分析的流程

工作分析是一项技术性很强的工作，其需要进行周密的准备，同时需要有一套与人力资源管理活动相匹配的、科学的、合理的操作程序。

工作分析的过程就是对工作进行全方位评价的过程，一般分为七个阶段，即准备阶段、计划阶段、调查阶段、分析总结阶段、描述阶段、运行阶段、控制阶段。前六个阶段依照工作分析的流程按部就班地依次进行，控制阶段则贯穿工作分析的整个过程，工作分析的每个步骤、每个阶段都需要控制，只有有效地控制才能保证工作分析的顺利进行。

1. 准备阶段

准备阶段的主要任务是了解情况，成立工作分析小组，明确工作分析的目的和意义，确定工作分析的对象，并与相关部门和人员建立良好的工作关系。由于工作分析人员在进行分析时要与各工作现场或员工接触，因此工作分析人员应该先在办公室内研究各工作的书面资料和现有文件，同时要协调好与企业各级管理人员之间的关系，以免导致摩擦或误解。在这一阶段应主要完成以下几项任务。

（1）明确工作分析的总目标、总任务及工作分析的目的和意义。

任何工作只有明确了工作的目的和意义，才能正确、有效地进行下去，工作分析亦如此。只有明确了工作分析的目的和意义，才能正确地确定分析的范围、对象和内容，才能选择合适的信息收集方法。此外，企业还需要根据工作分析的总目标、总任务对企业现状和企业内各类职位进行初步了解，掌握各种基础数据和资料。

由于企业进行工作分析的目的不同，工作分析的内容和对象也是不一样的。有的工作分析是为人员招聘服务的，其内容应侧重于岗位的能力、素质等职位任职资格的要求说明；有的工作分析是为企业的绩效考评服务的，其内容应侧重于各个岗位的工作内容、工作职责等与工作相关内容的说明；有的企业要全面了解企业各个岗位之间的关系、岗位工作职责、任职条件等内容，这时的工作分析则应全方位、多角度进行。正因为如此，企业在进行工作分析时首先应该明确工作分析的目的，再确定整个工作分析的目标和任务。

工作分析工作是整个企业发展的基础支撑，它并不只是企业人力资源管理部门的事情，因此在进行工作分析之前，首先要获得企业高层领导的信任和支持，没有企业高层领导的支持，这项关系到整个企业的工作将很难顺利进行下去。

（2）成立工作分析小组。

工作分析小组，有时也称专家组，通常是由工作分析专家组成的。工作分析小组的任务是制订工作分析方案，进行工作信息的收集、整理、分析，最后形成相应的工作分析文件，还要对各个岗位任职者进行相应的培训等。

工作分析小组成员选择得恰当与否是整个工作分析能否取得成功的关键。所谓工作分析专家，是指具有工作分析专长，并对企业的组织结构及企业内各项工作有明确概念的人员。工作分析小组应具有一定的职责和权限，以保证工作分析工作的顺利进行。工作分析专家可以来自企业内部，也可以从企业外部聘请，专家的来源和专家的数量应根据企业的实际情况而定。

（3）确定工作分析的对象。

由于受时间、资金和人力的限制，不可能所有的岗位任职者都参加工作分析，工作分析的对象选择得合理与否与工作分析结果的准确度息息相关，在选择工作分析的对象时，一定要选择有代表性的。

（4）与有关部门和人员建立良好的关系。

工作分析的第一步是分析人员要尽可能熟悉所要分析的工作。即便分析员工在企业人力资源管理部门工作或已经在本企业工作了好几年，也要在一定程度上熟悉企业的组织结构及目标工作的内容。准备阶段的主要目的就是要在实地观察和对相关人员访谈前尽最大可能丰富工作分析人员对目标工作的认识。在这个过程中，工作分析人员要与企业有关部门和人员建立良好的关系，获得有关人员的支持和信赖，以使随后的工作分析能够顺利进行。

2．计划阶段

为了使工作分析能够顺利、有效地进行，工作分析小组应制订一个工作分析方案，根据工作分析的任务、程序，将工作分解成若干工作单元和环节，以便逐项完成。每个单元和环节都应明确规定开始和结束的时间及相应的负责人，做到事事有人负责、人人都有事做。同时，在这个阶段要确定工作信息的来源和收集信息的方法等。

此外，在这个阶段还要规划好工作分析各方面的细节。例如，在准备阶段，分析人员必须弄清楚这些问题：要收集哪些信息？如何获得这些信息？怎样表现出来？将使用哪种信息收集方法？从谁那里获得这些信息（直接上级、工作任职者等）？工作分析要分析什么（What）？何时分析（When）？需要哪些人参与（Who）？

在计划阶段，企业应主要完成以下几项任务。

（1）设计工作分析方案及职位调查方案。

工作分析方案是工作分析小组开展工作的依据。因为实施一次完整的工作分析活动，往往需要调动大量的资源，需要花费相当长的时间，需要来自各个方面的人员配合，所以在实施这样一个比较复杂的活动之前需要制订一个方案，以便有计划、有条理地实施工作分析。总体实施方案也就是工作分析的蓝图。在工作分析方案中要规定好工作分析各个阶段的起止时间、主要任务和主要负责人等，将职责落实到每一个人。在制订实施方案时，还应对工作分析中的用语进行规范。为了加强不同工作分析人员所收集上来的信息的一致性，应减少用语不同所造成的误差。

此外，工作分析人员为使研究工作迅速、有效，还应制订一个职位调查方案。职位调查方案是工作分析人员进行工作信息收集的依据，所有的工作分析人员都应该依照职位调查方案所规定的调查方法，在规定的时间内完成相关工作信息的收集任务。

在工作分析小组设计职位调查方案时，企业各级有关部门应提供有关的信息，全力配合工作分析小组的工作，以使职位调查问卷设计得科学、合理、有效。同时，企业的各个部门应该明确一点，即工作分析不只是工作分析小组的事情，也是各个部门、各个岗位人员的事情，工作分析做好了，各个岗位人员、各个部门将是最直接的受益者。一个完整的职位调查方案应包括调查目的、调查范围和对象、调查内容和项目、调查方式和方法、调查的时间和地点，以及确定调查表格和填写说明等。

（2）选择信息的来源。

在工作分析中，有些信息需要深入各个工作岗位实地收集，而有些现存的背景资料对于工作分析也是非常重要的，不能忽视。

无论是选择企业内部信息还是企业外部信息，或者利用现有资料还是实地进行工作信息收集，在选择信息的来源时，工作分析人员都应注意：不同层次的信息提供者提供的信息存在差别；应公正地听取不同的信息，不要存有偏见；使用各种职业信息文件时，要结合本企业实际，不可照搬照抄；对企业原工作文件要在研究分析的基础上有选择地采用。

（3）选择收集信息的方法。

收集工作信息的方法多种多样，具体来说有以下几种。

① 观察法。在员工工作过程中，工作分析人员直接进行观察是获得工作信息最普遍的方法之一。观察法成功的关键是对被观察者的选择和沟通。它需要充裕的时间和准备，适用于要求标准化、工作内容简单的工作，尤其适合于重复性工作。另外，有些文化水平较低的员工不善于口头描述他们的工作职责，这时观察法相当适用。但是，观察法不适用于有许多脑力活动和不规律活动的工作。

在观察法中，如果配以录像或录音则能帮助工作分析人员获得更充分的信息。但是，工作分析人员在使用相关设备时要小心，不应侵犯被观察者的个人隐私。

工作分析人员需要观察的主要内容包括工作的对象是什么，需要完成什么样的工作，为什么要完成这一工作，用什么工具和材料完成工作，与哪些职位存在工作上的联系等。

由于观察法是对工作分析对象的实际工作进行现场调查，如果处理不好，那么不仅不能收集到需要的信息，还会引起被观察者的不满，因此工作分析人员在观察时要注意以下几点：取得被观察者的信任；不要影响被观察者的正常工作；详细记录有关资料，如需要努力的程度、体力的消耗、噪声、高温等；观察结束后向被观察者表示感谢；和该职位的主管讨论观察的结果；将观察的结果汇总、整理。

由于观察法的特殊性，它的优缺点也非常明显。观察法的优点是适用于标准化、周期短、以体力活动为主的工作；观察法的缺点是不适用于以智力活动为主的工作，不适用于周期长、非标准化的工作，以及各种户外工作、高级和中级管理人员的工作。

② 访谈法。访谈法可获得观察法无法获得的信息。通过工作分析人员与任职者面对面交谈来收集工作信息，可以较深地了解任职者做什么工作、为什么要做这些工作，以及如何来做这些工作。这种访谈可以是一对一访谈，也可以是集体访谈。访谈可以在工作场所进行，但如果受噪声、天气、隐私等影响，就应该转换其他场所。

工作分析人员采用访谈法时应注意以下问题：明确所要访谈的目标和内容，不可漫无边际地闲谈或让访谈对象完全控制话题；正确地表达访谈提纲中的内容，以免在信息分析时造成误解；鼓励访谈对象真实地表达自己的思想，避免诱导对方根据自己的推想回答问题；不能涉及与工作无关的隐私；提问要使访谈对象易于回答，问题尽量清楚，不超过访谈对象的知识范围。

由于工作分析访谈法采用面对面交流的方式进行，工作分析人员可以与访谈对象双向交流，了解较深入，可以发现新的、未预料到的重要工作信息。但是，访谈对象在回答问题时可能有随意性、即时性，准确度有待验证，同时工作分析人员的思维定式或偏见会影响判断和提问，对访谈对象影响较大。工作分析访谈法对工作分析人员的素质要求高，工作分析人员素质的高低将对访谈结果产生重大影响。因此，访谈法不能单独使用，应该与其他方法结合使用。

③ 问卷调查法。问卷调查法是收集工作信息最省钱、最省力的方法。工作分析人员在使用问卷调查法收集工作信息时，要注意以下几个问题：调查表的设计只针对可以明确回答的问题；明确指示填表人要进行具体的回答，而不是空泛的回答；在初期要设置重要样本的分析工作，及时对调查表进行调整、修改；在设计调查表时要注重计算机可以识别的信息，这样可以使用计算机进行统计，缩短信息整理的时间，并在将来为企业人力资源管理部门的工作提供信息资源。

由于问卷调查法是利用提前设计好的问卷对工作分析对象进行调查，因此可以面面俱到，收集尽可能多的工作信息，而且可以收集到准确、规范、清晰的工作信息，还可以随时安排调查。但是，由于问卷中的问题事先已经设定，调查难以深入。同时，工作信息的收集受问卷设计水平的影响较大，对任职者知识水平要求较高，因此企业一般以问卷调查法为主，访谈法和观察法为辅，开展工作调查。

④ 日志法。日志法是指任职者按要求详细记录下自己每天的工作任务与活动。与问卷调查法相比，日志法结构性更差一些，但工作分析人员不仅可以从中了解任职者工作的内容，还能知道其在每项工作上所花费的时间。不过，这要求任职者必须积极主动。许多任职者因未经培训，所记录的内容混乱，语言烦琐。

⑤ 综合法。上述几种方法任意组合所获得的分析结果会比仅用一种方法好。观察-访谈结合法是大多数项目中最常用到的组合。事实上，观察法可成功地与其他任何一种方法结合使用。在工作现场待几分钟所获得的信息可能比好几页问卷所获得的信息丰富。

在实际的工作分析中，信息收集的方法和分析信息适用的系统由工作分析人员根据企业的实际需要灵活选用。企业在选择收集工作信息的方法时应注意以下问题。

① 根据工作分析所要达成的目标来选择合适的收集工作分析信息的方法。工作分析的目的不同，使用的收集工作信息的方法自然有很大的区别。例如，当工作分析用于招聘时，应该选择关注任职者特征的方法；当工作分析用于绩效考评时，应该选择侧重工作职责和工作内容描述的方法；当工作分析是为企业的一切人力资源管理活动提供平台和支撑时，工作分析则应全面、彻底，我们这里所讲的工作分析就是这种。

② 根据分析职位的不同特点来选择收集工作信息的方法。由于企业中有的岗位以操作为主，有的岗位以管理为主，对于不同的岗位我们要采用不同的收集信息的方法。例如，有的职位的活动比较外显，以操作为主，这样的职位就可以采用现场观察法来收集工作信息；有的职位的工作具有隐蔽性，以脑力活动为主，这样的职位就可以采用问卷调查法来收集工作信息。在选择收集工作信息的方法时，企业还应考虑自身实际情况的限制。有些方法虽然可以收集到较多的信息，但可能由于花费的时间或财力较多而无法采用。此外，在选择收集工作信息的方法时，要多种方法相结合。由于每种收集工作信息的方法都有其独特之处和适用场合，并不存在一种普遍适用的或最佳的方法，企业在进行工作分析时，应该根据具体的目的和实际情况，有针对性地选择一种或几种方法，这样才能取得较好的效果。

3．调查阶段

这个阶段的主要任务是根据调查方案，对各个职位进行认真、细致的调查和研究，收集相关工作信息。企业在调查过程中可灵活运用访谈法、问卷调查法、观察法等方法，广泛、深入地收集有关职位工作信息和各种数据资料。无论使用何种方法，所获得的信息都必须能回答以下基本问题：工作的职责是什么，内容是什么；任职者应具备什么样的学历、工作经验、技能、心理、情绪和身体健康状况；工作环境怎么样；等等。这些内容都将填入职位说明书中。

1）工作分析调查阶段的工作内容

工作分析调查阶段的工作内容主要包括准备工作调查提纲和各种调查问卷；编制工作调查提纲；安排工作调查日程；设计调查问卷；在多种调查方法中选择适合本次调查的调查方法；收集有关工作的特征及所需的各种信息；指导任职者就调查项目进行如实填写或回答；收集任职者必需的特征信息数据；对各种工作特征和任职者特征的重要性和发生频率进行排列或等级评估。

在这个阶段，工作分析人员主要需要做好以下几个方面的工作。

（1）与有关人员进一步沟通。

由于工作分析需要深入具体的工作岗位中，在进行这项工作的过程中必然会同大量的工作任职者和管理者产生联系，因此获得他们的理解和支持是非常必要和重要的。工作分析人员在与广大员工进行沟通时，可以通过开展员工会议的形式进行，在会上由工作分析小组的有关人员对广大员工进行宣传和动员。通过这样的沟通可以让参与工作分析的有关人员了解工作分析的目的和意义，消除其内心的顾虑和压力，争取他们在实际收集信息时的支持与合作。同时，由于工作分析的过程中有很多需要员工配合的事情，通过与员工的有效沟通，可以让员工了解工作分析的时间安排和进度安排，这样他们就会了解自己大概需要在什么时候花费多长时间来参与工作分析，便于他们事先安排好自己的工作。

（2）制订每个阶段的具体实施计划。

在工作分析的准备阶段已经有了工作分析的实施方案，但这样的方案通常只是提供了大致的计划和整个工作分析的步骤及时间安排，而没有细化到每个阶段的实施计划。工作分析小组进行工作分析的每个步骤都要制订切实可行的计划，以保证各个阶段任务的及时完成。同时，在计划执行的过程中，由于外部客观环境是不断变化的，工作分析人员要及时修订计划，并将修订好的计划及时通知相关部门和有关人员，使他们有充裕的时间安排自己的活动。

（3）确定信度和效度。

在进行工作信息收集时，工作分析人员还应注意分辨所收集到的信息是否准确、翔实，以保证工作分析结果的信度和效度。

2）工作调查信息

在确定工作岗位之后，工作分析人员应认真研究每个工作岗位的情况，并将其本质内容记录下来。为了保证对所有工作岗位情况都能进行系统的收集，需要准备规范的工作岗位分析表格，其中包括一些精心选择的问题。这种表格不一定必须重新设计，可根据确定的工作岗位测评计划，对原来有关企业各种情况的规范表格进行修改后使用。

任何岗位都是由工作任务、工作环境、责任大小和个人条件四个要素组成的。工作任务的内容包括需要列出完成该工作所需要的目标、内容、技术要求、操作方法（包括使用的原材料、操作机器、使用的工具等）、体力或脑力劳动的程度等。具体来说，工作分析人员在调查中通常要了解以下基本工作要素。

① 工作岗位。工作岗位的内容包括谁做这一工作，工作名称是什么；工作的基本任务是什么；怎样完成任务，使用什么设备；为什么执行这些任务，工作中各项任务同其他工作任务之间的关系是什么；任职者对同事、设备负有的责任是什么；工作条件（工作时间、噪声、气温、光线等）如何。

② 圆满完成工作所要求的资格条件。具体的资格条件包括知识、技能（包括经验）、受教育水平、身体条件、智力水平、能力（创造能力和应变能力）。

4. 分析总结阶段

工作分析是收集、分析、综合组织某个工作有关信息的过程。工作分析的分析总结阶段是整个工作分析的一个重要阶段，这个阶段的主要任务是对调查阶段所收集到的信息进行分析、分类、整理、转化和组织，使之成为书面文字，为下一阶段的工作描述做好准备。分析总结阶段的任务主要包括以下几项。

1）工作名称分析

工作名称的命名应准确，不存在歧义，并能准确表达出该工作的主要内容，而且应有美感，切忌粗俗。对工作名称进行分析时，应注意使工作名称标准化，并符合人们的一般理解，使人们通过工作名称就可以了解该工作的性质和内容。

2）工作内容分析

工作内容分析是工作分析的核心部分。工作内容分析的具体内容包括以下几点。

（1）工作职责与权限分析。明确某个岗位工作的具体内容是什么，该岗位承担什么样的责任，能够行使哪些权力等。

（2）工作关系分析。了解和明确工作中的关联与协作关系，包括下级关系、横向联系、监督和指导关系等。

（3）工作量分析。确定工作的体力消耗、脑力消耗和工时利用率等。

（4）工作时间分析。明确工作班次、出差频率等。

3）工作环境分析

工作环境分析是指对岗位任职者工作所处的环境进行分析，工作环境主要包括噪声、灰尘、危险性、温度、湿度等方面内容。对这些指标进行分析时要借助一定的测量工作，然后根据国家有关标准，确定其所处环境的等级系数。

4）任职者的任职资格分析

在对任职者任职资格进行分析时，要严格根据岗位工作的需要来确定，岗位需要什么经验、什么学历、什么能力的人来担任，不能大材小用，也不能小材大用。

通过上述分析，工作分析小组还要根据需要，对工作分析的各项资料加以整理。通常，工作分析所获得的信息以下列方式加以整理。

（1）文字说明。

将工作分析所获得的资料以文字说明的方式描述出来，列明工作名称、工作内容、工作设备与材料、工作环境及工作条件等。

（2）工作列表和问卷。

工作列表是把工作加以分析，以工作的内容及活动分项排列，由实际从事工作的人员加以评判或填写分析所需时间及发生次数，已了解的工作内容。列表和问卷只是处理形式不同而已。

（3）活动分析。

活动分析实质上就是作业分析。通常是把工作的活动按工作系统与作业顺序一一列举，然后根据每项作业进一步加以详细分析。活动分析多以观察和面谈的方式进行，所获得的资料可作为教育及培训的参考。

（4）决定因素法。

决定因素法是把完成某项工作的几项最重要的行为加以列表。例如，"需要性"在积极方面说明工作本身特别需要的因素，在消极方面说明亟待排除的因素。通过上述分析，对各个职位的有关信息的内容进行归纳，制定出等级标准，为企业的工作分析体系和薪酬的发放等工作做好准备。

5．描述阶段

仅仅研究、分析一组工作并未完成工作分析，工作分析人员必须将获得的信息予以加工，并编写出工作报告、职位说明书、工作描述书及任职说明书等。因此，描述阶段的主要任务是将收集到的各种资料加工整理、归纳，并做出相关的工作报告和编制出相应的文件。此阶段的具体工作包括以下几点。①仔细审核已收集到的各种信息。②创造性地分析、发现有关工作和工作人员取得成功的关键原因。以销售经理为例，有些企业认为销售经理的主要工作是销售，有些企业认为销售经理主要负责市场的策划、定位、细分与售后服务，还有些企业认为销售经理应注重企业文化的对外传递、注重品牌的附加值、创造和挖掘客户的潜在需求等，对销售经理的"定位"不同，企业分析出的工作人员取得成功的关键原因大相径庭。③归纳、总结出工作分析的必需材料和要素。在调查的基础上已经有很多数据，对每个数据所占的百分比及重要权数进行排列，就得出两个数据：一是评价工作的要素；二是各要素所占的权数（如年龄占 15%、相貌占 13%、态度占 25%等）。④编制工作描述书、职位说明书和任职说明书。

分析报告作为整个工作分析工作的总结，主要对在工作分析过程中存在的问题进行探讨，并提出相应的改进意见，最好能够有针对性地提出组织与岗位的改进方案，以使企业的各个组织和岗位运行得更加顺畅。

在编制工作描述书、职位说明书和任职说明书时，要注意以下几点。

（1）内容界定要明确、详细。

工作描述书要对任职者工作的环境、工作关系等内容进行清晰的描述；职位说明书要对任职者的工作内容、工作职责和权限及相应的工作标准有严格的界定；任职说明书要对任职者的知识、技能、学历、经验和相应的素质要求有一个详细的规定。所有这些细节性的东西都必须做出详细的描述，不能有任何遗漏、夸张的地方，并且一切都要从实际出发。

（2）语言要通俗易懂，不会使人产生任何异议。

工作描述书、职位说明书和任职说明书并不是学术报告，其用词一定要通俗易懂，不能使用模棱两可的词语，要保证企业中的普通员工也能理解文件中各项内容的含义。

（3）与岗位工作息息相关。

不同职位的说明书应该有所区别，切忌千篇一律。说明书不是装饰品，而是企业员工在实际工作中的准则，因此在编制说明书时，一定要"量体裁衣"，针对每个岗位的特色具体编制各类说明书。

6. 运行阶段

运行阶段是对工作分析的验证，只有通过实际的检验，工作分析才具有可行性和有效性，才能不断适应外部环境的变化，工作分析人员才能不断完善工作分析的运行程序。尤其是一些大型企业在进行工作分析时，往往并不是一次对企业所有的岗位都进行分析，而是先选择一个或几个有代表性的部门进行试点，然后对试点部门的工作分析结果进行试运行，找出试点部门工作分析中存在的缺点和不足，为下一步在整个企业开展工作分析做准备，以免产生不必要的损失或出现一些本可以避免的问题。另外，在全面做好工作分析之后，工作分析人员还要对本次工作分析的结果及运行状况进行检验，为将来再进行工作分析做好准备。

运行阶段的工作主要包括以下两部分。

（1）培训工作分析的运用人员。

工作分析的运用人员在很大程度上影响着工作分析程序运行的准确性、运行速度及费用。培训工作分析的运用人员，既可以使企业员工了解工作分析的过程及结果的运用，也可以为企业再进行工作分析打下坚实的基础。因此，培训工作分析的运用人员可以提升人力资源管理活动的科学性和规范性。

（2）制定各种具体的应用文件。

工作分析只是企业人力资源管理的一项基础工作，它为企业的人员招聘、员工培训、绩效考评、薪酬管理等提供了依据和指导。但是，工作分析所形成的工作描述书、职位说明书和任职说明书等都是一些基础性的文件，要保证企业人力资源管理活动的正常进行，还必须制定一系列的具体应用文件，如招聘制度、绩效考评制度、薪酬管理制度等，以使企业的人力资源管理活动能够规范、科学、有效地进行。

7. 控制阶段（工作分析的控制）

控制活动贯穿工作分析的始终，它是一个不断调整的过程。随着时间的推移，任何事物都在变化，工作分析也不例外。组织的生产经营活动是不断变化的，这些变化会直接或间接地引起组织分工及协作体制发生相应的调整，从而也相应地引起工作的变化。因此，一项工作要有成效，就必须适当地做些改变。另外，工作分析文件的适用性只有通过反馈才能得到确认，工作分析人员应根据反馈及时修改其中不适用的部分。因此，控制活动是工作分析中的一项长期的重要活动。工作分析控制的主要任务是保证企业工作分析工作能够按照计划进行，不偏离企业的主题，保证工作分析及时、有效地完成。同时，通过工作分析控制能使企业的各个岗位的工作职责和岗位设置与企业外部环境保持一致。

控制活动贯穿整个工作分析过程，存在于企业工作分析的各个阶段。控制活动在企业进行工作分析的各个阶段主要表现如下。

1）在准备阶段

在准备阶段，控制活动主要表现为工作分析与企业文化、组织大环境和谐、一致，明确工作分析的目的和意义，制定工作分析的目标和任务。根据企业的人力、财力、物力来选择合适的工作分析专家（外聘或选择本企业的人员）、工作分析方式和方法，确定工作分析的期限等。

2）在计划阶段

在计划阶段，控制活动主要表现为按照企业的实际情况设计合适的工作分析方案，并对工作分析整体任务进行分析，责任分析到人，同时要根据企业的实际情况和工作分析需要来选定合适的工作信息收集方法等。

3）在调查阶段

在调查阶段，控制活动主要表现为企业的工作分析领导小组及工作分析小组首先要选定信息的来源，确定信息收集对象的数量和人员名单，并实际进行信息的收集。

4）在分析总结阶段

在分析总结阶段，控制主要表现为对所收集的信息进行分类、汇总，由于未必所有的信息都是准确、可靠的，因此还要对其进行筛选，去伪存真，保证工作分析信息的准确性和有效性。

5）在描述阶段

在描述阶段，控制活动主要表现为对所要形成的工作描述书、职位说明书和任职说明书等一系列工作分析文件的形式进行规范，对工作分析文件中的用语进行规范，使所形成的工作分析文件具有实际指导作用。

6）在运行阶段

在运行阶段，控制活动主要表现为规范企业的各种应用文件和规章制度，保证工作分析文件在企业人力资源管理活动中的基础地位和工作分析文件的实际用途，使最终形成的工作分析文件能够起到应有的作用，而不是工作分析结束了，一切还是按照老样子进行，那样的工作分析对企业来说是没有任何意义的。

5.2 工作分析的方法

工作分析的系统方法是指在完成组织战略的制定和修整，并明确了各个职能部门和职位的功能和目标之后，以工作分析的基本方法为基础，从实施过程、问卷与量表使用、结果表达运用方面都体现出高度结构化的特征，通过量化的方式刻画出工作特征的工作分析方法。工作分析的系统方法的结果是形成职位说明书和工作规范的基础。这里主要介绍 3 种方法，即职位分析问卷法、管理人员职务描述向卷法、职能工作分析法。这 3 种方法不但有很好的信度和效度，而且覆盖了管理活动的各个方面。其中，职能工作分析法应用的范围最为广泛，适用于各种职位；职位分析问卷法适用于操作工人与基层管理职位；管理人员职务描述问卷法适用于中高层管理职位。

5.2.1　职位分析问卷法

1. 职位分析问卷法的含义

职位分析问卷法（PAQ）是一种通过标准化、结构化的问卷形式来收集信息，以人为中心的定量化的工作分析方法。

职位分析问卷法是 1972 年美国普度大学教授麦考密克等人用了 10 年时间开发出来的。它的出现在当时有两种突破性的意义：首先，它开发出了一种用以准确确定工作的任职资格的、一般性量化的方法；其次，这种量化的方法可以用来为每个工作估计价值，进而为制定薪酬提供依据。在职位分析问卷法的运用过程中，研究者发现职位分析问卷法提供的数据同样可以作为其他人力资源功能板块的信息基础，如工作分类、人岗匹配、工作设计、职业生涯规划、培训、绩效测评及职业咨询等。这些运用范围的扩展表明，职位分析问卷法可以运用于建设企业职位信息库，以整合基于战略的人力资源信息系统。

2. 职位分析问卷的结构

一般的职位分析问卷包括 6 个部分，其中有 187 项工作元素（用来分析工作过程中任职者的活动特征），还有 7 项涉及薪资问题，共 194 项。职位分析问卷收集的六大类信息，分别为信息输入、脑力处理、体力活动、人际关系、工作情境和其他特征。

职位分析问卷的工作要素描述的是包含在工作活动中的“人的行为”，如工作中人的感觉、知觉、智力发挥、体力消耗和人际活动等。但是工作中的行为是相当丰富的，职位分析问卷旨在将工作中所有的要素概括出来，这也就带来了它在应用过程中的复杂性。

现行的职位分析问卷经过主要成分分析，可以将工作元素聚集为 30 多个维度。通过对这些工作元素的评价，可以反映目标职位在各纬度上的特征。在职位分析问卷法中，工作分析人员要依据 6 个计分标准对每项工作要素进行衡量，对应的 6 种应用的等级量表如下所示。

① 使用的范围——个人使用该项目的程度。

② 时间总量——做事所需要的时间比例。

③ 对工作的重要性——问题所细分出来的活动对执行工作的重要性。

④ 出现的可能性——工作中身体遭受伤害的可能性。

⑤ 可应用性——某个项目是否可应用于该职位。

⑥ 专用——用于职位分析问卷中特别项目的专用等级量表。

另外，每个等级量表包括 6 个级别。例如，“对工作的重要性”的量表由下列评价点组成。

a. “N” =不使用。

b. “1” =少量或几乎不。

c. “2” =偶尔或低。

d. “3” =一般或平均。

e. “4” =经常或高。

f. “5” =频繁或非常高。

3．职位分析问卷法的操作流程

职位分析问卷法的操作流程可划分为以下步骤：明确目的、获得支持、确定收集信息的方式、培训工作分析人员、沟通项目、收集信息和分析结果，如图 5-1 所示。

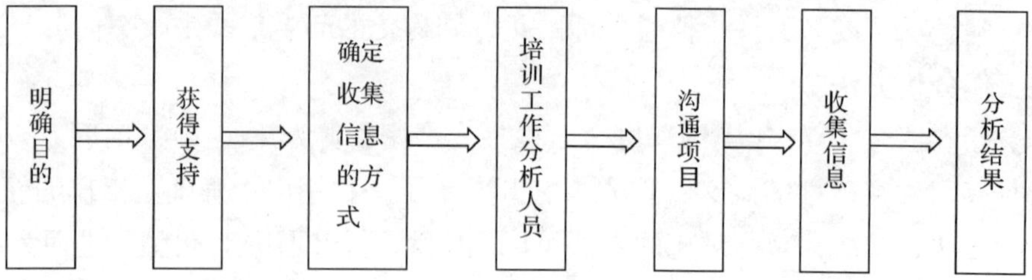

图 5-1　职位分析问卷法的操作流程图

1）明确目的

工作分析的目的不是问卷本身，而是实现某些人力资源职能。例如，划分工作族、建立甄选指标、确定培训需求、建立绩效评价的要素、开发人事评估系统、预测多样化的工作所带来的压力，以及为职业生涯服务等。

2）获得支持

获得任职者的支持甚至是管理层的支持，对采用任何一种工作分析方法来说都很重要。首先，要明确组织的文化和环境，不同的组织文化适用的信息收集方法不同。其次，要确定工作分析从高层开始还是从基层开始。最后，将具体方案交给组织的管理人员，获得他们的支持。

3）确定收集信息的方式

收集信息的方法一般有两种：一种是工作分析的专业人员填写职位分析问卷，任职者或者直接主管提供工作信息的方式；另一种是任职者直接填写职位分析问卷的方式。

4）培训工作分析人员

培训的内容包括职位分析问卷的内容与操作、收集信息的技巧（如何倾听任职者的描述等）、模拟训练、对实际工作过程中遇到的问题进行讨论等。

5）沟通项目

要获得任职者的支持，首先要与任职者沟通，让任职者了解工作分析的目的和意义等。需要沟通的信息包括工作分析的目的、时间规划及数据收集过程中的注意事项等。

6）收集信息

职位分析问卷收集信息的方法很多，有访谈法、观察法、问卷调查法等。

7）分析结果

通过得到的问卷，不但可以明确各项工作对人员的任职要求，而且可以根据需要进行其他的分析，如可以利用一些维度对一项工作进行评价。经过评价后，工作内容的概况就可以建立起来并用于描述某个职位的特征了。当然，这些分析可以利用计算机程序自动完成，也可以交给专门的工作分析服务机构完成。

4．职位分析问卷的应用

由于职位分析问卷的专业性和复杂性，在分析完职位分析问卷之后，其结果可以应用到人力资源管理的各个领域中，如工作描述、工作分类、工作评价、工作设计和重组、人员录用、绩效评估、人员培训等。运用较多的工作分析报告的形式有以下三种。

1）工作维度得分统计报告

工作维度得分统计报告是目标工作在职位分析问卷各评价维度上得分的标准化和综合性的比较分析报告。所有的评价维度得分均采用标准分的形式，标准得分直接反映目标职位与职位分析问卷提供的样本之间在该维度上的差异，标准得分的另一种表现形式——百分比，能直观地说明目标职位在评价维度上的相对位置，便于不同职位之间的相互比较。

2）能力测试估计数据

职位分析问卷通过对职位信息的分析，确定该职位对于任职者各项能力的要求，并且通过与能力水平之间的比较，将能力测试预测分数转化为相应的百分比形式，便于实际操作。能力测试估计数据的重要用途之一是为人员甄选、录用提供依据。

3）工作评价点值

通过职位分析问卷内在的职位评价系统对所收集的职位信息进行评价，确定各职位的相对价值。通过这些相对价值，确定组织工作价值序列，为组织薪酬设计提供基础框架。

5．职位分析问卷法的优缺点

1）职位分析问卷法的优点

（1）职位分析问卷法可以直接用于不同的组织、不同的工作，使对各组织间的工作进行比较更加容易，也使工作分析更加准确与合理。

（2）职位分析问卷法可以得出每种（或每类）工作的技能数值与等级，因此它可以用来进行工作评估和人员甄选。

（3）职位分析问卷法能够同时考虑任职者和工作两个变量因素，并将各种工作所需要的基础技能与基础行为以标准化的方式罗列出来，从而为人事调查、薪酬标准制定等提供依据。

2）职位分析问卷法的缺点

（1）通用化或者标准化的格式导致了工作特征的抽象化，所以职位分析问卷法不能描述实际工作中特定的、具体的任务活动。

（2）为满足收集数据的有效性、准确性和通用性的要求，在通常情况下需要很高的时间成本。同时，要求问卷的填写人是受过专业训练的工作分析人员，由他们对任职者和直接主管进行工作内容的访谈，再填写职位分析问卷。

表 5-1 所示为职位分析问卷样本（节选）。

表 5-1　职位分析问卷样本（节选）

具体说明

首先请判定项目是否适合目标工作。

问卷中有些项目前的代码被鱼尾括号括住了，它们被认为是通用性的，可以应用到所有工作中。当分析任何工作时，都需要做出判断。对于没有用鱼尾括号标出的项目，工作分析人员首先要判定此项目是否适合被分析的工作，如果不适合，用“—”标出。当某项目适合于目标工作时，请根据对应评价尺度做出等级判断。

评价尺度说明：每个项目前面标有的代码，表示相应的评价尺度。整份问卷包括以下五种代码。

1．代码 I：表示项目对工作的重要程度，分为六个等级。

“—”表示不适用。

“1”表示非常微小（是工作偶然性的、微小的因素）。

“2”表示低（处于一般重要以下）。

“3”表示一般（是对整个工作一般重要的因素）。

“4”表示高（是对工作足够重要的因素）。

“5”表示极高（是对工作最重要的因素之一）。

2．代码 T：表示行为或者工作情景出现的时间。

3．代码 U：表示工作中具体信息源使用的范围。

4．代码 S：表示该项目适用的评价尺度是个性化的，不适用于其他的项目，当出现此代码时，会有对应的等级说明。

5．代码 X：表示检查项目，当一项目前的代码是 X 时，如果要对该项目做出评价，需要采用其他手段进行检查确定。

正文

工作名称：＿＿＿＿＿＿　日　期：＿＿＿＿＿＿

组　　织：＿＿＿＿＿＿　分析者：＿＿＿＿＿＿

部　　门：＿＿＿＿＿＿　雇员姓名（选择项）：＿＿＿＿＿＿

1．信息输入

1.1 工作信息源

根据任职者在执行工作任务时把该项目用作信息源的范围，给下面的项目分级。

使用范围（U）	等级
不适用	—
表面上/非常偶然	1
偶尔	2
一般	3
大	4
非常大	5

1.1.1 工作信息的视觉源

（1）U 书写材料（公告、报告、备忘录、文章、职位说明书、计算机打印件、批注等）。

（2）U 图片资料（出现在报纸、电影等上面的非口头信息源，如绘画、蓝图、示意图、表格、地图等）。

（3）U 数量资料（报表、细目、数据表格等）。

（4）U 测量仪器（标尺、圆规、刻度尺等）。

（5）U 工作辅助设施（模板、模型等）。

（6）U 机械设备（工具、装备、机器等）。

（7）U 加工材料（零件、材料、加工物等，这些为加工、操作或其他处理时的信息源）。

（8）U 不在加工过程中的材料（零件、材料、加工物等，如处理、检查、打包等，但是这些没有处于加工过程中）。

（9）U 视觉显示（拨号、量规、信号灯、雷达监测等）。

续表

（10）U 自然环境（风景、场地、地理条件、植物、天气情况和其他室内或室外环境，它们是可以通过观察或检测来获得的工作相关信息）。

（注：其他不再说明）

1.2 鉴别活动

（11）【S】近处视觉鉴别的精确程度要求。

等级	精确度（S）
1	大概（对工人在近处视觉鉴别精度方面要求很低，如产品装箱、农艺等）。
2	一般（对工人在近处视觉鉴别精度方面要求一般，如读刻度和量规、邮件分类等）。
3	高（对工人在近处视觉鉴别精度方面要求很高，如使用显微镜、修理手表等）。

请根据项目对工作的重要程度对下面的项目进行判断分级。

重要程度（I）	等级
不适用	—
非常微小	1
低	2
一般	3
高	4
极高	5

（12）I 远距离视觉辨别（辨别物体、事件或者伸手能及之物的细节特征，如操作汽车、美化环境、主持运动会等）。

（13）I 深度辨别（判断深度或者物体的相对距离）。

（14）I 颜色辨别（通过物体颜色、材料或者其他细节来进行区分和识别）。

（15）I 声音模式辨别（不同的模式或者一系列声音，如心跳、发动机失灵等）。

（16）I 声音辨别（根据它们的强度、音调或者音调质量或者变化进行辨别）。

（17）I 身体移动辨别（主要通过使用半圆管来辨别身体在速度方面的变化，如正在飞行的飞机等）。

（18）I 姿势辨别（辨别身体位置或者垂直定位的变化，如在非正常环境下身体的平衡等）。

2．思考过程

2.1 决策和推理

（19）【S】决策（通过选择等级说明包含在工作中的典型决策水平，考虑以下几个方面：需要考虑的因素数量和复杂程度；变化的多样性；决策的后果和重要性；对背景经历、教育和培训的要求；老员工指导的可行性；其他相关的考虑因素。下面每个等级所给出的例子只是建议性的）。

根据任职者在执行工作任务时把该项目用作信息源的范围，给下面的项目分级。

等级	决策水平（S）
1	低（在仓库中进行正常安装、归架等挑选物体所进行的决策，在货架上面贴标签、指挥自动化机器等）
2	一般以下（在操作木刨、分拆一辆出租车、给汽车加润滑油等方面所做的决策）
3	一般（在安装机械工具使其运转、判断飞机的机械故障、提前几个月预订办公室供应品等方面所做的决策）
4	一般以上（决定生产额度，进行诸如提升和解雇人员的人事决定等）
5	高（批准公司每年预算、推荐外科医生、为新公司挑选地址等）

（20）【S】解决问题中的推理水平（说明要求任职者应用知识、经验对问题进行判断的推理水平）。

等级	推理水平（S）
1	运用常识来执行简单的或者容易执行的命令，如房屋管理员、运货员等
2	工作当中要求运用一些训练或者经验来从有限的方法中挑选出恰当的信息，如销售员、图书管理员等
3	运用有关原理来解决实际问题，并且当只有几个有限标准存在的情况下处理各种具体变量，如绘图员等

续表

等级	推理水平（S）
4	运用逻辑或者科学思维来明确问题，收集信息，确定事实，并且做出可行性结论，如调查员等
5	运用逻辑或者科学思维来解决广泛的智力和实际问题，如化学研究专家、原子工程师等

3．工作输出

3.1 物理设备的使用

这个部分包括人们在工作中使用或操作的各种各样的设备。根据每种设备的使用对完成工作的重要程度来给下面的项目定级。

重要程度（I）	等级
不适用	—
非常微小	1
低	2
一般	3
高	4
极高	5

3.1.1 手工工具

手动：

（21）I 精确工具（做精细工作所用的手动工具，如雕刻工具等）。

（22）I 粗糙工具（手工工具，如铁锤、钳子等）。

（23）I 长柄工具（如镐、耙子、铲子、扫帚、拖把等）。

（24）I 柄把工具（如钳子、长柄勺等，用于移动物体或者材料）。

动力：

（25）I 精确工具（动力精确工具，如牙医的锥子、蚀镂玻璃工具等）。

（26）I 粗糙工具（动力工具和设备，如手拿锥子、锯、磨光的轮子等）。

4．人际活动

这部分包含在各种工作中人际关系的不同方面。

4.1 交流

根据活动对完成工作的重要程度给出以下分级。

口头（通过说话交流）：

（27）I 建议（为了协商而涉及个人，或者对于可能通过法律的、科学的、临床的、精神的，或者其他专业原理来解决的问题进行指导）。

（28）I 谈判（为了达成一项协议或解决方案而涉及其他人，如劳动争议、外交关系等）。

（29）I 说服（为了影响一些人朝向一些行为或观点而涉及其他人，如销售、政治运动等）。

（30）I 指导（正式或非正式的培训或者教育其他人）。

（31）I 面试（为了达到一些具体的目的而进行面试，如面试工作申请者、执行检查等）。

（32）I 交流信息（提供信息是为了从其他人那里获得信息，如派遣出租车、整理材料、预约等）。

（33）I 公众讲话（在相当大的场合进行演讲或正式的致词，如政治演说、电视广播、发布会、演讲等）。

写作（通过书面的或印刷的材料进行交流）：

（34）I 写作（如写信、写报告、写广告摹本、写文章等）。

其他交流：

（35）I 发送信号（通过一些类型的信号进行交流，如信号灯、口哨、喇叭、铃声、光等）。

（36）I 代码交流（电传打字机、电报、暗号等）。

5．工作情景和工作联系

5.1 心理和社会因素

续表

这部分包括工作的各种心理和社会因素，用代码来说明作为工作一部分的这些因素的重要程度。如果这个项目不适用，就留下空白。

（37）I 文明规范（设定某些文明的规范或责任）。

（38）I 挫折情况（面对具有潜在挫折的情况）。

（39）I 紧张的个人接触（在令人不愉快或紧张的情况下接触个人或公众，如公安工作的某些方面、某些类型的谈判、处理某些精神有问题的患者等）。

（40）I 个人牺牲（当要服务于其他组织或目标时，愿意付出某些个人牺牲，如军人、社会工作等）。

（41）I 社会价值冲突（活动可能和公众的社会价值标准相冲突）。

（42）S 和工作不相关的社会接触（在工作中需要不断地和其他人接触，如理发师、出租车司机等）。

和工作不相关的社会接触	等级
非常偶然（几乎没有机会）	1
偶然（有限的机会）	2
偶尔（一般的机会）	3
经常（相当大的机会）	4
非常频繁（几乎一直有机会）	5

6．多方面因素

6.1 工作要求

这部分列出了工作情景施加于任职者的各种类型的工作要求，通常要求达到这些要求是为了他们能够出色地完成工作。根据项目对工作的重要程度来给它们分级。

（43）I 具体的工作步骤（在连续的安装线上等）。

（44）I 情景时间压力（在饭店的高峰期，最后期限的紧迫时间、紧迫工作等）。

（45）I 重复性活动（相同的体力或脑力活动动作，重复地在一定期限内没有间断）。

（46）I 精确（要求比正常情况下更精确和准确）。

（47）I 注意细节（需要给予工作的各个细节特别关注，确保所有工作全部完成）。

（48）I 辨别速度（需要比正常情况下更快地辨别）。

（49）I 灵活性，偶然事件（需要连续检查在工作情景中偶然发生但相当重要的事件，如护林人、观察仪器仪表表盘从正常情况区分出偶然的变化等）。

（50）I 灵活性，连续变化的时间（需要在连续的或者经常变化的环境中持续注意变化，如交通行驶、控制航空交通工具等）。

（51）I 在注意力分散情况下工作（电话、其他人干扰等）。

（52）I 现期的工作知识（需要同与职务相关的新发展保持同步）。

（53）X 特殊的才能（用 X 核对项目，来说明如果一项工作要求具有一些特殊的、独一无二的才能或技能而并没有被其他项目所涵盖的项目；特别地，这个项目适合于任职者的这种独一无二的技能或特征而突出明显的工作，像在某些娱乐活动中一样，这个项目也可能被使用，在某些其他情况中，也包括一些明显与众不同的特殊的才能或技能）。

（54）T 旅行（用 T 代码来说明任职者因为工作而被要求远离其家庭而外出的时间比例）。

5.2.2　管理人员职务描述问卷法

1．管理人员职务描述问卷法的含义

管理人员职务描述问卷法（MPDQ）是一种结构化的，以管理型职位为分析对象，以问卷调查为收集信息基本方法的工作分析方法，这种分析方法以工作为中心来设计问卷。

由于管理人员工作的复杂性、多变性，研究者认为传统的工作分析方法难以抓住管理工作

的实质，为满足管理人员工作分析的需要，需要一种与管理工作特点相适应的方法来完成该项工作。美国著名的工作分析专家亨普希尔、托纳和平托等人研究出了“管理人员职务描述问卷法”。它的设计原则有：能明确量化不同管理职位的工作内容的差别；能评价不同管理职位的价值和等级；能有效地分析和评价各种环境下的管理职位，包括不同的地理和文化环境；能提供准确、全面的工作信息，为企业人力资源管理的其他职能服务。

管理人员职务描述问卷能提供关于管理职位的多种信息，如工作行为、工作联系、工作范围、决策过程、素质要求及上下级之间的汇报关系等。这些信息将为达到某些人力资源管理的目标服务，因此管理工作方面的信息能通过计算机分析形成以应用为导向的决策支持型分析报告，供工作管理者和人力资源管理人员使用。管理人员职务描述问卷的分析结果可以形成多种报告，从而可以应用到工作评价、绩效评价、人员甄选和晋升等其他人力资源管理职能中。它与职位分析问卷的区别主要有两点。其一，管理人员职务描述问卷针对性比较强，而职位分析问卷则旨在为所有类型的职位服务，尤其对于基础操作人员和管理人员的工作分析的效果比较好。管理人员职务描述问卷对组织内部不同职能的管理工作和不同层次的管理工作有所区别，可以为不同职能和层级之间的管理职位的分析和比较提供依据。其二，管理人员职务描述问卷是以工作为导向的，分析对象是管理职位和督导职位，由任职者自己完成。而职位分析问卷的设计侧重于一般职位承担者的工作行为，是以人员为导向的工作分析问卷，一般由专业人员来完成。

2. 管理人员职务描述问卷的结构

管理人员职务描述问卷主要由三大模块组成：信息收集部分、信息分析部分和信息输出部分。

1）信息收集部分

管理人员职务描述问卷中的问题从因素分析的角度将题目分为 15 个部分，274 项工作行为，由担任管理职位的任职者填写，主要用来收集与该职位相关的信息，如表 5-2 所示。管理人员职务描述问卷部分示例如表 5-3 所示。

表 5-2 管理人员职务描述问卷结构表

管理人员职务描述问卷内容	题目数量	
	描述工作行为的题目数量	其他内容的题目数量
1．一般信息	0	16
2．决策	22	5
3．计划与组织	27	0
4．行政	21	0
5．控制	17	0
6．督导	24	0
7．咨询与创新	20	0
8．联系	16	0
9．协作	18	0
10．表现力	21	0
11．监控商业指标	19	0

续表

管理人员职务描述问卷内容	题 目 数 量	
	描述工作行为的题目数量	其他内容的题目数量
12．综合评定	10	0
13．知识、经验和技能	0	31
14．组织层级结构图	0	0
15．评论	0	7
总计	215	59

表 5-3　管理人员职务描述问卷部分示例

第五部分：控制
指导语：
第一步：评定重要性
请指出以下每项活动对您职位的重要程度，然后按 0～4 分计分（标准如下），将分数写在每个题目后面。请记住，在评定时需要考虑该活动和其他职位活动相比重要程度和发生的频率怎样。
“0”—该活动与本工作完全无关
“1”—该活动只占本工作的一小部分并且重要程度不高
“2”—该活动是本工作的一般重要部分
“3”—该活动是本工作的重要组成部分
“4”—该活动是本工作的关键部分或者至关重要的部分
1．审阅需要提交的计划，使之和组织的目标与策略保持一致。
2．追踪并调整工作活动的进度，以保证按时完成目标或合同。
3．为项目、计划和工作活动制定阶段目标、最后期限，并将职责分派给个人。
4．监督产品的质量或者服务效率。
5．对部门的发展和效率制定评估标准。
6．在工作计划或项目结束后，评估其效果并记录在案。
7．每个月至少进行一次工作成效的分析。
8．分析工作报告。
9．控制产品生产或服务质量。
10．监督下属完成部门的工作进程。
11．监督不同地区部门的工作进程，并调整它们的活动以达到完成组织目标的要求。
12．解释并执行组织的安全条例。
第二步：评论
在下面的空白处请写下您认为对您的职位部分还应该包括的其他工作。

2）信息分析部分

在这个模块中，主要根据人力资源管理的多种职能的需要对问卷收集来的工作描述信息进行转化，以满足不同的人力资源管理的需要，如绩效评估、工作评价等。管理人员职务描述问卷主要从 3 个角度对工作进行分析：管理工作要素、管理绩效要素、管理评价要素。

（1）管理工作要素，主要是用于描述工作内容的要素组合，根据不同职位的工作内容的异同性对管理职位进行描述，包含 8 个要素。管理工作要素通常被薪酬管理人员和招聘人员所使用，管理工作要素的具体内容如表 5-4 所示。

表 5-4 管理工作要素表

要素名称	解释
决策	评定各种信息和各种候选方案
计划与组织	制订长期与短期计划，包括制定长期目标、长期战略规划、短期目标以及短期日程安排，如对产品服务的设计、发展、生产和销售进行安排等
行政	负责整理和保管文件和档案、监控规章制度的执行、获取和传递信息
控制	控制和调整人力、财力和物力的分配，调拨材料、机器和服务资源，建立成本控制体系
咨询与创新	应用高级技术解决疑难问题，为决策者提供关键信息和咨询，开发新产品和开拓新市场，密切关注技术前沿动态
协作	与其他团体合作实现组织目标，在不能实施直接控制的情况下，能团结他人、整合力量，协助组织资源的使用，必要时能有效处理矛盾与分歧
表现力	与个人或团体（如客户、供应商、政府和社区代表、股东和求职者）沟通交流，推广组织的产品和服务，谈判并签订合同
监控商业指标	监控关键的商业指标，如净收入、销售额、国际商业和经济趋势、竞争者的产品和服务

（2）管理绩效要素，是指那些对管理人员工作绩效有显著影响的工作要素，具体包含 9 项内容。这些要素必须能够很好地显示管理绩效优劣之间的差异。这些要素主要帮助上级主管对管理人员的工作进行指导和绩效考核，帮助上级主管和培训专家明确对管理人员的培训需求。管理绩效要素的具体内容如表 5-5 所示。

表 5-5 管理绩效要素表

要素名称	解释
工作管理	管理工作执行情况和资源使用情况，监控和处理各种信息，确保产品和服务按时完成
商业计划	为达到目标，制订并实施商业计划与商业战略
沟通	高效、全面、准确地进行沟通，正确地分享和交换信息
客户公共关系	组织与客户、预期客户及其他公共群体打交道
人力资源开发	通过进行有效的工作分配、指导、培训和绩效评价等措施来开发下属员工的潜能
人力资源管理	监督和管理下属员工，提供指导和帮助
组织支持	有归属感，能得到其他管理人员的支持，以共同实现个人、团队和组织的目标
专业知识	具备实现既定绩效目标所需要的技术知识
解决问题	分析技术上或商业上的问题与需求，制定决策，选择适当的方案或进行创新

（3）管理评价要素，是用来评价管理类工作相对价值的维度，也就是区分不同的管理职位之间的相对价值的大小（或者对组织贡献的大小）。管理评价要素包含 6 项内容，如表 5-6 所示。

表 5-6 管理评价要素表

要素名称	解释
决策	决策权的等级，决策的重要性、复杂性、自主性
解决问题	分析性或创造性思维水平、对问题的洞察力，以及解决方法的创造性
组织影响	对组织影响的显著性程度，包括该职位对实现组织目标、开发产品和服务、制定战略或商业规划、获取收益利润及其他绩效目标的贡献

续表

要素名称	解释
人力资源职责	人员督导职责，包括监督和指导的下属人数、级别及复杂性程度
知识、经验和技能	职位所需要的用来解决关键性组织问题的知识、经验和技能，以及在多大程度上需要将这些知识、经验和技能应用于解决实际问题
联系	组织内部、外部联系的深度、广度、等级及频率

3）信息输出部分

管理人员职务描述问卷作为一种成熟的管理人员的工作分析工具，主要是通过 8 份工作分析报告为人力资源管理决策提供支持的信息。这 8 份报告有固定的格式。工作分析报告汇总表如表 5-7 所示。

表 5-7 工作分析报告汇总表

工作分析报告名称	说明	信息来源	主要用途
管理人员职务描述问卷	对管理职位的细节性、描述性的总结归纳，具体包括财务人事职责权限，工作活动重要性排序，工作联系，决策情景特征，知识、技能和能力要求	管理人员职务描述问卷的“一般信息”部分	服务求职者的工作描述； 上岗指引； 面试基础信息； 工作设计； 薪酬结构
管理工作描述	类似于管理人员职务描述问卷报告，主要针对一组管理职位工作内容的综合性、平均水平进行描述，用于构建管理人员职务描述问卷常模		
群体比较报告	6 组对照群体工作内容的主要异同点的对比分析表，区分共有活动和特有活动，按照出现频率进行排序，然后针对各种活动进行重要性评价	管理人员职务描述问卷中涉及的工作活动	工作分类； 工作评价，同工同酬； 工作设计； 培训开发设计
个体职位剖析	在管理工作要素的 8 项内容基础上将目标职位与所选同职等的职位进行比较、分析；该职位在管理评价要素上的得分及加权得分	管理工作要素；管理评价要素	确定工作价值； 确定职位等级； 设计薪酬； 制订培训开发计划
群体职位剖析	类似于个体职位剖析，主要对相同的一组管理职位在管理工作要素和管理评价要素上的平均水平进行相关比较分析		
多维度群体绩效剖析	管理绩效要素各项内容对所选的一组管理人员的平均重要性程度的综合报告，由此确定各项评价要素的权重；管理人员职务描述问卷中的 KSAs（K—Knowledge，知识；S—Skills，技能；A—Abilities，能力）平均要求水平	管理绩效要素；管理人员职务描述问卷中的 KSAs 部分	确定绩效评价要素权重； KSAs 用于人员甄选和录用； 通过与个体绩效进行对比，确定培训开发计划
多维度个体绩效剖析	类似于多维度群体绩效剖析，主要对个人对管理绩效要素的重要性评价进行分析，以及个体的 KSAs 水平进行分析，通过与群体水平的对比，对绩效改进和培训开发提供指导		
职位绩效评价表	适用于特定管理职位的绩效评价体系和人员开发计划，对管理绩效 9 项内容进行深度定义和剖析，加以操作化，并附加若干代表性的绩效活动示例	管理绩效要素；多维度群体绩效剖析	绩效评价；人员开发

5.2.3 职能工作分析法

1. 职能工作分析法的含义

职能工作分析法（FJA）又称功能性职位分析方法，它主要集中于目标职位的功能性要素的分析，是一种以工作为导向的工作分析方法。职能工作分析法以工作者应该发挥的职能为核心，详细分析每项工作的任务与要求，全面、具体地描述工作内容。

2. 职能工作分析法的框架结构

图 5-2 所示为一个简略的职能工作分析法的框架结构图，从图中可以看出各个板块和部分之间的关系，以及职能工作分析法的基本流程和各个阶段的成果。

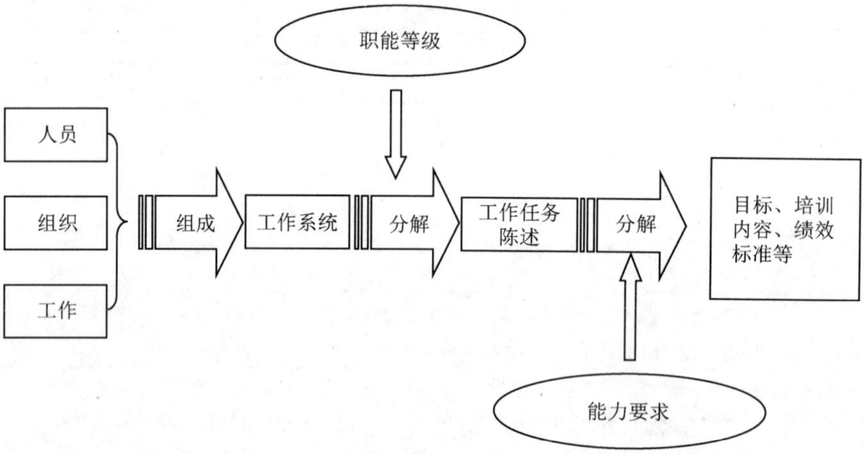

图 5-2 职能工作分析法的框架结构图

职能工作分析法是建立在对特定组织系统中的三要素——人员、工作、组织之间的相互关系的假设基础上的一种方法，工作系统中的三要素之间相互影响，同时作用于组织生产力和人员的发展。其中，职位分析作为工作系统分析的一部分，受到组织和人员的共同影响，组织战略目标决定职位分析的方向定位，而人员的任职资格与职位的匹配是工作系统正常运行的前提。因此，职位分析应包括职位对于组织战略目标的阐释和支持，职位在工作系统运转过程中行使的具体功能，以及以人岗匹配为目的确定任职者的绩效标准和获取绩效能力的途径——培训内容。

以工作为基础的职能工作分析法的职位分析主要形成以下成果：工作任务陈述；职能等级；目标；培训内容；绩效标准。

1）工作任务陈述

在职能工作分析法中，职位分析的基本单位是工作任务而不是“工作”。每项工作由若干具有一定逻辑关系的工作任务组成，但“工作”本身在不同时期具有不同的任务组合，相对“工作”来说，工作任务则处于相对稳定的状态。随着组织的发展转型，“工作”本身处于不断变化之中，而工作任务则相对稳定地存在于组织的日常运行之中。因此，职能工作分析法将工作任务作为职位分析的基本单位，针对各项工作任务的特征进行剖析。

和其他职位分析方法一样，职能工作分析法对于工作任务的描述有标准化的语言和结构。对于某项具体任务，在职能工作分析法初期（收集信息阶段）主要按照任务收集清单进行任务信息的收集，然后根据任务收集清单编写工作任务陈述。某公司打字员职位的某项工作任务（信件编辑录入）的任务说明书如表 5-8 所示。

表 5-8　某公司打字员职位的某项工作任务（信件编辑录入）的任务说明书

<table>
<tr><th colspan="10">工作任务陈述</th></tr>
<tr><td colspan="3">职 能 等 级</td><td colspan="3">时 间 比 重</td><td colspan="3">一般性教育开发</td><td rowspan="3">编　　号</td></tr>
<tr><td>人</td><td>信息</td><td>事物</td><td>人</td><td>数据</td><td>事物</td><td>推理</td><td>数学</td><td>语言</td></tr>
<tr><td>1A</td><td>3B</td><td>2B</td><td>5%</td><td>70%</td><td>25%</td><td>3</td><td>1</td><td>4</td></tr>
<tr><td colspan="10">目标（由使用者填写）：</td></tr>
<tr><td colspan="10">任务陈述：按照标准操作程序要求编辑标准信件格式，包括用于记录特殊信息的表格，并确保其整洁、清晰，以备邮寄</td></tr>
</table>

注：表中一般性教育开发被划分为 5 个等级（1～5 级），职能等级相关专业符号将在接下来的内容中进行详细介绍。

2）职能等级

在职能工作分析法看来，人的工作行为总是体现为和一定的人、信息、事物的关系，而且在不同的工作活动中，与这三者之间的相互作用的形式、复杂程度及结果有很大差异，对这些差异的准确描述正好构成某项任务区别于其他任务的相对稳定的特征。因此，职能工作分析法在对任务进行标准化描述的基础上，通过界定任职者对于人、信息、事物作用的职能等级，更加准确地对目标任务进行描述。

在大量分析研究的基础上，职能工作分析法选取部分具有代表意义的“动词”，形成了职能等级表，表 5-9 将这些职能进行了从复杂到简单的排列。如何有效地将实际工作信息同职能工作分析法职能等级表联系起来是职能工作分析方法中的关键一环。

表 5-9　职能等级表

	人	信　息	事　物
高级	7．顾问 6．谈判 5．管理	6．综合 5B．协调 5A．创新	4B．装配 4A．精确工作
中级	4C．处理 4B．指导 4A．咨询 3C．引导 3B．劝导 3A．教导	4．分析 3B．编辑 3A．计划	3B．运转—控制 3A．操作—控制
低级	2．信息转换 1B．服务 1A．指令协助	2．复制 1．比较	2B．操纵 2A．照管 1B．位移 1A．处理

下面给出每个职能等级的标准定义表。

① 人员职能等级表如表 5-10 所示。

表 5-10 人员职能等级表

号码	名称	职能
1A	指令协助	注意管理者对工作的分配、指令或命令；除非需要指令明确化，一般不必与被管理人员直接交谈
1B	服务	注意人的要求和需要，或注意人们明显表示出的或暗示的希望，有时需要直接做出反应
2	信息转换	通过讲述、谈论和示意，使人们得到信息；在既定的程序范围内明确做出任务分配明细
3A	教导	在只有两人或小组的情况下，以同行或家庭式的关系关心个人、帮助和鼓励个人；关心个人的日常生活，在教育、鼓励和关心他人时要善于利用其他机构、团体与私人的建议和帮助
3B	劝导	用交谈和示范的方法引导别人，使别人喜欢某种产品和服务，或赞成某种观点
3C	引导	通过逗趣等方法，使听众分心，使其精神放松，缓解某种气氛
4A	咨询	作为技术信息来源为别人提供服务，提供相关的信息来界定、扩展或完善现有的方法、能力或产品说明
4B	指导	通过解释、示范和试验的方法给其他人讲解或对他们进行培训
4C	处理	对需要帮助的人进行特定的治疗或调节；由于某些人对规定的反应可能会超出预想范围，所以要系统地观察在整个工作框架内个人行为的处理结果；必要时要激励、支持和命令个人，使他们对调节程序采取接受或合作的态度
5	管理	决定和解释每组员工的工作程序；要求他们承担相应的责任，赋予他们一定的权限；保证他们之间和谐的关系；评价他们的工作绩效并促使他们提高效率，在程序和技术的水平上做出决策
6	谈判	作为谈判某一方的正式代表与对手就相关事宜进行协商、讨论，以便充分利用资源和谈判权力，在上级给定的权限内或在具有完整程序的主要工作中“放弃和接受”某些条件
7	顾问	与产生问题的人员进行交谈，劝导或指导他们按照法律、科学、卫生、精神等专业原则来调节他们的生活；通过问题的分析、论断和公开处理来劝导他们

② 信息职能等级表如表 5-11 所示。

表 5-11 信息职能等级表

号码	名称	职能
1	比较	选择、分类或排列相关数据，判断这些数据已具备的功能、结构或特性与已有的标准是类似还是不同
2	复制	按纲要和计划召集会议或处理事情，使用各种操作工具来抄写、编录和邮寄资料
3A	计划	进行算术运算；编写报告，进行有关的预订和筹划工作
3B	编辑	遵照某种方案或系统去收集、比较和划分数据；在该过程中有一定的决定权
4	分析	按照准则、标准和特定原则，在把握艺术和技术技巧的基础上，检查和评价相关数据，以决定相关的影响或后果，并选择替代方案
5A	创新	在整体运行理论原则范围内，在保证有机条件下，修改、选择、调整现有的设计、程序或方法，以满足特殊要求、特殊条件或特殊标准
5B	协调	在适当的目标和要求下，在资料分析的基础上决定时间、场所和一个过程的操作顺序、系统或组织，并修改目标、政策（限制条件）或程序，包括监督决策和事件报告
6	综合	基于人的直觉、感觉和意见（考虑或不考虑传统、经验和现存的情况），从新的角度出发，改变原有部分，以产生解决问题的新方法，开发操作系统；或脱离现存的理论模式，从美学角度提出解决问题的办法或方案

③ 事物职能等级表如表 5-12 所示。

表 5-12　事物职能等级表

号　码	名　称	职　能
1A	处理	工作对象、材料和工具在数量上很少，而工人又经常使用；精确度要求一般比较低
1B	位移	为自动的或需要工人控制和操作的机器设备安插、扔掉、倒掉或移走物料；具有精确的要求，大部分要求来自工作本身所需要的控制
2A	照管	帮助其他人开、关和照看机器和设备时，保证机器精确地运转，这需要工人在几个控制台按照说明去调节机器，并对自动机信号做出反应，包括所有不带有明显结构及结构变化的机器状态；在这里几乎不存在运转周期短、非标准化的工作，而且调节是预先指定好的
2B	操纵	当有一定数量的加工对象、工具及控制点需要处理时，加工、挖、运送、安排或放置物体或材料，具有比较精确的要求；包括工作台前的等待、用于调换部件的便携动力工具的使用，以及如厨房和花园工作中普通工具的使用等
3A	操纵—控制	开动、控制和调节被用来设计产品结构和处理有关资料、人员和事物的机器和设备；这样的工作包括打字、转动木材等使用机器运转的工作或负责半自动机器的启动、熄火的工作；控制机器和设备包括在工作过程中对机器和设备进行准备和调整；需要控制的机器和设备包括计量仪、表盘、阀门开关及其他如温度、压力、液体流动、泵抽速度和材料反作用等方面的仪器，以及打印机、扫描仪和其他在准备和调节过程中需要证明和检查的办公机器（这一等级只用于一个单元里设备和机器的操作）
3B	运转—控制	（控制机器的操作）为了便于制造、加工和移动物体，操作过程必须被监视和引导；规范的控制行动需要持续地观察并迅速给予反应（在使用工具时，即使工作只涉及人或物，也应遵循这个原则）
4A	精确工作	按标准工作程序加工、移动、引导和放置工作对象或材料，在这里对工作对象、材料和工具处理的精确度应符合最终完成工作时的工艺要求（这个原则主要适用于依靠手工操作和使用手动工具的工作）
4B	装配	（安装机器设备）插入工具、选择工装、固定件和附件；修理机器或技工进行设计和蓝本说明，使机器恢复功能；精度要求很高；可以涉及其他工人操作或自己负责操作的一台或数台机器

3）目标

组织目标是由组织战略、计划推导出的对于目标任务的工作要求，一般由具体任职者填写。

4）培训内容和绩效标准

培训内容和绩效标准体现了任务本身对任职者全面能力的要求。在职能工作分析系统中，职位对任职者能力的要求主要体现在三个方面，如表 5-13 所示。

表 5-13　职能工作分析系统中任职者的能力要求体系表

能力项目	项目释义	成果体现
功能性能力	个人处理与人、信息、事物之间关系的能力，如推理、计算、语言、体力和人际能力等	培训内容
专业性能力	根据制度标准要求从事特定专业工作的能力	培训内容 绩效标准
适应性能力	个人与工作环境及组织安排等保持一致或随之变化的能力	培训内容 绩效标准

“培训内容”板块主要根据工作任务所需要的功能性能力和专业性能力，确定完成该项任务所需的功能性培训、专业性培训和适应性培训。

“绩效标准”板块包括定性绩效标准和定量绩效标准，主要界定该工作任务所需要达到的效果、质量、数量、时间等方面的要求，同时在绩效标准的确定中往往会体现对任职者专业性能力和适应性能力的评价。

3. 职能工作分析法的流程

为了建立职能工作分析的任务库，需要按照一些基本的操作步骤覆盖任职者必须完成的75%以上的工作内容。这些操作步骤如下所述。

1）回顾现有的工作信息

工作分析人员必须首先熟悉专家组的语言。现有的工作信息包括工作描述、培训材料、组织目标陈述等，这些信息使工作分析人员深入了解工作语言、工作层次、固定的操作程序及组织的产出。工作分析人员应该尽可能准备一些在职能工作分析格式下可得到的信息，即使不能准备所有信息，也应达到两个目的：一是说明在哪些方面需要补充信息；二是以这些得到的部分信息向专家组进行演示。这个步骤常会花费 1～3 天的时间，其主要取决于可得的信息量及时间的压力。

2）安排专家组同中小型企业的小组会谈

专家组同中小型企业的小组会谈通常会持续 1～2 天的时间。选择的专家组从范围上要尽可能代表工作任职者。会议室要配备必要的设备：投影仪、活动挂图、涂改带。会议室的选址要远离工作地点，把对工作的影响降到最低。

3）分发欢迎信

自我介绍之后，工作分析人员应当向与会者分发一封欢迎信，以解释小组会谈的目的，尤其要点明参与者是会议的主体，要完成大部分工作，而工作分析人员只是作为获取信息的向导或促进者而存在的。

4）确定职能工作分析任务描述的方向

工作分析人员事先应该至少准备 3 张演示图。准备演示图的目的实际上是给中小型企业提供任务陈述的格式和标准，这个过程大概需要花费 20～30 分钟。

5）列出工作产出（产品或服务）

首先中小型企业能将工作的产出列出来，这时他们通常会向专家们提出一些问题：“您认为被雇用的工作任职者应该提供什么产品或服务？工作的主要结果是什么？”一般来说，大概需要 15 分钟，中小型企业小组就能用自己的语言将工作结果列出来。工作结果可能是物（各种类型的实物）、数据（报告、建议书、信件、统计报表、决议等）、服务（对人或者动物）。通常情况下，工作结果很少超过 10 条，一般为 5～6 条，工作分析人员可将这些工作结果整理好列在活动挂图上，并将挂图挂在墙上。

6）列出任务

专家组可以从任何一个工作结果着手，描述通过完成哪些任务才能得到相应的工作结果。

所列出的任务应能覆盖工作所包括的 95%以上的工作任务，并确定没有遗漏重要的任务。

7）推敲任务库

每个工作产出对应的任务都被写出来之后，我们会发现一些任务会在几个工作产出中反复出现，如“沟通”。在某些情形下，同样的任务会在信息来源或最终结果中有细微的差别。专家组应该说明有多少任务会以相同的行为开始。这些工作可以使中小型企业对任职者的工作有一个全面而深刻的认识，不仅可以使他们认识到不同工作之间的相似之处，还可以使他们看到哪些任务是琐碎的，应该作为其中一部分而存在，而哪些可以拆为多个部分。

8）产生绩效标准

中小型企业小组完成了任务库之后，下一个任务就是列出为了满意地完成任务任职者需要具备的素质。工作分析人员一般使用下面的问题来引导中小型企业进行分析：“大家可能注意到我们只是整理和分析了工作行为、最终结果、信息来源、指导及工作设备，而没有谈及需要具备什么素质才能做好工作。我们可以设想自己是某项工作的管理人员。我们需要为这项工作安排一个合适的人员，我们将以什么标准来进行甄选？请大家考虑素质和特点的时候，尽量同任务尤其是任务对应的行为联系起来考虑。”

我们可能会得到很多通用的标准，此时有必要进一步进行分析，最好能让大家举出例子，以说明这些通用的标准以什么方式在何处体现出来。

通常情况下，很多任务都需要相同的素质和特点。中小型企业应进一步说明其中哪些素质和特点是比较重要的，而哪些是最为关键的。同样，在分析这些素质和特点赖以成长的经验时亦是如此。完成这些工作后，小组会议就可以结束了。

9）编辑任务库

工作分析人员将活动挂图上的信息收集起来，在此基础上用前文所述的格式进行任务库的编辑。我们要对这些信息进行整理，疏通语句，斟酌用词，特别是动词的使用。数据库即将完成之时，应该抄录一份给中小型企业进行最后的修改。

4．职能工作分析的应用

职能工作分析的分析结果可以应用到其他人力资源管理职能中，如培训和绩效评估等。下面以某公司打印员的打印任务为例来说明职能工作分析在培训和绩效评估方面的应用，如表 5-14 所示。

表 5-14　某公司打印员的打印任务陈述表

项　目	内　容
行为/动作	打印/誊写
动作的目的	形成信件
信息来源	通过记录提供
指导的性质	标准的信件形式； 特定的信息； 按照现有的操作规范操作，但为了文字清楚和通顺可以调整标准格式
机器和设备	计算机、打印机等
工作结果	待寄的信件

通过上面的任务陈述表，我们可以将打印员的打印任务表述如下：打印/誊写标准格式的信件，信息来源于记录所提供的特定信息，依据形成信件的操作规范操作，但为了文字清楚和通顺可以调整标准格式，目的是准备待寄的信件。对打印任务进行清晰陈述后，进一步确定任职者完成该任务应当承担的职能和对应的等级，这些职能包括信息职能、人员职能和事物职能等，其对应的等级如表 5-15 所示。

表 5-15　某公司打印员的任务分析表

信息	人	事物	信息	人	事物	指导	理解能力	数学能力	语言能力
工作职能水平			工作职能取向			能力水平			
3B	1A	2B	70%	5%	25%	2	3	1	4
任务：打印/誊写标准格式的信件，信息来源于记录所提供的特定信息，依据形成信件的操作规范操作，但为了文字清楚和通顺可以调整标准格式，目的是准备待寄的信件									

5．职能工作分析法的优缺点

1）职能工作分析法的优点

职能工作分析法的优点是其对工作内容提供了一种非常彻底的描述，对培训的效果评估非常有用。

2）职能工作分析法的缺点

职能工作分析法的应用需要耗费大量的时间和精力，并要求对每项任务进行详细分析。职能工作分析不记录有关工作背景的信息。

5.3 岗位评价

5.3.1 岗位评价概述

1．岗位评价的定义

岗位评价又称工作评价或职位评价。关于岗位评价的定义很多，如表 5-16 所示。

表 5-16　岗位评价的定义

专　家	定　义
戴斯勒	岗位评价的目的在于判定一个岗位的相对价值。它包括为确定一个岗位相对于其他岗位的价值所做的正式、系统的比较，并最终确定该岗位的工资或薪水等级
米尔科维奇和纽曼	岗位评价是一个为组织制定岗位结构而系统地确定各岗位相对价值的过程。这个评价是以工作内容、所需技能、对组织的价值、组织文化及外部市场为基础的
诺伊等	岗位评价是衡量某种岗位的价值的管理程序
克雷曼	岗位评价是决定一项工作的价值的系统化过程
萧鸣政	岗位评价是依据工作分析的结果，按照一定的标准，对工作的性质、强度、责任、复杂性及所需的资格等关键因素的程度差异进行综合评价的活动，是将组织各类岗位工作抽象化、定量化与价值化的过程

综合以上定义，岗位评价是指系统地对各项工作的价值进行评价，从而确定各项工作相对价值及相互关系的过程。

在这里要特别注意两点：第一，岗位评价要以岗位为对象，就工作本身及工作的要求来展开，与员工的心理、情绪等主观因素无关，同时与该岗位上员工的业绩无关。第二，岗位评价衡量的是相对价值而非绝对价值；岗位评价得出的是岗位的得分或等级，而不是以金钱来直接衡量的。

2. 岗位评价的原则

1）系统性原则

岗位评价作为一个整体是一个系统，同时它与工作分析和薪酬设计一起构成另一个系统。企业在进行岗位评价时要注意兼顾系统中其他要素的作用。

2）适宜性原则

岗位评价必须从组织的实际出发，选择符合组织实际的评估模型、评估方法、评估技术和评估程序，既要考虑其科学性、系统性、合理性和先进性，又要综合考虑组织的实际工作环境、文化氛围和承受能力，要选择最适宜、有效的方法体系来满足组织的现实需要。

3）标准化原则

岗位评价的标准化，是指对同一组织内不同岗位间的评价标准、评价方法和评价程序等进行统一规定。为了保证岗位评价的规范化和评价结果的可比性，提高评价工作的科学性和工作效率，岗位评价必须遵循标准化原则。岗位评价的标准化具体表现在评价要素选择的统一性、各评价要素分级及定义的统一性、评价方法和技术的统一性、操作程序的统一性等方面。

4）员工参与原则

在岗位分析的各个环节中，一定要让员工适当地参与其中，可以利用其岗位经验为岗位分析提供信息，也可以提高岗位评价的易接纳性和评价结果的合理性。

5）结果公开原则

在利用岗位评价进行薪酬调整时，要先对岗位评价的结果进行公开，透明化的岗位评价标准、评价程序、评价结果有利于员工理解和认同组织的价值取向。

6）战略性原则

岗位评价必须与组织战略保持一致，应当在组织战略的基础上，得出组织未来的价值取向，从而对员工的行为起到战略性的引导作用，使其适应组织发展的需要。

在这一部分要注意以下三个方面：一是岗位评价的评价因素必须是一致的；二是各项因素间应相互独立，有各自的评价范围，且这些范围并不重叠；三是在实际打分之前，必须对专家小组的成员进行培训，以使其对各项因素理解一致。

5.3.2 岗位评价方法

岗位评价被明确提出是在 19 世纪末，它是泰勒科学管理理念的一个分支。虽然岗位评价理论出现得比较晚，但岗位评价方法发展得特别快。岗位评价方法主要有五种，分别是排序法

（Ranking Method）、分类法（Classification Method）、因素比较法（Factor Comparison Method）、要素计点法（Point Method），以及在要素计点法的基础上发展而来的海氏评价法。

1．排序法

排序法是一种简单易用的方法。它是指评价人员凭借自己的经验，对岗位所承担的责任大小、困难程度等进行估计，然后对组织中的岗位进行比较，从而对岗位的重要性和相对价值做出判断，据此进行岗位的排序。

1）排序法的实施步骤

排序法的实施步骤如图 5-3 所示。

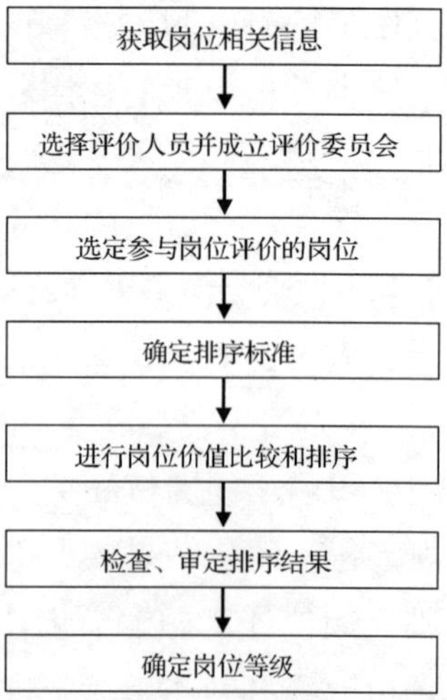

图 5-3　排序法的实施步骤

2）排序评价中需考虑的因素

一般来说，在岗位排序前进行评价时，评价委员会的相关人员要注意全面考虑相关的影响因素，尽可能降低主观性对排序的影响。排序评价中需考虑的因素如表 5-17 所示。

表 5-17　排序评价中需考虑的因素

因素类型	具体内容
责任因素	领导和管理责任
	质量责任
	产量责任
	安全责任
	成本控制责任
	看管责任
知识技能因素	知识的多样性
	工作的复杂性
	工作的灵活性
	专业知识与技能
	管理知识与技能
	沟通能力

续表

因 素 类 型	具 体 内 容
劳动强度因素	工作压力
	脑力辛苦程度
	工作负荷
岗位性质因素	危险性
	环境的舒适性

3）排序法的分类

排序法一般有三种常用的方法，如表 5-18 所示。

表 5-18　三类排序法

排序法的种类	定　义
简单排序法	根据组织成员在岗位工作中积累的经验，通过主观判断的方法，对岗位的相对价值进行排序
交替排序法	根据对岗位价值的判断，不断从原来岗位列表中选出价值最高和最低的岗位，直到全部选完
配对比较排序法	将所有要比较的岗位，分别列在表格的各行、各列中，然后进行岗位难度的两两比较

（1）简单排序法。

简单排序法的操作要点在于不断地两两比较，在每轮比较中，都把价值高的岗位选出来再与其他岗位进行比较，直至把价值最高的岗位选出来，然后在剩下的岗位中重复此操作。在每一轮中，价值最高的岗位就像水中气泡一样冒出来，所以简单排序法也被称作冒泡排序法。

简单排序法的操作步骤如下所示。

① 将所有岗位写到卡片上，在每张卡片上写一个岗位，然后把卡片放在 A 盒子里。

② 从 A 盒子中随意抽出两张卡片，将两张卡片上的岗位的价值进行比较，把岗位价值较低的卡片放到 B 盒子中，将岗位价值较高的卡片拿在手中。

③ 再从 A 盒子中随意抽出一张卡片，与手中岗位价值较高的卡片进行比较，然后将岗位价值较低的那一张卡片放到 B 盒子中，将岗位价值较高的卡片拿在手中。

④ 重复第③步，直至 A 盒子中没有卡片，从而将价值最高的岗位挑选出来，完成第一轮的筛选工作。

⑤ 重复②～④步，直到所有岗位价值的顺序都被确定下来。

（2）交替排序法。

交替排序法又称轮流排序法，是简单排序法的延伸。交替排序法的操作步骤如下所示。

① 准备两张纸，在第一张纸上列出将要进行评价的岗位，对所列岗位进行评价，选出价值最高的岗位，将其写到第二张纸上的第一行，然后将其在第一张纸上的名称去掉。

② 选出第一张纸上价值最低的岗位，将其写到第二张纸的最后一行，同时将其在第一张纸上的名称去掉。

③ 对第一张纸上剩下的岗位重复进行第①、②步，选出价值最高和最低的岗位，然后将其分别写在第二张纸的第二行和倒数第二行，每选出一个就将其名称从第一张纸上去掉，直至第一张纸上的名称全被去掉。

（3）配对比较排序法。

配对比较排序法相对于简单排序法，执行效率比较高；相对于交替排序法，容易清楚地判断岗位之间的价值顺序。

配对比较排序法主要通过岗位在表格中的列示，把第一个岗位与其余岗位进行逐一比较，并根据其岗位相对价值进行评分。如果横行岗位与竖行岗位相比价值高，则给 2 分；如果价值相当，则给 1 分；如果价值较低，则给 0 分。但注意选择岗位进行比较时，要选择同层次的岗位进行比较，如科长层、专员层等。表 5-19 所示为配对比较排序法示例。

表 5-19 配对比较排序表示例

岗　位	销售专员	财务专员	人力专员	助理工程师	品管员	总　分
销售专员	—	2	2	1	2	7
财务专员	0	—	2	1	1	4
人力专员	0	0	—	0	0	0
助理工程师	1	1	2	—	2	6
品管员	0	1	2	0	—	3

经配对比较后，根据总分进行排序，如表 5-20 所示。

表 5-20 岗位相对价值排序表

总　分	岗位名称	岗位相对价值顺序
7	销售专员	1
6	助理工程师	2
4	财务专员	3
3	品管员	4
0	人力专员	5

为了避免单一评价小组对岗位认知的局限性，必须加入多个评价小组，使其对岗位进行独立评价，再进行评分的汇总，具体做法如表 5-21 所示。

表 5-21 配对比较评定汇总表

岗位名称	A 评价小组评分/分	B 评价小组评分/分	C 评价小组评分/分	总分/分	平均分/分	岗位相对价值顺序
销售专员	7	8	6	21	4.2	1
财务专员	6	4	4	14	2.8	3
人力专员	0	1	0	1	0.2	5
助理工程师	3	5	8	16	3.2	2
品管员	2	6	4	12	2.1	4

注：参评人数为 5 人。

2．分类法

分类法是排序法的扩展，它通过制定出一套岗位级别标准，将岗位与标准进行比较，再归类到相应的各个级别中。分类法与排序法的不同之处在于，分类法应预先制定一套供参照用的等级标准，再将各待评岗位与之对照，从而确定该岗位的相应级别。岗位分析好比往一个多层的书架上放书，每一层代表一个等级，而每个岗位则是一本书。我们的目标是将这些书按不同的价值分配到书架的各个层次上去，这样就可以看到不同价值的岗位分布情况。因此，我们需要建立一套很好的岗位级别标准。如果这个标准建立得不合理，就可能出现书架中有的位置挤满了书，而有的位置没有书的情况，这样挤在一起的书就很难被区分出来。

1）分类法的操作步骤

（1）确定岗位的个数和不同岗位的工作内容。

充分收集有关组织结构的资料，鉴别现行工资结构中的不均等情形。

（2）划分岗位类别。

划分岗位类别即根据岗位的不同工作性质，对岗位进行横向分类。一般来说，组织可以将其全部岗位分为生产类和管理类两个大类，然后在此基础上，将岗位划分为若干中类和小类，如表 5-22 所示。

表 5-22　划分岗位类别示例

大　类	中　类	小　类	岗位名称
生产类	操作岗位	水泥及水泥制品工	水泥制品工、建筑预制件制作工、水泥配料工、水泥看磨工等
		石棉及石棉制品工	石棉制造工、抗高温石棉制造工、抗酸石棉制造工等
		砖瓦制品工	采土机操作工、搅拌机操作工、挤压操作工、制坯操作工等
		其他非金属矿物制品制造工	炭粉制作工、炭棒制作工、石墨制作工、石膏制作工、滑石粉制作工等
	辅助岗位	运输工	原料运输工、半成品运输工、成品运输工等
		仓库管理员	原料保管员、半成品保管员、成品保管员等
		装卸搬运工	汽车装卸搬运工、火车车皮装卸工、手推车装卸搬运工
		维修工	机械维修工、电器维修工、工具维修工、仪表维修工等
		其他辅助岗	工具保管员、专用车辆司机
管理类	后勤服务岗位	医疗卫生	外科医生、内科医生、眼科医生、化验员、护士、门诊挂号员、病理档案员等
		物业管理	（略）
		福利设施	食堂管理员、炊事员、采购员等
	工程技术岗位	设计	产品研究、产品设计、标准化等技术岗位
		工艺	工装设计、机械加工工艺、热加工工艺等技术岗位
		检测	计量、材料检测、产品质量检验等技术岗位
		试制	新产品试制、实验检验等技术岗位
	管理岗位	综合	计划、统计、信息中心、政策研究、企业管理、经济活动分析等管理岗位
		工业工程	安全技术、工厂规划、劳动定额等管理岗位
		人力资源	工资、调配、福利、保险、组织等管理岗位
		销售	经营、市场推销、售后服务等管理岗位
		行政	文书档案、安全保卫、消防涉外管理等管理岗位
		财务	会计、审计、经济核算等管理岗位
	其他岗位	教育培训	技工学校老师、培训中心老师、教务主管等
		图书资料	图书管理员、资料等

（3）划分与描述岗位等级。

在岗位类别的横向划分之后，根据工作的难易程度、责任大小及任职资格等因素对每个小类进行等级划分与描述。表 5-23 所示为某组织的岗位级别体系（部分）。

表 5-23 某组织的岗位级别体系（部分）

等 级	等级描述
1	例行事务：按照既定的程序和规章工作；处在主管人员的直接监控之下；不带有技术色彩
2	需要一定独立判断能力的岗位：具有初级技术水平；需要一定的经验；需要主管人员的监督
3	中等复杂程度的工作：根据既定的政策、程序和技术能独立思考；需要接受专业训练并具备一定的经验；不用他人监督
4	复杂工作：独立做出决策；监督他人工作；需要接受高级的专业训练并具有较丰富的经验

（4）评价岗位的相对价值。

依据岗位等级的定义、岗位的相对难度、岗位的职责及必备的知识和经验，决定每个岗位应归入哪类工作中的哪个等级。

2）分类法的优缺点

从分类法的实施可以看出，分类法主要适用于大型组织的岗位评价，并且是对大量的岗位进行评估的情形。分类法的优缺点如表 5-24 所示。

表 5-24 分类法的优缺点

项 目	具体内容
分类法的优点	简单易行且容易理解，不需要太多技术支持； 灵活性强，在组织岗位发生变化时，可以迅速将组织中新出现的岗位归入合适的类别
分类法的缺点	等级定义困难，有一定的主观性； 只是岗位的等级归类，但岗位之间的价值量化不清晰，难以与薪酬设计相对接

3. 因素比较法

因素比较法是指评估人员不用考虑岗位任职者的岗位职责和任职资格，而是将所有岗位的内容抽象为若干因素，根据每个岗位对这些因素的不同要求得出岗位价值，再进行比较的一种岗位评价方法。因素比较法是基于排序法改进的一种量化的岗位评价方法，两者的主要区别在于排序法是从整体的角度对岗位进行比较和排序，而因素比较法则是选择多种报酬因素，再按照这些因素分别进行排序。

因素比较法的操作步骤如下。

① 成立评价小组。选择对岗位比较熟悉、工作经验较丰富的人组成岗位评价小组。

② 收集岗位信息，确定评价因素。收集与被评价岗位相关的职位说明书、工作日志、相关制度规定，同时可以利用访谈和现场观察等方法，掌握岗位的实际情况。在此基础上提炼能够涵盖所有岗位的评价因素（一般来说包括脑力、技能、体力、责任和工作条件等）。

③ 确定标杆岗位。选择能代表企业各类岗位的，并且现行薪酬比较合理的岗位作为标杆岗位，以此作为其他岗位价值的评判标杆（对于这些岗位的价值基本不做评定）。

④ 对标杆岗位进行排序。在每个确定的评价因素上，对标杆岗位进行排序。例如，标杆岗

位 A、B、C、D，在脑力这个因素上，A 所需的脑力最多，C 所需的脑力最少，D 所需的脑力大于 B，按脑力由高到低的排序为 A—D—B—C。

⑤ 对标杆岗位进行薪酬分解并排序。根据确定的评价要素，对每个岗位的薪酬（一般用时薪或月薪水平）进行分解，即确定每个岗位在每个评价因素上对应的薪酬水平。

⑥ 确定非标杆岗位的价值。将非标杆岗位与建立起来的标杆岗位因素薪酬分配表进行比较，依次对各个因素进行判定，找到最相似的相应标杆岗位，查出相应的薪酬水平，然后将该岗位的各项因素薪酬水平相加，便得到该岗位的价值。

4．要素计点法

要素计点法又称点因素评估法。要素计点法要求先确定几项报酬要素，然后为每项报酬要素制定结构化量表，将待评价的岗位与报酬要素结构化量表中等级的定义进行对比，确定岗位在各项报酬要素上的得分，再将岗位在各项报酬要素上的得分加总得到岗位的点数。

1）要素计点法的操作步骤

要素计点法的操作步骤如下所示。

① 确定要评价的职位族。不同的部门岗位差别很大，通常不会使用一种点值评定方案来评价组织中的所有岗位。

② 收集岗位信息。通过岗位分析，制定岗位说明书。

③ 选择报酬要素。常用的报酬要素有智能、责任、体能、工作环境。不同的职位族通常有不同的报酬要素。

④ 界定报酬要素。仔细界定每个报酬要素，以确保评价人员在应用这些要素时能保持一致。

⑤ 确定要素等级。划分要素等级时，要对每个等级进行详细的定义，并提供标准岗位。不是每个要素等级都需要有相同的等级数，等级数应限制在可以清楚地区分岗位的水平上。

⑥ 确定要素的相对价值。每个职位族要素的权重都可能是不同的。评价人员要仔细研究要素及其等级定义，然后决定每个职族中各要素的权重，得到各要素的百分比权重。

⑦ 确定各要素及各要素等级的点值。在确定了各要素的百分比权重后，用总点数乘以百分比权重就得到要素的点值，然后根据要素的等级数平均分配点值。

⑧ 编写岗位评价指导手册。把各要素及其等级定义、点值汇编成一本便于使用的岗位评价指导手册。

⑨ 将岗位列等。评价人员使用岗位评价指导手册将岗位列等。每个岗位都要根据岗位说明书，按各报酬要素分别进行评价以确定其点值，把所有要素的点值加总得到该岗位的总点值。评价人员通常先评价关键岗位，达成一致意见后再评价职位族中的其余岗位。

2）确定报酬要素

报酬要素的选择非常关键，它是要素计点法的核心。因为这些因素是评价工作的标准，是要素计点法的基础。这些要素能反映岗位如何为组织创造价值，而这又源于岗位本身和组织的战略方向。因此，在确定报酬要素时，要注意以组织的战略和价值观为基础。

美国管理技术协会曾将岗位报酬要素分为四大类，分别为智能、体能、责任和工作环境，然后又将大类分为各个小类。美国国民岗位评价方案的报酬要素表如表 5-25 所示。

表 5-25 美国国民岗位评价方案的报酬要素表

要 素	子 要 素	子要素的定义	等 级	各等级的定义
智能	1．知识	为了令人满意地完成该项工作，所需要的知识水平及相应的训练	1	能进行整数的读、写、加减运算；会使用固定的公式、仪表；能阅读说明书。这一级工作不需要讲解能力
			2	能进行整数、小数和分数的加减乘除运算；会运用简单的公式、图表；会使用可调度的度量衡器具；会写检查报告、进行记录，使用可比性资料。这一级工作需要讲解能力
			3	会进行数学运算，并使用复杂的图表、说明；能使用各种类型的精密度量衡器具，受过相当于 1～3 年的专业训练
			4	能运用高等数学的知识进行数量运算及分析；能使用各类精密的测量仪表，受过某种行业或社会公认的技巧训练，或受过相当于两年制的技术学科学校的专业教育
			5	会运用高等数学、应用数学的知识；具有机械、电力、化工、土木工程等有关应用工程理论及实践的综合知识，相当于受过 4 年制技术学科学校或本科的教育训练
	2．经验	在正常条件下，要达到工作规定的工作质量和数量标准所需具备的最短的实际工作时间，既包括在本工作已做过的时间，又包括以往从事与本工作有关的工作时间，两方面经验要结合在一起考虑	1	3 个月以内（包括 3 个月）
			2	2～12 个月
			3	1～3 年
			4	3～5 年
			5	5 年以上
	3．才智和创造力	为完成该岗位的工作所需具备的判断、决定、计划和活动能力，以及所需要的智能程度	1	按说明进行工作，几乎不需要进行判断与决定；按程序使用简单的设备，几乎不需要调整或选择程序
			2	按说明和程序进行工作，对程序和方法需要做一些小的调整
			3	需要在规定的工作程序与方法范围内，对设备、装置、程序和操作方法进行判断、分析和计划
			4	要求有相当的判断能力和计划能力，要相当主动而机智地进行决策，以完成该岗位内非常规的困难工作
			5	能对涉及面很广、很复杂的计划项目和目标进行主动而机智的工作，具有广泛的概括判断力
体能	4．体力	从事该岗位的工作所需使用的体力程度	1	微不足道（如不断地举起或移动很轻的物体，很少需要搬动普通重量的物体）

续表

要　素	子 要 素	子要素的定义	等　级	各等级的定义
体能	4．体力	从事该岗位的工作所需使用的体力程度	2	很轻
			3	轻
			4	一般
			5	重
	5．注意力集中程度	本要素反映运用脑力和视力的紧张程度。注意力集中及其持续程度越高，级别越高	1	由于生产自动化等原因，只需要间或地加以注意，精神和视力长时间地保持在松弛状态
			2	经常要保持对工作的注意力
			3	持续地保持对工作的注意力
			4	需要精力与视力高度集中
			5	需要精力与视力高度集中，进行高度紧张而准确的活动
责任	6．对各种仪器、设备所负责任的大小	对防止因错误或粗心而造成的仪器、设备损坏所负的责任	（略）	（略）
	7．对材料或产品所负责任的大小	对防止材料和产品损失所负的责任	（略）	（略）
	8．对他人安全所负责任的大小	在使用安全装置、遵守安全规则的情况下，对防止对其他工作岗位上的工作人员的健康和安全产生危害所负的责任	（略）	（略）
	9．对他人工作所负责任的大小	指导和维持他人工作的责任，分 5 级，所负责的人数越多，责任越大，级别越高	（略）	（略）
工作条件	10．工作条件的好坏	工作环境中灰尘、污垢、烟雾、潮湿、高温、噪声、振动等对工作环境的影响程度	（略）	（略）
	11．危险性	在考虑了劳动保护设施和规则的情况下，一旦发生事故，可能发生的工伤事故及其对健康的危害程度	（略）	（略）

3）确定要素的权重及点值

首先，确定各影响要素的总点数。目前，英国、美国一般使用的总点数为 500 点。其次，确定各要素的配点，即岗位评价要素的百分比与点数。表 5-25 中的美国国民岗位评价方案中采用的百分比权重及点值：智能 50%，250 点；体能 15%，75 点；责任 20%，100 点；工作环境 15%，75 点（见表 5-26）。

4）将岗位列等

根据各个岗位的点数，将岗位进行归类列等。点数越高，工资等级越高；点数越低，工资等级越低。表 5-27 所示为岗位列等表示例。

表 5-26 要素权重及点值确定总表

要素		各等级点值					总分	权重
		1	2	3	4	5		
智能	1．知识	14	28	42	56	70	250	50%
	2．经验	22	44	66	88	110		
	3．才智和创造力	14	28	42	56	70		
体能	4．体力	10	20	30	40	50	75	20%
	5．注意力集中程度	5	10	15	20	25		
责任	6．对各种仪器、设备所负责任的大小	5	10	15	20	25	100	15%
	7．对材料或产品所负责任的大小	5	10	15	20	25		
	8．对他人安全所负责任的大小	5	10	15	20	25		
	9．对他人工作所负责任的大小	5	10	15	20	25		
工作条件	10．工作条件的好坏	5	10	15	20	25	75	15%
	11．危险性	10	20	30	40	50		

表 5-27 岗位列等表示例

岗位点值	工资等级	岗位点值	工资等级
139 及 139 以下	12	250～271	6
140～161	11	272～293	5
162～183	10	294～315	4
184～205	9	316～337	3
206～227	8	338～359	2
228～249	7	359 以上	1

5．海氏评价法

海氏评价法是目前比较流行的一种岗位评价方法，其实质是一种要素计点法，只不过此法将报酬要素进一步抽象为具有普遍适用性的三大要素：技能水平、解决问题的能力和所负的责任。相应地，它也设计了 3 套标尺性评价量表，最后将所得分值相加，算出各个工作岗位的相对价值。

1）三大要素的含义

三大要素的含义如表 5-28 所示。

表 5-28 三大要素的含义

序号	要素	要素的定义	子要素	子要素的定义	等级
1	技能水平	要使工作绩效达到可接受的水平所必需的专门及相应的实际动作技能的总和	专业知识的深度与广度	一个岗位往往要求多样化的知识，对于每一岗位的专业知识要素要在深度和广度之间进行结合和权衡	8
			管理诀窍	为达到要求的绩效水平而具备的计划、组织、执行、控制和评价能力与技巧，该子要素分为 5 个等级，从“起码的”到“全面的”	5
			人际关系技能	该岗位所需要的沟通、协调、激励、培训、关系处理等方面主动而活跃的活动技巧；该子要素分为“基本的”“重要的”“关键的”3 个等级	3

续表

序　号	要　素	要素的定义	子　要　素	子要素的定义	等　级
2	解决问题的能力	工作中发现问题，分析、诊断问题，提出、权衡与评价对策，做出决策等能力	思考的环境	环境对岗位行使者的思维的限制程度，该子要素分为 8 个等级，从几乎一切都按既定规则工作的“高度常规的”到“抽象规定的”	8
			思维挑战性	解决问题时对当事者创造性思维的要求，该子要素分为 8 个等级，从“几乎无须动脑只需按规矩办事”到“抽象规定的”	8
3	所负的责任	任职者的行动对工作最终结果可能造成的影响及承担责任的大小	行动的自由度	岗位能在多大程度上对其工作进行个人指导与控制，该子要素分为 9 个等级，从自由度最小的“有规定的”到自由度最大的“一般性无指引的”	9

2）海氏评价法的操作步骤

海氏评价法的操作步骤如下。

① 选择标杆岗位。在应用海氏评价法进行评价前，应对所有的被测岗位进行归类，并从每类中选出标杆岗位来参加测评。选择标杆岗位的标准有 3 个：一是标杆岗位够用即可；二是标杆岗位要好用；三是选择岗位价值较难比较的岗位来作为标杆岗位。

② 准备标杆岗位的岗位说明书。要准备详细的岗位说明书，以便评价人员利用它来进行评价，以降低岗位评价的主观臆测性。

③ 成立岗位评价小组。岗位评价小组应由外部专家和组织内部的资深员工组成，外部专家较内部人员更为客观、公正。内部的资深员工要挑选那些对组织的整体情况比较熟悉的人，不仅要考虑中高层员工，还要适当兼顾基层员工。

④ 对岗位评价人员进行培训。要让每个岗位评价人员对海氏评价法的原理、逻辑关系、评价过程和评价方法都有非常清晰的了解。

⑤ 对标杆岗位进行评价。对标杆岗位进行评价时可以分两个步骤进行：首先，让最熟悉组织的人选择一个岗位进行评价；其次，评价小组选择若干个具有代表性的岗位进行试评价，评价结果如果比较令人满意就可展开全面的评价。

⑥ 计算岗位得分，建立岗位等级。计算岗位得分时首先要将评价差异过大的岗位去除，然后按照得分的高低将标杆岗位进行排序，按照一定的分数差距对标杆岗位进行分级和分层。最后将非标杆岗位按其对应的标杆岗位排列到相应的层级中。

5.3.3 岗位评价的应用

1. 明确区分出岗位等级

在没有进行岗位评价的企业中，企业是用职务等级来代替岗位等级的。但是简单的职务等级不能精确区分出同一职务等级的差别，而且对一些职务等级比较低但是贡献很大的岗位来说是非常不合理的。例如，某企业的一个高级技工对企业生产制造的贡献非常大，具有独特的技术能力，从对企业的贡献角度讲，他的贡献不亚于一个部门经理，从理论上来说他所享受的福利待遇或拥有的某些权力应该与部门经理不相上下，但是通常在用职务等级代替岗位等级的企业中，高级技工是比部门经理低几个等级的，待遇自然相差甚远，而进行岗位评价就可以很好地解决这个问题，而且有利于建立“以能力论英雄”的文化而不是等级制的官僚文化。

2．确定岗位的相对价值

人力资源管理的核心是价值链管理。图 5-4 所示的价值链上有三个主要环节：第一个环节是“价值创造”，它强调的是创造要素的吸纳与开发，即明确企业价值的创造者是谁，以及他们是如何为客户创造价值的；第二个环节是“价值评价”，它强调的是要建立科学的价值评价考核体系，即评价这些创造活动的价值的大小；第三个环节是“价值分配”，它强调的是根据对企业价值创造贡献的大小来分配价值。这就是最本质和朴素的人力资源管理的核心，即创造价值大的分配的也要多。只有解决好这个问题，才能促使企业整体的价值持续增加。

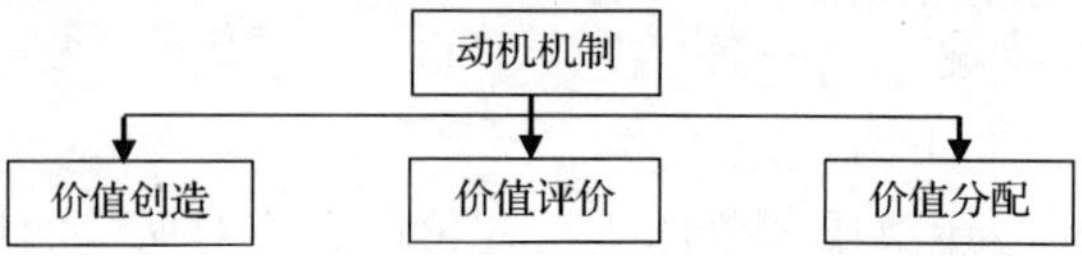

图 5-4　人力资源价值链

第二个环节“价值评价”可以说是连接第一个环节“价值创造”和第三个环节“价值分配”的桥梁，是非常重要的一个环节。在这个环节中，人力资源管理目前采用两种主要的方式来进行评价：根据岗位本身贡献的价值（不考虑任职者的影响，仅仅是该岗位正常产出情况下对企业贡献的价值），通过岗位评价进行评价；而对于企业中同一个岗位的不同任职者因为人员能力和创造的绩效的不同，所创造的价值不同，通过任职资格管理体系和绩效体系来进行评价。在这两种评价方法中，由于岗位体系是人力资源管理的基础，因此对岗位价值的评价是最基本的评价方法，企业通过岗位评价使员工对各种不同岗位在企业中的相对贡献价值有清晰的认识。可以说，只有做好了岗位评价，才有价值分配的基础。

3．作为薪酬公平的基础

薪酬公平主要有内部公平和外部公平两种。企业内部公平是指企业内部不同员工的薪酬比较，即岗位价值和员工能力相似的薪酬应该基本处于同一级别上，不能差距过大，如果差距过大，就会产生明显的不公平，不利于激励员工。企业薪酬公平的前提是要清楚地知道哪些岗位处于相同级别、哪些岗位的级别不同，这样才谈得上比较，否则薪酬的比较是没有实质意义的。

同样，薪酬外部公平是指本企业的岗位与本地区同行业的相同岗位的薪酬进行比较，如果比本地区薪酬水平的中位值低太多，就会容易让员工产生不公平感，难以留住人才。有了岗位评估以后，就能对本企业同等级别和外部同等级别的岗位薪酬进行比较分析，为本企业的薪酬外部公平打下良好的基础。

4．对任职者和岗位进行比较

进行岗位评价时，重点是岗位，而不是岗位上的人或工作结果。当岗位等级确定以后，通过对各任职者和岗位等级要求的整体扫描，就可以对企业内部各个岗位的任职者的现状有统一的认识，并可以对不同情况进行不同的处理。任职者和岗位要求之间的差距可能存在以下三种情况。

① 任职者的能力正好符合岗位要求。此种情况为正常情况，不需要进行处理。

② 任职者的能力超过岗位要求。一种处理是将该任职者放到更合适的更高等级的岗位上；另一种处理是增加该岗位的职责，并重新评估其价值，以使企业的人才不被浪费，以利于解决工作挑战不足引起的人才流失问题。

③ 任职者的能力达不到岗位要求。一种情况是差距过大，而又找不到更合适的任职者，此时可以适当地撤销该岗位的部分职责，并做相应的岗位等级调整。在该任职者的能力通过培训和辅导等方式得以提高以后，在合适的时机将任职者的职责进行补充并调整岗位等级。另一种情况是差距不是非常大，这时需要通过引入绩效系统来对任职者进行牵引，并提供相应的培训和辅导手段促进任职者快速提升能力水平，以达到岗位要求。从某种程度上来说，在快速成长的企业中，为员工提供有挑战性的工作是快速培养人才的有效方式之一。

5. 从宏观上了解岗位间的相互关系

岗位等级矩阵有两个维度的信息，一个是等级维度，另一个是各个部门的名称维度。将企业的所有岗位都放入一个矩阵表里，这样对企业整体的岗位关系及其横向比较和纵向分布都会有一个宏观的认识。例如，某个部门设有多少个岗位；这些岗位的等级是什么；某个岗位的上级岗位有哪些，其同级岗位有哪些，其下级岗位有哪些，这些信息都可以一目了然。

6. 作为岗位发展和继任者计划的参照依据

一个好的岗位体系设置会充分考虑员工职业发展通道的问题，会结合员工职业发展体系和继任者计划进行合理规划。在某个职位族的发展通道上设置不同的岗位路径，某些管理岗位的可能继任岗位有哪些，在岗位等级矩阵中，根据其所处的位置来判断不但方便而且更容易管理。例如，可以规定在岗位等级矩阵中的第 41 级技术员要晋升到 45 级技术专家需要经过第 42 级工程师、第 43 级高级工程师、第 44 级主任工程师才可以实现。还有一种情况是员工可以选择专业能力和管理能力不同的发展路径。例如，第 45 级有技术专家和公司副总两个岗位，这样第 41 级的员工要达到 45 级的等级就有两种通道甚至多种通道可以选择，这样就可以帮助员工很好地规划其晋升的路径，让员工充分了解自己所处的位置，让员工知道需要经过怎样的努力才能到达理想的位置。

5.3.4 工作分析、岗位评价与薪酬确定

工作分析是指对工作的内容和有关的各个因素进行系统而全面的描述和研究的过程。它是各类管理工作的基础，为各类管理工作提供了一系列关于工作的信息，如工作内容、工作责任人、工作地点、工作时间、工作方式和工作理由等。

工作分析有助于实现岗位评价的科学化、标准化。岗位评价所依据的评价要素、评价指标及评价标准都需要依据工作分析的结果来确定。选择哪些能反映岗位特点、性质的要素，用什么样的指标来体现这些要素，从而使得能通过这些要素和指标，全面、客观地满足岗位评价的

目的和要求。这些都要求在工作分析的基础上，基于对工作分析过程中收集到的信息和资料进行分析和处理，否则很可能由于主观臆断和不科学，影响评价的可靠性、科学性。工作分析与岗位评价紧密相连，没有工作分析，岗位评价将成为无源之水。

从工作分析、岗位评价和薪酬确定这三者的关系来说，工作分析和岗位评价是信息的收集、整理、分析和评价，是薪酬确定的基础。工作分析所确定的关于岗位的特征信息可以为岗位评价奠定基础，可以衡量不同岗位的相对价值，进而得到岗位等级分层序列，从而确定薪酬标准和薪酬水平。工作分析、岗位评价与薪酬确定的关系如图 5-5 所示。

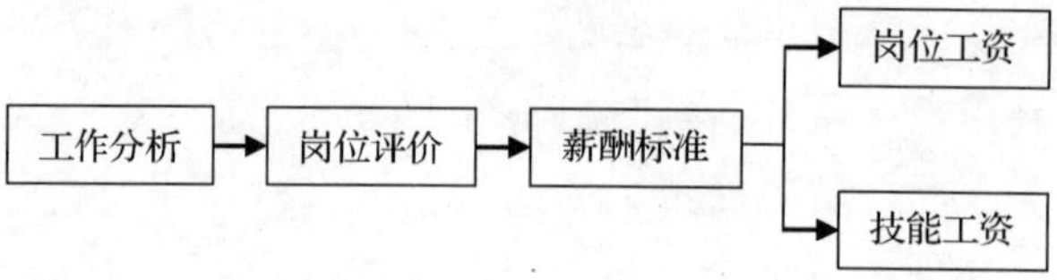

图 5-5　工作分析、岗位评价与薪酬确定的关系

【本章小结】

职位分析问卷法是一种通过标准化、结构化的问卷形式来收集信息，以人为中心的定量化的工作分析方法。

管理人员职务描述问卷法是一种结构化的，以管理型职位为分析对象，以问卷调查为收集信息基本方法的工作分析方法。

职能工作分析法又称功能性职位分析方法，它主要集中于目标职位的功能性要素的分析，是一种以工作为导向的工作分析方法。

岗位评价是指系统地对各项工作的价值进行评价，从而确定各项工作相对价值及相互关系的过程。

岗位评价方法主要有五种：排序法、分类法、因素比较法、要素计点法，以及在要素计点法的基础上发展而来的海氏评价法。

工作分析所确定的关于岗位的特征信息可以为岗位评价奠定基础，可以衡量不同岗位的相对价值，进而得到岗位等级分层序列，从而确定薪酬标准和薪酬水平。

【复习思考题】

1. 简述工作分析的流程。
2. 职位分析问卷法的操作流程是怎样的？
3. 简述职能工作分析法的框架结构。
4. 岗位评价的原则是什么？
5. 简述排序法的实施步骤。
6. 简述因素比较法的操作步骤。

7. 简述要素计点法的操作步骤。
8. 简述工作分析、岗位评价与薪酬确定的关系。

【案例分析】

锦兴公司是一家发展迅速的民营化纤企业，有员工 2 000 多人，年产值约为 20 亿元，并形成了以涤纶化纤为主，包括进出口贸易、化工油剂、房地产等相关产业的集团公司。锦兴公司在规模不断扩大的同时，在“以人为本”理念的指导下，逐步完善对公司的人力资源管理，还联合管理顾问公司，开始构建人力资源体系，在完成了组织机构设计、工作分析等模块后，开始对公司各个岗位进行评价，以作为下一步薪酬和绩效体系的依据和基础。

随着公司人力资源项目的逐步推进，在公司确定组织结构和各岗位工作职责后，开始了岗位测评工作。岗位评价小组对公司的 147 个标杆岗位进行了岗位评价，并顺利地完成了。这次岗位评价为相关的岗位评价提供了依据，在一定程度上保证了薪酬的公平性，为公司下一步的薪酬设计奠定了基础。为了更好地实施岗位评价和薪酬制度，得到公司员工的认同和支持，下面就公司如何通过岗位评价建立公平的薪酬制度进行详细介绍。

如何让员工认同薪酬的公平性，从而提升对组织的满意感和信任度，是人力资源管理面临的挑战。岗位评价是实现薪酬公平的重要手段。加强对岗位评价的过程控制，可以充分发挥岗位评价的作用，引导员工建立薪酬公平性认知。

选择适当的岗位评价方法是实现薪酬公平的关键。岗位评价技术自产生以来，已衍生出许多方法，归纳起来主要可分为四大类：排序法、分类法、评分制和要素比较法。不同的方法可应用于不同类型和规模的企业，所需要的成本也有很大区别。中小型企业由于规模小，岗位数量少，公司员工对工作性质较为了解，不同岗位之间的价值对比问题容易解决，采用简单的排序法，根据管理者的经验判断往往就能够满足引导员工建立公平性认知的需要，所需的成本较低。大型企业内一般存在着几十个甚至上百个工作性质不同、工作要求不同、工作责任不同的岗位，因此要在大型企业中建立普遍的薪酬公平性认知，一般需要选择评分制或要素比较法。这两种方法比较复杂，企业一般需要借助外部专家完成。

根据公司的规模和岗位人员情况，在管理顾问公司的指导下，锦兴公司采用的是综合各种方法优点的“点因法”，针对公司目前的实际情况，根据工作性质、工作环境的不同，公司将岗位评价分为两部分，分别是管理（技术）岗位评价和操作岗位评价。管理（技术）岗位评价引入了 22 个岗位因素（如风险控制因素、知识技能因素等）进行评定，操作岗位评价引入了 14 个岗位因素（如劳动强度、技术技能等）进行评定，由此使得公司的各个岗位处于同一标准被评价和打分，保证了未来薪酬设定的合理性和科学性。

此方法根据决定各个岗位的各种因素，以及各个因素所占的权重大小来评价岗位，具有精确、灵活、公平的特点，从而有效地保证了岗位评价及下一步薪酬设计的公平性。

此外，锦兴公司成立了统计小组，对得出的各种数据及时录入，并设定公式，采用去掉3个最高分和3个最低分的方式，这样可以确保数据准确、公平，有助于实现岗位评价指标的科学性、合理性，避免各部门打分人员可能产生的偏见影响。这样的程序规范有助于各部门参与薪酬决策，表达意见，避免偏见，实现程序公平。锦兴公司不仅关注岗位评价的技术性要求，提高了岗位评价的有效性，还引导公司员工建立公平性认知，从而得到员工的普遍认同，真正达到薪酬激励的效果。

岗位评价的过程控制需要在流程的每一个阶段确立控制点，根据不同需要综合应用现代管理手段对岗位评价进行分析、诊断和纠偏。

岗位评价的整个流程归纳起来包括以下四个阶段。

第一阶段：制订评价计划。

“凡事预则立，不预则废。”如同所有的管理活动一样，制订评价计划是保证岗位评价活动有效进行的先决条件，是预先控制的主要方法。在此阶段的控制重点是明确建立公平性认知的目标和途径，确定所需的资源供给，保证评价的有效进行。在制订评价计划阶段控制的关键点一般包括选择评价会议主持人和选择岗位评价的对象。

正确选择评价会议主持人和评价对象对于保证岗位评价的程序性规范十分重要。主持人承担着控制评价会议、处理评价数据、撰写评价报告的责任，因此企业在选择评价会议主持人时要求必须具有足够的经验。评价会议主持人的作用是保证会议按既定程序顺利进行，确保每个岗位均能得到公平、公正的评价，但不应影响委员会成员对岗位评价所做的决定。因此，锦兴公司请管理顾问公司的咨询师担任评价会议的主持人，他具有多年的辅导经验，对岗位评价的各个要点相当熟悉，并且作为和具体岗位不存在利益关系的第三方，其更能保证岗位评价的公平性。

岗位评价的对象可以是所有岗位，也可以是具有代表性的岗位。根据公司的实际情况，约有200个岗位，将一些岗位职责、工作条件相似的岗位合并，选出一些具有代表性的典型岗位作为标杆岗位，但能合并的岗位相对较少，锦兴公司最终决定对公司的147个岗位进行评价。

第二阶段：成立岗位评价委员会，即岗位评价小组成员的选择。

成立评价委员会的目的是通过集体决策的相互制衡，以程序性公平满足组织中各群体的需要，贯彻薪酬设计的公正原则。评价小组成员的选择应遵循多角度原则，成员最好来自有代表性的不同部门。尽管在岗位评价活动中涵盖所有领域不可能也不现实，但应尽可能涵盖多数典型岗位的相关领域人员。其次，评价小组成员应当在一定程度上熟悉被评价岗位的情况。另外，评价小组成员的选择还需考虑相关部门成员对他的认可程度，具有一定群众基础、具有责任心、能够保持公正客观的判断、受教育程度较高对评价小组成员来说也是较为重要的条件。依靠评价委员会进行岗位评价，可以大大提高员工及管理层对方案的接受程度，因为岗位评价小组成员是各领域的代表，他们作为非专家对评价过程更加了解，有助于减少岗位评价的信息不对称，增强来自集体判断和“自己人操作”的心理优势，这对于岗位评价方案的解释有很大影响。

综合以上各个要素，并考虑到公司的实际情况，锦兴公司管理（技术）岗位评价小组的组成由每个部门派 2 个人——经理和一位车间主任（主管），公司有 14 个部门，另加 2 个副总经理，组成了 30 个人的管理（技术）岗位评价小组。在进行操作岗位评价时，由于考虑到对车间现场生产实际情况的了解程度，操作岗位评价小组的成员主要是生产系统的人员，由 7 个相关部门（假捻、纺丝、聚合、短纤、电仪、动力、资材）分别派 3 人，另加生产部派 1 人，组成了 22 个人的操作岗位评价小组。此外，在评价打分之前还组织岗位评价小组成员对公司的各个岗位进行现场观测，既加强了他们对公司各个岗位工作情况的了解，也保证了岗位评价的公正性和客观性。

有效的岗位评价必须确保评价人员熟悉和理解岗位评价的目的，现行体系和岗位评价的过程，以及自己所负的责任。为了此次评估的有效进行，评价会议主持人对公司的相关评价人员进行了培训，并进行了手把手指导。

第三阶段：岗位评价会议的召开，即评价的进行。

（1）评价会议的准备工作。有效的评价对评价会议前的准备要求十分严格。首先，借用投影仪和计算机，将各岗位在组织结构图中的位置及岗位说明书展示出来，并由会议主持人宣读一遍。其次，评价会议在公司二楼培训室中开展，并让所有参与评价的人员将手机关机，以保证会议不受干扰。

（2）评价会议遵循的原则。评价会议必须严格遵循以下原则：①客观性原则。所有评价人员在阅读岗位说明书的基础上，本着客观、公正的原则进行评价。②记录性原则。所有评价必须采用书面形式进行，原始资料由人力资源部妥善保管。③数字化原则。在评价会议中，评价结果必须一律转化为数字，以便信息处理和对比。④统计原则。会议主持人在评价结果的数字化基础上，运用统计方法将评价结果进行归纳整理，得出最终结果。⑤可靠性原则。评价会议必须保证评价数据的真实、准确、可靠。

第四阶段：方案报告的出台。

评价人员和评价会议主持人经过对 147 个标杆岗位的多个评价因素的打分，得到 69 212 个数据，通过统计小组成员对 69 212 个数据进行录入、汇总等一系列的工作，最终得出了 147 个标杆岗位的有效分值，由此得出公司各个岗位的排序及级别分布情况。最后，管理顾问公司出台了岗位评价分析报告，为下一步设计薪酬制度和岗位定等定级奠定了基础。

资料来源：http://dy.epjob88.com/ViewArticle.php?id=10435

请结合案例，回答以下问题。

1. 该公司的岗位评价采用了什么方法？
2. 该公司的岗位评价流程是否科学？
3. 如果该公司采用分类法进行岗位评价，大体的框架应该怎样设计？

【本章实训】

龙队和虎队是两支龙舟队，两支队伍在经过很长时间的训练后，进行了正式的比赛，比赛结果是龙队获胜，虎队落后于龙队 1 千米。

对于这个结果，虎队的领导很不服气，于是召集队伍成员开会分析原因。经过研究，虎队发现龙队成员的组成是 8 个划桨员和 1 个掌舵员，而虎队恰恰相反，虎队的成员组成是 8 个掌舵员和 1 个划桨员。不过虎队的领导并不看重这一点，他认为导致比赛失败的原因是 8 个掌舵员之中没有中心、没有层次。于是，虎队的领导调整了掌舵员的组织结构，设置了 4 个掌舵经理——全面负责掌握航向，3 个区域掌舵经理——分工负责自己的区域，剩下的 1 个为行政后勤员——为掌舵经理提供后勤服务，同时监督划桨员的行为，仍然只有 1 个划桨员。

经过一段时间训练后，龙队和虎队又进行了比赛，这次比赛还是龙队赢了，虎队落后于龙队 2 千米。

虎队的领导很恼火，比赛结束后马上召集大家开会。经过讨论，大家一致认为：划桨员工作不力，予以开除；行政后勤员监督不力，予以处分，但是由于他为领导服务细心、周到，功过相抵，不予追究；领导班子成员每人发一个红包，以奖励他们共同发现了根本问题。

到这里，这个故事就讲完了，这个故事说明了什么问题？

说明三个问题：①做一件事情，就会有一个组织，如划船。②每个组织里都有一个结构。比如，龙队的 8 个划桨员和 1 个掌舵员是一种结构，虎队的掌舵经理、区域掌舵经理、行政后勤员和划桨员也是一种结构。③不同的结构带来不同的运营成本，不同的结构带来不同的行为结果。虎队两次输给龙队就是一个经典的例子。因此，企业要做好工作分析，通过工作分析，发现组织管理中存在的结构问题、职责问题、岗位设置问题，为企业管理打下良好的基础。

资料来源：https://wenku.baidu.com/view/20d4d21c48d7c1c709a1452f.html

讨论题：

1. 第一次比赛虎队为什么会输？其组织管理存在哪些问题？
2. 如何通过工作分析改善虎队的绩效？
3. 虎队中有哪些工作？如何对这些工作进行描述？

第6章 薪酬水平决策

学习目标

- 了解薪酬水平的影响因素。
- 熟悉薪酬调查的类型。
- 理解薪酬调查的目的与意义。
- 掌握薪酬调查的流程。
- 掌握薪酬水平的策略选择。
- 理解薪酬策略与企业生命周期的联系。

关键术语

薪酬水平、薪酬调查、战略决策

引导案例

刘经理是一家国有商业银行地区分行的薪酬经理。这些年随着国家对商业银行控制政策的放松，各大商业银行飞速发展。随着各大股份制商业银行及外资银行的加入，银行业对人才的竞争更加激烈，而主要的竞争工具就是“高薪”。刘经理所在的银行现在也面临着一些业务骨干跳槽的状况，还留在企业内的优秀员工也是其他银行惦记的对象。同时，企业发展所需要的人才很难招聘进来。为此，行长要求刘经理拿出一个具体的方案来解决目前留不住人和招不到人的状况。

该国有商业银行在薪酬政策上与某些股份制银行和外资银行相比可能竞争力不足，如果不调整薪酬水平，那么骨干员工的流失率可能更高，优秀人才引进的可能性更小。如今摆在刘经理面前的是：如何对企业传统的强调内部团结的薪酬政策进行全面改革？改革的依据和参照物是什么？在政策范围内对现有薪酬水平进行调整的幅度为多大？薪酬结构调整的原则是什么？

资料来源：卿涛，郭志刚. 薪酬管理[M]. 大连：东北财经大学出版社，2014.

本章将为刘经理提供一个有力的工具——薪酬调查，通过进行全面的市场薪酬调查，刘经理可以了解行业和地区内部不同性质、不同规模的竞争对手所确定的薪酬政策、实施的薪酬水平与采用的薪酬结构，从而找到适合其所在银行支付能力和政策的全面薪酬体系。

6.1 薪酬水平的影响因素

在市场经济中，各个组织之间的薪酬水平存在明显差异，不存在所谓“通行的薪酬水平”。社会中各个组织整体的薪酬水平是由一个国家国民经济发展水平和社会经济制度决定的，影响宏观薪酬水平的因素对组织薪酬水平的形成具有广泛而巨大的作用。

组织薪酬水平的影响因素包括外部影响因素和内部影响因素。

6.1.1 组织薪酬水平的外部影响因素

员工的薪酬水平不完全是雇主和员工在劳动力市场上自由交易的结果，也不是雇主在组织内部随心所欲的产物，它要受到外部多种因素的影响和制约。组织薪酬水平的外部影响因素包括以下几个方面。

1. 经济发展水平和劳动生产率

经济发展水平和劳动生产率是组织薪酬水平的一个重要影响因素。对一个国家而言，劳动生产率低，劳动者的薪酬水平也较低，发展中国家与发达国家之间薪酬水平的差距，主要是因为劳动生产率的不同。对一个产业和行业而言也是如此。现代产业与传统产业的技术发展水平和劳动生产率的差异，必然反映在员工的工资差异上，其实质是劳动者自身人力资本投资与收益之间的差异。

2. 劳动力市场的供求状况

劳动力市场上供求状况的变化，影响着组织（或雇主）对劳动力成本的投入，从而引起组织员工薪酬水平的变化。这是因为，在其他条件不变的情况下，薪酬水平是由劳动力市场的供求状况决定的。它对员工薪酬水平的影响可简单归结如下：如果劳动力市场上可供本组织使用的劳动力小于组织需求，组织就会采取提高薪酬的办法满足对劳动力数量和质量的需求；如果劳动力市场上的劳动力供大于求，组织则通过降低薪酬的办法，减少生产成本，赚取更多的利润。

3. 国家政策和法律法规

企业在设置薪酬时，必须遵守企业所在地的政府规定，如对劳动者最低工资水平的规定等，以免触犯法律法规，引起法律诉讼。

4．工会和行业组织的作用

工会的作用主要表现在集体协商制度下，工会有权与组织就员工的薪酬水平、薪酬决定、薪酬差异及分配、支付形式等进行集体协商，签订工资合同。因此，作为劳动力市场上的一方代表，工会的力量、工会的行动直接影响着组织的薪酬水平。

某些行业组织也对劳动力市场的薪酬水平进行干预和保护，如制定行业最低工资标准，通过行业组织的力量影响行业工资水平的调整和变动等。

5．物价变动

物价变动，尤其是生活必需品价格的变动，将直接影响员工的薪酬水平。在物价上涨而货币薪酬水平不变，或者货币薪酬水平提高幅度小于物价上涨幅度的情况下，员工的实际薪酬水平会随着物价的上涨而下降；反之，在物价不变而货币薪酬水平提高，或货币薪酬水平提高的幅度大于物价上涨幅度的情况下，员工的实际薪酬水平会随着物价的下降而上涨。实际上，前一种情况发生的可能性比较大。因为从长期看，物价往往呈刚性上涨趋势，后一种情况大多是政府干预和组织采取措施的结果。在生活必需品价格普遍上涨的情况下，组织必须提高薪酬水平，以保证员工基本生活的需要和组织的生产经营不受影响，因为保障员工及其家庭基本生活的需要是组织薪酬的基本职能之一，也是政府干预组织薪酬变动的主要动机。

6．地区差异

地区间的经济发展水平、物价水平及政策差异，也是影响组织间员工薪酬差异的外部因素，在不同经济体制下，表现特征不同。在计划经济体制下，薪酬差异主要由政府控制和调节。

从未来的发展来看，随着组织员工薪酬水平的上升，地区间的薪酬差异还会存在，但各种外在因素的作用程度会减弱，组织自身经营状况之间的差异将成为主导因素。

6.1.2　组织薪酬水平的内部影响因素

1．经济效益

组织的经济效益是在市场经济条件下，决定员工薪酬水平及其变动的最重要因素。组织之间劳动生产率的差距，必然反映在员工薪酬水平的差距上，因为经济效益归根结底决定着组织对员工劳动报酬的支付能力。组织经济效益的好坏，直接决定了员工的个人收入水平。薪酬是劳动力的价格和价值的表现形式，它和其他劳动要素成本的价格一样，随着组织效益而变动。例如，当其他因素不变的情况下，组织的劳动生产率提高，表明组织员工在单位时间内创造的财富增加，员工的劳动报酬也会随之增加。反之，如果组织的经济效益不好，成品价值无法实现，组织员工的个人收入也就失去了增加的基础。

组织的经济效益不仅决定了全体员工的薪酬水平，还决定了组织内部员工之间的薪酬差异，特别是非基本薪酬部分。因为在现代企业组织中，普遍采取结构薪酬制度，员工的奖金、津贴等非基本薪酬与组织的经济效益联系密切。

2．员工配置

员工数量和质量的配置与组织薪酬水平之间是一种相互影响的关系。薪酬是组织成本的组成部分，在产值一定的情况下，员工越多，表明组织支付的薪酬成本越高，劳动生产率越低；在薪酬成本一定的情况下，员工越多，平均薪酬越低。此外，员工的质量配置与组织薪酬水平也有直接的关系，高质量的员工要支付高薪酬，低质量的员工支付低薪酬，高薪低能和低薪高能都会影响薪酬效益。因此，组织在资本配置中，既要考虑薪酬成本与其他生产成本之间的转换和替代，比较各种资源及其配置效益，也要对不同质量的员工和员工薪酬进行选择和配置。

3．薪酬的分配形式和支付形式

薪酬分配形式影响着员工的薪酬水平及其变动。例如，相对而言，计件薪酬比计时薪酬更能促进某些产品的生产，因为它把劳动报酬和劳动成果直接联系在一起，比较适用于机械化程度不高，但与劳动者主观努力程度结合比较密切的工作。在计件薪酬形式下，一些个人劳动能力强、劳动成果多的员工，可以得到较高的劳动报酬。目前，各种形式的绩效工资又开始取代计件工资，成为新的主要工资形式。各种薪酬要素的配合（或者称薪酬分配结构），也影响着薪酬水平的高低。例如，基本薪酬、奖励薪酬及附加薪酬所占的比重不同，决定了组织员工之间的薪酬差距。此外，员工薪酬的支付形式，如现金支付还是非现金支付，现期支付还是延期支付，都会对当期员工薪酬水平产生影响。

总之，决定组织间和组织内部员工之间薪酬水平及其变动的因素很多，这些因素会在各种条件下，单独或者共同对组织员工的薪酬水平产生影响。

6.2 薪酬调查概述

薪酬调查是企业用来确定自身薪酬战略的一种有力的手段。它通过一系列标准、规范和专业的方法，对市场上各职位进行分类，收集企业的主要竞争对手、所处行业内的重要企业、所处地区的薪酬水平数据及相关信息，统计分析所获取的数据，形成能够客观反映市场薪酬现状的调查报告，并根据企业自身的发展阶段和相应战略，最终确定企业的薪酬水平。

6.2.1 薪酬调查的类型与发展

按薪酬调查的用途来分，薪酬调查可以分为薪酬水平调查和员工薪酬满意度调查。薪酬水平调查主要用来协助确定企业的薪酬战略，确保企业薪酬具有外部竞争性；员工薪酬满意度调查主要用来了解员工对企业薪酬体系、薪酬水平的看法，确保企业薪酬具有内部公平性。

按薪酬调查的方式来分，薪酬调查可以分为正式薪酬调查和非正式薪酬调查。正式薪酬调查又分为商业性薪酬调查、专业性薪酬调查和政府薪酬调查，该类调查通常由专门的机构来完成；非正式薪酬调查通常是由本企业组织通过企业间薪酬信息的共享而完成的。

薪酬调查起源于美国，现在已经发展得比较成熟。在发达国家，大多数企业常常进行或参与几种不同的薪酬调查，每年都会产生很多不同的薪酬调查报告，企业大多通过薪酬调查报告来了解其他企业在各种具体岗位的薪酬标准。据统计，美国近 90%的企业通过薪酬调查来确定本企业的薪酬水平，50%以上的企业主认为薪酬调查是一项非常重要的工作。

进入 20 世纪 90 年代，我国政府相关部门和企业开始关注薪酬调查，对薪酬调查产生了需求。相应地，社会上也出现了一些专业咨询机构，从事薪酬水平的调查。有的企业自己开始开展一些调查，有的企业从专业的调查机构购买薪酬调查报告，还有一些企业聘请专业咨询机构帮助自己设计薪酬体系。总之，薪酬调查开始受到社会各方面的关注，特别是受到越来越多企业的重视，这为薪酬调查的发展打下了良好的基础。

随着经济的快速发展，市场经济体制的日益完善和规范，人力资本将成为企业更为关注的焦点。其中，作为吸引人才、保留人才、激励人才最有效的措施之一的企业薪酬水平受到了广大企业主的关注。如何及时获得竞争对手及行业内的薪酬水平，合理调整自身的薪酬体系，从而更有效地为企业的长远发展服务，成为现代企业人力资源管理的重头戏。由此可见，正如薪酬管理专家所预测的那样，薪酬调查将会有一个良好的发展趋势，越来越多的企业将会以薪酬调查为主要手段来确定自己的薪酬标准。

6.2.2 薪酬调查的目的与意义

对大多数企业，特别是发达国家的企业来说，特定职位的薪酬水平都是在直接或间接进行薪酬调查的基础上确定的。虽然薪酬调查不能对企业所有职位进行逐一调查，只是确定基准职位的薪酬水平，其他职位依据其相对价值和基准薪酬来确定，但不容置疑的是，薪酬调查不但能帮助企业根据市场环境的变化及时调整薪酬策略，而且有助于企业增加对竞争对手人力成本的了解。另外，薪酬调查的结果对企业实现其薪酬体系的公平、合理、及时、竞争性和有效性起着重要的作用。

通常，薪酬调查的目的与意义包括调查薪酬水平、调查薪酬结构、管控人力成本、了解员工薪酬满意度、了解薪酬管理的发展趋势等。

1. 调查薪酬水平

对大多数新建企业或者企业新增职位来说，如何确定薪酬水平是令人非常头痛的一件事，同时是非常重要的一件事。

一般来说，大多数正常运营的企业都会定期调整自己的薪酬水平，以适应日益变化的市场环境。市场环境通常包括经济发展水平、居民的生活水平、市场人力资本的供给、企业绩效、企业支付能力、员工资历及竞争对手的薪酬水平等。

一份完整的薪酬调查报告可以让企业在解决问题时变得相对容易。新建企业可以以薪酬调查结果为基准，结合自身的实力确定薪酬水平，参与市场竞争。正常运营的企业则可以通过薪酬调查来调整自身的薪酬水平，以适应主要竞争对手的薪酬变化和市场环境的变化，以免在人力资本市场和产品市场的竞争中处于不利地位。

2. 调查薪酬结构

根据内部评价得到的职位结构、薪酬结构与从外部市场得到的职位结构、薪酬结构之间可能存在不一致的情况，合理地对这两种薪酬结构进行比较和衡量对企业来说非常重要。例如，企业在进行岗位评价时可能会把“营销经理”职位与“销售经理”职位置于职位结构的同一层次上，将两者的薪酬水平设计得相差无几。但是，如果薪酬调查的结果显示其与外部市场上形成的职位结构不一致，此时就需要在企业内部公平和劳动力市场价格之间进行适当的平衡。

另外，随着市场环境变化的加快及市场竞争的日趋激烈，许多企业逐渐从以岗位为基础的薪酬体系转向以人力资本为基础的薪酬体系，特别是在管理咨询、营销这类以人力资本为主要竞争优势的行业和职业中。在这些行业和职业中，人员流动率大，因此许多职位的薪酬往往依据市场薪酬调查的结果来确定，以保持其外部竞争性。

3. 管控人力成本

人力成本的管控通常包括了解竞争对手的人力成本和控制自己的人力成本。

“知己知彼，百战不殆。”薪酬调查的结果是进行薪酬决策的主要依据之一，薪酬调查的结果最终会通过薪酬体系的实施影响企业的薪酬目标——效率、公平、合法。

很多企业，特别是那些处于竞争激烈的行业（如汽车销售业、商业零售业、快速消费品业等）中的企业，通常会利用薪酬调查数据来对其竞争对手的人力成本总额进行评估，再确定自己的薪酬预算，进而确定本企业的人力总成本。只有确定了薪酬预算，并有效地控制人力成本，才能较为准确地预测企业的利润率，从而制定出更为合理的竞争战略。

人力成本从一定程度上反映了企业的获利能力和利润率，它可以作为企业制定竞争战略的依据。

4. 了解员工薪酬满意度

员工对企业薪酬的满意度在很多方面都有所体现，如员工流失率、工作效率等。如果企业自身政策变化不大，但优秀员工纷纷离职或者员工普遍工作效率较低，企业就需要进行薪酬调查，重新审视自身的薪酬水平。

合理的薪酬水平是员工满意的必要保证。如果企业不能满足这一点，就会使员工产生不满意，不利于培养员工的忠诚度，这对企业的长远发展是非常不利的。

此外，通过薪酬水平的调查可以了解行业中岗位的薪酬变化和竞争对手的薪酬水平状况。将目前市场上的薪酬水平告诉员工，让他们知道竞争对手和行业内的薪酬水平状况，会在一定程度上消除员工的不满足感，提高员工对企业的信任度和工作积极性，还有利于增强企业对人才的吸引力，让员工深切体会到在这里能得到公平的待遇，能充分施展自己的才华。

5. 了解薪酬管理的发展趋势

薪酬调查是企业了解当今社会薪酬管理实践和变化发展趋势的有效方法。因为薪酬调查不仅包括以现金方式支付的工资、奖金和福利的信息，还包括其他信息，如休假、加班时间、薪酬计划、员工流动率、加薪频率等，企业可以借此了解新的薪酬管理实践。同时，企业可以通过不同国家、地区、行业等的薪酬调查报告，及时了解薪酬管理的发展趋势，保持自己的薪酬策略和薪酬管理与市场同步，确保企业持续、稳定地发展。

6.2.3　薪酬调查的范围

薪酬调查的范围是根据薪酬调查的目的和用途来确定的，通常可分为区域范围、行业范围、目标市场范围和特定范围，如图 6-1 所示。

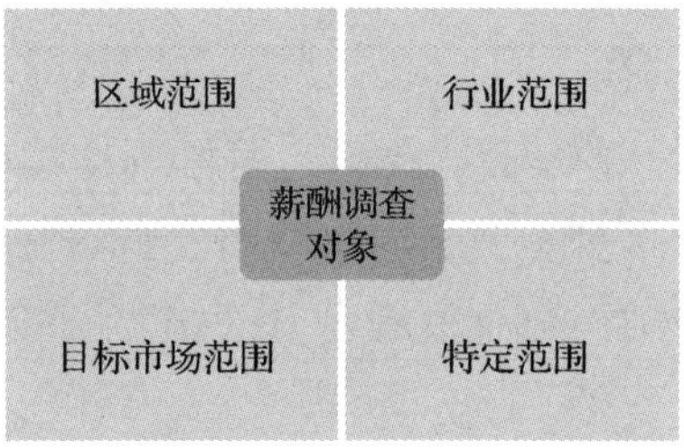

图 6-1　薪酬调查的范围

（1）区域范围，是指该调查信息来源于同一国家、地区、省、市等。例如，甘肃省张掖市统计局在 2020 年 4 月份发布的《2020 年一季度张掖市劳动工资运行情况分析》就是对张掖市的所有劳动者的薪酬水平及增长率进行了调查。

（2）行业范围，是指该调查信息来源于同一行业，如汽车行业、家居行业等。人才的竞争主要在同行业之间展开，因此了解同行业的薪酬水平是制定本企业薪酬标准的关键。

（3）目标市场范围，是指该调查信息来源于某些竞争对手。企业要想在市场上获得竞争优势，吸引、保留和激励人才，了解相关目标市场上的薪酬信息对于确定企业内关键人员的薪酬具有非常重要的作用。

（4）特定范围，是指针对企业的特殊要求而设定的。比如，普通职位的竞争可能在本地区或本行业内展开；高级职位或关键人才的竞争可能在全国或国际范围内展开。因此，对于不同的职位，在确定调查对象上要有所不同。

6.3　薪酬调查的流程

薪酬调查的流程和一般的调查、研究基本相同，它是一个完整的、严密的过程，其主要步骤如图 6-2 所示。

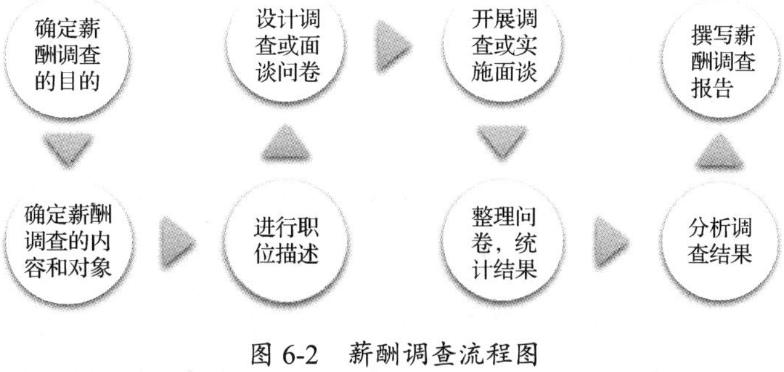

图 6-2　薪酬调查流程图

1．确定薪酬调查的目的

薪酬调查的目的有很多种，明确薪酬调查的目的有助于确定薪酬调查的范围和方法。比如，如果将薪酬调查的目的确定为调整薪酬水平或管控人力成本，那么企业需要对自身的所有职位进行薪酬调查，以获取全面的资料；如果薪酬调查的目的只是制定某一职位的薪酬标准或调整某一职位的薪酬水平，那么企业只需对这一类职位的信息进行调查。因此，只有在明确薪酬调查目的的前提下，才能更好地设计薪酬调查方案。

2．确定薪酬调查的内容和对象

在薪酬调查的目的明确以后，调查者就要确定薪酬调查的内容和对象。这里包括很多事项，如界定相关的劳动力市场、调查多少企业、向谁调查、调查哪些职位、调查的时间段等。一般情况下，考虑到调查的时间和费用，企业很难对自己想要的所有信息展开全面调查，因此确定薪酬调查的内容和对象是非常重要的。

企业通常在多个劳动力市场上进行竞争，每个劳动力市场都有不同的薪酬标准。因此，企业首先要确定在哪个劳动力市场进行调查。这些劳动力市场一般可分为与本企业竞争从事相同工作员工的企业、与本企业在同一地域范围内竞争员工的企业、与本企业竞争同类产品或服务的企业。

例如，一家知名品牌车的 4S 店要调查销售经理的薪酬水平，那么它可能更关注本地区其他汽车品牌 4S 店中销售经理的薪酬水平；而像海尔这样的跨国公司在确定其销售经理的薪酬标准时，其所要关注的劳动力市场就会复杂得多，其所关注的可能包括同行业的、同等规模的及国际上一些大公司的薪酬标准。

薪酬调查应包括多少企业没有统一的规定，一般而言，参与调查的企业数量越多，所获得的信息就越多，调查的结果就越好。通常采取领先型薪酬策略的大型企业仅会关注几个支付高薪酬的竞争对手，而采取一般薪酬体系的企业则更希望得到行业内处于中间位置企业的薪酬标准或者行业的平均薪酬水平，因此其需要调查的企业比较多。

针对不同职位薪酬水平的确定，需要调查的企业数量也是不一样的。如果想确定普通职位的薪酬水平，只需要调查少数企业，因为普通职位大多有较为固定的工作内容和较为成熟的评价标准，有大量的范例可以参考，企业只需按规范化的程序评定即可。

企业往往希望通过薪酬调查，了解目前的薪酬市场水平，因此确定薪酬调查的起止时间也是非常重要的，并且对于那些处在薪资变动比较频繁的行业内的企业尤为重要。

3．进行职位描述

在确定所要调查的行业、企业和职位以后，调查者就要对所调查的职位进行明确而清楚的描述，以确保被调查企业的职位与调查者所提供的职位能够很好地匹配。通常职位描述的内容应包括职位的名称、目的、职责、任职资格等。职位描述内容分解表如表 6-1 所示。

表 6-1　职位描述内容分解表

职位描述的内容	具体说明
职位的名称	职位的定位和称呼
职位的目的	职位对企业的主要价值和贡献

续表

职位描述的内容	具 体 说 明
职位的职责	该职位所从事的主要工作
职位的任职资格	对任职者知识、学历、经验和能力等方面的要求

目前，国内企业的职位体系还不太规范，没有统一的标准。例如，同为总经理办公室秘书一职，在有的企业它相当于总经理助理，可以帮助总经理统揽企业管理的一个或几个方面；而在有的企业，它仅相当于打字员，主要负责文件打印和接待。又如，同是行政部经理，在有的企业可能主要从事后勤、治安保卫等工作，而在有的企业可能从事日常行政办公、工作跟踪督办、人力资源管理等方面的工作。

因此，企业在使用、购买薪酬调查报告时，一定要注意该调查报告是否包括所调查职位的职位描述，并且应将调查所提供的职位描述与本企业相应的职位进行比较，只有当两者的重叠度达到 70%以上时，才能参考其结果来确定本企业相应职位的薪酬水平。

在进行职位描述时，企业还应考虑某些职位族可能包含不同的层级。例如，一般的销售职位族包括销售总监、销售经理、销售主管、销售员等职位，有些大型的企业还可能设置分管销售的副总经理一职。每个企业都有不同的职位族，并且即使是同样的职位族，也可能有不同的层级。例如，进行薪酬调查的企业职位层级可能有 4 层，但是被调查的企业可能有 3 层或 5 层；即使两者的职位层级数相同，其职位描述也可能有差别。因此，明确地界定职位层级、清楚地描述职位信息是准确获得每一层级职位薪酬水平的前提。

某汽车 4S 店的销售经理职位描述表如表 6-2 所示。

表 6-2　销售经理职位描述表

工作职能描述样本——销售经理
概述： 管理销售部门； 管理销售活动，保证库存清单及时更新； 领导执行售车之后的顾客满意标准，力求达到经销部目标； 致力于经销部的盈利； 向经销部一把手或总经理定期汇报； 监督、指导销售部门的全体成员 职责和责任： 执行/传达/监督顾客满意标准； 通过各种部门活动来执行或支持品牌形象； 进行有效的广告和营销活动，以打开零售和批发渠道； 建立/维持/巩固与其他部门间的关系； 有效地管理部门开支； 协助总经理预报新车部门可控制的开支； 雇用、训练、鼓励全体销售员工，监督指导工作； 开展销售培训会； 根据各种顾客和市场分析，建议总经理按颜色、型号和装备来决定新车库存； 在必要的情况下帮助销售人员完成交易

续表

技能要求： 出色的表达、交流能力
受教育水平 / 证书要求： 大专及大专以上学历；有效驾照
经验： 五年及五年以上销售管理经验

如果有比较详细的职位描述，被调查者就可以比较清楚地对照本企业的相关职位，正确地填写薪酬调查问卷中的相关内容了。为了提高调查的精确性，调查者还可以在调查问卷中附上一张与调查职位相关的简要组织结构图，以明确各职位间的层级关系，这有助于被调查者做好该职位与本企业职位之间的匹配。

4．设计调查问卷或面谈问卷

设计问卷是薪酬调查实施过程中非常重要的环节，问卷的内容直接关系到薪酬调查的有效性。因此，问卷要在内容上全面而详尽，不仅要涵盖基本工资、岗位工资、奖金、福利、津贴等薪酬内容，还要对其进行细分。因为有的企业薪酬结构不是很明确，员工不清楚哪些属于奖金、哪些属于津贴。例如，福利包括“五险一金”、出差补助、带薪假期、通信补助、交通补助及午餐补助等。表 6-3 是以某公司销售部经理为例设计的一份简单的薪酬调查问卷。

表 6-3　某公司销售部经理薪酬调查问卷

薪 酬 构 成	金额/（元/年）	占总收入的比例	上年度额度/元	增　幅	备　注
基本工资					
岗位津贴					
销售提成奖金					
公司绩效奖金					
福利及补助					
其他收入					
合计					

以上问卷是相对简单的、常用的调查问卷。当然，在设计调查问卷时，调查者还应考虑其他一些相关因素，如企业规模、所属行业、企业类型等与薪酬水平密切相关的涉及被调查企业基本情况的信息。例如，某市人才薪酬调查问卷就加入了企业的一些相关信息（见表 6-4）。

表 6-4　某市人才薪酬调查问卷

人才薪酬调查以年薪计算，请在相应的选项中打钩或填写相关内容
1．贵公司的性质是： a）外商投资企业：外商独资/中外合资/中外合作　b）民营企业　c）股份制企业　d）国有企业　e）其他
2．贵公司属于哪种类型的企业： a）生产型　b）经营型　c）服务型　d）其他
3．贵公司属于哪个行业： a）机械制造　b）电子/电气　c）纺织/服装　d）化工建材　e）医药卫生　f）餐饮/宾馆/旅游 g）商贸流通　h）中介服务　i）建筑/装饰/房地产　j）其他

续表

4．贵公司主要部门员工薪酬情况（年薪）：

a）生产部门：部门负责人__________　部门主管__________　一般员工__________

b）技术开发部：部门负责人__________　部门主管__________　一般员工__________

c）经营销售部：部门负责人__________　部门主管__________　一般员工__________

d）行政人事部：部门负责人__________　部门主管__________　一般员工__________

e）财务管理部：部门负责人__________　部门主管__________　一般员工__________

f）后勤服务部：部门负责人__________　部门主管__________　一般员工__________

g）其 他 部 门：部门负责人__________　部门主管__________　一般员工__________

5．你认为本公司员工薪酬在同行业中的水平如何：

a）较高水平　b）中等水平　c）较低水平

6．在同一层次的职位中，学历和专业技术资格对员工薪酬是否具有较大影响：

a）没有较大影响　b）有较大影响

研究生以上学历或副高以上职称员工比本科学历或中级以上职称员工月薪高______元，比大专学历或助理级职称员工月薪高______元，比大专以下学历或无专业技术资格员工月薪高______元。

非常感谢您的参与和协助

另外，在设计调查问卷时，调查者应考虑被调查者使用的方便性，问卷的问题不要太多，问题要简单明了，避免让被调查者感到厌烦，关键字要加着重号以示强调等。总之，问卷的设计要从方便被调查者，确保得到一份高质量调查问卷的角度出发。

在设计好一份问卷后，在正式使用前最好先做一次企业内部测试，以发现其中不足并加以改进。

5．开展调查或实施面谈

薪酬对企业来讲是商业秘密，是企业获取人力资源、保持竞争优势的主要手段之一，特别是那些掌握核心技术或关键岗位上员工的薪酬更是企业用心设计出来的。因此，在一般情况下，企业是不会轻易地向外界透露内部薪酬的。薪酬属于个人隐私方面的信息，很多企业实行薪酬保密制度，员工与企业之间也有相关的薪酬保密约定。人力资源部门或财务部门也不一定全部了解企业的薪酬，即使了解也不能向外界透露。因此，薪酬调查一般由外部机构介入，采用问卷调查的方式开展。

调查者在寄发调查问卷或到现场进行调查前，首先要与企业的负责人沟通好，得到企业高层领导的理解与支持，当然这种理解与支持是有代价的。通常调查者可以通过三种方式与企业达成合作协议：一是与被调查企业互换薪酬数据，平等互利；二是将对方纳入合作队伍中，使之承担一定的责任，分担一定的费用，最后与被调查者分享调查结果；三是通过向被调查者提供优惠的调查报告，来获得他们的支持。调查者无论采取哪种方式进行调查，都需要与被调查企业签订合作协议和保密条款，严守薪酬秘密。

为了及时、准确地获得所需要的信息，在被调查企业、个人填写问卷时，调查者应给予一定的解释和指导。

对于涉及员工人数较多而薪酬水平又存在较大差异的岗位，调查者在开展薪酬调查时需要了解不同薪酬水平员工的资料，对高、中、低不同层次薪酬水平的员工进行问卷调查，以便全面了解该岗位的薪酬水平，防止调查数据存在较大偏差。

另外，在调查问卷发送出去后，调查者要及时跟踪，保持与被调查企业的联系，以便在尽量短的时间内回收问卷，节约时间成本。

6. 整理问卷，统计结果

薪酬调查的时效性是一个很重要的指标，因此问卷回收以后，就要立即进行整理，逐个检查、核对。因为尽管是标准问卷格式，且薪酬调查者做了许多工作以确保被调查者提供准确的信息，但由于双方在背景、经验、沟通方式等方面存在差异，被调查者仍可能无法完全领会调查者的意图。对于有疑问的答卷，一定要和对方沟通，请对方解释并记录在案，以便日后查阅。对于那些过高或过低的数据，在被调查者不能很好地解释理由时，应该将它们去除，以免影响最后的调查结果。比如，在大多数人都认为销售部经理的基本工资（年薪）为 200 000 元时，而有的人提供的数据是 500 元，那么这样的数据应被舍弃。

另外，调查者在统计结果时，还应遵循以下几项原则。

（1）统计口径要一致。调查者应严格按照工资、奖金、津贴、福利等的定义区分不同的问卷，保持统计口径的一致性。

（2）统计要全面、准确。如果信息量较大，那么在统计结果时最好分多个组同时进行。调查者在统计结果时不仅要关注数字信息，还应该注意问卷上被调查者填写的文字信息。因为当被调查者对问题把握不准时，往往会用文字加以说明。因此，调查者在统计结果时，一定要认真分析这些文字的真正含义，并同相关数字联系起来，以确定最后的信息。

（3）确定合理权重。如果调查了多个企业某一职位的多个时期的薪酬情况，调查者就应把各个薪酬数据赋予不同的权重，从而使它们科学、合理地合并在一起。

（4）采用专门的数据库软件进行统计。采用专门的数据库软件进行统计一方面可以减少误差，另一方面便于进行数据的处理和分析，特别是在后期撰写薪酬调查报告的过程中，这种统计方法会提供很大的方便。

7. 分析调查结果

问卷整理完成，统计结果形成以后，调查者紧接着就要对统计结果进行分析，最后确定自己所需要的信息。薪酬数据分析的方法有很多，目前流行的方法主要有频率分析法（频度分析法）、居中趋势分析法（中心趋势分析法）、离中趋势分析法（离散程度分析法）、四分值和百分比分析法。

在分析数据前，我们还应先了解数据修正原则。如果职位描述与被调查企业的相似但不同，那么调查者可以根据匹配程度重新衡量数据。如果所调查的职位承担更大的责任，那么分析人员可以调整数据（如乘以 0.8）来使企业的职位更具有可比性；如果本企业的销售部经理职位比所调查的职位所承担的责任大一点，那么分析人员可以把调查的薪酬数据乘以一个数字（如乘以 1.1）来修正数据。下面仅对频率分析法、居中趋势分析法、离中趋势分析法进行介绍。

1）频率分析法

频率分析法是一种简单而直观的方法。它是将调查所得到的与每一职位相对应的所有薪酬数据从高到低排列，然后计算落入每一薪酬范围内的企业数量。也就是说，不同企业为某一职位支付的薪酬水平在哪一个薪酬范围内是最多的，那么这个薪酬范围就是目前的市场薪酬水平。表 6-5 所示为频率分布表（示例）。

表 6-5　频率分布表（示例）

薪酬区间/元	平均薪酬在此范围内的公司数量/家
75 001～80 000	1
80 001～85 000	1
85 001～90 000	5
90 001～95 000	6
95 001～100 000	5
100 001～105 000	4
105 001～110 000	3
110 001～115 000	3
115 001～120 000	1

2）*居中趋势分析法*

居中趋势分析通常有三种方法：算术平均数、加权平均数和中位数。

算术平均数是应用最为普遍的一种方法，它不考虑不同企业中某职位上员工数量的差异，对所有企业的薪酬数据赋予相同的权重，把一组所有的数相加再除以本组数的个数，从而计算出平均值。算术平均数的计算，给予调查中的每家公司的权重都是相同的。例如，有 1 名程序员的 A 公司与有 297 名程序员的 B 公司支付的薪酬所占的权重是相同的。这种方法虽然简单，但是如果有一个或几个特别大或特别小的极端值，就会破坏结果的代表性，因此有些企业在计算之前，会先用频率分析法将极端数据去除，以提高结果的精确度。

加权平均数是按每个员工所占权重相同来进行计算的，是一种比较科学的计算方法。平均薪酬是根据企业中该职位员工的人数来赋予权数的。由于加权平均数能反映供求规模，因此它能更为准确地反映劳动力市场状况。

中位数是把所有数据以上升或下降的顺序排列，而取数据系列中间数值的分析方法。如果数据个数是奇数，则中间的那个数就是中位数；如果数据个数是偶数，则取中间的那两个数的平均数作为中位数。这种分析方法得出的数值比用算术平均数得出的数值更具有代表性，因为它的计算不受每个数据大小的影响，且能排除极端大或极端小的薪酬数据的影响。但是这种计算比较粗略，只能显示当前市场平均薪酬水平的大概情况。

3）*离中趋势分析法*

薪酬率在中间趋势的分布被称为离中趋势。标准差是指在频率分布中每个值偏离平均值的大小，即观察值比平均值大多少或小多少。它是用来描述离中趋势最常用的统计指标。有关离中趋势的信息，能使分析人员更清楚地了解中间趋势与频率分布之间的关系，还可以用这个范围来判断企业的薪酬范围是否和市场的薪酬范围类似。

8．撰写薪酬调查报告

薪酬调查报告不仅仅是一组数据，更是一种薪酬分析工具，其对企业制定薪酬战略具有重要的参考价值。薪酬调查报告通常分为综合性分析报告和专项性分析报告两种。综合性分析报告是对地区不同性质、规模、行业等企业的薪酬与福利数据进行综合性分析和处理，全面反映被调查地区企业的薪酬与福利的现状；专项性分析报告是根据企业需要，从参加薪酬调查的公司中选择一定数量、有可比性的公司，经过数据分析处理，获取针对性和指导性更强的专项薪酬报告。

6.4 薪酬水平策略

6.4.1 薪酬水平与薪酬外部竞争力

1．薪酬水平与薪酬外部竞争力的概念

薪酬水平是企业薪酬体系的重要组成部分和薪酬战略要素之一。一个企业所支付薪酬水平的高低会直接影响企业在劳动力市场上的竞争力，进而影响企业的竞争力。因此，一般用薪酬水平来反映企业薪酬的外部竞争力，即不同组织间的薪酬对比关系——与竞争对手相比组织整体的薪酬支付实力。

薪酬水平有不同层次的划分，它可以指一定时期内，一个国家、地区、企业或部门任职人员的平均薪酬水平，也可以指某一特定职业群体的薪酬水平，其中企业员工的薪酬水平主要指以企业为单位计算的员工总体薪酬的平均水平，包括时点的平均水平或时期的平均水平。测定企业薪酬水平的方法主要有两种：一是企业支付给不同职位的平均薪酬，是一种绝对数指标；二是企业薪酬水平在相关劳动力市场的位置，是一种相对数指标。

衡量企业薪酬外部竞争力的指标具有多维性，因此不能简单地用薪酬水平去判断企业的薪酬外部竞争力，特别是将一个企业所有员工的平均薪酬水平与另一个企业比较，还要考虑企业内部薪酬结构和薪酬差距等因素（如关键岗位的薪酬水平、重要职位与非重要职位之间的薪酬差距、企业的非物质性待遇、薪酬增长及员工薪酬满意度等）。

2．企业间薪酬竞争力的比较

在新的商业竞争环境下，企业间的薪酬比较呈越来越激烈的趋势，并且由过去单纯的薪酬水平比较转变为全面的薪酬体系［包括薪酬结构、职（岗）位评价等］的整体比较。企业间薪酬竞争力的比较基于以下背景。

（1）人才竞争的需要。人力资源稀缺性是战略性薪酬管理提出的背景之一。随着企业间竞争的加剧，企业越来越重视竞争情报系统的建设，以及时充分地洞察市场情况，而薪酬信息日益成为企业竞争情报的重要组成部分。企业需要了解其他企业的薪酬信息，以吸纳人才和避免人才朝竞争对手方向流动。

（2）薪酬调整的要求。企业往往会根据市场、竞争对手的薪酬变化、企业自身的发展等因素定期诊断和调整薪酬体系。

（3）标杆管理的实施。为了应对不断加剧的竞争，特别是全球范围的竞争，一些企业总是希望与所在行业中的顶尖企业进行比较，即实施标杆管理，而薪酬系统逐渐成为标杆管理的对象。

（4）国际化战略的要求。在经济全球化的背景下，企业需要了解更多国家的企业、更多文化中的薪酬信息与管理，以应对国际人才竞争。

6.4.2 薪酬水平的战略决策

1. 薪酬水平的战略目标

薪酬水平的战略目标是吸引并留住有价值的员工、控制劳动力成本、提高劳动生产率、提高员工满意度等。不同的薪酬战略之间会有目标冲突，如控制劳动力成本与提高员工满意度很难统一，因此企业要根据自身的特征进行有针对性的目标选择。

薪酬水平与对员工的吸引力和人工成本成正比。在相同条件下，薪酬水平越高，对员工的吸引力越大，人工成本越高。薪酬水平是员工选择企业的一个重要因素，特别是新就业者往往将薪酬水平作为选择职业和企业的一个衡量尺度。同时，劳动力在企业甚至国家间的流动很大程度上是由薪酬水平的差异所造成的。然而，从另一个角度讲，人工成本的控制需要抑制薪酬水平的上涨。因此，如何在贯彻内部一致性的前提下实现人才之间的合理竞争，需要充分发挥薪酬水平的协调作用。薪酬水平与劳动生产率是相互促进的，劳动生产率的提高必然增强企业的薪酬支付能力，进而提高员工的收入和工作积极性。

2. 薪酬水平的策略选择

在战略目标的指引下，企业往往会根据企业战略和劳动力市场状况制定薪酬水平策略。薪酬水平策略主要有五种，分别为领先型薪酬水平策略、跟随型薪酬水平策略、滞后型薪酬水平策略、权变型薪酬水平策略和综合型薪酬水平策略。

1）领先型薪酬水平策略

领先型薪酬水平策略是指所支付薪酬高于市场平均薪酬水平，采用这种薪酬水平策略的企业往往具备以下特征：企业大部分职位所需人才在劳动力市场上供给不足；企业产品的需求弹性较小；品牌的需求弹性较小；多为资本密集型产业；产品投资回报率较高，市场竞争对手较少；等等。因此，一些实力雄厚的跨国公司，大都采用领先型薪酬水平策略。此外，由于领先型薪酬水平策略能够最大限度地吸引和留住人才，同时将员工对薪酬的不满意度降至最低，因此一些缺乏人才的民营企业，包括中小型企业，有时也会采用领先型薪酬水平策略，以应对激烈的人才竞争。

领先型薪酬水平策略在使企业具有高吸引力的同时，给企业带来了风险。例如，如果企业不能将人力资源的高投入（高薪酬）转化为高产出，那么对企业而言，高薪酬就是一项高成本和高风险的投资策略。

2）跟随型薪酬水平策略

跟随型薪酬水平策略是指根据市场平均薪酬水平给本企业的薪酬定位。跟随型薪酬水平策略是大多数企业所采用的策略，尤其是在一个成熟的产业中。根据经济学的原理，劳动生产率是影响企业薪酬支付能力的重要因素，劳动生产率越高，员工单位时间的产出越高，企业的利润也会越高，相应的员工薪酬水平也越高。劳动生产率在很大程度上是由单位劳动力的技术所决定的。在成熟的行业内，技术、产品越来越具有一致的特征，企业采用跟随型薪酬水平策略就可以达到目标。因此，采用该策略的企业在人才吸引和保留方面没有明显的优势，但也不会遭遇用工风险。

3）滞后型薪酬水平策略

滞后型薪酬水平策略是指企业大多数职位的薪酬水平低于市场平均薪酬水平。采用滞后型薪酬水平策略在吸引和保留人才方面具有明显的劣势，而它往往会对企业成本控制有所帮助。采用滞后型薪酬水平策略的企业往往具有以下特点：实力较差；处于竞争性产品市场中；企业的利润较低；大多属于传统行业或劳动密集型企业的中小型企业。采用滞后型薪酬水平策略的企业未必处于衰退期或在人才竞争上永远处于劣势，关键在于它能否向员工承诺将来可以得到更多的收入，或者能够为员工提供其他激励。

4）权变型薪酬水平策略

权变型薪酬水平策略有两层含义：一是指企业根据职位类别制定不同的薪酬策略；二是指对薪酬组合要素分别采用不同的策略。事实上，企业不可能对所有职位都采用统一的薪酬水平策略，也会有针对性地进行设置。比如，如果劳动力市场上高级技工短缺，企业就会对急需的高级技工采用领先型薪酬策略。企业也可以使基本薪酬低于市场平均薪酬水平，而使激励薪酬高于市场平均水平。

权变型薪酬水平策略最大的优点就是其灵活性和针对性，能够保持薪酬水平的静态适应性和动态弹性。但是权变型薪酬水平策略也需要相机抉择，不同策略之间需要相互配合，否则会破坏企业薪酬的内部一致性。

5）综合型薪酬水平策略

综合型薪酬水平策略是指以总薪酬管理理念为指导，综合考虑所有薪酬形式的特点，综合制定薪酬水平的策略。企业传统的薪酬实践比较强调基本薪酬的功能，对奖金、短期激励、长期激励，以及工作保障、晋升机会等其他薪酬因素不够重视。事实证明，薪酬水平策略只有以总薪酬为基础，才有利于管理目标的实现。例如，有些公司的基本薪酬低于市场平均水平，可变薪酬与市场平均水平持平，但是通过培训、员工援助计划等其他激励手段的运用，在吸引和保留人才方面也取得了较好的效果。

3. 企业生命周期与薪酬水平策略

1）创业阶段薪酬水平策略选择

企业在创业阶段，员工人数少，企业利润低，员工这时不会有过高的要求。国家对于处于创业阶段的企业管理也很宽松，各地区都在鼓励创业，所以受国家政策的影响也很小。因此，处于创业阶段的企业可以采用低于标杆企业薪酬水平的滞后型薪酬水平策略，尽量降低人力成本，将有限的资金用于扩大经营。在实际操作中，在处理作为薪酬核心部分的基本薪酬、奖金和福利三个板块时，福利和基本薪酬由于具有的特性应该尽量降低，而奖金应尽量与市场平均水平持平，且宜采用长期激励的方式，而不宜采用短期激励的方式，因为短期激励既占用企业有限的发展资金又起不到相应的效果，反而会引起员工过早地关注自身利益。企业应以精神激励为主，鼓励员工“向前看”，且给予员工相应的承诺。

2）高速增长阶段薪酬水平策略选择

高速增长阶段是企业最易出现问题的阶段，这时企业已有一定的经济实力，已拥有了第一桶金，有了相当的利润和经济效益，创业者的享乐主义开始滋生，员工也不会再像创业阶段那样不求索取只讲贡献了。这时，企业应选择领先型薪酬水平策略，支付高于标杆企业的薪酬，以激励员工和吸引自身所需的大量高素质人才。高素质人才是高投资形成的，他们需要更高的投资回报。在实施过程中，基本薪酬由于其所具有的刚性，应与标杆企业薪酬水平持平。奖金灵活性较大，企业可采用更高的奖金，并让员工享有较好的福利，从而使企业的薪酬水平高于市场竞争对手的薪酬水平。

3）成熟平稳阶段薪酬水平策略选择

当企业处于成熟平稳阶段时，员工考虑更多的是长远、稳定的工作和由此带来的长期收益，而不像企业高速增长阶段的不确定性给员工收益带来的难以预测的风险性，使员工更注重短期的收益。因此，处于成熟平稳阶段的企业，可以选择跟随型薪酬水平策略，与市场竞争对手的薪酬水平相当，使企业员工享受与标杆企业员工同等的待遇。企业在确定了薪酬水平策略后，在进行薪酬结构管理时，基本薪酬仍然与市场平均水平持平，而奖金绩效奖励可以调整到适当偏低或与市场竞争对手薪酬水平持平状态，保持较高的员工福利薪酬水平，以提高员工的企业认同感和归属感。企业应着重处理好员工薪酬的内部公平性，调动员工的积极性，提高企业生产率，维持企业健康发展，尽量减少人工成本，创造更多的利润。

4）衰退阶段薪酬水平策略选择

人有生、老、病、死，企业同样有产生、发展、衰退的过程，不同的是无论人采取什么办法，都不能长生不老，而企业可以根据内外部环境的变化进行相应的变革，从而避免衰退和死亡。处于衰退阶段的企业，产品可能滞销，利润下降，企业应遵循事物发展规律，应尽可能让员工知道企业的处境，争取员工的理解，采用滞后型薪酬水平策略。奖金仍保持成熟平稳阶段的水平，降低员工福利薪酬，从而使企业薪酬水平降低。从长远、大局出发，争取员工自觉地与企业“同舟共济”，接受企业的薪酬水平调整策略，以适应企业经营战略目标的快速转移。

5）再造阶段薪酬水平策略选择

企业的再造可以说是企业的第二次创业，与初次创业不同的是，企业在再造阶段已经有一定的规模和实力。为使企业尽快重新“焕发青春”，在选准了战略转移方向后，相当于其他人力资源管理作用总和的薪酬作用应一次体现出来。企业应及时调整薪酬水平策略，提高员工薪酬水平，此时应选择领先型薪酬水平策略。在恢复员工基本薪酬和福利与市场水平持平的情况下，提高奖金激励薪酬，从企业外部吸引企业再造阶段所急需人才，同时激发老员工的积极性和创造性，以实现企业新的战略目标，保证企业可持续发展。

图 6-3 所示为企业生命周期与薪酬水平策略的一般模型。

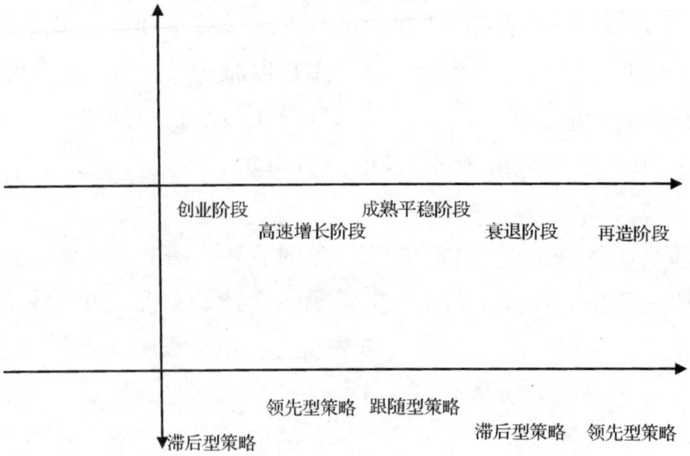

图 6-3　企业生命周期与薪酬水平策略的一般模型

企业薪酬水平策略的选择是一个动态发展过程，不是一成不变的。企业在薪酬水平策略调控下，不仅要考虑不同薪酬部分的高低组合，还应综合考虑企业岗位和员工的实际情况，确定不同岗位和员工薪酬水平高低结构，以保证企业薪酬结构作用的充分发挥，从而促进企业健康、快速发展。

【本章小结】

组织薪酬水平的影响因素包括外部影响因素和内部影响因素。外部影响因素主要包括经济发展水平和劳动生产率、劳动力市场的供求状况、国家政策和法律法规、工会和行业组织的作用、物价变动、地区差异等。内部影响因素主要包括经济效益、员工配置、薪酬的分配形式和支付形式等。

薪酬调查的目的与意义包括调查薪酬水平、调查薪酬结构、管控人力成本、了解员工薪酬满意度、了解薪酬管理的发展趋势等。

衡量企业薪酬外部竞争力的指标具有多维性，因此不能简单地用薪酬水平去判断企业的薪酬外部竞争力，特别是将一个企业所有员工的平均薪酬水平与另一个企业比较，还要考虑企业内部薪酬结构和薪酬差距等因素。

薪酬水平策略主要有五种，分别为领先型薪酬水平策略、跟随型薪酬水平策略、滞后型薪酬水平策略、权变型薪酬水平策略和综合型薪酬水平策略。

【复习思考题】

1. 组织薪酬水平的外部影响因素有哪些？

2. 简述薪酬调查的类型与发展。
3. 简述薪酬调查的流程。
4. 薪酬水平策略的类型主要有哪些？
5. 处于不同生命周期阶段，企业的薪酬水平策略具有什么特征？

【案例分析】

A、B、C、D 四个企业的薪酬比较

通过薪酬调查，得到 A、B、C、D 四个规模大小相似的同类生产企业的薪酬曲线图（见下图）。

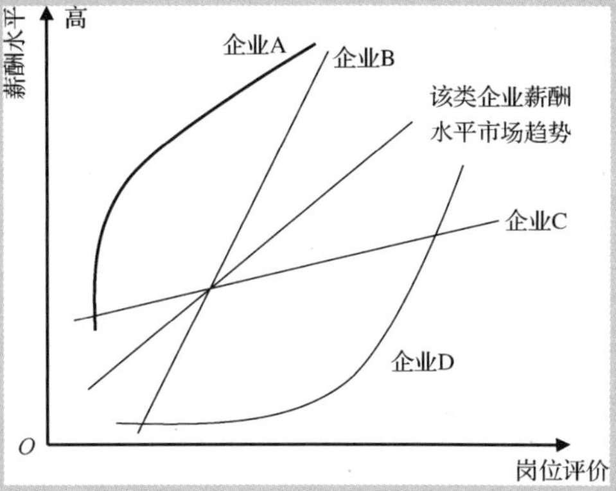

A、B、C、D 四个企业的薪酬曲线

企业 A：薪酬水平全面显著高于同类企业的平均水平，基层员工之间薪酬差距较大，而中高层岗位间薪酬差距较小。这可能导致人工成本太高，不利于企业获得竞争优势。该企业低级岗位之间薪酬水平差距大，而中高级岗位之间薪酬差距较小，不利于激发高层人才的工作积极性。

企业 B：基层员工的薪酬水平低于市场平均薪酬水平，中高层员工的薪酬水平高于市场平均薪酬水平。该企业等级低的岗位和等级高的岗位之间的薪酬差距相同，中高级岗位之间的差距拉不开，可能影响此类员工的工作积极性。

企业 C：基层员工的薪酬水平高于市场平均薪酬水平，中高层员工的薪酬水平低于市场平均薪酬水平。该企业等级低的岗位和等级高的岗位之间的薪酬差距相同，低级岗位和中高级岗位之间的薪酬差距很小，这不利于留住中高级人才。

企业 D：薪酬水平全面显著低于同类企业的平均水平，岗位评价等级高的岗位之间的薪酬差距较大，而等级低的岗位之间的薪酬差距较小。由于该企业的薪酬水平太低，容易导致人才流失。但从其薪酬等级和级差来看，有利于激励员工尤其是中高级员工的工作积极性。

资料来源：孙利虎. 战略薪酬管理：理论与实务[M]. 大连：东北财经大学出版社，2015.

请分析各企业在薪酬管理方面的特点，阐述其优势和不足。

【本章实训】

Z 家电公司的薪酬体系存在的问题

Z 家电公司曾经取得过辉煌的经营业绩，它原是国内四大品牌之一，其主导产品电视机在国内曾处于领先位置，公司上下都沉浸在硕果累累的幸福之中。然而，在日趋白热化的市场竞争中，Z 家电公司逐渐有些招架不住，市场份额年年下滑。公司高层虽然进行了数次经营策略调整，希望情况有所改善，但效果都不理想。公司上下被低落情绪笼罩着。

公司高层经过讨论决定请专业咨询公司进行诊断。咨询小组经综合分析发现，问题主要出在研发部门，其问题主要表现如下。

（1）公司有相当一批新品（如彩显及网络终端等）有进入市场的计划，许多计划还是相当有前瞻性的，但是企业的新品研发周期总是超过计划，往往错过了抢占市场的最佳时机。

（2）公司内部的员工满意度调查显示，各部门间对薪酬的满意度存在很大不平衡性，其中研发部门整体满意度最低，该部门的薪酬水平明显低于公司平均水平。

（3）公司人才流动性不是很大，但流失的往往是核心人才。例如，研发部门一位经验丰富的高级工程师跳槽了。同时，咨询小组在访谈中发现，有跳槽想法的人不在少数，这些人很多都是技术能手，他们对现行薪酬很不满意。同样是高级工程师，虽然个人能力相差较大，但都处在薪酬体系中的第 30 级，在薪酬分配上体现不出差别来。遇到项目也往往是少数人冲在前面，承担了更多工作，薪酬分配不公平的问题突出。

（4）目前公司薪酬体系是高度统一的，基本上都是 50%基本工资、50%奖金，基本工资根据岗位确定。一般来说，部长级别的基本工资为 3 500～4 000 元，经理级别的基本工资为 3 000～3 500 元……奖金，平均按月发给员工，如果员工工作没有大的失误，就可以领取全部奖金；只有出现违纪现象和工作出现重大失误，才会按规定扣除相应的奖金。当公司经营不利而降低奖金时，往往会遭到员工一致反对。

咨询专家认为，出现这些问题的原因在于：公司薪酬体系内部公平性有问题，对核心研发部门在薪酬上没有策略性倾斜，研发骨干积极性不高，导致新品研发一再拖延；公司的薪酬结构没有对不同职类、不同层级采用个性化设计，难以有效吸引和激励人才；奖金发放只有形式上的约束功能，而没有绩效上的激励意义，使得员工把奖金看作一种既得利益，对于核心研发部门没有激励作用；目前薪酬体系的窄带特征完全基于岗位，难以体现出研发人员所特有的能力特性。

思考题：

请根据咨询专家诊断结果，小组讨论并提出该公司薪酬体系再设计的基本方向和总体思路。

第 7 章 薪酬结构设计

学习目标

- 了解薪酬结构的内涵。
- 熟悉薪酬结构的基本类型。
- 掌握薪酬结构的构成以及各部分构成的设计方法。
- 理解薪酬结构的策略选择。
- 掌握薪酬结构的设计方法。
- 掌握薪酬结构的设计步骤。
- 理解宽带型薪酬的概念。
- 掌握宽带型薪酬的设计要点。

关键术语

薪酬结构、薪酬结构的构成要素、薪酬政策线、宽带型薪酬

引导案例

7 月 16 日（星期五）是普华永道高级审计员约定的“起事”日期：如果资方还不直接支付加班工资（OT Pay），他们就采取“No OT Pay，No OT”对策。“如果没有加班工资，那就不加班；到了五点半，全都提包走人。”这是来自普华永道员工的说法。没有高级审计员加班，普华永道就无法在约定日期之前完成进展中的审计项目，这是资方无法承担的。

普华永道员工大体分为三个类别：最底层是初级员工，中间层是高级员工，上层是以

经理、合伙人等组成的管理团队。其中，初级员工和高级员工这两个类别的人数最多。

普华永道以往的薪酬规定是初级员工按规定享有加班工资但没有年终分红，高级员工和管理团队没有加班工资，但享有年终分红。

虽然这次普华永道高级员工"起事"时抱怨工作负担太重，但工作负担沉重一直是"四大会计师行"的工作特点，并不新鲜。其实直接原因为以下两点。

第一，管理团队没有加班工资而享有年终分红是普遍认可的管理制度，但对于不属于管理层的高级员工也采用这一套规定并不适合。第二，高级员工所得到的总收入比初级员工还低，"职位升了，收入却降了"，这在普华永道高级员工那并不鲜见。高级员工没有加班工资而有年终分红，但年终分红由资方自主决定，一般是1～3个月的工资，也就是说，对高级员工的加班补偿最多相当于基本工资的 1/4。即使高级员工的基本工资比初级员工的高，但由于年终分红不能弥补加班工资，使得很多高级员工在职位升迁的同时，实际收入反而下降。这便是高级员工"起事"的直接原因。

有业内人士指出："普华永道难以完全为高级员工支付加班工资，因为如果那样做，就可能导致另一番潜在振荡。而这里所指的潜在振荡来自管理层。"在普华永道的人事体系里，高于高级员工的是经理级，最低层经理的月薪约为 2.2 万元，没有加班工资。一位普华永道高级员工说："如果一位高级员工的每月底薪为 1 万元，正常工作时间为每月 170 个小时，那么一旦每月加班时间超过 140 个小时，总收入就能超过最低层经理的 2.2 万元月薪。而在一些大项目上，加班 150～200 个小时是很常见的。"

也就是说，如果给予高级员工所有的加班补偿，那么他们的工资很可能超过更高一级经理层的工资。既然高级员工因为薪资低于初级员工而"起事"，管理层自然会因薪资低于高级员工而不满。这样一来，对高级员工加薪所导致的一系列加薪会导致成本增加。因此，部分问题出现在普华永道的薪资结构设计上，"如果把基本工资降低，各级人员的薪资相应调整，问题就不存在了。"有普华永道员工这样说。但是，降低基本工资事实上是一个不明智的做法，因为那会大大削弱对求职者的吸引力。

普华永道需要调整内部的薪酬结构，使得初级员工、高级员工和管理层都有公平的收入。

此外，如果其薪资水平与其他竞争者有较大差距，还应该调整其薪酬的定位，以免人员流失严重。

资料来源：万莉. 薪酬管理[M]. 上海：上海财经大学出版社，2014：108.

7.1 薪酬结构概述

7.1.1 薪酬结构的内涵与特征

薪酬结构包括广义和狭义两个方面的解释。狭义的薪酬结构是指在同一个组织内部不同职位或不同技能之间的薪酬水平的排列形式。广义的薪酬结构除包含狭义薪酬结构所指内容外，还包括不同的薪酬形式之间的关系体现和数值比例，如基本薪酬和浮动薪酬之间的比例关系等。

一直以来，以涉及内部一致性问题为主要内容的薪酬结构，其基本反映的重点为职位与员工之间基本薪酬的对比关系，强调的是一个组织内部职位或技能薪酬等级的数量、不同职位或技能等级之间的薪酬差距，以及确定这种差距的标准。同时，它也在一定程度上反映了组织对于职位重要性及职位价值的看法。一个科学合理的薪酬结构具备以下特征。

1．合理差异性

任何组织中员工的薪酬水平都有差异，绝对平均（所有人获得同样数额的薪酬）的薪酬制度在现实中是难以存在和维持下去的。薪酬结构的基本属性和特点就在于保持组织内部员工之间薪酬水平的合理差异。事实上，薪酬结构就是由薪酬等级（包括等级的数目和各等级之间的关系）、薪酬级差（不同等级之间的薪酬差异）、决定薪酬等级和级差的标准、各种薪酬形式所占的比重四个因素构成的，这四个因素决定了员工之间实际的薪酬差异。企业要保持薪酬结构的合理差异，就要设计出符合工作流程、支持组织目标、公正科学并能引导员工行为的薪酬等级、薪酬级差、决定薪酬等级和级差的标准及薪酬形式组合。薪酬等级是以职位等级为基础的，组织的结构设计和工作流程、技术特点不同，其职位等级数目不同，则薪酬等级的层级结构也不同。薪酬级差的大小取决于不同等级职位的任职资格要求、职（岗）位承担的责任和在组织中的地位贡献、工作条件、任职者的人力资本投入等因素，它们之间存在正相关关系。各个组织决定其薪酬等级和薪酬级差时，都有自己具体、明确、个性化的标准（计划经济体制中公有制组织除外，其薪酬体系是由国家统一制定的），但不论各个组织的标准有多大的差别，确定这种标准的依据，不外乎是组织对内部不同职位工作的内容及其相对价值的描述和评估、组织对不同技能的员工拥有的工作能力及其相对价值的判断和确认、劳动力市场工资率和竞争对手的薪酬方案。薪酬形式的组合也会影响员工的薪酬水平差异，若固定薪酬（基薪）比例小，变动薪酬（奖金、分红、股权计划等）比例大，则员工薪酬水平差异大。

2．富有弹性

薪酬结构的弹性，是指组织内部不同职位或技能薪酬水平的比例非刚性化，员工的薪酬水平可随着组织效益和个人业绩变化而按一定比例变化，具有动态性。使薪酬结构富有弹性（在一定范围内自动调节薪酬水平差异）是现代薪酬结构设计中很重要的环节，原因在于：组织外部和内部影响薪酬结构的各种因素发生变化，要求组织内部薪酬结构相应变化；员工个人业绩发生的变化，应当能在薪酬分配中得到反映，以体现公平性原则的要求。富有弹性的薪酬结构具有更强的激励功能，据研究，薪酬的激励功能与薪酬结构中变动薪酬占总薪酬比重存在着一种函数关系，当该比重达到 40%时，薪酬具有一定的激励作用，当该比重达到 60%时，薪酬的激励作用大大上升，但若该比重超过 60%则激励作用反而下降；富有弹性的薪酬结构可减少组织固定人工成本的支出，有利于对人工成本的控制。

要使薪酬结构富有弹性，在薪酬结构设计中应注意以下几个方面的问题。

（1）合理确定总薪酬中固定薪酬与变动薪酬的比重，寻找最适合本组织战略要求的弹性区间（变动薪酬浮动幅度的上下限）。

（2）合理确定组织薪酬形式的组合方案，尤其要注意选择适合组织性质、特点的利润分享激励型薪酬形式。

（3）要有科学的绩效评估系统和严格的考核管理制度。

（4）数目较多的薪酬等级层次、较小的薪酬级差和复合性质薪资标准，能使员工薪酬水平的调整保持较大的空间，有助于增加薪酬结构的弹性。

（5）应建立、健全薪酬调整制度，规范晋级、工资标准调整等行为。

7.1.2 薪酬结构的基本类型

薪酬结构基本类型的划分在薪酬结构的整个设计过程中有着举足轻重的地位。薪酬结构划分的依据和角度很多，在此只着重从两个角度来进行讲解。

1. 从薪酬结构设计依据的角度审视

从薪酬结构设计依据的角度审视，薪酬结构可分为四种：以职位为导向的薪酬结构、以技能为导向的薪酬结构、以绩效为导向的薪酬结构和组合薪酬结构。

1）以职位为导向的薪酬结构

以职位为导向的薪酬结构是以组织内部员工从事的工作作为薪酬结构设计的依据，通过工作分析和工作评价，确定组织的工作结构和相应的薪酬标准，进而形成的基于职位的薪酬结构。这种薪酬结构类型的关键点在于进行工作评价，即根据各种工作中所包括的技能要求、努力程度要求、任职资格要求和工作环境等因素，来决定各种工作之间的相对价值。通过对工作进行系统的、合理的评价来最终确定工作结构，然后由工作结构决定薪酬结构。它适用于职级较多且职位工作内容明确、规范、标准和稳定的组织。

以职位为导向的薪酬结构的优点在于能够有效地实现人尽其才，组织落实同工同酬，同时操作起来相对比较简单，管理成本也比较低。以职位为导向的薪酬结构的缺点在于对于职位的评价易于主观化，会影响内部公平的纯度，从而难以激励员工创新。当职位有限且员工晋升困难甚至无望时，则会在很大程度上影响组织员工的工作热情和工作积极性。

2）以技能为导向的薪酬结构

以技能为导向的薪酬结构是以组织内部员工所掌握的技能或知识为依据，通过技能分析（一般用于操作人员）或能力分析（一般用于管理和技术人员），确定组织的技能模块（完成工作所需的不同类型的技能的集合）或能力体系，并按技能水平不同或知识水平不同，在技能模块或能力体系内划分不同的等级，规定相应薪酬标准的薪酬结构。

以技能为导向的薪酬结构以技能分析为基础，强调技能广度的特点，有利于激励组织员工学习进取，同时鼓励员工成为一专多能的通才，并可以方便组织根据需要灵活调配员工并留住内部高级人才。当然，如果单一地以技能作为薪酬结构的设定依据，则不可避免地会出现员工技能普遍提高，进而导致组织成本居高不下，组织竞争力下降的情况。因此，组织在采用此种策略时应适当降低员工的起薪水平并控制好组织的员工培训计划。同时，要充分发挥员工的潜力，以较高的劳动效率、较少的定员定额来消化吸收较高的薪酬成本。

3）以绩效为导向的薪酬结构

以绩效为导向的薪酬结构是以组织员工对于组织目标达成的贡献程度为依据，通过员工的工作绩效表现确定组织的绩效划分体系，同时按照绩效水平的高低和绩效程度的多少来划分不同的分配等级，从而进一步规定对应薪酬标准的薪酬结构类型。

以绩效为导向的薪酬结构能反映出员工收入与工作目标完成情况的直接联系。在此类型的薪酬结构中，员工的工作目标比较明确，组织通过对整体组织目标的层层分解，进而增加其组织目标的实现度。除此之外，组织若采用此种薪酬结构，会相对避免一些过高的人力成本，节省部分人力成本。由于以绩效为导向的薪酬结构基于金钱对员工的激励作用，因此若组织经营状况不能达到预期，员工不能拿到高报酬，那么对员工的激励度会下降，从而影响员工的工作热情，甚至会有离职现象发生。

4）组合薪酬结构

组合薪酬结构是一种根据决定薪酬的不同因素及薪酬的不同职能而将薪酬划分为几个组成部分，依据绩效、技术和培训水平、职务或岗位、工龄等付酬因素，通过对几部分数额的合理确定，汇总后确定员工薪酬总额的薪酬结构。组合薪酬结构吸收了各类导向薪酬结构的部分优点，广泛运用于机关、组织和事业单位。它相对全面地考虑了员工对组织的投入，但由于其各组成部分的比例比较难以确定，所以呈现出这种薪酬结构在稳定性上的部分欠缺。

2. 从薪酬等级差异程度的角度审视

从薪酬等级差异程度的角度审视，现代薪酬结构可分为两种：扁平型薪酬结构和梯度型薪酬结构。

1）扁平型薪酬结构

扁平型薪酬结构又称平等化薪酬结构，是指等级较少、相邻等级之间和最高与最低等级之间薪酬差距较小的薪酬结构，应用最广泛的是宽带型薪酬结构。

所谓宽带型薪酬实际上是一种新型的薪酬结构设计方式，它是对传统的带有大量等级层次的垂直型薪酬结构的一种改进或替代。根据美国薪酬管理学会的定义，宽带型薪酬结构是指对多个薪酬等级及薪酬变动范围（薪酬区间）进行重新组合，从而变成只有相对较少的薪酬等级及相应较宽的薪酬变动范围，如图 7-1 所示。一般来说，每个薪酬等级的最高值与最低值之间的区间变动比率要达到 100%或 100%以上。一种典型的宽带型薪酬结构可能只有不超过 4 个等级的薪酬级别，每个薪酬等级的最高值与最低值之间的区间变动比率则可能达到 200%、300%。在传统薪酬结构中，这种薪酬区间的变动比率通常只有 40%～50%。

宽带这种概念来源于广播术语，而宽带型薪酬结构则始于 20 世纪 80 年代末 90 年代初。在美国经济 1987 年开始走下坡路，至 1990 年正式进入衰退期后，宽带型薪酬结构作为一种与企业组织扁平化、流程再造、团队导向、能力导向等新的管理战略相配合的新型薪酬结构设计方式应运而生。宽带型薪酬最大的特点是压缩级别，将原来十几甚至二十、三十个薪酬级别压缩成几个级别，并将每个级别对应的薪酬范围拉大，从而形成一个新的薪酬管理系统及操作流程，以便适应当时新的竞争环境和业务发展需要。例如，IBM 公司在 20 世纪 90 年代以前的薪酬等级有 24 个，后来被合并为 10 个范围更大的薪酬等级。

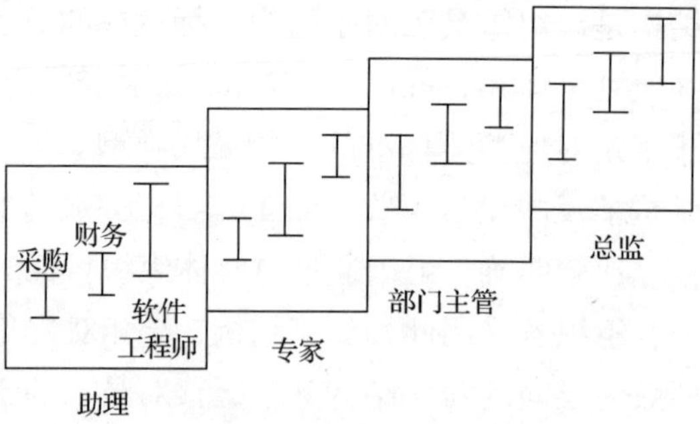

图 7-1 工资带划分图

2）梯度型薪酬结构

梯度型薪酬结构又称阶层化薪酬结构，即等级层次多、相邻等级之间薪酬差异较大，最高与最低薪酬水平差异也较大的薪酬结构。

梯度型薪酬结构要求对每个等级的工作进行细致描绘，明确每人的职责。选择梯度型薪酬结构的组织强调薪酬政策的差异性，认为这种薪酬结构承认员工之间在技能、责任和对组织贡献上的差别，更能体现公平性要求，而且较多的等级和频繁的职位晋升，具有更强的激励机制，更能鼓励员工积极参加培训、勇于承担责任风险，更具开拓创新精神。因此，梯度型薪酬结构更适合组织结构层次多、工作完成很大程度上以员工个人为核心的企业。

7.1.3 薪酬结构的构成

一个完整的薪酬结构模型如图 7-2 所示，其中横轴表示薪酬等级，纵轴表示薪酬区间。

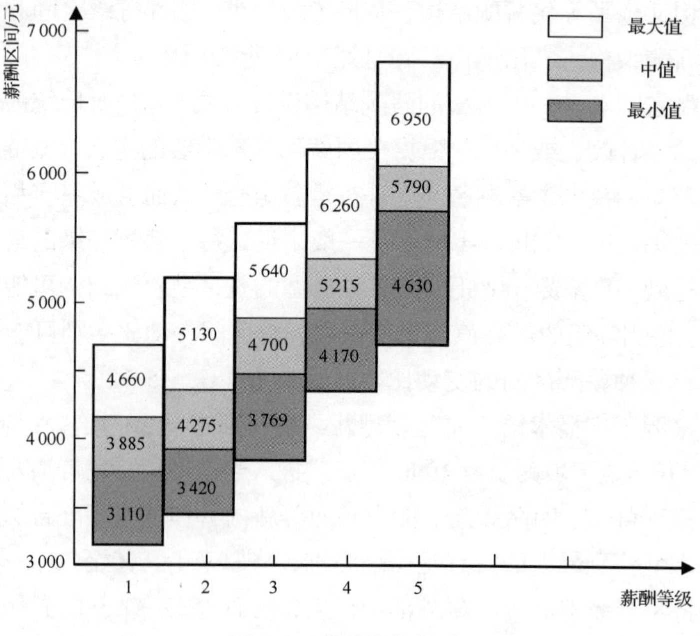

图 7-2 薪酬结构模型

1. 薪酬等级

薪酬等级是指在同一个组织中，薪酬标准由于职位或者技能等级的不同而形成的一种序列关系或梯次结构形式。在薪酬管理实践中，各类型企业的薪酬等级数目差异较大，一般而言，企业的薪酬结构由多少等级构成主要取决于企业的规模、性质、组织结构及工作的复杂程度，其数量多少没有绝对的标准。

薪酬等级的划分由“等”的划分和“级”的划分构成，在薪酬体系中，“级”的划分可能多达20层，而“等”的划分一般为7~10级，比“级”的划分数目要少得多。在薪酬管理实践中可能是一等一级，也可能是一等多级。宽带型薪酬结构多适用于扁平化的组织，其组织层级比较少，所以其“等”的划分一般为4～15等。当然，薪酬等级的划分除与上述因素有关外，组织中各个职位或技术职称设置的复杂性等都会影响“等”的划分数目。

2. 薪酬等级宽度及薪酬结构相关的概念

1）薪酬等级宽度

薪酬等级宽度实际上是同一薪酬等级中，薪酬最高值与最低值之间形成该等级薪酬的变动范围，又称薪酬区间、薪酬等级幅度等。它实际上是指在同一薪酬等级内部薪酬允许变化的最大幅度。

确定薪酬等级宽度的方法一般有两种：一种是根据不同的薪酬等级确定不同的薪酬宽度，即将薪酬宽度差别化，不设定具体的数值；二是根据经验数据确定，但这种以经验确定的各个级差的等级宽度变化还是有一定的规律的。一般而言，在等级工资制度下，以经验确定的薪酬等级宽度的设置为：生产后勤类的薪酬等级宽度可为15%～25%；中级管理类的薪酬等级宽度可为25%～40%；高级管理类的薪酬等级宽度可为40%～60%。但在宽带型薪酬结构中，其薪酬等级宽度要高于等级工资制度下薪酬等级宽度的2～5倍。

2）薪酬变动比率

与薪酬结构密切相关的一个重要概念是薪酬变动比率，它是衡量薪酬区间的指标。薪酬变动比率是指同一薪酬等级内部最高值与最低值之差同最低值的比率，又称区间变动比率，其计算公式为：

$$薪酬变动比率=（最高薪酬值-最低薪酬值）/最低薪酬值\times100\%$$

假设，最高薪酬值为7 000元/月，最低薪酬值为5 000元/月，其薪酬变动范围是5 000～7 000，变动的绝对差距是2 000，则薪酬变动率是40%，即（7 000-5 000）÷5 000×100%=40%。

通常情况下，薪酬变动比率的大小取决于特定职位所需的技能水平、任职资格等各种综合因素。薪酬等级越高，对特定职位的任职资格要求就越高，薪酬变动比率也会随之上升。原因在于：一方面，低职位对任职技能、经验、承担的责任及对企业的价值贡献等要求较低，相对稳定的薪酬变动比率则有益于管理员工和控制人工成本，同时能为低职位员工提供更多的发展空间；另一方面，高职位对任职技能、经验、承担的责任及对企业的价值贡献等要求较高，员工一般很难达到要求，企业不得不采取其他方式（如较大的薪酬变动）来认可其进步，而且职位越高，晋升的机会越少且难度越大，企业不得不依据资历或绩效标准在薪酬区间内提高其薪酬水平以实现激励。表 7-1 所示为不同职位的薪酬变动比率。

表 7-1　不同职位的薪酬变动比率

主要职位类型	薪酬变动比率
非豁免员工：生产工人、维修员、交易员	10%～30%
非豁免员工：办公室文员、技术人员、专家助理	25%～40%
豁免员工：一线管理人员、行政管理人员、专业人员	40%～60%
豁免员工：中高层管理人员、专家	50%～100%

资料来源：理查德·亨德森. 知识型企业薪酬管理[M]. 何训，张立富，安士辉，译. 北京：中国人民大学出版社，2008.

从表 7-1 中可以看出，薪酬变动比率随着职位任职资格的提高逐级升高，薪酬变动比率为 40%～60%的是对任职资格要求较高的一线管理人员、行政人员和专业人员，而薪酬变动比率为 50%～100%的是对任职资格要求更高的中高层管理人员和专家。

3）薪酬区间中值

薪酬区间中值，又称薪酬范围中值、薪酬变动范围的中值或薪酬等级中值，是薪酬结构管理中一个非常重要的因素，通常代表该等级职位在外部劳动力市场上的平均薪酬水平。之所以说薪酬区间中值是薪酬结构管理中一个非常重要的因素，是因为在薪酬结构设计中既要考虑每个职位等级本身的价值，又要考虑任职者的素质因素，一般的处理原则如下。

通过职位对应的薪酬等级的中值点来确定职位的价值，而任职者的个人能力的价值则体现在每个等级内部的薪阶中，这样就形成以“等”来体现职位价值、以“级”来体现个人价值的薪酬结构。薪酬区间中值对想要晋“等”或晋“级”的员工的要求无论是在职位上还是在职位胜任力上都很高。

与薪酬区间中值相关的一个概念是“相对比率”，相对比率又称比较比率，它通常用来表示某一员工实际获得的基本薪酬与相应薪酬区间中值之间的比例关系。具体而言，就是某个任职者的基本薪酬在特定等级中的哪个台阶上。

4）薪酬区间渗透度

薪酬区间渗透度是在对同一薪酬区间内部的员工薪酬水平进行分析时所使用的一个概念，它用来计算员工的实际基本薪酬与区间的实际跨度（最高值和最低值之差）的关系。薪酬区间渗透度的计算方法为：

薪酬区间渗透度=（实际所得基本薪酬−区间最低值）/（区间最高值−区间最低值）×100%

假设，某员工的基本薪酬是 7 000 元，而区间最高值是 10 000 元，区间最低值是 5 500 元，则薪酬区间渗透度是 33.3%，即（7 000−5 500）÷（10 000−5 500）×100%=33.3%。

薪酬区间渗透度实际反映了某一特定员工在其所在的薪酬区间中所处的相对地位，即反映了员工薪酬水平的高低，是衡量员工薪酬水平的有效工具。

3. 相邻薪酬等级之间的交叉与重叠关系

1）相邻薪酬等级的交叉与重叠

在薪酬结构中，相邻的两个薪酬等级之间经常会出现交叉与重叠，如图 7-3 所示。

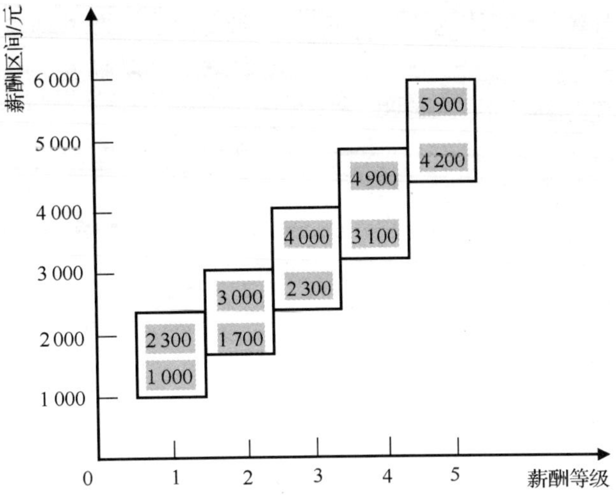

图 7-3　薪酬变动区间

从图 7-3 中可以看出，各相邻的两个薪酬等级之间都有一定程度的交叉与重叠，如第 1 薪酬等级与第 2 薪酬等级之间的交叉与重叠为 1 700～2 300 元，第 2 薪酬等级与第 3 薪酬等级之间的交叉与重叠为 2 300～3 000 元。

2）薪酬等级级差

薪酬等级级差又称级差，是指相邻两个薪酬等级中值之间的差距，包括中点级差和中值级差。

假设最高薪酬等级的中值和最低薪酬等级的中值一定且不变，若各薪酬等级中值之间的级差越大，则薪酬结构中的等级数量越少；反之则越多。

薪酬等级的区间中值级差越大，同一薪酬区间的变动比率越小，则薪酬区间的重叠区域越小；薪酬等级的区间中值级差越小，同一薪酬区间的变动比率越大，则薪酬区间的重叠区域越大。

企业根据自身的需要可以设计有交叉重叠的薪酬区间，也可以设计无交叉重叠的薪酬区间。无交叉重叠的薪酬区间又可以根据需要设计成衔接式的薪酬区间（指上一个薪酬等级的薪酬区间下限与下一个薪酬等级的区间上限在同一条水平线上）和非衔接式的薪酬区间（指上一个薪酬等级的薪酬区间下限高于下一个薪酬等级的区间上限）。

在薪酬结构管理的实践中，企业的薪酬结构设计通常采用有交叉重叠的薪酬区间，如图 7-3 中各相邻薪酬等级的最高值和最低值之间都有部分交叉影响到薪酬等级内部的区间变动比率和薪酬等级级差。

7.1.4　薪酬结构的作用

薪酬结构既是薪酬管理的重要组成部分，也是企业薪酬体系的重要组成部分，具有其他制度体系不可替代的作用。薪酬结构的作用具体表现在以下几个方面。

1．对管理者显著的激励效果

目前已有许多研究表明薪酬结构比薪酬水平有更显著的激励效果。例如，詹森和墨菲认为支付管理者多少报酬并不重要，重要的是如何支付他们报酬，即管理者的薪酬是如何构成的。迈赫兰提出证据表明管理者是由薪酬形式而不是由薪酬水平激励的。由此可见，薪酬结构的形式对薪酬水平而言具有更显著的激励效果。

2. 薪酬支付的客观标准

无论是以职位为导向确定的薪酬结构，还是以技能为导向确定的薪酬结构，都体现了价值差异和薪酬差异的对等关系，即薪酬结构最终反映的是职位与员工价值的大小，从另一角度体现了组织是按照一定的标准支付员工的薪酬的，而不是以管理者的主观喜好为导向来确定员工的薪酬支付。

3. 展现组织结构与具体管理模式

薪酬结构的类型选择在一定程度上反映了组织的特定结构形式、特定的组织文化、特定的经营管理模式。例如，劳动密集型的企业（如成熟的制造企业）比较适合采用严格的等级薪酬结构，而知识密集型企业（如高科技企业）更适合采用宽带型薪酬结构。

4. 促进组织变革与发展

合理的薪酬结构可以通过作用于员工个人、工作团队来创造出与组织变革相适应的内部氛围和外部氛围，从而有效地推动组织的变革与发展，使组织变得更加灵活，对市场和客户的反应更为迅速、有效。

5. 增值作用

薪酬是组织购买劳动力的成本，能够给组织带来大于成本的预期收益，尤其是合理的薪酬结构具有很强的激励功能，能够激发员工的积极性、创造性，使其能主动、自觉地参加培训，以提升自身的素质与能力，从而提高组织的绩效。

7.1.5 薪酬结构的类别与选择策略

企业的薪酬结构有不同的类别，类别的选择与组织的薪酬策略相关，同时需要与特定的组织结构、职位体系及薪酬支付的基础或标准相匹配。

1. 与组织结构相匹配的薪酬结构

与组织结构相匹配的薪酬结构有三种基本类型：平等式薪酬结构、等级式薪酬结构和网络式薪酬结构。

（1）平等式薪酬结构。平等式薪酬结构的主要特征：薪酬等级数目较少，相邻等级之间及最高与最低薪酬之间的差距较大。这种偏向平等的薪酬结构中，每个等级界定的任务职责范围较为宽泛，能够使员工拥有更大的决策自主权。平等式薪酬结构的理念是所有员工都应得到公平的对待，越平等就越能提高员工的工作满意度，促使形成企业内的优秀工作团队，提高员工绩效。

（2）等级式薪酬结构。等级式薪酬结构的主要特征：薪酬等级数目较多，相邻等级之间及最高与最低薪酬之间的差距较小。多重的薪酬等级通常要求对每个等级所做的工作给出细致的描述，明确每个人的职责。等级式薪酬结构的理论基础是频繁的职位晋升能够起到很好的激励作用。这种薪酬结构承认员工之间技能、责任和对组织贡献的差别。因此，一些重视低成本、以顾客为中心、强调标准化和资历的传统企业，多采用等级式薪酬结构。

（3）网络式薪酬结构。网络式薪酬结构的主要特征：薪酬等级结构和薪酬等级标准多以市场变动为依据，同时比较关注跨组织之间的人员和能力组合。

表 7-2 所示为不同组织结构类型下薪酬结构类型的选择。

表 7-2 不同组织结构下薪酬结构类型的选择

组织结构类型	成熟的等级型组织结构	不稳定的平行型组织结构	网络型组织结构
薪酬结构类型	多种职位等级，且经常互相重叠。 设定薪酬额度，上下波动范围一般为 35%～50%	职位等级少，重视市场薪酬水平，参考个人技术与竞争潜力。 薪酬浮动额度在 200%左右；互相重叠少	薪酬水平由市场决定。 个人能力、贡献与业绩是重要的参考指标

一般而言，与成熟的等级型组织结构相匹配的多是等级式薪酬结构，与不稳定的平行型组织结构相匹配的多是平等式薪酬结构，与网络型组织结构相匹配的多是网络式薪酬结构。

2. 与职位体系相匹配的薪酬结构

规模较大或者员工组成比较复杂的企业，一般不采用单一的薪酬结构，而采取多元化的薪酬结构，并形成一个大的薪酬结构体系。从企业的实践看，薪酬结构类别的选择通常有四个依据。

（1）非豁免雇员与豁免雇员的区分。非豁免雇员主要包括生产作业人员、技术人员、研究助理、临时用工等，他们受到加班工资法律条款和政府的保护；豁免雇员主要包括管理职、行政职、专业职雇员等，他们的市场流动性较大，在劳动法规和政府对其的保护较弱。因此，企业一般针对这两种类别的员工分别设计薪酬结构。

（2）职位族的划分。职位族对企业薪酬结构的影响较为直接，不同职位族受不同劳动力市场的影响，其对企业价值的贡献方式也不同。因此，企业通常会按照职位族来设计薪酬结构。我国一些大型企业的职位族划分通常包括管理人员、专业人员、技术人员、操作人员和劳务人员等。

（3）地理区域之间的差异。有些企业的地理位置很分散，如有的企业的市场销售部、制造厂、服务中心和行政职能部门不在同一个地点办公。在这种情况下，地方的劳动力市场、税收政策、生活水准等因素都会影响薪酬的分配。因此，企业通常给不同分支结构选用不同的薪酬结构，以适应当地的市场和社会环境。

（4）分支机构的协调。有些集团公司拥有多个子公司，子公司之间在经营业务上有较大差异，如高科技子公司和制造子公司就需要截然不同的薪酬结构。在这种情况下，不同分支机构内可以根据职位族特征设计更多类型的薪酬结构。

3. 与薪酬支付基础或标准相匹配的薪酬结构

薪酬结构类型也需要与薪酬支付基础或标准相匹配，即根据什么来确定不同职位或技能之间薪酬的差异。据此，薪酬结构可分为两类：以职位为基础的薪酬结构和以技能为基础的薪酬结构。前者是指根据职位的价值或其在企业中的地位来确定不同职位的薪酬等级标准；后者是指将员工的技能、资历或能力作为薪酬等级的划分标准。

选择以职位为基础的薪酬结构还是以技能为基础的薪酬结构需要结合企业类型、发展阶段、员工特征等因素综合考虑。表 7-3 所示为以职位为基础的薪酬结构和以技能为基础的薪酬结构的比较。

表 7-3　以职位为基础的薪酬结构和以技能为基础的薪酬结构的比较

特　征	以职位为基础的薪酬结构	以技能为基础的薪酬结构
薪酬水平的决定因素	考核工作绩效的市场标准	考核技术的市场标准
基本薪酬的决定因素	职位的不同薪酬要素价值	员工的知识或技术
基本薪酬的增加依据	工作目标或工作资历	员工获得的知识或技术
基本薪酬的升级依据	工作绩效标准	员工过去工作的技术和熟练程度
对雇员的主要好处	完成相应工作就可以得到工资	工作的多样性与丰富性
对雇主的主要好处	简便的薪酬管理	工作安排的灵活性

资料来源：约瑟夫·J.马尔托奇奥. 战略薪酬：人力资源管理方法[M]. 北京：社会科学文献出版社，2002.

从表 7-3 中可以看出，以职位为基础的薪酬结构和以技能为基础的薪酬结构之间的差异可以从薪酬水平的决定因素、基本薪酬的决定因素、基本薪酬的增加依据和升级依据，以及对雇员和雇主的主要好处等方面考查。实践证明，能否将二者有机结合将成为薪酬结构设计与创新的重要领域。

7.2　薪酬结构的设计原则、设计方法与设计步骤

7.2.1　薪酬结构的设计原则

企业薪酬结构的设计必须遵循一定的原则。薪酬结构的设计原则包括以下几点。

1. 战略导向原则

战略导向原则强调企业必须从企业战略角度进行分析，制定薪酬政策和制度时必须体现企业发展的战略要求。

2. 内部一致性原则

内部一致性原则是体现企业内部工作价值一致性的原则，又称基于岗位价值付薪的原则，指企业应该清楚地了解每一项工作的相对价值，并能客观地在薪酬等级中予以反映。

3. 外部竞争性原则

外部竞争性原则具体表现为按照市场价格付薪。尽管薪酬结构设计属于内部薪酬管理，但是现代企业薪酬管理不可能将内部管理与外部管理完全割裂开来。

4. 经济性原则

经济性原则强调企业设计薪酬结构时必须充分考虑企业自身发展的特点和支付能力。它包含两个方面的含义：从短期来看，企业的销售收入扣除各项非人工费用和成本后，要能够支付企业所有员工的薪酬；从长期来看，企业在支付所有员工的薪酬及补偿所用非人工费用和成本后要有盈余，这样才能支撑企业追加和扩大投资，获得可持续发展。

5. 激励性原则

薪酬结构的设计必须适应组织的人力资源政策并为之服务，如果实行以职位晋升为激励手段的政策，则要保持薪酬等级之间有足够的差距；如果实行以不断提高技能为激励手段的政策，则要提高技能工资的比例。

7.2.2　薪酬结构的设计方法

1. 工作评价法

工作评价法包括基准职位定价法和设定工资调整法。

1）基准职位定价法

基准职位定价法主要是利用市场薪酬调查来获得基准职位的市场薪酬水平，并利用对基准职位的工作评价结果建立薪酬政策线，进而确定薪酬结构。该方法能够很好地兼顾薪酬的外部竞争性和内部一致性，在比较规范的、与市场相关性强的企业薪酬结构中应用比较广泛。

2）设定工资调整法

设定工资调整法是指企业根据经营状况自行设定基准职位的薪酬标准，然后根据工作评价结果设计薪酬结构。企业设定薪酬水平的典型做法是首先设定最高端与最低端的薪酬水平，然后以此为标杆，酌情设定其他职位的薪酬水平。这种薪酬结构的设计比较重视内部一致性，但忽略了外部竞争性，比较适合与劳动力市场接轨程度低的企业。

2. 非工作评价法

非工作评价法包括直接定价法和当前工资调整法。

1）直接定价法

直接定价法是指企业所有职位的薪酬完全由外部市场决定，根据外部市场各职位的薪酬水平直接建立企业内部的薪酬结构。这是一种完全市场导向型的企业结构设计方法，体现了外部竞争性，但忽略了内部一致性，比较适合市场驱动型的企业，其员工的获取及薪酬水平的确定直接与市场挂钩。

2）当前工资调整法

当前工资调整法是指在当前工资的基础上对原企业薪酬结构进行调整或再设计。薪酬结构调整的本质是对员工利益的再分配，这种调整将服从于企业内部管理的需要。

7.2.3 薪酬结构的设计步骤

薪酬结构的设计步骤包括薪酬政策线的制定、职位薪酬等级序列设计、薪酬等级范围的确定和薪酬等级结构的调整。

1. 薪酬政策线的制定

薪酬政策线是指薪酬中值点所形成的趋势线，它的主要作用是确定企业薪酬的总体趋势。

1）职位薪酬政策线的内涵与绘制步骤

在薪酬结构的设计中，薪酬政策线是企业薪酬结构形态的集中体现，它是由每个薪酬等级的中值连成的一条曲线。在特定情况下，薪酬政策线也可以被看作企业认可的市场基准水平线。

对大多数企业而言，基准职位定价法是常用的薪酬结构设计方法，它在薪酬结构设计中同时考虑了内部一致性和外部竞争性原则。应用基准职位定价法时，薪酬政策线的绘制需要将每个职位的内部等级或评价分数（点数）与该职位的市场薪酬水平画在一幅坐标图上，通过分析来平衡它们之间的差异，这样绘制成的曲线即薪酬政策线。

下面根据某公司市场薪酬调查与职位评价的部分结果（见表 7-4）来说明薪酬政策线的绘制步骤。

表 7-4 某公司市场薪酬调查与职位评价的部分结果对照表

职 位 名 称	职位评价点数	市场薪酬值/元
出纳	147	3 414
设备采购专员	168	3 750
薪酬专员	199	4 375
公共关系专员	221	4 657
秘书	242	4 871
初级法律顾问	297	5 936
系统分析员	359	6 357
会计主管	419	8 157
项目经理	449	9 879
人事经理	587	11 732
财务经理	619	12 997
市场经理	694	13 998

（1）确定基准职位的市场薪酬水平与内部评价结果之间的关系，如图 7-4 所示。纵轴代表基准职位的市场薪酬值，横轴代表依据职位评价结果而确定的职位评价点数。

（2）利用确定的绘制方法绘制薪酬政策线。绘制薪酬政策线的方法包括徒手法、最小二乘法、曲线拟合法。

（3）薪酬政策线的调整。根据薪酬水平政策或管理需要，对薪酬政策线进行位置移动。

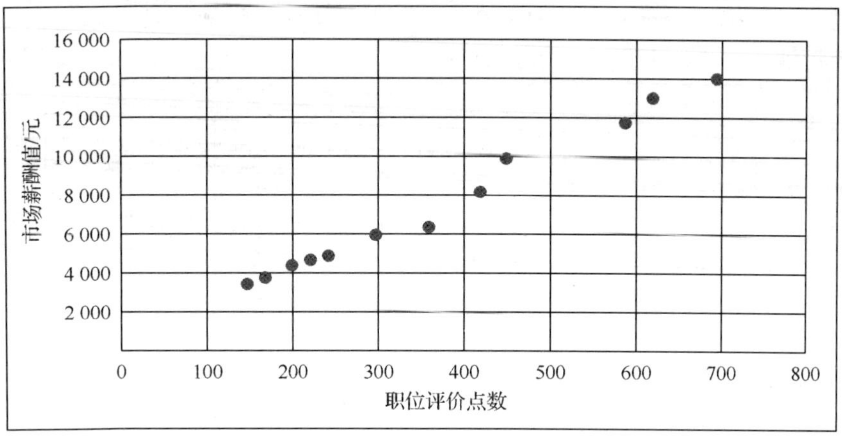

图 7-4　职位评价点数与市场薪酬值组成的散点图

2）绘制薪酬政策线的方法

（1）徒手法。

徒手法最为简便，具有适用于规模较小的企业、对薪酬数据要求不太精准及符合设定工资调整法需要等特点。徒手线分为三种类型：线型徒手线、代数线型徒手线和设定值徒手线。

a. 线型徒手线。线型徒手线的绘制方法就是凭视觉直接绘制一条直线，它能较好地反映和对照薪酬散点图上的各个点。线型徒手线需要从图表中的分散点中间穿过，使这条线的纵向离差最小，即与各点垂直距离的平方和最小，如图 7-5 所示。

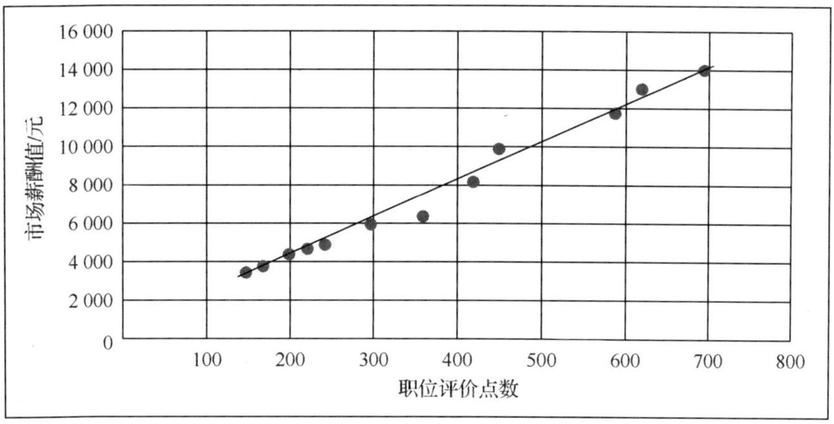

图 7-5　线型徒手线的薪酬政策线绘制

b. 代数线型徒手线。代数线型徒手线的绘制方法：画一条直线连接两个典型职位在薪酬散点图中的位置点，并以薪酬水平为因变量、职位评价点数为自变量建立一次线性方程。代数线型徒手线的薪酬政策线绘制如图 7-6 所示。

以薪酬专员和项目经理两个职位的薪酬水平和职位评价点数来绘制薪酬政策线的具体步骤如下。

设薪酬水平为 Y，职位评价点数为 X，二者之间的关系为 $Y=aX+b$；将薪酬专员和项目经理两个职位的薪酬水平与职位评价点数分别代入上述方程，即将 $X_1=199$，$Y_1=4\ 375$，$X_2=449$，

Y_2=9 879 代入上面方程，求得 a=22.016，b=−6.184，连接这两个职位评价点所得到的就是线型徒手线的薪酬政策线，而方程为 Y=22.016X−6.184。

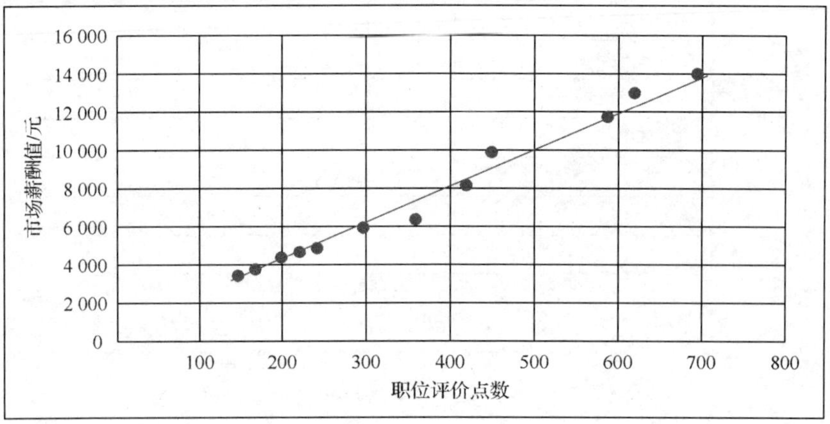

图 7-6 代数线型徒手线的薪酬政策线绘制

c. 设定值徒手线。设定值徒手线一般是指在不需要市场薪酬调查数据的情况下，通过企业高层领导设定企业的最高薪酬值和最低薪酬值而绘制的徒手线。设定值徒手线比较适用于自行设定薪酬水平的企业。图 7-7 所示为根据设定的最高薪酬值和最低薪酬值而绘制的徒手线，其他职位的薪酬值介于二者之间。

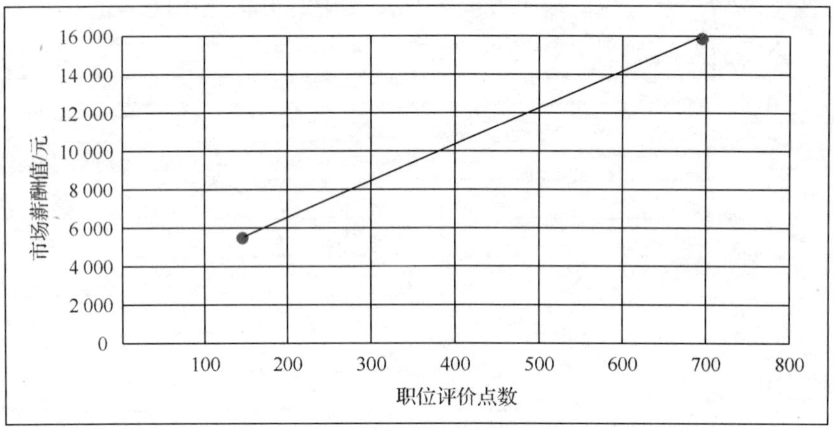

图 7-7 设定值徒手线的薪酬政策线绘制

（2）最小二乘法。

薪酬政策线最常用的绘制方法是最小二乘法，最小二乘法能够保证所绘制的薪酬政策线与各点值的离散度最小，拟合优度较高。下面仍设薪酬水平为 Y，职位评价点数为 X，二者之间的关系为：

$$Y=aX+b$$

$$\sum Y=na+b\sum X$$

$$\sum X\cdot Y=a\sum X+b$$

根据上述两个联立方程计算得：

$$a=\frac{\sum X^2 \bullet \sum Y \bullet \sum X \bullet Y}{n\sum X^2-\left(\sum X\right)^2}$$

$$b=\frac{n\sum X \bullet Y-\sum X \bullet \sum Y}{n\sum X^2-\left(\sum X\right)^2}$$

如果应用最小二乘法计算得到薪酬水平与职位评价点数之间的关系为：Y=20.007X+200.560，那么根据该方程计算得到每个职位的薪酬值如表 7-5 所示，利用此结果绘制的最小二乘法的薪酬政策线如图 7-8 所示。

表 7-5 最小二乘法薪酬回归值与市场值比较

职 位 名 称	职位评价点数	市场薪酬值/元	回归薪酬水平/元（四舍五入取整数）
出纳	147	3 414	3 142
设备采购专员	168	3 750	3 562
薪酬专员	199	4 375	4 182
公共关系专员	221	4 657	4 622
秘书	242	4 871	5 042
初级法律顾问	297	5 936	6 143
系统分析员	359	6 357	7 383
会计主管	419	8 157	8 583
项目经理	449	9 879	9 184
人事经理	587	11 732	11 945
财务经理	619	12 997	12 585
市场经理	694	13 998	14 085

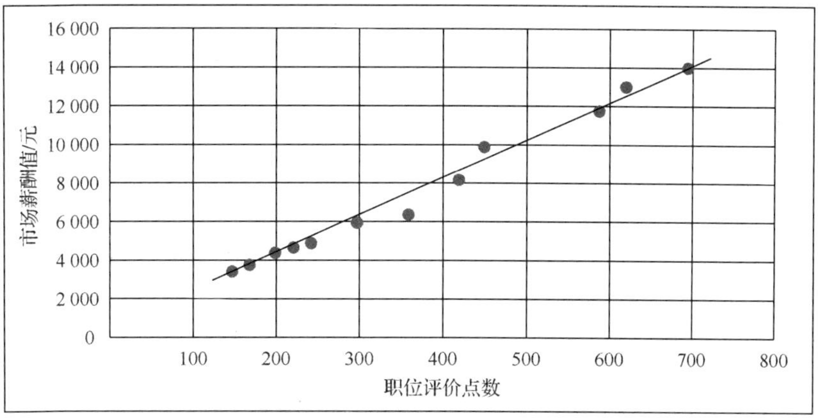

图 7-8 最小二乘法的薪酬政策线绘制

从表 7-5 中可以看出，同一职位在不同企业之间价值差距较大。回归薪酬水平正是为了实现外部薪酬水平与内部薪酬结构之间的均衡与协调。依据该表，企业市场经理的外部薪酬水平是每月 13 998 元，而回归值是每月 14 085 元，表明该企业的市场经理的职务工资高于市场的平均水平。随着计算机技术的普及，最小二乘法可以在 Excel、SPSS 等统计分析软件中自动完成。

3）薪酬政策线的调整

薪酬政策线制定之后，还需要根据薪酬水平政策对其进行调整。企业有领先型、跟随型和滞后型等几种外部薪酬水平政策。如果某企业采取领先型政策，那么它在绘制薪酬政策线时需要将相应职位的薪酬水平定位在第 50 个百分位之上；如果采取滞后型政策，则应将薪酬水平定位在第 50 个百分位以下；如果采取跟随型政策，则其薪酬水平应保持在第 50 个百分位左右。

上述薪酬政策线的调整思路不可忽视时间因素，因为在一段时间内不同职位的市场薪酬水平会有一定程度的浮动，因此薪酬政策线的调整是在薪酬政策执行过程中实现的。假设所有职位的薪酬水平政策都将发生变化，并且预期平均薪酬水平在下一年度将提高 5%，那么不同企业需要根据其薪酬水平政策进行相应调整。

（1）领先型政策的调整。

采取领先型政策的企业，在年初可以将薪酬政策线定位在高于市场线 5%的位置上，这样在年末，企业的薪酬水平就可以与市场水平持平，如图 7-9 所示。

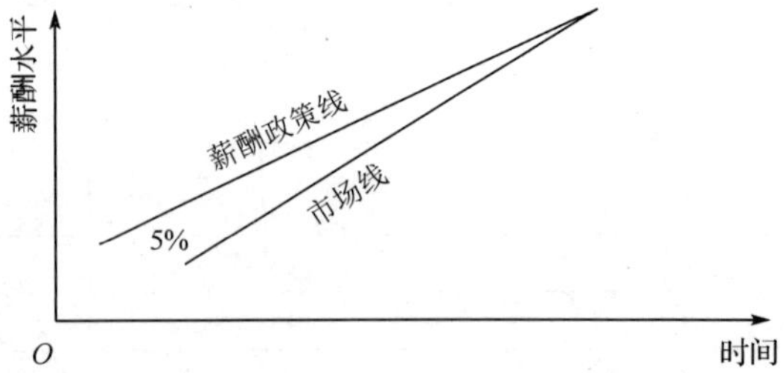

图 7-9 薪酬政策线的调整（a）

（2）跟随型政策的调整。

采取跟随型政策的企业，在年初可以将薪酬政策线定位在高于市场线 5%的位置上，而在随后一年的时间里逐步降低，到年末企业的薪酬水平已低于市场线的 5%，而整个年度企业薪酬水平与市场水平持平，如图 7-10 所示。

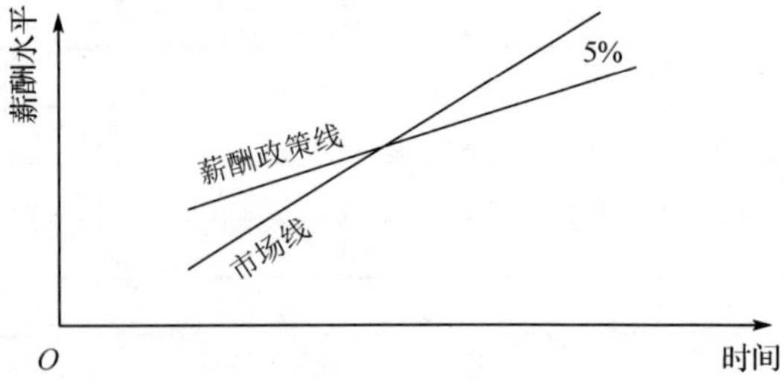

图 7-10 薪酬政策线的调整（b）

（3）滞后型政策的调整。

采取滞后型政策的企业，在年初可以将薪酬政策线定位在市场线之下，这样在年末，企业的薪酬政策线已低于市场线的 5%，如图 7-11 所示。

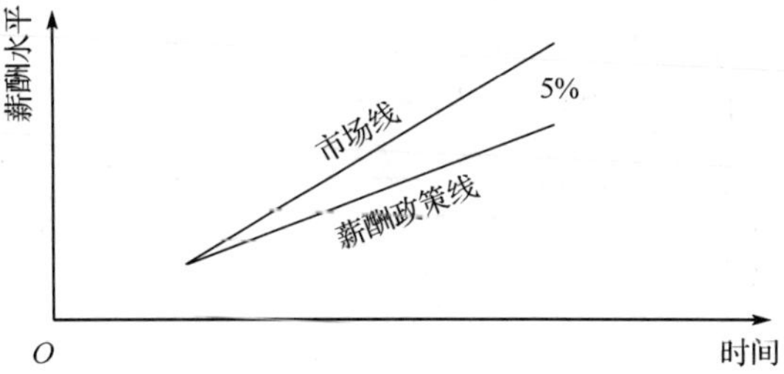

图 7-11　薪酬政策线的调整（c）

2．职位薪酬等级序列设计

职位薪酬等级序列是指由每个职位的薪酬等级的中值所形成的序列关系，它的四个设计要点分别为：最高与最低职位等级薪酬差、职位薪酬等级数目、职位薪酬等级级差和职位薪酬等级中值。

1）最高与最低职位等级薪酬差的确定

（1）影响因素。

建立企业的薪酬政策线之后，需要确定最高职位薪酬等级与最低职位薪酬等级的比率，在确定这一比率时要综合考虑以下因素。

① 最高与最低等级职位的工作复杂程度的差别。

② 国家规定的最低工资标准。

③ 市场可比的薪酬率。

④ 企业薪酬基金的支付能力和薪酬结构。

需要注意的是，最低职位薪酬通常要根据外部劳动力市场、相关劳动立法，尤其是最低工资标准及其变动来确定。

（2）设计要点。

企业的总经理、首席执行官等通常被认为是企业最高薪酬的拥有者，但总经理对企业的价值往往难以衡量，也不便同其他职位的基本薪酬进行对比。因此，在实行年薪制的企业中，以总经理为代表的高级职位的薪酬通常不纳入企业的整体薪酬结构中。在职位薪酬等级结构设计中，薪酬的最高值是指一个价值范围，并非最高点，所以通常使用最高中值与最低中值来体现薪酬政策线的作用。反映二者比率的 Rh_l 的计算公式为：

$$Rh_l=最高薪酬中值/最低薪酬中值$$

2）职位薪酬等级数目的设计

职位薪酬等级数目是指企业的薪酬结构由多少个等级构成。

（1）影响因素。

职位薪酬等级数目的确定因素主要包括以下几点。

① 企业的规模、性质及组织结构。薪酬等级取决于职位等级。规模大、性质复杂及纵向等级结构鲜明的企业，薪酬等级多；反之，规模小、性质简单、扁平型的企业，薪酬等级少。

② 工作的复杂程度。薪酬等级结构要能覆盖组织内的全部职位、岗位和工种。在确定薪酬等级数目时，要考虑同一职位族内或不同职位间工作复杂程度的差别。例如，劳动复杂程度

高、差别大的职位族，设置的薪酬等级数目多；反之，则少。

③ 薪酬级差。在一定的薪酬总额下，薪酬等级数目与薪酬级差成反向关系。一般情况是，级差大，薪酬等级数日少；级差小，薪酬等级数目多。

（2）设计要点。

在职位薪酬等级数目的设计上，需要注意以下几点。

① 一般企业内的职位薪酬等级多为 7～10 级，同一职位等级可使用多薪酬率，即由多个薪酬“阶”构成。

② 不同职位薪酬等级的薪酬区间有部分交叉，即下一等级的高位薪酬可以超过上一等级的低位薪酬。

③ 目前的趋势是薪酬等级数目减少，每个等级之间的薪酬幅度拉宽，同一薪酬等级内的薪酬差距拉大，即出现薪酬等级结构的宽带化趋势。这种变革最初是为了缓解员工的资历与晋升之间的矛盾，后来主要是为了适应组织扁平化、薪酬赋权、团队管理及员工激励等需要。

3）职位薪酬等级级差的设计

职位薪酬等级级差是指薪酬等级中相邻两个职位等级薪酬中值的比率，它反映了不同等级职位由于价值差异、工作复杂程度差异等对应的不同薪酬水平。薪酬等级级差可以用绝对额、级差百分比或薪酬等级系数等指标来表示。

（1）影响因素。

设计薪酬等级级差时，需要综合考虑以下因素。

① 薪酬等级级差越小，某个职位被赋予特定薪酬率的可能性就越大。因为薪酬等级范围将职位评价结果相近的职位划分为一个等级，通常 3%的级差率会划分出 50 个职位等级数目，而 20%的级差率只有 5～6 个等级数目。50 个等级的薪酬结构会使每个职位在其对应的等级内部仅有很小的调整空间，而 6 个等级的结构则给予每个职位在其对应的等级内部以较大的调整空间。

② 薪酬等级级差越大，则需要企业拥有更多数目的薪酬结构，以适应不同职位群体的要求。

③ 薪酬等级级差越大，越有利于衡量员工在不同职位之间的薪酬差别，从而有利于其自身的职业路径选择。

（2）设计要点。

薪酬等级级差设计的重要指标是级差百分比，其值等于相邻两个等级薪酬中值的差额除以下一等级的薪酬中值，并用百分比表示。比如，第 3 等级的薪酬中值为 4 000 元，第 4 等级的薪酬中值为 5 000 元，那么第 4 等级与第 3 等级之间的级差百分比为 25%。

职位薪酬等级之间的级差百分比可按以下四种方式递增。

① 等比级差，即各薪酬等级之间以相同的级差百分比逐级递增，公式为：

$$D = \sqrt[n-1]{A} - 1$$

式中，D 为等比级差；n 为薪酬等级数目；A 为薪酬等级表的倍数。

等比级差有两个优点：第一，薪酬数额以相同的百分比递增，级差随绝对额逐级扩大，但等级之间的差距并不悬殊；第二，便于进行人工成本预算和企业薪酬计划的制定。

② 累进级差，即各等级薪酬之间以累进的百分比逐级递增（见表 7-6）。

表 7-6　累进级差薪酬变动

薪酬等级	1	2	3	4	5	6	7	8
级差百分比（%）	—	13	14.2	15	16	17.5	18.2	19

资料来源：刘雄，赵延. 现代工资管理学[M]. 北京：北京经济学院出版社, 1997.

按照累进方式确定的薪酬级差，等级之间的绝对额悬殊明显，收入差距大。与等比级差相比，这种级差对员工的激励作用大，适用于需要突出个人能力的工作，需要对员工进行定期培训，升级员工个人能力。

③ 累退级差，即各种薪酬等级之间以累退的比例逐级递增（见表 7-7）。

表 7-7　累退级差薪酬变动

薪酬等级	1	2	3	4	5	6	7	8
级差百分比（%）	—	27	21.3	17.6	14.9	13	11.5	10.3

资料来源：刘雄，赵延. 现代工资管理学[M]. 北京：北京经济学院出版社, 1997.

④ 不规则级差，即各等级薪酬之间按照分段式来确定级差百分比和级差绝对额的变化。各段分别采取等比、累进或累退等形式。例如，一些企业采用“两头小，中间大”的级差（见表 7-8）。

表 7-8　不规则级差薪酬变动

薪酬等级	1	2	3	4	5	6	7	8
级差百分比（%）	—	12	15	20	20	18	16	14

资料来源：刘雄，赵延. 现代工资管理学[M]. 北京：北京经济学院出版社, 1997.

不规则级差在薪酬等级级差的确定上比其他方式更为灵活，也比较符合薪酬分布的一般规律，在企业薪酬等级级差的确定中应用比较广泛。

4）职位薪酬等级中值的确定

职位薪酬等级中值，又称薪酬等级范围中值或薪酬等级区间中值。它通常代表该等级职位在外部劳动力市场上的平均薪酬水平。

在薪酬结构的设计中，除考虑每个职位等级本身的价值外，还需要考虑任职者的素质因素。一般的处理原则是，职位的价值可通过其对应的薪酬等级的中值点来确定，而任职者的能力或资历则体现在每个等级内部的薪阶中。这样就形成以“级”来体现职位价值，以“阶”来体现个人价值的薪酬结构。薪酬结构就像一座高楼，每一层的楼梯是一个“等级”，简称“级”（Grade），而每层楼梯的每一个台阶就是一个“阶”（Step）。员工如果想晋级，则需要通过职位变动；如果想晋阶，则需要提高职位胜任力。这种设计理念也可用于职位绩效的设计。

与薪酬中值相对应的薪酬等级形成了薪酬政策线上的点。与薪酬中值相对应的另一个概念是相对比率，它通常是指某一任职者实际获得的基本薪酬与相应薪酬等级中值之间的关系。形象点说，相对比率表明了该任职者的基本薪酬在特定等级中的哪个台阶上。薪酬等级相对比率是企业薪酬管理诊断经常使用的一个指标。

3．薪酬等级范围的确定

1）薪酬区间的设计

在确定了每个职位薪酬等级的中值之后，就要确定该薪酬等级变动范围中的最高值和最低值。薪酬等级最高值与最低值之间形成该等级的薪酬变动范围，又称薪酬区间，它实际上是指在某一薪酬等级内部允许变化的最大幅度，如图 7-12 所示。

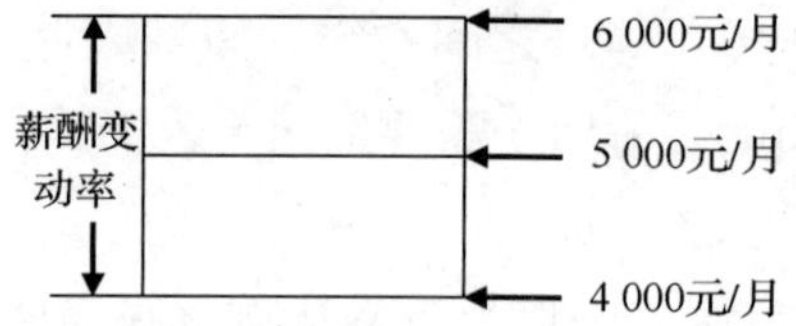

图 7-12　薪酬等级区间及其变动率

衡量薪酬区间的指标是薪酬变动比率，又称区间变动比率，它是指同一薪酬等级内部的最高值与最低值之差与最低值的比率，即

薪酬变动比率=（最高薪酬值-最低薪酬值）/最低薪酬值×100%

在图 7-12 的例子中，最高薪酬值为 6 000 元/月，最低薪酬值为 4 000 元/月，则薪酬变动比率为 50%。

通常，一个等级内部的最高薪酬值与最低薪酬值是根据薪酬中值来确定的，这样就需使用另一种方法来计算薪酬区间变动比率，即以中值为基础来计算，公式为：

以中值为基础的薪酬变动比率=（最高薪酬值-最低薪酬值）/薪酬中值×100%

上半部分薪酬变动比率=（最高薪酬值-薪酬中值）/薪酬中值×100%

下半部分薪酬变动比率=（薪酬中值-最低薪酬值）/薪酬中值×100%

在图 7-12 的例子中，以中值为基础的薪酬变动比率计算结果为 40%，上、下部分薪酬变动比率均为 20%。通常，薪酬变动比率为 20%～50%，上、下部分的薪酬变动比率为 10%～25%。

在设计薪酬等级区间时，各等级的薪酬变动比率不同。一般而言，薪酬等级越高，对特定职位的任职资格要求就越高，薪酬变动比率也会随之增加。职位等级之间薪酬变动比率存在差异的原因：较低的职位所要求的任职者的技能、经验、承担的责任及对企业的价值贡献等相对有限，较为稳定的薪酬变动比率有利于管理和控制人工成本，而且能够给予较低职位的员工更多的发展空间；而对较高的职位而言，因为其任职资格要求高，员工很难达到要求，所以需要企业通过较大的薪酬变动来认可员工的进步，而且职位越高，晋升难度越大，一些缺乏晋升机会的员工只能按照资历或绩效的标准在薪酬区间内提高其薪酬水平。表 7-9 所示为不同职位对薪酬变动比率的影响。

表 7-9 不同职位对薪酬变动比率的影响

主要职位类型	薪酬变动比率
非豁免员工：生产工人、维修员、交易员	10%～30%
非豁免员工：办公室文员、技术人员、专家助理	25%～40%
豁免员工：一线管理人员、行政管理人员、专业人员	40%～60%
豁免员工：中高层管理人员、专家	50%～100%

从表 7-9 中可以看出，随着职位任职资格的提高，薪酬变动比率是逐级提高的，中高层管理人员和专家的薪酬变动比率为 50%～100%。

2）薪酬区间内部结构的设计

薪酬区间内部结构可以分为两种类型。

① 开放的薪酬区间。它主要限定薪酬等级范围的最低值、中值和最高值，使员工的薪酬水平可以处在等级范围中的任何位置。开放的薪酬范围可以用于业绩奖励（成就工资），目的是奖励员工更高的业绩，也可用于宽带型薪酬的设计。

② 阶梯的薪酬区间。即在等级区间内设计一系列的薪阶，薪阶之间相隔一个具体的距离，距离的设计跟薪酬等级中值设计的原理相仿，不再详述。图 7-13 所示为一个特定薪酬等级内部薪阶的分布与变动比率。

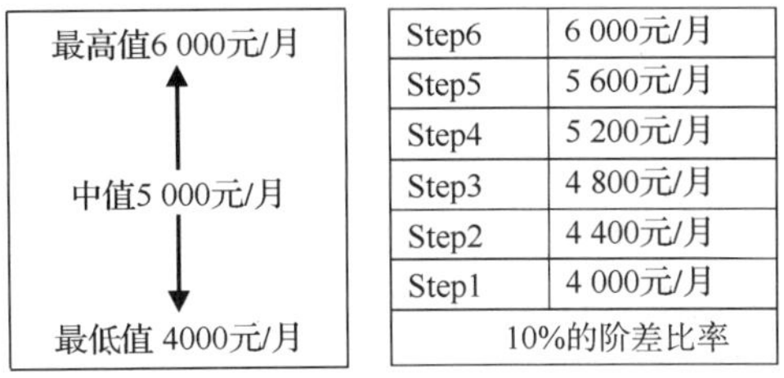

图 7-13 薪酬内部等级结构的设计举例

根据图 7-13，阶差比率是指从 Step1 到 Step2，Step3……的变动比率，用百分数表示，在图 7-13 的例子中，各阶差比率是常数 10%，称为均匀型阶梯薪酬范围。另一种是非均匀阶梯薪酬范围，其阶差比率呈递增形式。比如，下半部分的递增比率为 10%，上半部分的递增比率为 15%，其原理与等级级差设计相近，表明越往上走，员工晋阶的可能性就越小。

如果员工的职位没有发生变动，那么员工的薪酬水平将在一个薪酬等级内部由最低值沿着薪阶升到最高值。晋阶的依据和标准通常有三个，分别是业绩、技能和资历。

成就工资下，员工的薪酬水平随着年度绩效考核的结果逐步提高，或者企业直接根据绩效考核结果计算薪酬区间允许的薪酬水平。

技能或资历工资下，随着员工技能水平的提高或者工作时间的延长，企业认为员工越来越胜任该项工作，因此其薪酬水平也会逐步得到提高。

综合考虑下，在中值点以下的部分体现了员工能否胜任该工作，通常以技能和资历作为晋阶的标准；中值点以上的部分体现了员工在该职位上的超常表现和能力，多以绩效形式作为晋阶的标准。图 7-14 表明了这个原理。

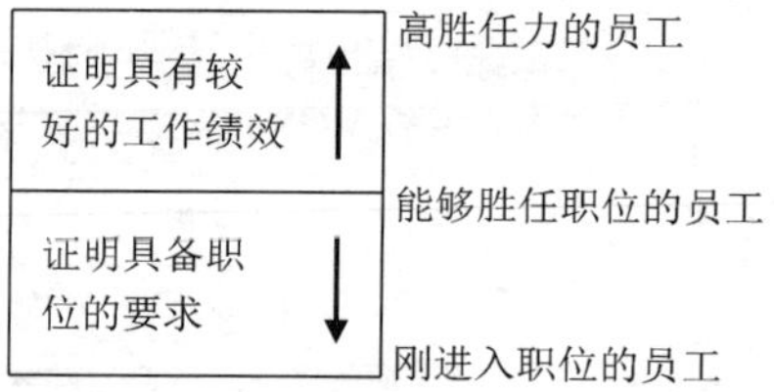

图 7-14　综合考虑下的晋阶原理

3）薪酬区间重叠度的设计

（1）薪酬区间关系的基本类型。

在同一薪酬结构体系中，相邻薪酬等级的薪酬区间可以设计成有交叉重叠和无交叉重叠两种。无交叉重叠的设计通常分为衔接式（上一薪酬等级的薪酬区间下限与下一薪酬等级的薪酬区间上限持平）和非衔接式（上一薪酬等级的薪酬区间下限高于下一薪酬等级的薪酬区间上限）两种。

企业薪酬结构的设计通常会使薪酬等级有交叉重叠，即除最高薪酬等级区间的最高值和最低薪酬等级区间的最低值外，其余各相邻薪酬等级的最高值和最低值之间往往有部分交叉。薪酬等级之间的薪酬区间交叉与重叠程度取决于两个因素：一是薪酬等级内部的区间变动比率；二是薪酬等级区间中值的级差。

薪酬等级重叠度的计算公式为：

薪酬等级重叠度=（下一级高位薪酬-上一级低位薪酬）/（下一级高位薪酬-下一级低位薪酬）×100%

（2）薪酬区间重叠度的设计。

企业之所以倾向于将薪酬结构设计成有交叉重叠，主要是为了给那些没有晋升机会但表现卓越的员工以更高的薪酬。其设计原理是：在下一个薪酬等级上技能较强的、绩效较高的员工对企业的价值贡献比在上一个等级上新晋级员工的贡献更大；薪酬区间的交叉重叠还有利于控制人工成本。

然而，如果薪酬区间重叠度过大，则会出现薪酬压缩现象，即不同职位之间的薪酬差异太小，不足以反映它们之间的价值差别。其具体表现为：在某一等级上已获得最高薪酬值的员工当晋升到上一薪酬等级之后，发现薪酬水平没有提高多少，甚至降低。这样做会导致晋升效能减弱。因此，一些专家认为薪酬区间的重叠度一般不宜超过50%，即较低薪酬等级的薪酬范围的最高值低于相邻最高薪酬等级区间的中值。

4．薪酬等级结构的调整

薪酬等级结构的调整即根据企业管理的其他特殊要求对薪酬结构进行局部或定期的调整。

7.3　宽带型薪酬结构设计

在企业传统薪酬管理体系中，企业的职位薪酬结构通常是以“金字塔”形状分布的垂直型组织结构，薪酬往往是与一个人在一个组织中的行政地位或行政职级相匹配的，即一个人在一个组织中所担任的职位越高，则其所能够获得的工资、福利甚至奖金就会越多。在这种结构下，员工工作职位的职级和薪酬高低与员工的人数成反比，还具有职级多、级差小、浮动范围小的特点。通常情况下，企业对普通员工没有其他有效的激励方式，低职位者最多可通过努力得到一些不定额的奖金而已，无论其在自己的职位上干得多么出色，也始终不可能得到太高的工资收入。因此，晋升便成了员工提薪的“独木桥”。可见，这种“窄带薪酬”体系无法给企业广大员工提供平等的激励机会，极大地限制了员工能力和绩效的发挥，不利于调动员工的工作积极性。

20 世纪 80 年代末到 90 年代初，宽带型薪酬作为一种与企业组织扁平化、流程再造、团队导向、能力导向等新的管理战略相配合的新型薪酬结构设计方式应运而生。宽带型薪酬管理彻底打破了“一岗一薪”的传统职位薪酬体系，更加注重员工的差异性，将员工的收入与个人能力和工作绩效密切挂钩，使分配更加公平、合理，为每个员工的成长提供了更大的空间，是一种以人为本而不是以企业为本的更好的薪酬制度，也是一种能有效地调动各层次员工积极性的薪酬制度。

7.3.1　宽带型薪酬概述

1．宽带型薪酬的内涵

“宽带型薪酬”最早是在 1980 年由位于美国加利福尼亚州圣迭戈的美国海军研究所首先采用的，当时美国海军研究所采用的动因是两个研究实验室的合并，以及实验室高层管理者担心政府刻板的薪酬管理可能成为合并中的问题，目前这一薪酬管理模式已被越来越多的企业所接受。宽带中的“带”意指某薪酬等级中的薪酬浮动范围，宽带则指薪酬浮动范围较大，与之对应的则是窄带薪酬管理模式，即薪酬浮动范围小，级别较多。宽带型薪酬可以根据薪酬带中各档次能否灵活地调整而分为动态宽带型薪酬与静态宽带型薪酬两种。前者可以在薪酬等级不变的情况下，随时通过绩效、能力等方面的改变而实现薪酬档次的提升，这是宽带型薪酬的主要形式；而后者的薪酬档次相对固定，实质上是窄带薪酬的一种特殊表现形式。此外，还有一种“非带型薪酬”，它没有起薪点与顶薪点，一个薪酬等级只有一个对应的薪酬数额，这种职位薪酬结构较少见，但如辅之以绩效薪酬，也可以产生类似于动态宽带型薪酬的效果。

所谓“宽带型薪酬”，就是企业通常实行的相对比较多的薪酬级别合并压缩为几个薪酬级别，同时扩大每一个薪酬等级的覆盖面和薪酬浮动的范围，形成一种宽波段薪酬体系，简称“宽带型薪酬”。一种典型的宽带型薪酬结构可能只有不超过 4 个等级的薪酬级别，每个薪酬等级的最高值和最低值的变动比率可能达到 200%～300%，薪酬档次相应增加，而且各个薪酬等级之间的重叠度也较高。但在传统薪酬结构中，这种薪酬区间的变动比率通常只有 40%～50%。也就是说，宽带型薪酬的级别少了，级别内部的薪酬差异或变动范围大了，给员工提薪创造了更加灵活的空间，员工即使在同一级别内部也可以通过能力、绩效、职位、专业等多种渠道来增加薪酬，而不必再单纯地依靠在组织内的行政级别的改变。

宽带型薪酬的实质就是从原来注重职位薪酬转变为注重能力或绩效薪酬。但宽带型薪酬与职位薪酬体系并不是对立的，宽带型薪酬结构也可以应用于职位薪酬体系，但更适用于技能和能力薪酬体系。事实上，薪酬宽带本来就是技能或能力薪酬体系赖以建立和有效运营的一个重要平台。在前一种情况下，企业可以将传统的多等级薪酬结构加以适当合并来形成宽带型薪酬；而在后一种情况下，企业则可能将其专业类、管理类、技术类及事务类职位分别划入各自的单一薪酬宽带。

同时，宽带型薪酬在员工薪酬管理上也具有更大的灵活性，它把很多职位归类到同一个职级当中，使同一职级薪酬的人员类别增加，一些下属甚至也和主管享受一样的薪酬待遇，而且带宽拉大，雇员薪酬浮动幅度加大，员工薪酬有了更加灵活的升降空间，对员工的激励作用加强。这样设计的原因是考虑到某些优秀的低职级员工可能比高职级的员工对企业的价值更大，如一个技能超常的技工可能比车间主任的作用更重要。而在传统的等级工资制度下，不同级别的人员几乎不能越级享有更高的收入。

在现实中很少存在绝对的以岗定薪或以技能、业绩定薪，大部分企业采用的都是一定程度上的组合或结构薪酬体系，职位薪酬体系也应当利用绩效薪酬来增强其激励作用，只不过由于企业的具体情况和职位的性质不同使两者的比例有所不同。而绩效薪酬本来就是弹性和浮动的，而且职位薪酬体系中各级别也有一定的薪酬浮动范围。因此，从这个意义上来说宽带型薪酬并不是现代薪酬管理的重大创新，而是一种变革或一种变形而已。

2. 宽带型薪酬的特征及其与传统薪酬体系的优势比较

与传统薪酬体系相比较，宽带型薪酬使原来以基于职位为主的薪酬体系向基于能力和业绩的方向发展，同时带来了一些管理上的优势，主要体现在以下几个方面。

1）支持扁平型组织结构

扁平型组织取代官僚层级型组织的变革，能使组织的运作效率明显提高，给企业节省大量开支。然而，它也带来了消极的后果，即员工可晋升的职位明显减少，因此挫伤了员工的积极性并产生倦怠心理，不利于员工技能的拓展和企业绩效的最终改善。只有比较少的薪酬等级才能对应企业较少的行政和职位级别，才能符合企业扁平组织的结构特征；而且只有在同一级别内部差距的拉大，才可以弥补管理层次减少而导致员工薪酬提升空间的不足，增强对员工的激励。因此，宽带型薪酬结构正好适应了组织扁平化的要求，它既打破了传统薪酬结构所维护和强化的等级制度，减少了工作之间的等级差别，有助于提高组织效率和创造学习型的组织，又有助于提高组织的灵活性和适应外部环境的能力，是一种与扁平型组织结构相配套的薪酬结构。

2）引导员工重视个人能力的提高和业绩的增长

在传统的薪酬结构下，员工的薪酬增长往往取决于个人职务的提升而不是个人能力的提高，因为即使能力达到了较高的水平，但是企业中没有出现职位的空缺，员工仍然无法获得较高的薪酬。而在宽带型薪酬结构下，即使在同一个薪酬宽带内，企业为员工所提供的薪酬变动范围相当大，员工完全有可能在职务得不到提升的情况下，获得薪酬的大幅提高。特别是在同一职位等级的专业技术人员之间的薪酬差距更大，一般最高档与最低档相差一倍以上。这样，员工就不需要为了薪酬的增长而去斤斤计较职位晋升等方面的问题，而将注意力集中在如何改善工作绩效、如何获得企业所需要的那些技术和能力，从而有利于增强员工的创造性和全面发展，宽带型薪酬管理模式既给企业带来更大的灵活性，也给员工带来更大的发挥能力的空间。

宽带型薪酬强调绩效比岗位更重要，能引导员工重视工作绩效的提高及个人能力的增长。它不仅可以体现同一职级不同职责和工作性质之间的差别，还可以在同一级别内根据员工的能力和绩效水平拉开员工薪酬之间的差异，使之更加公平合理。另外，它还支持员工的薪酬高于管理层的做法，忽略资历因素，从而能更好地体现各层次员工对企业实际贡献的大小。在宽带型薪酬体系下，企业员工将表现出极大的工作热情，刚进公司的员工，也敢与中层职员进行比试，高级管理人员和资深员工就会感到压力很大，如果不想输给低职位的员工，就必须不断进取。这样就能营造出一个以绩效和能力为导向的企业文化氛围，使员工个人和企业都能在宽带型薪酬的激励下得到发展并获益。

3）有利于增强员工的全面（横向）发展和企业内部的职位轮换

在传统的薪酬结构中，员工的薪酬与其所担任的职位挂钩。如果是调到更高级别的职位上去，员工当然乐意接受这种职位的变化，但同级别或向下一级的职位调动会遇到障碍。因为横向同级别的职位调动并不能使员工的薪酬得到提高，而员工又不得不为适应新职位去学习新的技能和知识，付出了更多的努力但得不到回报，员工自然不愿意接受职位的同级轮换。另外，薪酬与职级是向下刚性的，调高容易调低难，因而从上一级职位向下一级职位调动，通常会被员工看成是一种惩罚，更不会被员工所接受。但是，在宽带型薪酬结构下，职位概念逐渐淡化，很多职位被归类到同一个职级当中，而且员工的薪酬与级别的联系不再紧密，同一宽带中薪酬的增加与不同等级薪酬增加是相似的。只要在同一个薪酬宽带里，即使向下一级职位调整，如果业绩不俗，也可能获得更高的薪酬，因而员工愿意学习新的东西，乐意通过相关职能领域的职务轮换来提升自己的能力，而不再关注是同级别的调动还是职位的晋升了。因此，这种薪酬制度对于结束企业内长期存在的轮岗、换位阻力的作用是显而易见的。

这样，宽带型薪酬体系有利于员工获得更多的职业发展方向的选择权利，根据自己的专长去设计职业发展通道，而不必为了薪酬而走行政晋升的“独木桥”。企业也可以通过对提升薪酬档次的依据进行科学设计来引导员工按照企业的需要去发展，从而更大地发挥员工的能力。同时，员工在同一薪酬宽带中的跨职能的流动和多通道的发展方向，也有利于组织的灵活性、适应性和创新性思想的出现，提高了多角度思考问题的能力和整体观念，从而增强企业迎接多变的外部市场环境的挑战的能力。

4）为员工的薪酬晋升建立了新渠道，缓解了员工晋升竞争的压力

宽带型薪酬在一定程度上缓解了高层职位不足而员工又需要通过职位晋升而获得薪酬提升的问题，员工不再为提薪而走行政晋升的“独木桥”。在宽带型薪酬体系中，员工不是沿着企业中唯一的薪酬等级层次垂直往上走，相反，他们在自己职业生涯的大部分或者所有时间里可能都只是处于同一个薪酬宽带之中。他们在企业中的流动是横向的，但是随着他们获得新的技能、能力，承担新的责任，或者是在原有的职位上不断改善自己的绩效，他们就能够获得更高的薪酬（即使被安排到低层次工作上，他们依然有机会因为自己出色的工作而获得较高的薪酬）。实际上，取消级别限制本身也有利于扩大员工的工作职责。显然，采用宽带型薪酬必然打

破我国企业长期以来的金字塔式层级结构，打破员工只有在企业内寻求登上更高一级行政级别才能提高薪酬水平的现实。

在宽带型薪酬体系中，由于职务晋升的机会大大减少，在一定程度上也减少了“彼得现象”的出现。“彼得现象”的具体内容是：“在一个等级制度中，每名员工都趋向于晋升到他所不能胜任的等级上”或“每一个职位最终往往被一个不适合履行其责任的员工所占据”。因为传统等级制度在晋升原则上总是基于这样一个假设：在低一级别职位贡献突出的人也能胜任高一级别职位，然而事实并非如此。

5）部门主管与人力资源部的配合更加密切

在传统的薪酬结构中，员工的工资机械化地套用工资级别，部门主管参与薪酬决策的积极性和意义不大。在宽带型薪酬结构中，即使同一级别的工资差别也是很大的（最少在 100%以上），薪酬级别内也有较大的激励作用。宽带型薪酬增加了薪酬管理的弹性，使部门主管对员工薪酬水平上的调整空间增大了，所依据的员工完成的任务与职责也更大（而在传统薪酬级别中依据的只是职位描述中有限的职责），并赋予他们更大的薪酬决策权或提出更多意见和建议的机会。同时，部门主管也是对员工的工作能力和业绩最了解的人，应当承担起充分发挥宽带型薪酬职能的作用，更好地激励员工提高绩效和技能。当然，这也对直线经理的个人素质与人力资源管理能力提出了比以前更高的要求。

美国密西根大学教授大卫·乌里奇教授认为，人力资源部的角色定位应当从传统的人事管理专家、员工代言人角色向战略伙伴、咨询顾问和变革推动者的角色转变，而直线经理应当承担起更多人力资源管理的具体工作，并成为人力资源开发与管理的主要责任者，人力资源部的责任在于辅助直线经理做好工作。因此，宽带型薪酬这种授权直线经理进行日常薪酬决策，人力资源管理人员则向直线经理提供咨询设计服务，双方共同进行薪酬管理的做法，有利于强化人力资源管理人员与直线经理的工作伙伴关系，有利于促使直线部门的经理人员切实承担起自己的人力资源管理职责，还有利于人力资源管理人员脱身于一些附加价值不高的事务性工作，转而更多地专注对企业更有价值的其他高级管理活动，以及充分扮演好直线部门的战略伙伴、咨询顾问和变革推动者的角色。

6）有利于推动良好的工作绩效和提升组织的核心竞争力及整体绩效

这个特点实际上是上述五个特点的必然结果。因为宽带型薪酬体系促使员工把注意力放在个人能力和绩效的提升上，鼓励员工跨职位的流动，增强了组织的灵活性，同时弱化了员工之间的职位晋升竞争，强化了员工间的合作，避免了无谓的内耗。这些都会促进提升组织的核心竞争力及整体绩效。

7）有利于薪酬变动的市场化

宽带型薪酬结构是以市场为导向的，它使员工从注重内部公平转向更为注重个人发展以及自身在外部劳动力市场上的价值。在宽带型薪酬结构中，薪酬水平是以市场薪酬调查的数据及企业的薪酬定位为基础确定的，因此薪酬水平的定期审查与调整使企业更能把握其在市场上的竞争力，同时有利于企业做好相应的薪酬成本控制工作。

3．宽带型薪酬体系的局限性

宽带型薪酬体系是通过调节不定额的绩效或能力工资来实现企业给员工提薪的，需要与组织的结构设计、职位设计、薪酬管理、绩效管理、技能评价、员工培训等一系列配套的人力资源管理制度相配合。

1）对绩效考核体系要求很高

宽带型薪酬的评估主要来源于员工对企业的绩效，因而对绩效考核体系的公正、合理要求很高。因此，宽带型薪酬虽然可节省花在职位评价上的时间与成本，但是对人的评价上的时间和精力增加了（因为对员工的绩效与能力进行考核并非易事）。事实上，在企业人力资源管理工作中，绩效考核历来就是一个令管理者头痛的事，有人将之形容为“食之无味，弃之可惜的鸡肋”。如果绩效评估本身存在着缺陷（例如，员工不能控制的非人为因素导致的绩效不稳定性；绩效指标体系设计不合理；人际关系与个人好恶对绩效考核的主观影响；在群体作业中，个人努力与群体绩效的关系较模糊，部分员工有“搭便车”现象等），那么将影响绩效评估的公正性。因此，采取宽带型薪酬体系需要企业建立一套健全的绩效考核制度，明确而可行的操作程序，切实有效的审查系统及通畅便利的员工申诉与反馈渠道。

如果绩效管理不到位，员工收入下跌，那些自认为不比别人差的员工会对企业管理的公正性、公平性、合理性产生猜忌、怀疑，容易造成企业内部、上下级之间、同事之间人际关系的紧张，当然这种紧张不是由于宽带型薪酬，而是绩效管理的后果。

2）容易出现同工不同酬和薪酬歧视问题

在宽带型薪酬体系中，每一个薪酬级别中工资浮动的范围比较大，甚至同一职位或同一职位级别上不同员工之间的工资也可能会有很大差别，因而容易产生同工不同酬的问题，引发人们对内部公平性的质疑。同时，宽带型薪酬倾向于从对职位的评价转向对人的评价，而对人的评价是很难做到完全准确的。如果员工缺乏对宽带型薪酬的正确理解，加之企业对绩效评估和技能评估做得不到位（如直线经理滥用薪酬决策权），薪酬的起伏波动就会给员工的心理造成极强的不稳定感，从而使其对企业忠诚度和归属感降低，导致员工流失率增加。

3）加大了员工晋升难度

由于宽带型薪酬体系对职级的压缩，致使在同一个级别里的员工人数增加，而较高职级减少，对希望获得晋升激励的员工而言，晋升将变得更为困难，员工甚至一生都可能只能在一个职级里面移动。由于职级的上升对员工来说并不仅仅是一个薪酬增加的问题，也是个人价值提升的重要体现，有许多无形的好处，但是采用宽带型薪酬以后，就会出现只有薪酬的变化而没有晋升了，晋升产生的激励作用就得不到有效的利用。另外，由于职位的晋升将导致员工所处宽带的上移，这对薪酬水平已经接近目前宽带上限而个人还有能力或绩效提高潜力的员工（如那些职位长期没有机会得到提升，而专业能力越来越强，薪酬也已达到原宽带顶端的员工）而言，职位晋升无疑仍是其追求的目标。可见，即使仅仅从薪酬提高来看，相对职位提升而言，提薪幅度较小且带封顶的专业能力提升对员工的吸引力也要小很多，只能起到一定的安慰作用。因此，宽带型薪酬虽然在一定程度上加宽了可以通往高薪对岸的“独木桥”桥面，但在职级减少的同时加大了员工晋升的难度，仍然无法完全缓解晋升的压力。

4）薪酬预测和控制人工成本的难度会加大

有人可能认为扁平的组织结构有助于降低成本，但事实上，在宽带型薪酬结构下，薪酬成本上升的速度要比传统薪酬结构快。这是因为宽带型薪酬体系增大了直线经理决定员工薪酬的自由度，而他们往往站在部门利益和员工关系的角度上，倾向于增加员工的薪酬。同时，员工的职位轮换、岗前培训机会增多，将会增加企业在这些方面的支出。另外，浮动范围扩大后使得薪酬十分具有弹性、灵活，预测值的误差逐级扩大，薪酬额度变化不定，很有可能使原来的薪酬计划与成本控制失效。除此之外，企业要考虑绩效考核的结果与宽带型薪酬的联系应不会影响自身利润或产品的竞争力，与财务业绩密切挂钩的利润分享是一个好方法。

5）容易导致向心力离异，企业凝聚力下降

宽带型薪酬模式鼓励竞争、崇尚个性发展，员工将专注自己的成长，这在一定程度上会导致团队精神、协作精神下降，企业内人际关系淡漠。

6）宽带型薪酬并不适用于所有的组织

宽带型薪酬结构适用于扁平型组织结构、“无边界”组织、团队型组织，以及强调多职能工作或无明显专业区域的工作职责、跨部门流程、重视个人技能的增长和能力提高的组织。因为这种组织强调的并非一种行为或者价值观，其工作很难运用传统的工作评价和劳动测量计算员工的薪酬，因此希望通过一种更具有综合性、整合性的方法，将薪酬与新技能的掌握、能力的提高、更为宽泛角色的承担及最终的绩效联系在一起，同时要有利于员工的成长和多种职业轨道的开发等。“宽波段”的弹性薪酬设计思路恰恰与这种组织的上述需求相吻合。西方一些企业喜欢这种薪酬体系，也与一些企业组织形式和工作方式的变化有关，如虚拟型企业、弹性工作地点、弹性工作时间等都促使这些变革的实现。

相反，直线职能制下，金字塔形组织结构却需要采用等级制的薪酬模式。如果要在传统组织结构中推行宽带型薪酬，那么结果恐怕不会理想。因此，如果要引入宽带型薪酬，就应该有针对性地对企业管理方式和组织层级结构进行优化和变革，为其准备适宜的土壤。

除组织结构因素外，企业要想采用宽带型薪酬模式还应具备一些其他条件。例如，技术、创新、管理等智力因素对于企业的发展具有优势支撑作用，员工的创造性、主动性对于企业绩效成明显的正相关关系；支付能力强；团队协作型的企业文化，且企业处于比较年轻的成长期；人力资源管理体系健全；用工制度和薪酬制度市场化程度较高等。从员工角度看，一般要求员工数量少、素质高，且主流价值观是重视自我实现。由此可见，技术型、创新型的高科技企业和外贸企业更适合采用宽带型薪酬管理模式，而劳动密集型企业则并不一定适合。例如，有些国有企业的人力资源尚未真正实现市场化，人员进出不自由，一些伴随企业成长的资深员工由于学历和知识水平所限，一旦推行宽带型薪酬，所付出的代价将超过其承受能力，因而在从原有的薪酬制度向新制度转换时，容易因为对接不到位而引起事端。

7.3.2 宽带型薪酬的设计要点

尽管宽带型薪酬对职位评价的要求不高，但并不意味着可以不进行职位评价。宽带型薪酬同样应根据企业的战略需要，职位的相对价值大小及市场薪酬水平等因素，来确定宽带职级与实付薪酬之间的关系。此外，宽带型薪酬的设计还有一些其他要求。

1．确认宽带型薪酬是否适合本组织

薪酬结构的宽泛式策略或层级式策略并没有绝对的优劣之分，采取何种方式，完全取决于企业的具体情况。企业应当根据自身的竞争战略、组织结构、企业文化、人力资源管理水平等来考虑是否适合采用宽带型薪酬体系。有条件实施宽带型薪酬体系的组织应该是这样的企业：具有扁平化的组织结构，非专业化或专业化程度不高，对创新和灵活应变环境要求高，不强调职位与资历，对个人能力和对组织的贡献充分尊重，提倡职业发展，强调团队合作，注重对团队绩效的考评等。而目前国内部分企业组织层级较多、官本位思想严重、论资排辈、不重视员工职业发展，而且在薪酬管理及整体人力资源管理体系方面的基础非常薄弱，有些企业甚至连规范的职位说明书都没有，也没有做过职位评价，在这种情况下，实施宽带型薪酬体系不可能取得预期效果。因此，不同的企业有着不同的竞争战略、组织结构、企业文化背景及内外环境，这些都是在实施宽带型薪酬体系时应当考虑的重要因素。

2．确定宽带型薪酬的主体框架

这是宽带型薪酬结构设计的最主要部分。

1）确定宽带的数量

宽带型薪酬首先要把职位价值相近的职位进行合并，确定宽带型薪酬结构的等级或薪酬带数量。但宽带的“宽”只是相对的，没有一个标准将宽泛式和层级式完全分开，并不一定就是说非要把多少级压缩到几级，而是根据不同企业的特点、行业的特点、员工的特点、职位分布的特点来决定自己的宽带型薪酬管理体系。例如，有的企业甚至只设计出两个薪酬宽带，一个是给管理人员用的，一个是给技术人员用的。

在薪酬带之间通常应有一个分界点，它处于在工作或技能、能力要求存在较大差异的地方。在每一个薪酬带中及不同薪酬带之间，对不同工作性质的职位，以及不同层级的技能、能力和职责的要求都是不同的。

2）选择宽带型薪酬的应用模式

企业在决定宽带型薪酬中等级和档次的提升依据时，应当充分考虑自身的实际情况，尤其要体现自身的战略意图。例如，企业强调构建学习型组织，就可以将能力、知识、学历作为提薪的依据；企业强调新技能获取，则可以按照员工的新技能获取情况来安排；企业强调绩效，就可着重以员工个人的绩效来确定。一般而言，划分薪酬等级的依据主要包括职位价值、能力和专业方向等；提升薪酬档次的依据主要包括业绩、工龄和能力等。相应的模式也有以下几种。

（1）以职位定级、以绩效定档的宽带型薪酬模式。这是宽带型薪酬的主流模式。这种模式适用于那些有完备的职位说明书，且职位价值和员工业绩比较容易评定的企业。但是长期业绩与短期业绩有时是矛盾的，在“以绩定档”的促进下，员工会选择短期业绩，这对企业的长期可持续发展是不利的。例如，在一个科技型企业中，不少人从事研发工作，这些职位价值类似，因为只是专业方向不同而已。同时，价值大的科研成果往往所需时间长，失败的风险也大，如

果以绩效作为提升薪酬档次的依据，那么科研人员可能不愿选择研究周期长的基础研究项目，而是选择短期的、易出成绩的项目来追求近期绩效。

（2）以职位定级、以能力定档的宽带型薪酬模式。这也是一种常见的模式。它适用于职位价值明确，员工业绩评定不易的企业。这种模式能够鼓励员工注重学习，有利于创建学习型企业文化。但是以能力水平来决定薪酬在操作上十分困难，因为既缺乏可借鉴的市场薪酬水平，也不易对能力进行评定。

（3）以职位定级、以工龄定档的宽带型薪酬模式。这种模式的优点是有利于培养员工的忠诚度，其缺点是不能激励员工注重业绩的提高，容易导致人浮于事。它适用于职位价值明确、业绩评价不易、薪酬水平竞争力强、辞退员工简单、员工有一定危机感的企业。

从大多数情况来看，虽然职位、员工的能力、业绩都可能影响员工在薪酬宽带中的位置，但职位因素仍然是最主要的决定因素。在“以岗定级”的模式下，职位的提升可以使员工工资由原来的宽带直接提升至更高一级的宽带，而专业能力（甚至业绩）的提升却只能使员工工资在原宽带内的小等级上提升，从而使宽带型薪酬具有一种串联嵌入式的特点。也就是说，对于员工工资的调整，职位的提升是粗调，而专业能力或业绩的提升只是微调而已，而且宽带越宽，这种粗调与微调的差别就越大。可见，主要由职位来决定宽带的薪酬水平在一定程度上会削弱宽带型薪酬的优点。

（4）以能力定级、以绩效定档的宽带型薪酬模式。它适用于员工能力层次清晰、职位价值不明确、员工业绩容易评定的企业。这种模式的最大优点是将促进员工学习与注重业绩提升并重。

（5）以专业方向定级、以绩效定档的宽带型薪酬模式。它适用于职位价值难以明确界定，员工业绩评定容易的企业。比如，在非流水作业的高技术制造型企业，可以按照技术、生产和行政三个专业方向进行分级，按照企业的战略进行取舍，如果是重技术，就可以将技术类职位定为最高级，然后按照员工的年度业绩在薪酬等级不变的情况下进行薪酬档次的提升。这种模式鼓励员工按照专业方向努力工作，实现纵向发展。

（6）以专业方向定级、以能力定档的宽带型薪酬模式。它适用于职位价值不清晰且绩效难以评定的企业。

（7）以专业方向定级、以工龄定档的宽带型薪酬模式。它适用于职位价值不明确、员工业绩不易评定、追求员工忠诚度的企业。

3）确定宽带的定价

在薪酬宽带的设计中，很可能会出现在每一个宽带中都包括财务、采购、软件开发、工程及市场营销等工作，企业应确定如何向处于同一宽带之中但是工作性质各不相同的员工支付薪酬，以及如何体现职位差异对薪酬水平的影响。另外，不仅在不同的宽带中职位所要求的技能或能力层次上会存在差异，而且在同一宽带内的各不同职能工作之间也存在能力差异，尤其是业绩差异的问题。一般而言，宽带的定价首先应当照顾到各类职位的情况，并兼顾能力与绩效因素，其中位值可以通过薪酬市场上各职位的平均水平来确定，顶薪点与起薪点应能涵盖各职位在市场中的最高水平与最低水平。

4）建立宽带型薪酬结构

根据不同工作性质的特点及不同层级员工需求的多样性建立不同的薪酬结构，以有效地激励不同层次员工的积极性和主动性。企业主要应确定宽带内的薪酬区间和宽带间的交叉重叠关系。

（1）确定宽带内的薪酬区间。每一薪酬带内的薪酬区间应该根据薪酬调查得到的客观数据及职位评价结果来确定，级差标准应该体现不同层级和职位对于企业战略的贡献值。薪酬区间越大，表明同等级员工的薪酬上升空间越大，对重叠式宽带型薪酬结构而言，也意味着平均主义更严重。同时，在每一个薪酬带中，如果职能部门采用分别定价的方式，那么各职能部门还要根据市场薪酬情况和职位评价结果来划分级别内的薪酬档次，确定各档次之间的薪酬差距。至于职位、能力与业绩薪酬因素在宽带内的比例关系，则还需要根据企业的具体情况来确定。

实际上，在宽带定价过程中，薪酬区间就已经被确定了，但主要是由职位所决定的，一般并未充分考虑业绩因素。在实践中，为了充分激励员工提高绩效，并推动员工在宽带内横向职位的轮换，增强组织的适应性，还可以采取不设“地板”和“天花板”的薪酬浮动范围。也就是说，允许员工的实际薪酬水平在其绩效的调节下，突破其所在等级的理论薪酬水平，包括上限与下限，这实际上是使宽带本身也变得动态和浮动了。

（2）确定宽带间的交叉重叠关系。宽带型薪酬结构可以采取重叠式、分离式或结合式的模式，但典型的宽带型薪酬结构通常采用纵向差异的重叠模式，而分离式结构拉大了等级间的差别，通常只在宽带数量很少的情况下采用。

3．建立、健全绩效管理与技能/能力评价体系，做好任职资格及评级、升级工作

如果宽带型薪酬处理不当，则可能导致人力成本大幅度上升。为了有效地控制人力成本，建立公平、公正的薪酬体系，企业在建立宽带型薪酬体系的同时，必须构建相应的绩效管理与任职资格体系，明确工资评级标准及办法。企业既要鼓励员工冒尖，又要通过拉大薪酬差距，限制平庸员工薪酬的上涨，也可以制定惩罚性措施，对工作业绩较差的员工薪酬进行扣减，从而从整体上限制薪酬的无限制上涨。只有这样，才能客观、公平地确定员工的薪酬及其变动。事实上，这是企业实施宽带型薪酬的一个前提条件。

【本章小结】

广义的薪酬结构除包含狭义薪酬结构所指内容外，还包括不同的薪酬形式之间的关系体现和数值比例。

从薪酬结构设计依据的角度审视，薪酬结构可分为四种：以职位为导向的薪酬结构、以技能为导向的薪酬结构、以绩效为导向的薪酬结构和组合薪酬结构。

从薪酬等级差异程度的角度审视，薪酬结构可分为两种：扁平型薪酬结构和梯度型薪酬结构。

企业的薪酬等级结构有不同的类别，类别的选择与组织的薪酬策略相关，同时需要与特定的组织结构、职位体系及薪酬支付的基础或标准相匹配。

薪酬结构的设计步骤：薪酬政策线的制定，薪酬等级的确定，薪酬等级范围的确定，薪酬等级结构的调整。

所谓“宽带型薪酬”，就是企业通常实行的相对比较多的薪酬级别合并压缩为几个薪酬级别，同时扩大每一个薪酬等级的覆盖面和薪酬浮动的范围，形成一种宽波段薪酬体系，简称“宽带型薪酬”。

宽带型薪酬的实质就是从原来注重职位薪酬转变为注重能力或绩效薪酬。但宽带型薪酬与职位薪酬体系并不是对立的，宽带型薪酬结构也可以应用于职位薪酬体系，但更适用于技能和能力薪酬体系。

【复习思考题】

1. 简述薪酬结构的内涵。
2. 薪酬结构的基本类型有哪些？
3. 薪酬结构的构成要素主要有哪些？
4. 薪酬结构的设计方法与设计步骤是什么？
5. 简述宽带型薪酬的概念。
6. 宽带型薪酬结构的设计要点是什么？

【案例分析】

某国有城市建设发展有限公司，规模不大，主要承担区域内的道路、安置房、土地一级开发、房地产开发等项目的建设管理任务。公司现有员工不到100人，本科及以上学历的人数占比94%，其中取得高级职称的人数占比21%、中级职称/执业资格人数占比62%。总体上看，该公司员工学历和职称水平较高、业务能力较好，现有领导班子成员8人，包括董事长、总经理、副总经理、总工程师等。

现有薪酬体系

该国有公司现有薪酬体系还是五年前设计的，一直沿用至今，期间没有进行任何变动和调整。它的主要内容如下：

1. 企业领导班子成员实行绩效工资制度

领导班子薪酬=月基本工资+年绩效奖金

月基本工资逐月发放；年绩效奖金根据年终考核结果进行发放。其中，绩效考核结果为优秀发放8个月基本工资作为奖金；良好发放4~6个月基本工资作为奖金；合格发放3个月基本工资作为奖金；不合格则不予发放。

2. 员工实行职称及学历挂钩，倾向专业（工程）技术人员的工资分配制度

（1）月工资总额=基本工资+级别工资（指职称或职务）+工龄工资［备注：每个级别（职称高低）工资相差 1000 元］

（2）年绩效奖金：根据考核结果给予发放。其中，考核结果为优秀发放 4 个月基本工资作为奖金；良好发放 2 个月基本工资作为奖金；合格发放 1 个月基本工资作为奖金；不合格则不予发放。

存在的问题

1. 五年没有进行薪酬体系调整，很可能与劳动力市场上的薪酬水平相脱节，使公司的薪酬失去了对外的竞争性，容易造成内部人才流失及无法吸引到优秀人才加盟；

2. 领导班子成员没有实行年薪制，对其缺乏应有的激励，而且容易造成领导们躺在工作岗位上睡大觉。

3. 该公司在员工薪酬设计上，主要是技能薪酬体系，这样的体系太过单一，不能充分体现员工的岗位价值和工作业绩的好坏，从而导致员工盲目且过分地追求高学历、高职称，而忽视了自己的本职工作；况且该公司仅仅以学历、职称来衡量员工的能力高低，这样的标准有待商榷。

4. 年终绩效奖金已经变成了“大锅饭”，平均主义，失去了应有的激励效果。

资料来源：http://www.jlun.net/bencandy/view.html?fid=67&id=4110

设计合理的薪酬结构能够激发员工的工作热情，这是人力资源管理的重要内容之一。请针对该公司现有的问题提出对策与建议。

【本章实训】

A 公司是中国网络通信集团有限责任公司在某省设立的地区性分公司，下属 6 家县区支公司和 1 家直属营业厅，共计员工 1 000 余人，其中有各级管理人员 40 余人、技术人员 220 余人、各级营业人员 700 人。该公司以前在薪酬管理上主要沿袭传统的岗位工资制和级别工资制，主要存在以下问题。

第一，员工升迁渠道过于狭窄，在公司原有薪酬制度下，员工要想提升薪酬就必须提高自己的职务级别，但公司高级别的职务很少，不是所有表现出色的员工都能得到晋升，而且有的人即使得到晋升，也不一定能很好地驾驭高级岗位的工作。

第二，薪酬结构设置不合理。在原有薪酬制度下，所有员工不分职类，均采用“基本工资+岗位津贴+绩效工资”的薪酬结构，且绩效工资只占全部薪酬的 10%～30%，占到薪酬 60%以上的基本工资却严格按照员工级别来决定。这对于一般员工，特别是营业岗位的员工和技术人员起不到很好的激励作用。另外，对于中层以上管理人员还缺乏相应的长期激励，对于技术岗位员工也没有加班工资，这大大影响了员工的工作热情。

第三，薪酬的确定和调整没有科学依据，往往都是靠口头协议。比如，对于新入职员工的

薪酬确定及其在工作一段时间后的薪酬涨幅，都没有明确的规章制度。

第四，公司的薪酬制度没有系统性，只是靠以往传统的惯例来解决问题。

为了解决以上问题，A 公司决定设计更具弹性的宽带型薪酬制度。

资料来源：https://www.sohu.com/a/379283044_100066752

请试着为该公司设计具有弹性和系统性的宽带型薪酬结构。

第 8 章
薪酬预算、控制及调整

学习目标

- ◆ 掌握薪酬成本的构成。
- ◆ 了解薪酬控制的原则。
- ◆ 掌握常用的薪酬控制指标。
- ◆ 掌握企业薪酬成本循环管理体系。
- ◆ 掌握薪酬调整的策略与方式。

关键术语

薪酬成本、薪酬总额、薪酬预算、薪酬控制、薪酬调整

引导案例

某机电公司因资不抵债而被迫宣布破产，消息传来，人们非常震惊！该公司已发展 10 年了，自创业起，一直保持快速发展。去年年末，该公司吞并了几家小公司，为扩大规模，在全国各大院校招聘了近 700 名大学毕业生，其薪酬水平之高，使应聘者趋之若鹜。谁会料到，公司的发展状况变化如此之快！该公司的总裁在接受记者采访时说：“公司走到这个地步，原因很多。但是，最根本的一点是负债规模过大，严重超出了公司的承受能力。其实，公司的年利润即使在破产前在同行业中也居前列，但年支出的数额接近利润额。最大的一项是员工的薪酬，接近总支出的 2/3。”从该公司总裁的反思中，我们可以看到：公司为了加速发展，盲目提高员工薪酬，导致企业负担过重，给公司带来了致命的打击，在

整个营运成本中，薪酬占着比较大的比例，薪酬管理的作用之一便是合理地控制人工成本，而薪酬控制又是从薪酬预算开始的。

资料来源：http://www.doc88.com/p-746822053256.html

8.1 薪酬的预算管理

8.1.1 薪酬成本

薪酬成本管理是组织在薪酬管理过程中进行的一系列人工成本开支方面的权衡和取舍。因此，详细分析成本构成和成本变化趋势，是企业进行薪酬预算的首要工作。

1．人工成本分类

站在企业的角度来看，组织在提供产品或服务的过程中，使用劳动力而支付的所有直接费用和间接费用的总和就是企业的人工成本。直接费用包括职工工资总额和社会保险费用；间接费用包括职工招聘、职工培养等有关费用，以及职工福利费用、职工教育经费、劳动保护费用、职工住房费用、工会经费等其他人工成本。

1）职工工资总额

职工工资总额是指企业在一定时期内支付给本企业职工的全部劳动报酬总和，包括工资、奖金、津贴、补贴等所有货币形式的收入。

2）社会保险费用

社会保险费用是为了解决员工生、老、病、死、伤残、失业时获得物质帮助问题，企业和员工法定必须缴纳的费用。目前，普遍实施的社会保险有养老保险、工伤保险、失业保险、医疗保险和生育保险，其中养老保险、医疗保险、失业保险由单位和个人共同缴纳，而工伤保险和生育保险由单位缴纳。

社会保险缴纳基数根据员工个人上一年度月均税前收入确定（各地方规定了最高、最低限额），不同区域各项保险缴纳比例稍有不同，由当地人力资源和社会保障部门制定。

3）其他人工成本

其他人工成本包括以下内容。

（1）职工福利费用。

职工福利费用主要用于职工的医药费、医护人员工资、职工探亲假路费、生活补助费、医疗补助费、托儿所补贴及上下班交通费补贴等。

（2）职工教育经费。

职工教育经费是指企业为职工学习先进技术和提高文化水平而支付的费用。

（3）劳动保护费用。

劳动保护费用是指企业购买劳动防护用品的费用，如工作服、手套等劳保用品费用。

（4）职工住房费用。

职工住房费用是指为改善职工住房条件而支付的费用，主要用于缴纳住房公积金、提供住房补贴、员工宿舍维护费用等。

（5）工会经费。

工会经费是为工会活动而支付的费用。

《中华人民共和国企业所得税法》第八条规定：企业实际发生的与取得收入有关的、合理的支出，包括成本、费用、税金、损失和其他支出，准予在计算应纳税所得额时扣除。

2. 人工成本分析

薪酬成本管理要正确判断企业目前的薪酬水平是否合理，薪酬成本是否在企业所能承受的范围内，以及薪酬成本未来发展变化趋势等，必须有量化的指标准确地反映企业的薪酬支出状况，这是薪酬成本分析和成本控制的依据。薪酬成本指标主要有水平指标、结构指标、投入产出指标和成本指数指标四种。

1）水平指标

水平指标包括人均成本和单位产品成本两个方面，反映的是企业人工成本总量水平。

（1）人均成本。

人均成本指一定时期内企业平均花费在每个员工身上的人工成本。

人均成本=报告期人工成本总额÷员工人数

人均成本可以反映出一定时期员工收入水平的高低和企业薪酬政策在劳动力市场上的竞争力，人均成本水平是薪酬政策制定的重要依据。

（2）单位产品成本。

单位产品成本指一定时期内生产制造单位产品中人工成本的多少。

单位产品成本=报告期人工成本总额÷产品数

单位产品成本反映的是企业产品人工成本水平状况，可以反映出产品在人工成本方面竞争力的强弱，单位产品成本是企业产品价格政策制定的重要依据。

2）结构指标

人工成本结构指标有两个：一是人工成本占产品总成本的比例；二是人工成本中各项构成的比例关系，主要指工资成本占人工成本的比例。

（1）人工成本占产品总成本的比例。

人工成本占产品总成本的比例是企业、行业及国家间商业竞争的重要指标，因为价格是商品竞争中最重要的因素，而商品价格一方面由供需影响，另一方面由产品成本影响，在同等产品质量情况下，人工成本占产品总成本比例的高低决定着企业产品的竞争力。

人工成本占产品总成本的比例=报告期内人工成本总额÷报告期内产品成本总额×100%

产品成本总额是指企业为生产、经营产品或提供劳务过程中所发生的各项支出，包括产品成本、销售费用、管理费用、财务费用及其他业务支出。

（2）人工成本中各项构成的比例关系。

人工成本由工资总额、社会保险费用及其他间接费用构成。一般情况下，社会保险费用占工资总额的30%左右；而与招聘、培训有关的间接费用所占的比例，不同的企业差别很大，在某些高科技企业，这方面的费用支出很大，而有些企业在这方面的支出比较有限。

工资总额占人工成本的比例是非常重要的指标，可由下式计算得出：

工资总额占人工成本的比例=报告期内工资总额÷报告期内人工成本总额×100%

3）投入产出指标

人工成本投入产出指标采用人工成本利润率、劳动分配率、收入人工成本率来表示。

（1）人工成本利润率。

人工成本利润率=报告期内企业利润总额÷报告期内人工成本总额×100%

人工成本利润率的变动趋势反映着企业经营环境的变动趋势，如果人工成本利润率下降，说明可能存在两个方面的问题：一方面是产品竞争力的下降；另一方面是人工成本上升较快。企业应该采取针对性措施解决这个问题，人工成本利润率的持续下降意味着产品竞争力的下降，也意味着企业盈利能力的下降。

（2）劳动分配率。

劳动分配率是企业人工成本占企业增加值的比重。企业增加值指企业创造的价值，主要由折旧、税收净额、企业利润、劳动者收入四部分组成，它是反映企业人工成本投入产出水平的指标，也是衡量企业人工成本相对水平高低程度的重要指标。

劳动分配率=报告期内人工成本总额÷报告期内企业增加值×100%

企业增加值的计算有两种方法：相加法和扣减法。

相加法计算公式如下：

企业增加值=利润+人工成本+其他形成附加价值的各项费用

=利润+人工成本+折旧摊销+税收+财务费用+租金

扣减法计算公式如下：

企业增加值=销售收入净值-外购成本

=销售收入净值-（直接原材料+购入零配件+外包加工费+间接费用）

劳动分配率表示企业在一定时期内新创造的价值中有多少比例用于支付人工成本，它主要反映分配关系和人工成本要素的投入产出关系。通过对同一企业不同年度劳动分配率的比较、同一行业不同企业之间劳动分配率的比较，说明人工成本相对水平的高低及变化趋势，这对企业薪酬决策具有重要意义。

劳动分配率过高则表示两种情形：一是相对企业增加值而言，人工成本过高（不是因为人均成本过高，就是因为人员太多、浪费严重）；二是人工成本若仅达到一般水平，则表明企业增加值（也就是企业创造的价值）过少。

（3）收入人工成本率。

收入人工成本率反映人工成本占销售收入的比率。

收入人工成本率=报告期内人工成本总额÷同期销售收入总额×100%

收入人工成本率反映企业人工成本耗费和经营收入的比例关系，它是衡量企业盈利水平和成本水平的一个综合指标。收入人工成本率越低，表明企业控制人工成本支出的能力越强，经营效率越高。

4）成本指数指标

成本指数指标包括工资总额增长率、人工成本总额增长率和人均成本增长率。

（1）工资总额增长率。

工资总额增长率=（报告期内工资总额-上一期间工资总额）÷上一期间工资总额×100%

（2）人工成本总额增长率。

人工成本总额增长率=（报告期内人工成本总额-上一期间人工成本总额）÷上一期间人工成本总额×100%

（3）人均成本增长率。

人均成本增长率=（报告期内人均成本-上一期间人均成本）÷上一期间人均成本×100%

8.1.2　薪酬预算

薪酬预算是组织规划过程的一部分，是确保未来财务支出的可调整性和可控制性，包括对未来薪酬系统总体支出的预测和工资增长的预测。薪酬预算是薪酬控制的重要环节，准确的预算可以保证企业在未来一段时间内的薪酬支付受到一定程度的协调和控制。薪酬预算要求管理者在进行薪酬决策时，综合考虑企业的财务状况、薪酬结构及企业所处的市场环境因素的影响，确保企业的薪酬成本不超出企业的承受能力。企业在每一个财务年度开始前会制定下一年度的财务预算，而薪酬预算是财务预算的一个重要组成部分。

1. 薪酬预算的目标

薪酬预算工作应该达到以下目标。

1）使人工成本的增长与企业效益增长相匹配

通过人工成本的适当增长，可以激发员工的积极性，促使员工为企业创造更多价值。在企业人工成本变动过程中，一般会出现企业投入的边际人工成本等于企业获得的边际收益的情况，薪酬预算就是要找到这个均衡点，在使劳动者薪酬得到增长的同时，使企业获得的收益最大化。

2）将员工流动率控制在合理范围

薪酬待遇是影响员工流动的主要因素之一，健康的企业员工流动率应该保持在一个合理范围。员工流动率过高，员工缺乏忠诚度，员工没有安全感；员工流动率过低，员工缺少压力，工作缺乏积极性，企业缺乏创新精神，因此过低的员工流动率对企业也是有害的。

3）引导员工的行为符合组织的期望

通过薪酬政策，鼓励组织期望的行为及结果；通过薪酬结构及薪酬构成的调整，体现企业对某系列岗位序列人员的重视，从而体现组织发展战略的变化；通过对组织期望行为的鼓励，使员工向着组织期望的目标努力。

如果企业在变动薪酬或绩效薪酬方面增加预算，而在基本薪酬方面控制预算的增长幅度，根据员工的绩效表现提供激励，员工就会重视自身职责的履行及高绩效水平的达成，这样就会促使达到组织的目标。

2．薪酬预算的设计原则

企业在设计薪酬预算时，要遵循以下几个原则。

1）双低原则

双低原则是指薪酬的增长机制与人力成本的控制。薪酬平均水平在逐年增长的同时人力成本是下降的。企业在设计薪酬预算时，要遵循双低原则。一是企业工资总额增长幅度低于本企业经济效益增长幅度；二是员工实际工资增长幅度低于本企业劳动生产率增长幅度。

2）增长原则

增长原则是指员工个人工资增长机制。对员工个人工资的增长幅度，要根据市场价位、员工个人劳动贡献率和个人能力的发展来确定。对贡献大的员工，增薪幅度要大。

3）恰当原则

恰当原则是指确定人工成本的支出与销售额、销售利润的比例关系。只有控制好薪酬预算，才可以降低企业在用人上的直接资金风险。现实中，我们经常看到企业在抱怨缺乏人才，一旦企业出现逆境，便不惜高薪外聘人才，并祈求高素质人才立即为企业解困。人才固然是企业所青睐的，但如果用错了，那么无疑是在增加成本、增加用人风险。

3．薪酬预算的方法

一般来说，薪酬预算的方法有两种：一种是自下而上法，一种是自上而下法。名称虽然很普通，但形象地反映了两种方法各自的特点。

1）自下而上的薪酬预算法

自下而上法顾名思义，“下”指员工，“上”指各级部门，乃至企业整体。自下而上的薪酬预算法是指从企业的每个员工在未来一年薪酬的预算数字，计算出整个部门所需要的薪酬支出，然后汇集所有部门的预算数字，编制企业整体的薪酬预算报告。

通常，自下而上的方法比较实际，且可行性较高。部门主管只需按企业既定的加薪准则（如按绩效加薪，按年资或消费品物价指数的变化情况等）调整薪酬，分别计算出每个员工的增薪幅度及应得的薪酬数额；然后计算出整个部门在薪酬方面的预算支出，再呈交给高层管理人员审核和批准，一经通过，便可以着手编制预算报告。

2）自上而下的薪酬预算法

与自下而上法相对照，自上而下的薪酬预算法是指先由企业的高层管理人员决定企业整体的薪酬预算额和增薪的数额，然后将整个预算额分配到每个部门。各部门按照所分配的预算数额，根据本部门内部的实际情况，分配到每个员工。

由此可见，自上而下法中的预算额是每个部门所能分配到的薪酬总额，也是该部门所有员工薪酬数额的极限。至于部门主管如何将这笔薪酬分配给每个员工，就看部门主管自己的决定了。

部门主管可以按企业所定的增薪准则来决定员工分配的薪酬数额。根据员工的不同的绩效表现来决定增薪幅度的高低，或者采取单一的增薪幅度，不过，这样会导致底薪较高的员工的薪酬增加较多，而底薪较低的员工实际获益较少。

一般来说，自下而上法不易控制总体的人工成本；而自上而下法虽然可以控制总体的人工成本，但预算缺乏灵活性，而且确定薪酬总额时主观因素过多，降低了预算的准确性，不利于调动员工的积极性。

由于两种方法各有优劣，通常企业会同时采用这两种方法。首先，决定各部门的薪酬预算总额；然后，预测个别员工的增薪幅度，并确保其能配合部门的薪酬预算总额。如果两者之间的差异较大，那么也要适当调整部门的薪酬预算总额。

自上而下的薪酬预算步骤：首先，企业对其总体业绩指标进行预测；其次，确定企业所能承受的人工成本总额或薪酬总额；最后，按照一定比例把它分配给各个部门，由各部门主管进一步分配到员工身上。

自上而下的薪酬预算方法包括劳动分配率基准法、销售净额基准法、损益平衡点法等。

（1）劳动分配率基准法。

利用劳动分配率基准法计算人工成本支付限额的公式为：

预算的劳动分配率=一年人工成本预算÷（一年人工成本预算+一年固定费用预算+一年必得利益）×100%

平衡点劳动分配率是指在企业无损益的情况下的人工成本支付比率（比重）。其计算公式为：

平衡点劳动分配率=人工成本÷（人工成本+固定费用）×100%

当实际的劳动分配率低于平衡点劳动分配率时，企业处于财务安全状态，因此企业当时预算的劳动分配率会低于平衡点劳动分配率。

（2）销售净额基准法。

销售净额基准法是指根据实际人工费比率、本年平均人数、上年度平均薪酬和计划平均薪酬增长率，求出本年目标销售额，并以此作为本年最低销售净额。

其计算公式为：

人工费比率=人工成本÷销售额

目标人工成本=本年平均人数×上年度平均薪酬×（1+计划平均薪酬增长率）

目标销售额=目标人工成本÷人工费比率

有时因为竞争激烈，企业在销售额上没有上升空间，这就需要在预计销售收入的情况下进行薪酬预算。

经营所需人数调薪后的平均人工成本=年度人工费用预算支付限额÷调薪后平均人工成本

调薪后的平均人工成本=计划附加价值×合理劳动分配率×［预计销售收入÷现在人均人工成本×（1+计划调薪率）］

当现有人数大于经营所需人数时，可考虑降低薪酬成本或裁员。从这个角度来看，销售净额基准法也是一种人力资源规划的措施。

（3）损益平衡点法。

利用损益平衡点法计算人工成本支付限额的公式为：

人工成本的支付限额=人工成本÷损益平衡点的销售收入×100%

损益平衡点，又称损益分歧点，是指在单件产品价格一定的情况下，与产品制造、销售及管理费用相等的收益额，或者说达到一定销售收入的产品数量。因此，损益平衡点可以概括为企业利润为零时的销售额或销售量。

损益平衡点的计算公式为：

损益平衡点=固定费用÷附加价值或边际利益率

固定费用=销售费用及一般管理费用+折旧费用+营业外支出

4．薪酬总额确定

企业人工成本总额可以根据销售收入净额、企业增加值、盈亏平衡和综合效益等来确定，分别称之为销售净额法、劳动分配率法、盈亏平衡法和工效挂钩法，其中，工效挂钩法在国有企业中应用广泛。

1）销售净额法

销售净额法是指根据对市场销售收入的预测，分析企业收入人工成本率变化趋势，并参考同行业相关数据，确定企业人工成本总额的一种方法。

人工成本总额=预期销售收入净额×收入人工成本率

一般情况下，企业在做薪酬预算时，收入人工成本率应稳定在合理的水平，人工成本总额的增加反映在员工人数增加和人均人工成本增加两个方面，首先应确定新年度所需员工人数，那么上述公式可以表达为：

人均人工成本=人均销售收入净额×收入人工成本率

从上式可以看出，人均人工成本的增长率应该和人均销售收入的增长率保持一致。

2）劳动分配率法

劳动分配率法是指根据对企业增加值的预测，分析企业劳动分配率变化趋势，并参考同行业相关数据，确定企业人工成本的一种方法。

人工成本总额=预期企业增加值×劳动分配率

一般情况下，企业在做薪酬预算时，劳动分配率应稳定在合理的水平，人工成本总额的增加反映在员工人数增加和人均人工成本增加两个方面，首先应确定新年度所需员工人数，那么上述公式可以表达为：

人均人工成本=人均企业增加值×劳动分配率

从上式可以看出，人均人工成本的增长率应该和人均企业增加值的增长率保持一致。

3）盈亏平衡法

盈亏平衡点又称零利润点、保本点、盈亏临界点，通常是指全部销售收入等于全部成本时（销售收入线与总成本线的交点）的产量。以盈亏平衡点为界限，当销售收入高于盈亏平衡点时，企业盈利；反之，企业亏损。盈亏平衡点可以用销售量来表示，即盈亏平衡点的销售量；也可以用销售额来表示，即盈亏平衡点的销售额。盈亏平衡法如图 8-1 所示。

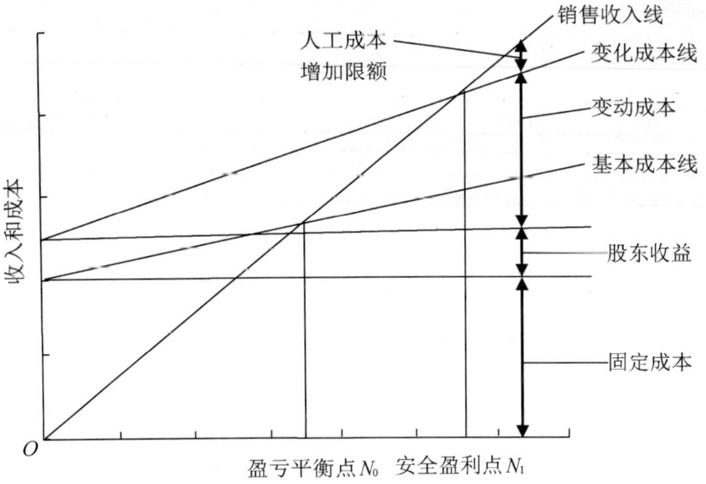

图 8-1　盈亏平衡法示意图

4）工效挂钩法

工效挂钩是指企业工资总额同经济效益挂钩。其具体做法是：企业根据上级主管部门核定的工资总额基数、经济效益基数和挂钩浮动比例，按照企业经济效益增长的实际情况，提取工资总额，并在国家指导下按“以丰补歉、留有结余”的原则，合理发放工资。

5. 薪酬预算编制过程

企业在编制薪酬预算时，首先应该对企业面临的外部环境和内部条件有充分掌握与分析，这样可以清楚地知道企业目前的状况、竞争对手的动向及面临的挑战和机遇，只有这样，才能比较准确地预算需要支付的人工成本。

1）确定企业战略目标和经营计划

首先，需要确定企业明年的战略是快速扩张、适当收缩、稳步增长还是转换领域，这决定着企业整体对人力资源的需求，同时会影响企业薪酬总额预算。

其次，需要确定企业明年的经营目标，如收入、利润、增加值、产值等指标，这是决定薪酬总额的基础。一般地，如果有可能，那么还应将目标分为基础目标、努力目标和最低目标，以分别计算对应的薪酬总额。

最后，应该确定企业明年的组织结构、岗位设置，因为一方面组织结构的变动会影响员工人数，另一方面组织结构的变动会带来员工岗位工资部分的变动。

2）分析企业支付能力

衡量企业支付能力的指标有三种，即薪酬费用率、劳动分配率和薪酬利润率。

（1）薪酬费用率。

薪酬费用率=薪酬总额÷销售额×100%

如果企业的销售额较大，则薪酬总额也应当相对地增加，因为企业的支付能力比较强；如果企业的销售业绩不好，则应相应地减少薪酬总额。企业可以根据过去的经营业绩计算出薪酬费用率，再根据这个比率和明年预期销售额，求出合理的薪酬总额。

（2）劳动分配率。

劳动分配率=薪酬总额÷企业增加值×100%

其中，企业增加值等于销售额减外购成本，外购成本为物料加外包加工费用。

根据劳动分配率可以求出合理的薪酬费用率，公式如下：

薪酬费用率=薪酬总额÷销售额×100%

=（附加价值÷销售额）×（薪酬总额÷附加价值）

=目标企业增加值率×目标劳动分配率

（3）薪酬利润率。

薪酬利润率=利润总额÷薪酬总额×100%

该指标表明，企业每支付一单位的薪酬将会创造多少利润。在同行业中，薪酬利润率越高，表明企业薪酬取得的经济效益越好，人工成本的相对水平越低，企业薪酬提升的空间越大。

3）确定企业薪酬策略

薪酬策略是指将企业战略和目标、文化、外部环境有机地结合从而制定的对薪酬管理的指导原则，薪酬策略对薪酬制度的设计与实施提出了指导思想。它强调的是相对于同规模的竞争对手来讲其薪酬支付的标准和差异。

企业的薪酬策略既要反映组织的战略需求，又要满足员工的期望。薪酬与组织及其外部环境之间存在着一种依存关系，与企业的发展战略是契合的。薪酬策略对企业发展战略的支持作用表现在通过薪酬策略向员工发出企业期望的信息，并对那些与企业期望一致的行为进行奖励。

薪酬策略，一是薪酬水平策略，是领先型、跟随型还是滞后型；二是薪酬激励策略，即重点激励哪些人群，采用什么样的激励方式；三是薪酬结构策略，即薪酬应当由哪些部分构成，各占多大比例；四是薪酬分多少层级，各层级之间的关系如何。

4）诊断薪酬问题

企业对薪酬的诊断可以从一些指标和数据入手，包括薪资均衡指标、递进系数、重叠度、幅宽等。

5）分析人员流动情况

分析人员流动情况实际上是对人力资源需求和供给的预测，主要包括总人数的预测、有多少员工被提拔到上一层级、新增多少员工、有多少员工离职等。

6）确定薪酬调整总额及整体调整幅度

首先，确定薪酬调整总额需要确定薪酬总额调整的依据，是依据利润、增加值还是销售收入来调整薪酬总额。

其次，要确定劳动分配率、薪酬费用率和薪酬利润率的目标值。一般地，企业可以根据行业内的平均水平或标杆企业的水平进行确定。

再次，依据经营目标、历史工资水平测算出预期薪酬总额。

最后，据此计算出薪酬调整总额，并按照薪酬激励策略和原来各部门在薪酬总额中所占的比重、各部门的业绩，确定各部门的薪酬调整总额。

在将薪酬调整额度分配到各部门的时候，还应该考虑到员工不同的薪酬模式产生的差异。例如，生产系统依据计件发放薪酬，销售系统依据提成发放薪酬，高层管理者依据年度业绩发放年薪等。同时，企业应当预留出一部分资金作为年底奖金和调节之用。

7）将薪酬调整总额分配到员工

将薪酬调整总额分配到员工需要事先确定规则，如依据资历进行薪酬调整、依据绩效进行薪酬调整等。为了激励员工努力工作，创造更好的业绩，一般应当考虑依据业绩调薪，即绩效调薪。

绩效调薪是指根据员工的绩效考核结果对其基本薪酬进行调整，调薪的周期一般按年来进行。绩效调薪的确定涉及以下两个因素。

一是员工的绩效水平的高低。绩效水平越高，调薪的量也就应该越高；绩效平平的员工不应该获得绩效提薪；绩效水平差的员工应该对其基础工资进行下调。

二是该员工在工资范围中所处的位置。如果该员工所获得的报酬已经处于工资范围的上端，那么为了降低企业的成本风险，其绩效调薪的量应该比处于工资范围下端而绩效结果与之相同员工的调薪量低。

8）根据市场薪酬水平确定员工薪酬水平

在完成以上工作后，企业需要从另外一个角度考虑，即根据市场薪酬水平和薪酬策略确定员工的薪酬水平。例如，外部市场薪酬调研显示，A 岗位的薪酬水平在过去的一年中明显上涨了 20%，因此原定的薪酬水平已经不能保证对该岗位员工具有吸引力，企业必须对应地做出薪酬调整。

8.2　薪酬控制

8.2.1　薪酬控制的概念、原则与意义

1. 薪酬控制的概念

所谓薪酬控制，是指在确保实现企业战略目标的前提下，适度控制薪酬总额，追求合理的薪酬效益（薪酬效益=产出÷薪酬），其实质是追求企业利润最大化和薪酬效益的最大化（相对薪酬成本的最小化），以保证企业利润和员工收入实现双赢，而不是薪酬成本本身（绝对薪酬成本）的最小化。也就是说，薪酬控制不是简单地降低薪酬，而是在保证薪酬对外具有竞争力与内部一致的基础上，通过有效的控制措施，减少一些不合理和不科学的薪酬支出。

从具体构成来看，薪酬总额主要包括企业人工成本中的工资总额、社会保险费用、福利费用和由企业缴纳的住房公积金四个部分。

2. 薪酬控制的原则

薪酬控制应遵循以下几个原则。

第一，人力资源效益最大化。为了促使员工努力工作，企业需要给予员工较高的薪酬激励；

同时，企业必须控制员工的薪酬水平，以实现自身的持续发展。因此，薪酬控制的重要原则就是要合理地确定员工薪酬水平，实现人力资源效益的最大化。

第二，以人为本，科学控制。以人为本，就是要充分重视人的作用，尊重并满足人的要求。在薪酬控制的过程中，企业不能一味地追求人工成本的最小化，而应考虑自身支付的薪酬是否能够满足员工的基本生活需求。例如，某类劳动力市场供给过剩，此时企业不能因此就最大限度地压低企业中此类劳动力的工资。

第三，自我约束与标杆管理相结合。在企业中，管理者尤其是高层管理者往往掌握着薪酬决策权，如果他们无法做到自我约束，就很可能给自己支付高额薪酬，而给普通员工支付较低的薪酬。因此，良好的薪酬控制制度，需要企业管理层的自我约束；同时，企业在薪酬控制的过程中，还应学习标杆企业的做法，将管理层的自我约束与标杆管理相结合。

3. 薪酬控制的意义

薪酬控制的意义主要体现在以下几个方面。

第一，修正薪酬预算偏差。企业在进行薪酬预算时通常是对市场薪酬水平、薪酬变动幅度等因素进行大致的估计或预测，而现实中的不确定因素使薪酬预算往往存在偏差。薪酬控制通过对企业的整个薪酬体系运行状况进行监控，可以及时处理现实中的不确定因素，修正薪酬预算偏差，确保薪酬体系有效地发挥作用。

第二，增强企业的市场竞争力。企业支付的薪酬是员工最主要的收入来源，因而薪酬也是企业激励员工的重要手段之一。如果薪酬制度不当，就会影响员工的工作积极性和创造性，从而影响企业的整体效益。因此，通过薪酬控制，可以及时发现并修正不当的薪酬制度，确保企业薪酬投入的科学、有效，充分发挥薪酬的激励作用，提高企业的经济效益，增强企业的市场竞争力。

第三，降低企业经营成本。企业支付的薪酬也是一种经营成本，其高低直接关系到企业的利润。薪酬控制有利于企业进行成本核算，加强管理，合理安排劳动力，以最少的投入获得最大的产出。

8.2.2 薪酬控制的范围

薪酬控制主要是对企业的薪酬成本进行控制。薪酬成本的分类方法主要有两种：一种是我国劳动和社会保障部颁发的〔2004〕30 号文件规定的分类方法，另一种是人力资源成本会计中的分类方法。

1. 我国劳动和社会保障部颁发的〔2004〕30 号文件规定的分类方法

该分类方法的依据是我国劳动和社会保障部颁发的〔2004〕30 号文件。根据该文件，企业薪酬成本的范围包括职工工资总额、社会保险费用、职工福利费用、职工教育经费、劳动保护费用、职工住房费用和其他人工成本支出。根据《企业财务通则》和《企业会计制度》，这些费用通过不同科目的会计处理进入企业的总成本。而效益好的企业，其薪酬成本还要加上公益金中用于职工集体福利的支出。由于薪酬成本没有独立的统计体系，故必须在劳动统计与财务核算之间根据数据共享原则规定，满足双方要求的衔接口径。

2．人力资源成本会计中的分类方法

人力资源会计在 20 世纪 60 年代末 70 年代初产生于美国，由美国密歇根大学的会计学家赫曼森（Hermanson）在 1964 年出版的《人力资源会计》中首次提出。人力资源会计是鉴别和计量人力资源数据的一种会计程序和方法，其目的是将企业人力资源变化的信息提供给企业和外界的有关人士使用。人力资源会计包括人力资源的计量和人力资源价值的计量。人力资源会计的基本前提是将人力资源视为一项资产，美国会计学家弗兰·霍尔茨将人力资源成本定义为取得、开发和重置作为组织的资源的人所引起的成本。

根据上述理论，通过人力资源成本项目的确认，将形成另一种对企业薪酬成本的要素解构。所谓人力资源成本项目的确认，就是确定有关人力资源投资成本各项目的范围。按照人们赋予人力资源会计的任务，凡是涉及人力资源的取得、开发、使用、保障和离职等投入成本的都应加以反映。人力资源的投资作为人力资源会计的反映对象，依据人力资源进入企业到最终退出企业的时间顺序，以及企业对人力资源投资的不同目的，可将这项投资确认为以下五个项目。这五个项目也可以理解为薪酬成本的五大组成部分。

（1）人力资源的取得成本。人力资源的取得成本是企业在招募和录取职工的过程中发生的成本。人力资源的取得成本具体包括以下几项。①招募成本，是为吸引和确定企业所需人力资源而发生的费用，包括对企业内外的广告宣传费用和招聘费用。②选择成本，是企业为选择合格的职工而发生的费用。③录用成本，是企业为取得已确定聘任职工的合法使用权而产生的费用。④安置成本，是企业将被录用的职工安排在确定工作岗位上的各种行政管理费用；录用部门为安置人员所损失时间的费用；为新职工提供工作所需装备的费用；从事特殊工种按人员配备的专用工具或装备费；录用部门安排人员的劳务费、咨询费等。

（2）人力资源的开发成本。人力资源的开发成本是企业为提高职工的生产技术能力，为增加企业人力资源的价值而发生的费用。人力资源的开发成本具体包括以下几项：①上岗前教育成本，是企业对上岗前的新职工在思想政治、规章制度、基本知识、基本技能等基本方面进行教育所发生的费用；②岗位培训成本，是企业为使职工达到岗位要求对其进行培训而发生的费用；③脱产培训成本，是企业根据生产和工作的需要，允许职工脱离工作岗位接受短期（半年内）或长期（一年以上）的培训而发生的成本，其目的是为企业培养高层次的管理人员或专门的技术人员。

（3）人力资源的使用成本。人力资源的使用成本是企业在使用职工的过程中而发生的成本。人力资源的使用成本具体包括以下几项：①维持成本，是保证人力资源维持其劳动力生产和再生产所需的费用；②奖励成本，是为激励企业职工，使人力资源发挥更大作用，对其超额劳动或其他特别贡献所支付的奖金；③调剂成本，是调剂职工的工作与生活节奏，使其消除疲劳而发挥更大的作用，满足职工必要的需求，稳定职工队伍，并吸引外部人员进入企业工作而发生的费用。

（4）人力资源的保障成本。人力资源的保障成本是保障人力资源暂时或长期丧失使用价值

的生存权而必须支付的费用。人力资源的保障成本具体包括以下几项：①健康事故保障成本，是企业承担的职工因工作以外的原因引起的身体欠佳不能坚持工作而需给予的经济补偿费用；②劳动事故保障成本，是企业承担的职工因工伤事故应给予的经济补偿费用；③退休养老保障成本，是社会、企业及职工个人承担的保障退休人员老有所养和酬谢其辛勤劳动而给予的退休金和其他费用；④失业保障成本，是企业对有工作能力但因客观原因暂时失去工作的职工给予的补偿费用。

（5）人力资源的离职成本。人力资源的离职成本是由于职工离开企业而产生的成本。人力资源的离职成本具体包括以下几项：①离职补偿成本，是企业辞退职工或职工自动辞职时，企业所应补给职工的费用；②离职前低效成本，是职工即将离开企业而造成的工作或生产低效率的损失费用；③空职成本，是职工离职后职位空缺的损失费用。

在确认人工成本项目的内涵之后，企业应选择一定的计量基础和计量方法，对人工成本加以量化。由于人力资源本身是一种特殊的资源，相应地决定了人力资产不同于其他资源的特性，所以账户设置便不同于传统会计中成本项目的账户设置，主要包括以下几个科目：人力资产、人力资源、取得成本、人力资源开发成本、人力资源保障成本、人力资产费用、人力资产摊销、人力资产损失准备、人力资产损益。

8.2.3 薪酬控制的指标体系

企业要实现有效的薪酬控制，应当在企业内部建立薪酬控制的指标体系，通过指标体系之间的比较发现管理中存在的问题并寻找解决方案。

1．薪酬控制指标的分类

企业常用的薪酬控制指标主要包括薪酬总量指标、薪酬结构指标、比率型指标三类。

1）薪酬总量指标

薪酬总量指标反映的是企业薪酬的总量水平。由于不同企业职工人数不同，因此常用人均薪酬来反映企业薪酬水平的高低。该指标可以显示本企业职工平均收入的高低，企业聘用一名职工大致需要多少人工成本支出，企业在劳动力市场上对人才的吸引力有多大等。人均薪酬能够表示企业职工的工资和保险福利水平，也能作为企业向劳动力市场提供的劳动力价格信号。企业要提高职工的劳动积极性、吸引高素质的劳动者，就需要建立人均薪酬指标，以便企业对薪酬水平进行更全面的分析和控制，有利于企业的生产发展。

2）薪酬结构指标

薪酬结构指标是指员工薪酬各组成项目占薪酬总额的比例，可反映薪酬投入构成的情况与合理性。其中，工资占薪酬的比重是薪酬结构指标中的主要项目。

3）比率型指标

比率型指标是企业进行薪酬控制常用的指标，是一组能够将薪酬与经济效益联系起来的相对数。常用的两个比率型指标是劳动分配率和人事费用率。其中，劳动分配率表示企业在一定时期内新创造的价值中有多少比例用于支付员工薪酬，它反映分配关系和薪酬要素的投入产出关系。同一企业在不同年度劳动分配率的比较、同一行业不同企业之间劳动分配率的比较，说明薪酬相对水平的高低。人事费用率表示企业生产和销售的总价值中有多少用于薪酬支出，同时表示企业职工人均收入与劳动生产率的比例关系、生产与分配的关系、人工成本要素的投入产出关系。

劳动分配率和人事费用率实质上反映的是薪酬作为一种投入的效益，由于是相对数指标，有利于国际、国内企业的人工成本水平进行比较。但应该注意的是，不同行业的企业之间，由于资本有机构成或劳动装备水平不同，增加值率和利润率不同，劳动分配率和人事费用率存在明显差异。因此，劳动分配率和人事费用率指标适合同行业的企业之间进行比较。

但是上述指标的分析和结论也存有片面性，因为它只局限于成本领域，只是物质消耗成本与人工成本的比值关系，没有考虑为创造经济效益用于补偿劳动消耗的分配关系，所以还应从生产和分配关系、投入和产出关系统筹考虑设置人工成本分析指标。

2. 常用的薪酬控制指标

企业常用的薪酬控制指标主要包括以下几项。

1）平均人工成本指标

平均人工成本分析的意义：一是显示企业员工实际收入的水平；二是据此预算企业聘用一名员工大致需要的投入量及所需要支出的平均人工成本费用水平；三是衡量企业在劳动力市场上的竞争力水平。此外，平均人工成本指标表明了成本动态变动情况。从中可以看出，人均人工成本为企业提供了进行人力资源管理各项工作的科学依据。过去企业仅有的人均工资指标统计是不能真实反映员工的实际收入的。相关计算公式为：

平均人工成本=人工成本总量÷在岗平均人数

平均人工成本指数=（本期人均人工成本-上期人均人工成本）÷上期人均人工成本×100%

2）人工成本含量指标

人工成本含量指标反映了企业人工成本占总成本的比重，它是行业、企业间商业竞争的重要指标。在同行业企业中，它表示企业的竞争潜力，人工成本含量低的企业竞争潜力大；反之，则竞争潜力小。人工成本占总成本的比重，反映了活劳动对物化劳动的吸附程度，这一比值越低，则反映活劳动所推动的物化劳动越大；反之，活劳动所推动的物化劳动越小。该指标用于衡量企业有机构成的高低和确定人工费用定额。各行业要素密集程度不同，有资本密集型、技术密集型、劳动密集型，因此不同行业人工成本占总成本的比重可能差异很大。也就是说，不同行业企业的人工成本含量不具有可比性。其计算公式为：

人工成本含量=人工成本÷总成本×100%

3）人事费用率指标

人事费用率是企业人工成本占企业销售收入的比重，也是衡量企业人工成本支付能力的重要尺度之一，是分析企业人工成本支付能力的最简单、最基本的方法之一。也就是说，人事费用率表示企业生产和销售的总价值中有多少用于人工成本支出，同时表示企业人均收入与劳动生产率的比例关系、生产与分配的关系、人工成本要素的投入产出关系。它的倒数（销售收入总额÷人工成本总额）表明每投入一个单位的人工成本能够实现多少销售收入，表明了人工成本的投入产出效益。其计算公式为：

人事费用率=人工成本总额÷销售收入总额×100%

由此可以看出，如果企业的销售额增加，则人工费用也可以相应增加，因为企业的支付能力比较强；如果企业的销售业绩不好，则应相应地减少人工成本的支出。那么，我们可以根据过去几年的经营业绩计算出人事费用率，再根据这个比率，求出合理的人工成本总额。

例如，A 公司 2004—2008 年的平均人事费用率为 17%。公司员工有 150 人，人均月工资为 1 000 元，那么 A 公司这 5 年的平均薪酬总额为 180 万元。

销售收入总额=180÷17%≈1 058.8（万元）

进入 2009 年，A 公司员工人数仍为 150 人，公司决定将薪酬总额上调 10%，则 A 公司薪酬总额由 180 万元上升为 198 万元。

如果 A 公司的平均人事费用率仍然为 17%，那么相应地 2009 年的销售收入总额应为 1 164.7 万元（198÷17%≈1 164.7）。

4）*劳动分配率指标*

劳动分配率是指企业人工成本占企业增加值的比例。人工成本是企业增加值的一部分，增加值是人工成本的来源。劳动分配率指标是衡量企业人工成本支付能力的重要尺度之一，反映了劳动力和资本参与分配企业增加值的比例关系，而劳动分配率加上资本分配率等于 100%。其计算公式为：

劳动分配率=薪酬总额÷企业增加值×100%

附加价值类似我国的净产值加上折旧，是指企业通过产销过程创造新的价值，是投入人员和资金所净赚的金额。其计算公式为：

附加价值=销售额-从外部购入价值（物料+外包加工费用）

根据劳动分配率就可以求出合理的人工费用率，其计算公式为：

人事费用率=人工费用÷销售额=附加价值÷销售额=人工费用÷附加价值=目标附加价值率×目标劳动分配率

例如，B 公司 2007 年总人工费用为 1 200 万元，附加价值为 4 800 万元，2008 年第一季度人工费用为 350 万元，月均约 116.7 万元，附加价值为 1 500 万元，则可以计算出 2007 年与 2008 年第一季度的劳动分配率。

2007 年劳动分配率=人工费用÷附加价值×100%=1 200÷4 800×100%=25%。

2008 年第一季度劳动分配率=350÷1 500×100%≈23.3%。

由此可见，这两个数字相关不大。现在该公司决定自 4 月份开始调整薪资，若 4 月份的附加价值为 550 万元，而要求维持第一季度的劳动分配率不变，那么该公司 4 月份的人工费用应该是多少呢？

目标人工费用=目标劳动分配率×附加价值=23.3%×550≈128.2（万元）

很明显，调薪差额为 11.5（128.2-116.7=11.5）万元，合理的调薪幅度为 9.9%［（128.2-116.7）÷116.7×100%=9.9%］。

5）人工成本利润率指标

人工成本利润率是反映人工成本投入产出效应的一个重要指标，体现企业人工成本投入与企业最终价值创造的关系。人工成本利润率的变动趋势，基本可以反映企业经营效益的变动趋势。管理者需要注意人工成本管理是为强化企业人工成本的控制，在保持人工成本适度增长的同时，实现企业经济效益的显著提升。通过人工成本利润率的变动趋势，也可以分析企业经营状况和企业经营环境的变动趋势。人工成本利润率的计算公式为：

人工成本利润率=利润总额÷人工成本总额×100%

6）人工成本工资率指标

人工成本工资率是人工成本结构的指标，它说明工资成本占人工成本的比例。其计算公式为：

人工成本工资率=工资总额÷人工成本总额×100%

据调研，目前大多数企业的该项指标在 50%以下，说明工资在整个人工成本中所占的比例不到一半，这可能意味着，成本项目中相当多的费用项目属于“隐形”福利。改变小工资、大福利的分配格局，使福利分配更加显性化、货币化，并逐步纳入工资性分配体系，向大工资、小福利方向发展，是一些企业人工成本管理改革的方向。

7）人工成本系数指标

人工成本系数是人工成本有关指标按相应权重加权计算的结果，是人工成本水平的综合标志，可作为不同企业、行业或地区的社会人工成本比较的主要参考指标。相应权重应依据各指标的性质和作用确定，相应权重之和等于 1，不同行业、企业人工成本系数的权重必须相同才具可比性。其计算公式为：

人工成本系数=（人工成本指数×相应权重）+（总成本人工成本含量×相应权重）+（人事费用率×相应权重）+（劳动分配率×相应权重）

8）人工成本社会负担率指标

人工成本社会负担率是指企业单位人工成本中社会负担费用所占的比重。它是反映企业社会费用负担程度的结构性指标，可用于不同企业社会负担的比较和区别。其计算公式为：

人工成本社会负担率=社会性服务总额÷人工成本总额×100%

除以上几项外，还可以根据企业人工成本管理的实际需要相应地设置人工成本指标，如单位产品人工成本含量、劳动生产率与平均工资增长比率、工资总额与福利总额的比率等。

8.2.4　企业薪酬成本的控制

企业如何加强对薪酬成本的管理呢？首先，要界定合理的工资水平，因为工资是人工成本的重要组成部分。控制工资水平，是控制投入的一个重要方面。当然控制工资并不意味着工资越低越好。其次，要想方设法提高劳动生产率。研究人工成本是围绕人的劳动投入、产出而展开的。劳动生产率是体现效率的指标。有人这样论断：如果增加 10%的工资，就可以提高 15%的效率，增加 5%的利润。企业对薪酬成本的管理，注重的应该是增加投入所带来的效益。下面介绍企业薪酬成本控制体系和薪酬成本控制线。

1．企业薪酬成本控制体系

企业薪酬成本控制体系包括弹性控制体系和比率控制体系。

1）企业薪酬成本弹性控制体系

企业薪酬成本弹性控制体系旨在衡量人工成本的增长状态，即从动态的角度，通过对人均人工成本变动幅度分别与人均增加值、人均销售收入、人均总成本变动幅度的比值进行弹性的控制，把人工成本水平的增长控制在经济效益和投入产出水平所允许的范围之内。

从投入、产出的经济效益角度考虑，人工成本是一种消耗性要素。这种消耗的必要性取决于它为企业带来产出效益的大小。也就是说，一定的人工成本投入应带来一定的产出效益，当企业人均人工成本增长时，人均增加值和人均销售收入也应呈增长趋势。否则，这种人工成本投入所产生的效果就是负面的。在其他条件不变的情况下，人工成本的增加，必然引起总成本的增加，二者是一种同方向变动的关系。这样，就可以通过人均人工成本增长率与人均增加值增长率、人均销售收入增长率、人均总成本增长率的比值，反映人工成本投入的经济效益，即其在总投入中的含量的变动趋势。

显然，当企业人均人工成本增长时，人均增加值、人均销售收入也应有所增长且增长幅度应高于人均人工成本的增长幅度，才能带来经济效益的提高，这才是增收增效的人工成本；人工成本增长时其他产出指标反而呈下降状态的企业的人工成本投入是不合理的。这部分人工成本的投入未能给企业带来经济效益，其作用是负面的，说明该企业在人工成本弹性控制方面存在问题，需要合理调节人工成本的投入、产出关系，减少无效人工成本消耗，以保持良好的增长态势。

有的企业在发展的过程中出现了人均人工成本下降的情况，尽管其效益指标有所增长，但对于调动员工的积极性和开发人力资源是不利的。尤其当人均人工成本下降伴随着人均增加值、人均销售收入等产出指标下降时，会使企业的生存和发展受到威胁，这更应该引起注意。因此，对于这类企业，首先要改变以上不合理现象，在此基础上，再进行人工成本与各产出指标的弹性控制。

2）企业薪酬成本比率控制体系

企业薪酬成本比率控制体系是从水平状态衡量人工成本，即从分配水平的角度控制人工成本，旨在使企业在分配方面更好地兼顾个人、企业、国家三者的利益关系，保证企业的持续、稳定发展。人工成本的水平状态主要是从人工成本的比率指标衡量，以行业平均的劳动分配率、人事费用率、人工成本占总成本比重三个比率指标作为参照，衡量企业与行业对应比率指标的偏差程度。

显然，企业的这三项比率指标应当低于行业平均水平，且这三项比率指标均都不能为负值。因此，计算出的综合偏差率应大于 0 且小于等于 1，符合这一条件的企业是人工成本比率控制较好的企业；反之，则认为该企业在人工成本的比率方面失控了。有的企业劳动分配率或人事费用率指标出现了大于 1 的情况，这是非常不合理的。.对于此类企业，首先要改变人工成本超出增加值或销售收入的不合理现象，有的还必须扭转亏损局面，并在此基础上与行业平均水平进行对比。

2. 企业薪酬成本控制线

1）企业薪酬成本支出的最高限度和最低限度

薪酬成本是企业获取利润必须付出的代价，同时是员工工资和保险福利水平的一种体现。尽管提高这一水平是生产的目的，但是在企业一定生产水平的限制下，这种要求不应过高。企业薪酬成本支付有一个最高限度问题，不顾其他条件，任意超出这一限度，就会使企业陷于亏损或破产的境地，员工也会陷于困境。企业可以借用管理经济学盈亏平衡方法分析并确定人工成本支付的最高限度。

薪酬成本控制的限度可以通过图 8-2 来表示。

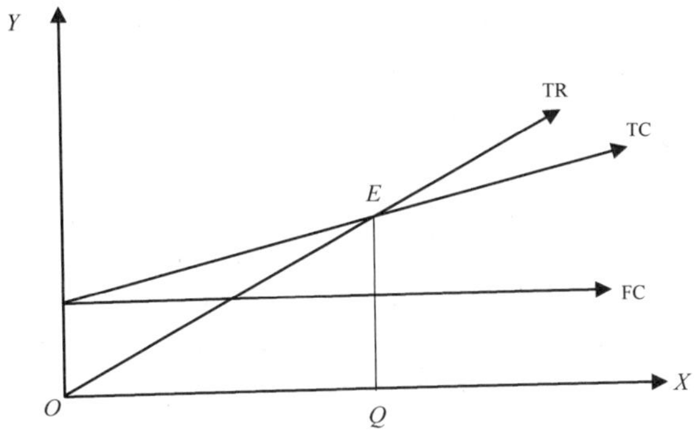

图 8-2　人工成本控制线

在图 8-2 中，X 轴表示企业生产和销售数量，Y 轴表示企业的成本和收益，FC 线表示固定成本，TC 线表示企业总成本（总成本=固定成本+变动成本），TR 线表示企业总收益（销售收入或生产总值），TR 线与 TC 线相交的 E 点就是盈亏平衡点，Q 点表示无盈亏状态下的生产和销售数量。当生产和销售数量为 Q 时，E 点表示总收益等于总成本，即企业不亏损也没有任何盈利；当生产和销售数量小于 Q 时，总成本大于总收益，企业陷于亏损区域；当生产或销售数量大于 Q 时，总成本小于总收益，企业可获得盈利。因此，我们可以发现，当企业总成本等于销售收入或生产总值时，可维持简单再生产过程，在这种状态下所支付的人工成本应为企业薪酬成本支付的最高限度。

其中，盈亏平衡点的计算如下：

盈亏平衡点销售收入或产值=固定费用÷（1−变动费率）

=固定费用÷（1−变动成本÷销售收入）

企业总成本包括固定费用和变动费用两大部分。企业全部薪酬成本都是在一般管理费用与销售费用和劳务费用中支出的，因此可以说薪酬成本包括在固定费用之中。

以常用的人事费用率和劳动分配率作为分析的主要指标，我们可以得到人工成本的最高限度：

人事费用率最高限度=（人工成本÷盈亏平衡点销售收入总成本）×100%

劳动分配率最高限度=（人工成本÷盈亏平衡点销售收入−物耗成本）×100%

而薪酬成本的最低限度是由劳动力市场决定的，其计算公式为：

薪酬成本的最低限度=$\sum V_1 X_1$

式中，V_1 表示企业在劳动力市场上招聘到的某类合格人员的最低待遇水平；X_1 表示企业对某类人员的需求量。

2）企业薪酬成本控制线的确定

企业的人事费用率和劳动分配率只要不超过盈亏平衡状态所决定的最高限度，就处于安全区域之内。那么，在这个安全区域之内又如何进一步确定适度的或最佳的人事费用率和劳动分配率呢？

在薪酬成本的安全区域内，企业应首先考虑制订合理的利润计划，对维持一定规模的扩大再生产所需利润进行分析、计量，计算出能够维持企业正常发展的必要利润数额。必要利润计算公式如下：

必要利润=（公积金+公益金+股金分红+……）÷（1−税率）

在此基础上可以得到比较适度的控制线：

适度的人事费用率=人工成本÷（总成本+必要利润）×100%

适度的劳动分配率=人工成本÷（总成本+必要利润−物耗成本）×100%

但上述公式是根据自身利润计划做出的，不一定适应企业在市场竞争中的需要，因此企业还需考虑市场因素。企业在制定人工成本控制线时应尽可能满足两个条件（两个条件中优先满足第一个条件）：第一，企业人均人工成本水平高于竞争对手；②企业人事费用率和劳动分配率低于竞争对手。

8.2.5 企业薪酬成本循环管理体系

薪酬成本主管部门应拟定薪酬成本的管理制度，使薪酬成本管理实现制度化、程序化、规范化。这里我们提出，企业在进行薪酬成本管理过程中，可以根据薪酬成本循环管理体系包括的各个环节及其要求，逐步建立、完善相应的制度、流程设计。企业薪酬成本循环管理体系包括薪酬成本的预算、计划、执行、检查、处理和结算六个环节。

1. 企业薪酬成本循环管理体系的预算环节

企业应从源头上控制薪酬成本，即做好薪酬成本的预算。薪酬成本的预算应以财务预算年度作为薪酬成本预算年度，以财务及其他专业的预算数据为依据，由劳资部门单独进行预算，即保持相对的独立性。

预算时，企业应根据国家有关方针、政策，按照业务部门的计划、任务，根据上年度实际发生情况，考虑本年度特殊增减因素，遵循“增收节支、量入为出”的原则，科学、合理地安排各项资金，编制人工成本预算，不得编制赤字预算。为了保证制度的严肃性，预算一经批准，一般不予调整，如果在年度执行中受国家政策影响，人员机构发生大的变化，确实需要调整的，那么下属各单位、各部门应向人工成本主管部门提出申请，经批准后方能支付。预算可以使成本在合理的幅度内变化，不至于严重不足或过分超出。

预算能够采用的方法很多，各种财务管理中预算方法几乎都能够用作薪酬成本预算。目前企业的人力资源活动预算基本根据定员结合企业的考核目标是否实现等进行调整。但对于新建企业或有较大活动计划变动的企业，则可以考虑零基分析法，即不考虑账户的历史成本的记录，在全面分析人力资源结构、数量的基础上结合人力资源的市场情况，预测未来的薪酬成本。对于一些大型的活动，难以一步到位确定成本的，还可以考虑滚动预算的方法。值得注意的是，预算前首先要判断预算的薪酬成本是收益性支出还是资本性支出，并据此决定预算是短期的还是长期的、是静态的还是弹性的。

2. 企业薪酬成本循环管理体系的计划环节

计划环节中的关键问题是做好薪酬成本的规划决策。规划决策的核心在于薪酬成本的效益性分析，其目的是使人力资源能够被最经济、有效地利用，修正不经济的支出，达到人力资源的有效配置。企业应对计划开展的各项人力资源管理活动，列举不同方案，根据投资收益的理念，进行比较、分析，一般包括估算成本、估算收益、评价投资收益三部分。在评价投资收益时可计算投资收益率、投资回收期或净现值等以进行比较决策。在计算过程中，要综合考虑以下因素：①薪酬成本支出的机会成本，即执行一项计划而放弃另一项计划可能带来的收益；②人力资源投资中的风险因素，即考虑成本支出效益为负的可能性。

3. 企业薪酬成本循环管理体系的执行环节

执行过程要求执行人员树立成本意识，严格控制各项活动支出，在合理的范围内进行预算调整，具体包括以下两点。

1）成立监控的组织机构

建立人力资源部和财务部合作的人工成本管理组织，系统、全过程地负责有关工作。企业薪酬成本管理是一项系统工程：其一，要求企业必须系统、全员、全方位、全过程地进行这项工作，在企业内部建立以劳资部门为主的人工成本管理体系，对各项人工成本预算要严格审核，对预算外费用要严格监控，履行必要的审批程序，经批准后方能执行，努力降低人工成本；其二，对下属各单位、各部门的报表数字质量要负责监督、检查，并发布全企业的人工成本状况，提供各岗位需要的其他人工成本信息咨询；其三，指定下属各单位的人工成本管理责任主体，并通过调查、收集、整理社会人工成本信息、全企业人工成本信息，合理确定企业的人工成本控制指标，定期公开发布人工成本控制标准；其四，每年召开人工成本结算会，对有效管理人工成本的单位进行奖励，对人工成本偏高的单位进行预警，必要时实行成本否决。

2）完善人工成本统计台账

制定劳动工资、保险福利统计报表制度和财务报表制度，建立人工成本统计台账。台账主要包括人工成本汇总台账、工资内外收入台账（应含支付职工的全部劳动报酬）、社会保险台账、职工福利费用台账、职工教育培训费用台账、职工住房费用台账、非本单位职工的人工成本台账、其他人工成本台账、劳动保护费用台账。台账的填报要求：一般应按本期实际发生数填报，除有单项规定外，不能按计划数填报；要按谁支付、谁统计的原则登账，如企业对外按项目承包，只对单位支付项目承包费用，不直接支付工资报酬，不统计为企业用工人员及工资。

4. 企业薪酬成本循环管理体系的检查环节

及时检查，可保证成本控制在合理的范围内变动；及时纠偏，可保证成本控制不失控。检查包括以下几点。

（1）阶段性检查。企业按季度、月度或项目阶段对各部门进行阶段性的审核，审核各项人力资源活动成本的使用情况，并进行及时调整。

（2）年度结算检查。企业在每年财务决算后应进行人工成本的结算，并与年初的人工成本预算方案进行对比，以便发现问题。

（3）年度统计分析。企业应进一步分析结算结果，发现问题及差距，为下一年度的人工成本控制提供改进依据。企业的经营活动是相互联系的，指标之间存在着相互依存关系，通过图 8-3 可以清晰、全面地了解人工成本的构成、数量和指标之间的关系，为提高企业管理水平提供帮助。

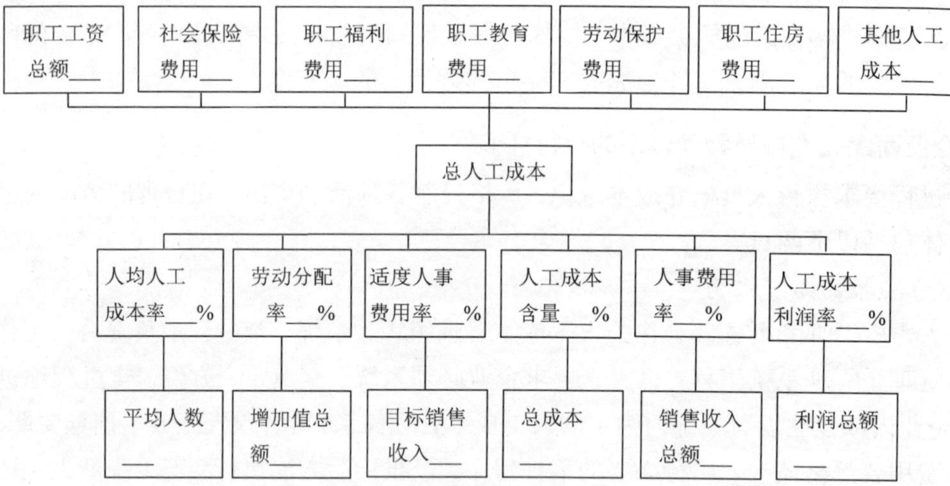

图 8-3 人工成本的构成

（4）人工成本预警制度检查。人工成本预警制度检查是指劳动行政部门为促进企业建立人工成本自我约束机制而采取的强制性与指导性相结合的监控措施。企业应根据国家或行业主管部门发布的人工成本分级标准和人工成本预警线，结合企业实际情况，制定人工成本控制目标。为了实现人工成本管理的预定目标，应采取事中控制的方法，企业劳资部门对人工成本进行分析评价并发布评价结果，对所属各单位人工成本管理预定目标实现程度的好、中、差，采取分别亮“绿灯”“黄灯”“红灯”的办法，促进人工成本预定目标的实现。

5. 企业薪酬成本循环管理体系的处理环节

通过上一环节的检查，可以得到季度、年度企业薪酬成本使用情况的总结，对其结果可进行如下处理。

（1）季度审核结果处理鼓励控制成本提高效益的做法，及时给予褒扬；及时发现，及时纠正成本溢出或使用效率低下的做法。

（2）年度审核结果处理表彰、奖励人工成本控制好的下属机构、部门，鼓励经验交流，促进其他部门机构的成本控制；调查分析人工成本控制失当情况，从机构、制度、执行各环节分析原因，寻求解决对策，在下一年度进行有针对性的调整。

6．企业薪酬成本循环管理体系的结算环节

企业应在每年财务决算后召开薪酬成本结算会，按照有关财会规定，按建立的台账，及时、准确、完整地对人工成本进行结算，对比年初的薪酬成本预算方案，计算节约超支的额度并分析薪酬总量指标、结构性指标和相对比率指标；对比薪酬成本控制目标，包括绝对指标和相对指标，检查薪酬成本是否进行有效控制，检查是否达到了增收节支。对于薪酬成本管理得当的单位，应制定一些奖励措施，按照各单位增收节支的程度，提取工资总额的一定比例作为奖励基金，以调动各单位薪酬成本管理的积极性；对于人均薪酬成本水平过高，且人事费用率、劳动分配率过高的单位，在年终结算时，应分析具体的原因，并采取措施加以调整。例如，对工资水平过高、增速过快的单位，可以对其效益工资进行必要的核减，并对责任者进行处罚；对薪酬成本过高的单位要进行预警，必要时实行成本否决。

8.3　薪酬调整

薪酬体系设计是企业人力资源管理的核心内容。在现代企业管理中，薪酬不但是具有传统企业生产成本支出功能的载体，而且已经成为与企业人力资源开发战略紧密相连的管理要素。随着我国经济的发展，传统的薪酬体系已难以适应企业现代化管理的需要，普遍出现了激励作用不足、约束作用乏力、平均主义和分配行为不规范等弊端。

因此，对传统的薪酬体系进行变革成为必然。此外，企业原有的薪酬体系在运行一段时间以后，随着企业经营业务的变化而出现的用人政策的变化，往往使现行的薪酬体系难以适应企业业务运营的需要，这时企业就必须对其现有的薪酬体系进行全方位的检测，以确定相应的调整措施。根据自身发展情况，有的企业需要对奖金制度进行调整，有的企业需要对起点薪资进行调整，有的企业需要对福利制度进行调整。类似的调整可以归纳为薪酬的局部调整。在某些时期，可能就需要对企业的原有薪酬体系做出重大改革或调整，即全面的调整。从整个薪酬管理的角度看，薪酬体系的调整是个持续动态的过程，如图 8-4 所示。

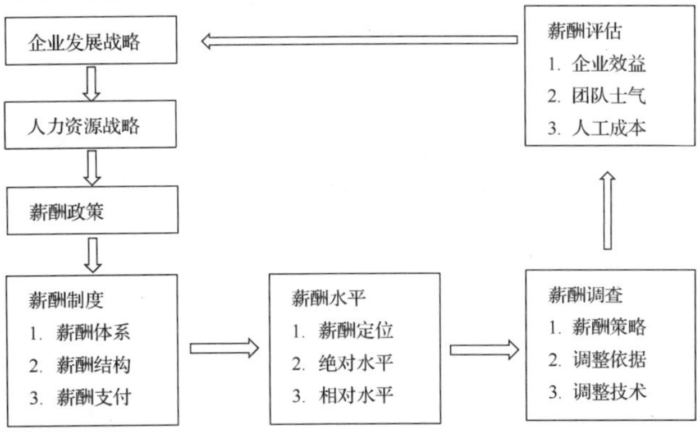

图 8-4　薪酬体系动态调整示意图

8.3.1 薪酬调整的原则

企业薪酬体系的调整是整个薪酬管理的相当重要的一环，做好薪酬体系的调整工作必须把握以下原则：①内外公平性，对外的绝对公平和对内的相对公平；②劳资互惠性，劳资双方互惠互利；③激励性，薪酬应作为激励员工的主要手段之一；④层次需求性，不同层次人员对薪酬福利的需求是不同的；⑤支付效率，薪酬的支付要有利于员工劳动生产率的提高；⑥能力开发，薪酬的支付有利于员工能力的不断开发和提高等。

此外，企业还应注意把握以下原则：①市场导向与经营状况兼顾原则，既要考虑薪酬水平与市场接轨，对外有竞争力，也要考虑企业的经营状况对薪酬成本的适应度；②贡献与收益相挂钩原则，体现对关键岗位、关键员工的重视，适当加大关键岗位、关键员工的调整力度；③岗位价值与个人业绩相结合原则，员工的薪酬不但受所在岗位价值的影响，而且要根据个人的业绩进行调节。

8.3.2 薪酬调整的策略与方式

1. 薪酬体系调整需要确认的问题

（1）何时对员工的薪酬水平进行调整？这是指企业在一年中的什么时候为员工调薪的问题。根据前面薪酬预算的有关介绍，薪酬调整的时间不一样，同样的加薪方案给企业带来的经济压力也是不同的。如果一份准备将企业的整体薪酬水平提高 5%的薪酬预算是在年初提出的，那么它意味着企业只需为该预算多支付相当于薪酬总额 2.5%的财务支出。

（2）对谁的薪酬水平进行调整？此处涉及的是薪酬方案的参与率问题。在企业加薪总额一定的情况下，员工的参与比例越高，每个人可以得到的加薪额度就越小。例如，刚刚加入企业的员工一般是不会马上享有加薪的，根据企业政策的不同，这段等待期可能为六个月至一年。

（3）企业里的工作职位状况发生了哪些变化？能够对企业内部员工职位的状况产生影响的因素很多。以技术水平为例，对特定职位而言，当它的技术含量提高时，员工所得的薪酬应该也相应提高。因此，企业在制定薪酬预算的时候，综合考虑企业内部职位发生的整体变化及各种职位上人员的增减状况是十分必要的。

（4）企业的员工人数是增加了还是减少了？这种变动是在什么时候出现的？企业员工的人数对企业的整体薪酬支出水平影响极大。当员工流动比较频繁时，组织的平均薪酬水平也会发生变化。但是，和薪酬调整的时间问题一样，在不同的时候对员工人数进行调整，对组织所产生的影响也是不同的。

（5）员工的流动状况如何？对各个部门的预期流动率进行估计往往是很困难的，但根据市场情况和历年经验对企业整体的流动情况进行评估则多半会简单一些。按照估计出来的流动水平，结合流动效应进行考虑，可以在很大程度上增加企业薪酬预算的准确性和时效性。

正是由于薪酬管理的敏感性及其对企业财政状况的决定性，从这个意义上说，管理者必须对包括上述问题在内的类似问题加以考虑，投入一定的时间和精力。这也是做好薪酬调整工作的基础性工作。

2. 薪酬调整的策略

企业应做好薪酬调整的策略选择工作。企业薪酬调整的策略包括水平策略和结构策略两个方面。

1）薪酬水平策略

薪酬水平策略是指企业根据当地市场薪酬行情和竞争对手薪酬水平而制定企业自身薪酬水平的策略。

在为不同工作或不同技能水平的员工调整薪酬水平时，一般以工作为基础或以技能为基础，再结合薪酬市场调查的结果进行。通过薪酬调查掌握与本组织相关的劳动力市场流行的薪酬率。薪酬水平的调整既要体现内部公平性，也要体现外部竞争性。而外部竞争性的实现，关键是要使组织内各种工作的薪酬水平与市场薪酬水平一致。要实现这一目的，离不开市场薪酬调查。首先，通过市场薪酬调查，在了解竞争对手的薪酬水平的基础上调整本企业的薪酬标准。但是，付给员工的薪酬越高，劳动力成本就越高，本企业的产出与竞争对手相比，成本比较优势就越小。因此，薪酬调整决策必须充分考虑组织的总支出和产出品的竞争力。其次，通过市场薪酬调查，可以了解同行业和相关劳动力市场的流行薪酬率，并在此基础上将薪酬水平调整为同行业的薪酬水平，或者先确定某些基本工作的薪酬水平，然后按照相对价值调整其他工作的薪酬水平。薪酬调查的结果通常包括各种工作的最低小时薪酬、中位数小时薪酬、最高小时薪酬、平均小时薪酬，被调查的各个组织某类员工的人数等。薪酬调查的主体可以是需要薪酬调查的组织，也可以是政府有关部门、行业协会、咨询机构等。

将本企业的实际薪酬水平与市场薪酬水平进行比照，可以确定本企业的薪酬水平调整方案。企业可采取四种常见的薪酬水平的策略。①市场领先型。企业的薪酬水平在行业中处于领先地位，即企业的薪酬水平高于同行业其他企业。②市场跟随型。企业一般都建立或找准自己的标杆企业，企业的经营与管理模式都向自己的标杆企业看齐，薪酬水平也与标杆企业差不多。③成本导向型。企业在制定薪酬水平策略时不考虑市场和竞争对手的薪酬水平，只考虑尽可能地节约企业生产、经营和管理的成本，其薪酬水平一般比较低。④混合薪酬策略。企业在制定薪酬水平策略时综合考虑各种因素而采用以上不同的薪酬策略组合。

2）薪酬结构策略

薪酬结构策略主要是指企业总体薪酬中的固定薪酬（主要指基本薪酬）和浮动薪酬（主要指奖金和绩效薪酬）所占的比例。薪酬结构策略一般有高弹性、高稳定和调和性三种（也称为高激励、高保健和折中），如表 8-1 所示。

表 8-1　薪酬结构策略

	高弹性薪酬	高稳定薪酬	调和性薪酬
特点	绩效薪酬是该薪酬结构的主要组成部分，基本薪酬等处于次要地位，所占比例非常低（甚至为零）	基本薪酬是该薪酬结构的主要组成部分，绩效薪酬等处于次要地位，所占比例非常低（甚至为零）	绩效薪酬和基本薪酬各占一定比例

续表

	高弹性薪酬	高稳定薪酬	调和性薪酬
优点	对员工的激励性很强，员工的薪酬完全依赖于其工作绩效的好坏	员工收入波动很小，员工安全感很强	对员工具有激励性，员工有安全感
缺点	员工收入波动很大，员工缺乏安全感与保障	缺乏激励功能，容易导致员工懒惰	必须制定科学、合理的薪酬系统
使用条件	员工的工作热情不高，企业的人员流动率较高，员工业绩的伸缩空间较大	员工的工作热情较高，企业的人员流动率不高，员工业绩的伸缩空间较小	对员工具有激励性，员工有安全感，薪酬制度灵活掌握，薪酬成本容易控制，适用面比较广泛

3．薪酬结构调整的方法导向

1）工作导向法和技能导向法

薪酬结构调整最常用的方法导向是以工作评价为基础，以员工所承担的工作为导向调整薪酬结构。近年来，以技能为导向的薪酬结构调整日益普遍。技能导向的薪酬结构调整有两种表现形式：一种以知识为基础，即根据员工所掌握的完成工作所需要的知识深度来调整薪酬；另一种以多种技能为基础，即根据员工能够胜任的工作种类数目或技能的广度调整薪酬。工作导向法与技能导向法的一个重要区别是前者强调的是工作方面的特征，后者强调的是员工方面的特征。

2）市场导向法

市场导向法是指根据市场上本组织竞争对手的薪酬水平来调整本组织的内部薪酬结构。其具体做法如下：首先，根据本组织内所有工作岗位对组织目标实现的贡献大小进行排序；然后，调查市场上与本组织有竞争关系的若干组织的薪酬状况，并按照这些竞争对手与本组织相同工作岗位的薪酬平均水平来调整这些可比较的工作岗位的薪酬水平；最后，参照这些可比较的岗位的薪酬水平调整那些不可比较的工作岗位的相应薪酬水平。薪酬结构调整的市场导向法实际上是依据外部劳动力市场上的薪酬结构来调整组织内部的薪酬结构。它注重的是组织薪酬成本的外部竞争力，而不是组织内部各种工作之间在对组织整体目标贡献上的相对关系。换言之，市场导向法是让竞争者调整组织内部的薪酬结构，这可能导致本组织内部薪酬结构的不一致。

薪酬结构调整有其一般程序。薪酬结构的调整通常与薪酬水平的调整结合在一起进行，其步骤如下：①调整薪酬等级数目。在薪酬结构以技能为导向时，薪酬等级应根据职务（工种）的技术（业务）复杂程度和从业人员所需具备的劳动熟练程度进行调整。通常某一职务的技术越复杂，对从业人员的技术要求越高，薪酬等级数目就越多。当然，在方法上，薪酬等级数目应与技术等级数目相对应，若考虑到从业人员增加薪酬的需要，则也可适当增加薪酬等级数目。在薪酬结构以工作为导向时，薪酬等级应根据各职位的价值差异（工作评价的分数）调整薪酬等级，调整时既可增加也可减少薪酬等级，薪酬等级具体数目的多少应考虑组织规模、每一工作群所包括的工作种类、岗位评价点数的聚散状况等。②调整各工作（职务、工种）的薪酬等级。各工作薪酬等级的调整，既可依据劳动复杂程度、精确程度、繁重程度、劳动条件、培训时间和费用、创造价值大小等选择典型工作进行比较，也可选择各工作的共同部分（“结合部”）进行比较。通过比较，即可调整各工作的薪酬等级。

4．薪酬调整的方式

薪酬调整的方式主要决定薪酬调整的频率及幅度。所谓薪酬调整频率，就是调整薪酬的时间间隔，是每年还是两三年或不定期调整一次。薪酬调整幅度，即每次调整的平均薪资额。薪酬调整的基本模式有两种：快频小幅调整与慢频大幅调整。实践证明，由于员工都盼望增加薪资，若调整薪资间隔时间太长，就会引发较大的矛盾，因此根据激励响应递减规律，不如采用快频小幅调整薪资的模式。

需要注意的是，企业有竞争力的薪酬调整策略必须以企业的经济承受力为基础，否则将失去整个薪酬调整的坚实基础。因此，企业在确定每个岗位薪酬级别与福利后，对薪酬总量进行测算，在满足提供有竞争力薪酬的同时，能有充足的资金支撑公司的经营发展。

8.3.3 薪酬调整的主要影响因素

1．组织因素

组织自身因素具体包括以下几点。①组织战略与发展阶段。企业在薪酬体系调整时必须充分考虑企业的发展战略，必须与企业发展的阶段相结合。②组织的行业性质和特点。组织的行业性质和特点不同，其技术特点、工作性质、员工的素质和竞争态势也不同，薪酬体系调整中采取的薪酬制度必然也不同。③企业生命周期的阶段性。处于生命周期不同阶段的企业具有不同的发展目标、经营战略，需要不同的薪酬制度与薪酬策略以适应和支持其战略条件，激励的重点也会有所不同。④组织文化。组织文化界定了组织在市场和社会中独特的地位和优势。它是影响薪酬制度设计的重要因素，每个组织的薪酬制度模式必须适合本企业自身的企业文化和价值导向。⑤组织特有的优势和劣势。薪酬制度设计中还应考虑组织特有的优势和劣势。组织特有的优势（如知名度、广阔的发展机会、优异的经营业绩等）往往能降低吸引优秀人才的薪酬成本，因为员工在做出加入组织的决策时需要进行综合分析，而不是单一考虑薪酬待遇。

2．员工因素

员工是薪酬分配的参与者和接受者，薪酬体系的调整必须考虑员工的需求、类型、个体差异等因素。根据激励理论，不同类型的员工和同类型员工的个体差异也是薪酬设计中必须考虑的因素，即薪酬制度设计首先必须考虑员工的需求。

3．价值因素

价值因素是指企业必须支付薪酬的因素，即市场因素、岗位因素、能力因素和绩效因素。薪酬设计通过评估它们确定相应因素的薪酬支付标准。第一，市场因素，表明企业在设计薪酬时需要对人才薪酬市场的需求和供给进行分析和判断，进而确定所需人才的薪酬水平标准。第二，岗位因素，即薪酬支付对象（员工）所在岗位责任的大小和相对重要性（价值判断），并通过岗位评价制定相应的岗位薪酬标准。第三，能力因素，即薪酬支付对象所承载的企业发展所需的知识、能力、经验和相对重要性，并通过能力评估制定相应的能力薪酬标准。第四，绩效因素，即薪酬支付对象为企业创造业绩和相对重要性，并通过绩效考核和评估确定相应的绩效薪酬标准。

4．组织外部因素

国家的相关法律法规、经济政策、市场状况是必须着重考虑的外部因素。影响薪酬水平的外部因素很多，现简述如下。①政治因素，包括社会的所有制形式、经济体制、国家法律法规、地方性法规、政府的宏观调节政策等。②经济因素，包括国民经济的发展态势、经济周期的不同阶段、经济发展状况、劳动生产率、劳动力市场的供求情况、通货膨胀、地区的生活水平、行业薪酬水平的变化等。③生产力因素，包括国内生产总值、国内生产力水平、生产要素的边际生产力等。④技术因素，包括技术发展的状况、技术的生命周期等。⑤其他因素，包括地理环境、社会文化意识形态等。

8.3.4 薪酬调整的步骤

不管是局部的还是整个体系方面的薪酬体系调整，都是企业管理特别是人力资源管理的一项重大决策。企业还需要一套完整而正规的程序来保证调整质量。图 8-5 所示为薪酬体系调整的基本流程。

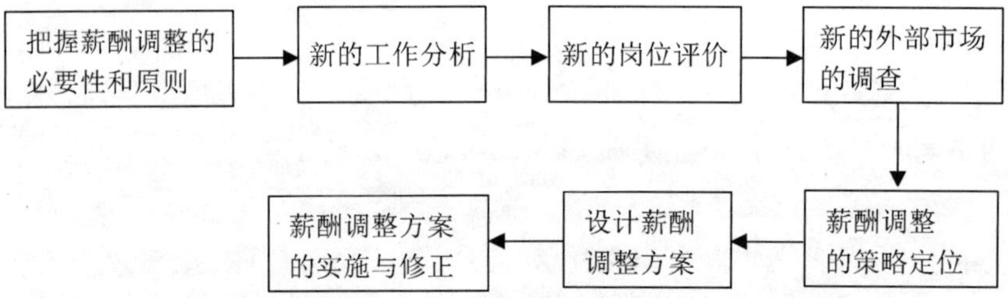

图 8-5　薪酬体系调整的基本流程

1．薪酬调整的必要性和原则

这一步主要是通过薪酬调查发现已有薪酬的现状及问题，得出薪酬调整的必然性的结论。首先必须确认薪酬体系调整的必要性，薪酬调整必须以影响薪酬水平诸因素变化的资料为依据。这是薪酬体系调整必须把握的原则。薪酬调整的原则是根据企业最高管理层的方针拟定的。每个组织都有其薪酬理念，薪酬理念可使人了解整个组织薪酬的主要方向。一般来说，薪酬调整的主要原因在于出现了一种新的与薪酬有关的管理理念，所以需要明确认清组织的薪酬理念，确定组织的薪酬政策。例如，如果某企业的薪酬理念是“高附加价值的员工是企业的最大资产；畅通薪酬升迁通道，用人唯才；塑造高素质、高效能、高待遇的工作环境；实现员工、企业与客户均满意”，那么其可制定如下薪酬政策：能力主义；资格认证（派任职位前先取得资格）；管理职与专业职并重；工作轮调与管理职任期制；高素质、高效能、高待遇。能力主义是指以能力为取向，在公平的原则下，员工凭为组织做出的实际贡献获取相应的薪酬。资格认证（派任职位前先取得资格）是指为使晋升通道多元化，除职位晋升外，员工可依照意愿申告或接受推荐，参加资格挑战，展现个人实力，取得资格认证，作为担当更高一层工作的条件。管理职与专业职并重是指组织要塑造专业职与管理职并重的环境，使担任专业职者受尊重、礼遇，并享有应有的福利，使员工转变升任管理职才有出路的观念。工作轮调与管理职任期制是指为使组织活性化，并实施人才培育，一般职要充分轮调，专业职适当轮调，管理职实施任期制。

高素质、高效能、高待遇是指终身学习并发挥所长的人，是组织的高素质人才；做对事情（效能）比单纯把事情做对（效率）更重要；有能力、肯贡献的人将获得高待遇。

2．薪酬调整的准备工作

开展薪酬调整需做三项准备工作，即工作分析、岗位评价与外部市场的调查。工作分析是薪酬调整设计过程中的基础准备工作，也是新的薪酬设计得以产生的依据。工作分析的成果包括岗位描述书和任职说明书两部分。在工作分析的基础上，通常还要根据企业战略和工作分析过程中出现的问题调整组织结构，改善岗位设置，包括岗位新设、取消、合并、分设等，同时将职责在岗位之间重新分配。工作分析反映了企业对各个岗位和各项工作的期望和要求，但不能揭示各项工作之间的关系，因此要通过岗位评价对各项工作进行分析和比较，并评估各项工作对企业的相对价值。岗位评价重在解决薪酬的内部公平性问题，同时为进行薪酬调查建立统一的岗位评估标准，消除不同企业间由于岗位名称不同，或即使岗位名称相同但实际工作要求和工作内容不同而出现的岗位难度差异。不同岗位之间具有可比性，为工资的公平性奠定基础。薪酬对外具有竞争力的重点在于能提供相当于或高于劳动力市场一般薪酬水平的薪酬。企业要吸引和留住员工，不但要保证企业薪酬制度的内部公平性，而且要保证外部公平性。薪酬调查重在解决薪酬的对外竞争力问题。根据对本地区、本行业市场，尤其是与企业有竞争关系的企业或同行业的类似企业进行薪酬调查的结果，确定本企业的薪酬水平，确保企业薪酬外部公平性（或竞争性）的实现。薪酬调查渠道有企业自我调查和第三方调查。企业自我调查是企业依据自身薪酬目标自行设计问卷，进行调查、数据收集和分析。第三方调查是企业委托外部中介机构（如咨询公司）进行调查，也可以是直接从第三方购买行业薪酬数据。

3．薪酬调整的策略定位

在上述工作完成后，企业需要分析、汇总各项调查数据，结合本次薪酬调整的原则，根据调整目标而选用不同的薪酬策略。例如，在薪酬水平定位上，企业可以选择领先型策略或跟随型策略。而在确定薪酬策略之前还要充分了解企业发展历史、企业过去的战略与文化、现有的组织结构、现有的薪酬制度、现有的人力资源概况等。

4．设计薪酬调整方案的细节

在完成以上步骤之后，企业就可以综合考虑设计可供选择的薪酬方案的细节了。这一步骤需要结合实际确定企业的薪酬总量和薪酬水平；确定企业薪酬的总体架构，明确各部分的大致比例关系，明确各部分的发放办法。薪酬调整后的总额计划方案的具体内容主要包括增资方式、工龄工资增长率、基础薪酬（底薪）增长率、职务（职能）薪酬增长率、津贴标准增长率、薪酬增长分析等。有时，企业为配合薪酬体系的调整会制定与薪酬改进方案相配套的组织结构、人力资源配置和业务规范等方面的改进规划，形成系统的薪酬调整方案。

5．薪酬调整方案的审核、批准

由人力资源部提出的薪酬调整方案经企业总经理审核，交董事会讨论批准后实施。

6. 薪酬调整方案的实施与修正

在薪酬体系改革的过程中，可能会遇到以下问题。

（1）薪酬对于员工的工作状态是一个非常敏感的影响因素，出于对自身利益的保护，某些岗位的薪酬结构变革可能会遭到员工的抵触，这时候人力资源部首先要得到高层管理者（如总经理）的支持，自上而下地贯彻实施，同时要加强与各部门的沟通，阐明改革的必要性和重要性，使之配合。在薪酬体系改革的过程中，及时的沟通、必要的宣传或培训是保证薪酬制度成功实施的关键因素。

（2）在薪酬体系改革的过程中，还涉及很多技术性较强的内容。例如，对于工作评价，人力资源部要加强培训，使各部门管理者对为什么要进行工作评价及如何选择工作评价的因素展开讨论，使工作评价发挥应有的作用。

总之，实施薪酬体系调整方案，必然会触及一些人原有的利益。因此，企业必须精心组织、谨慎推进，既要态度坚定、克服阻力，又要积极宣传、达成共识，以保证企业薪酬体系调整的顺利进行。薪酬体系调整方案的实施并不意味着薪酬体系改进的终结。在社会发展日益加快的时代，企业总是不断面临新的挑战。这就需要企业对薪酬调整方案不断进行修正，以适应新形势的需要。

【本章小结】

本章主要介绍了薪酬预算的概念、目标、设计原则以及企业制定薪酬预算的具体方法，并阐述了如何进行薪酬控制，具体包括薪酬控制的概念、原则、意义、范围与指标体系等。此外，本章重点分析了薪酬调整的原则、策略、影响因素与步骤等。

【复习思考题】

1. 什么是薪酬预算？薪酬预算的方法包括哪些？
2. 什么是薪酬成本？薪酬成本指标有哪些？
3. 如何正确理解薪酬体系调整的原则？
4. 试述企业薪酬调整的主要影响因素。
5. 试述企业薪酬调整的步骤。

【案例分析】

HY 工程公司（以下简称 HY 公司）由某国有建筑工程集团改制后投资成立，公司现有员工约 270 人。自 2007 年改制以后，公司发展速度加快，部门逐渐增加，组织架构也处于不断调整之中，各投资公司、子公司、分公司也在短短几年内相继成立和运营。在企业快速成长过程中，总裁刘总却感觉越来越困惑：一旦要成立一个子公司/项目部，各负责人就会说人不够，刘总只好签批招聘申请，否则子公司/项目部就无法继续发展下去，但是从批准招聘申请开始到现在，各负责人依然喊人手不足。除了不断地参加招聘会及通过其他渠道招聘，行政部与人力资源部也拿不出很好的建议，招聘申请现在是能拖就拖。财务中心从年底利润核算，看不到预期利润，甚至明确预期是负利润。企业内部出现了"项目合同一大堆"，财务中心强调"资金非常紧张"，行政部与人力资源部表示"工资成本越来越高"，普通员工抱怨"收入还不够打酱油"的奇怪现象。首席财务官也常常和刘总沟通："管理费用太高，能发的钱就这么多，行政部与人力资源部是干什么的，什么人该招什么人不该招不知道吗？"行政部与人力资源部更是觉得冤枉："领导要扩展业务，子公司/项目部要运营就需要人，不花钱哪里能招人？再说平均工资增幅远低于市场增幅水平呀！"刘总越来越头疼，同时认识到如果再不进行控制，那么公司将发生巨大资金风险和经营风险，于是他与某咨询公司合作，引入了战略咨询项目，尤其是薪酬预算，希望解决人工成本增长过快的问题。

民营企业发展初期采用粗放式的管理，对人力成本的控制比较模糊、随意。随着公司业务的相对稳定，其不再仅关注规模、收入，这时人力成本的支出成为此类企业支出的一个重要方面。公司所有者迫切想看到："我的钱到底用在了什么地方，人力成本方面我能支付的上限是多少，达到公司最高业绩目标时能发多少，达到公司最低目标时，我又能发多少……"因此，薪酬预算便成为重中之重。

资料来源：https://www.sohu.com/a/356024289_263537

结合以上案例背景，简要介绍该公司应如何开展薪酬预算。

【本章实训】

健尔益公司应该如何调整薪酬体系

2006 年元旦过后，北京气温骤降，大雪纷飞，听着呼啸的北风，健尔益公司总裁戴海清的心里沉甸甸的。马上就要过春节了，正是销售旺季，在这个节骨眼上，上海分公司销售部的顶梁柱一个接一个地提出了辞职。华北分公司也报告说，新招进来的销售人员大多在试用期未满之前就会辞职。

所谓"不患寡而患不均"，这是一个历史遗留问题。健尔益公司成立于 2001 年，是菲菲集团为了整合营销渠道而新设立的销售公司，80%的员工属于销售人员，他们来自菲菲集团原有的 4 个分公司，因此基本上还领着原来公司的工资。由于当初北方两家分公司效益比南方两家的好很多，于是北方的销售人员一直享有比业内平均水平高得多的薪水；而南方的销售人员则相反，到手的薪水比同地区、同行业的销售人员足足要少 30%左右。干着同样的工作，别人的薪水却超出自己很大一截，谁会乐意？

其实，针对这些问题，公司也在想办法。2005 年 6 月，健尔益公司发布了新的薪酬方案，出台了“老人老办法，新人新办法”，公司指望通过逐步到位的薪酬调整，慢慢解决这个问题，实现薪酬调整的“软着陆”。

这次薪酬改革，主要是针对销售部和市场部。首先，公司将销售部和市场部的总体薪酬水平调高10%左右。与此同时，销售部的固定工资由原来的80%下调到70%，市场部的固定工资由原来的90%下调到80%。对于这个变化，两个部门的人都很不乐意。因为浮动工资的发放取决于销售指标的达成，而销售指标是年初就定下来的，定得相当高。到了年中，突然告诉他们固定工资比例下降、浮动工资比例上涨，当然没人乐意了。况且工资水平有落差的问题在这次方案中也没有得到解决，大家的怨气就更重了。

其次，公司的绩效考核体系设置了一些关键指标，并给各个指标设定了相应的权重。例如，对销售人员销售额中品类结构配比的考核权重由原来的5%提高到10%。但是，这个调整似乎还是提不起销售人员对销售新品的兴趣，经过仔细核算公司的考核指标，他们自己设计了“抓大放小”的对策。这使市场部推广新品的品牌经理有了很大的压力，因为依据公司的考核体系，他们也需要对自己负责的新品销售额负责。于是，市场部人员对公司考核体系更是十分不满。

除销售部和市场部问题重重以外，这次薪酬调整没有涉及的职能部门也是怨声载道。由于健尔益公司是一个销售主导型的公司，原本这些职能部门的员工就觉得“低人一等”。现在薪酬调整与自己无关，他们感到十分失落。财务部和人力资源部的很多员工都打起了“出走”的算盘。

资料来源：http://www.ebusinessreview.cn/articledetail-7292.html

面对如此多的问题，健尔益公司的总裁戴海清有点无所适从。到底是这次薪酬体系的调整有问题，还是执行过程有什么偏差？要不要继续把新的薪酬体系推行下去呢？戴海清到底应该怎么办？

第 9 章
员工福利与社会保障管理

学习目标

- ◆ 掌握员工福利的构成及常见的员工福利计划。
- ◆ 了解员工福利计划设计的原则与要点。
- ◆ 掌握企业年金的类型与设计。
- ◆ 了解员工福利的发展趋势。

关键术语

法定福利与补充福利、员工援助计划、企业年金、发展趋势

引导案例

SAS 的福利——确保最宝贵的资产回来

作为一家拥有 4200 名员工的商业分析软件供应商，SAS 在业界以外并不广为人知。然而在 2010 年《财富》杂志的年度“百佳雇主”评选中，它击败了各大知名企业，拔得头筹。这是个我们耳熟能详的大公司曾染指榜首的榜单，在创立 13 年之后，还有什么能打动评委？

琳琅满目、体贴入微的福利

对于总部位于美国北卡罗来纳州的 SAS 的员工来说，工作的舒适程度令人吃惊。先来看看一系列员工福利吧！如果弹性工作制或者健身房不算什么，那么举重房、桌球厅、

桑拿房、美发室、美甲室、奥运会比赛标准的泳池是不是有点令人出乎意料？除此之外，SAS甚至还提供按摩，包括普通按摩、瑞典式按摩、矫形按摩和肌筋膜放松，所有按摩服务都是为了让员工“增进对自己身体的认识，行动起来更轻松、更自由”，并且能“增强体能、减轻疼痛、放松身心、促进健康”。

美食餐厅和咖啡吧在 SAS 比比皆是，但如果再加两所享受补贴的幼儿园呢？它甚至为员工开设干洗店、汽车装饰店、UPS 取件点、书店、静思园、报税准备机和矫正诊所。谷歌在几年前制定公司园区的员工福利安排时，就曾以 SAS 为模板。很多人对谷歌的健身房印象深刻，但是在SAS，为了鼓励员工在一天之内保持工作和生活的平衡，公司的工作和生活中心推出了一系列课程，除普拉提、健身操和双人瑜伽之外，冬季还开设体重控制、戒烟、阿巴拉契亚山路远足、和声疗法、香氛疗法、保龄球、克罗克电锅烹饪、“跳水”电影（坐在池塘的小船里看电影）等课程。

确保最宝贵的资产回来

该公司在满足员工需求上的慷慨大度也许会让许多公司感到不解。但是 SAS 公司的 CEO 吉姆·古德奈特说：“公司的政策带来了宝贵的商业价值。我最有价值的资产每天都会开车离开公司大门，我的工作就是确保他们还会回来。”他最得意的是公司的保健中心。通常情况下，该中心的办公时间是早上 8 点至晚上 6 点，这里共有 56 名员工，其中包括 4 位医生、10 名职业护士、营养师、实验室技术员、外科临床医生和 1 名心理医生。这个保健中心其实就是一家诊所，提供基本的医疗服务。这里的所有医疗服务均对员工免费，唯一的收费项是：“如果你未能如约而至，而且没有提前通知我们，收费 10 美元。”2009 年，SAS 近 90%的员工和他们的家属，其中也包括吉姆·古德奈特本人来中心就诊了 40 次。

吉姆·古德奈特说：“我认为真正耐人寻味的并不是我的公司慷慨大方，而是为什么其他公司没有这样做。这样做并非出于宽容大度，而是彻底的实用主义。”

SAS 的保健中心的预算是 450 万美元，不过它每年还是为公司节约了 500 万美元，因为员工不必花费时间排队等候，而且更乐于在该看病的时候去看病，结果是：公司员工每年平均的病假天数只有两天；而员工的平均在职工作时间是 10 年，大约有 300 名员工至少工作了 25 年；SAS 员工的年流动率不到 4%，而软件行业的平均流动率大约是 22%。根据专家的计算，员工的低流动率每年为该公司节省的人力资源成本达 7 500 万美元。

当别的公司领导在不断向员工施压，要求提高生产力，强调少投入多产出时，吉姆·古德奈特的做法引人关注。“实际上，员工根本不需要我告诉他们，他们可以看到自己的朋友和其他人正失去工作。我认为每个人都很明白经济现状，他们拥有一份工作实际上是很幸运的。他们都有超越自身的表现。”吉姆·古德奈特说。

稳定的员工带来稳定的客户

1976 年，古德奈特等人创建了 SAS。SAS 是统计分析系统（Statistical Analysis System）的缩写，其业务特点是：通过预测性分析，为管理者和员工团队提供他们所需要的信息，帮助他们更好地完成分析和决策。依靠其独特的、领先的软件产品，SAS 已发展成为全球领先的私营软件公司，其年营业额超过 23 亿美元，《财富》500 强中有 79%的公司在使用 SAS 的软件。

在 SAS 的业务中，有相当大一部分是为企业量身定制解决方案，并提供技术服务。而稳定的员工队伍为公司对客户进行长期跟踪提供了保证，公司对客户的实际情况了如指掌，可及时满足客户的需求，随时提供切合实际的建议。在 SAS，客户满意度相当高，客户流失的情况很少发生。

对于公司取得的成功，吉姆·古德奈特坦言："所有这一切离不开员工的努力，我真的很感激他们，我很庆幸到现在 SAS 还是一家私营公司，我对待员工可以比上市公司的 CEO 更有人情味。"

资料来源：李晓松. SAS：慷慨彻底的实用主义[J]. 中外管理，2010，(6).

9.1 员工福利概述

9.1.1 员工福利的内涵、特点与功能

员工福利是薪酬的重要组成内容，与薪资一起共同构成了一个组织平等的、有竞争性的整体的薪酬体系。随着我国社会经济的发展及劳动力市场的成熟，福利在吸引人才、留住人才方面正扮演着越来越重要的角色。

1. 员工福利的内涵与特点

1）员工福利的内涵

员工福利，又称职业福利、单位福利，是用人单位为改善与提高员工的生活水平，提高员工的生活便利度，通过福利设施和建立各种补贴，向员工个人及其家庭所提供的实物给付或福利性服务。

广义的福利包括三个层次：首先，作为一名合法的国家公民，有权享受政府提供的文化、教育、社会保障等公共福利和公共服务；其次，作为公司的成员，可以享受由公司提供的各种集体福利；最后，员工可以享受到由公司为个人及其家庭所提供的各种实物和服务等福利形式。

员工福利主要以经济效率为目标，旨在鼓励和刺激生产、提高员工工作的积极性。因此，员工福利在本质上属于员工激励机制的范畴，是组织招揽人才和激励员工并借此赢得竞争胜利的一种重要手段。

2）员工福利的特点

福利涵盖面很广，形式多样，并且成本高。它不以员工对企业的相对价值或员工个人的工作业绩为基础，员工在享受福利时机会均等、权利平等。与基本薪酬相比，福利通常采取实物支付或者延期支付的方式，而且不论是实物支付还是延期支付，福利通常都有类似固定成本的特点。所有的企业都对其员工提供除工资外的各种额外福利。此外，员工福利还具有以下特点。

（1）补偿性。

员工福利是在员工为企业工作，履行劳动义务的前提下，对其进行的物质性补偿。

（2）补充性。

员工福利能弥补经济性报酬的不足，故作为员工工资收入的补充形式出现，它将不能以货币形式支付的劳动报酬通过非货币形式体现。另外，它弥补了按劳分配制度造成的个体不平等，有效缓解了生活富裕程度差别。

（3）均等性。

员工福利是普惠的，几乎是所有正式员工都可以享受的待遇，体现了一种机会均等和利益均沾的特性。但是在企业中也存在针对性的福利，如针对企业高层管理者和有突出贡献的核心员工，企业提供住宅、专车、旅游、度假等高档福利待遇，以此作为一种激励手段。

（4）多样性。

员工福利的形式并不固定，既可以用现金形式支付，或通过实物、假期、各种服务等体现，也可以采用多种形式组合的方式，其中实物福利最为普遍，由于福利比其他报酬形式复杂，故它的计算和衡量存在一定难度。

2. 员工福利的功能

员工福利的支付造成了更多的企业人工成本，且随着福利的重要性和其在薪酬整体中的比重增大，企业成本进一步增加。那这种开支是不是应该去掉呢？答案是否定的。实际上，提供员工福利给企业带来的利远大于弊。员工福利具有以下功能。

1）有助于人力资源管理的实现和企业战略目标的达成

好的福利制度对企业吸引和保留所需员工具有重要作用，同时能激励员工更加积极、主动地工作。员工福利的内容包含改善工作环境及提供各项服务和税收政策等，这些都能在一定程度上地提升员工满意度。员工福利虽不能直接改善员工工作绩效，但必定能通过提升员工满意度对员工绩效产生积极的影响。此外，福利政策的改变能在一定程度上影响人才流动，有助于企业战略转型中人力资源管理和企业战略目标的实现。

2）鼓励员工之间的合作

员工福利与其他薪酬形式的主要区别在于，它并不按个体计算或衡量，由于它普惠、平均的特性，不会引起员工任何的收入不公平感。从这个角度来看，员工福利十分适用于团队薪酬的支付形式，这种平均鼓励了员工之间的相互合作。

3）员工福利是影响企业劳动力雇用决策的重要因素

员工福利是正式员工可以共享的内容，而临时工一般享受不到。当企业在员工福利上花费的成本过高，便会影响企业雇用决策，考虑在人员招聘时雇用部分临时工来替代正式员工工作。随着员工福利的重要性和比重增加，它成为薪酬管理人员关注的重要内容，也成为影响企业劳动力雇用决策的重要因素。

4）能够传递企业文化和价值观的重要内容

企业重视员工福利，就是重视企业环境，重视对员工的关怀，员工福利也能体现企业管理特色，有助于创造良好的组织氛围。成功的企业往往都十分重视企业的文化和价值观的塑造，且为员工提供了丰富的、有吸引力的且充分反映其价值观的福利计划。

9.1.2　员工福利的构成

员工福利可以从不同的角度进行分类，常见的员工福利分类有以下几种。

1．法定福利与补充福利

1）法定福利

法定福利又称基本福利，是指按照国家法律法规和政策规定必须提供的福利项目，其特点是只要企业建立并存在，就有义务、有责任且必须按照国家统一规定的福利项目和支付标准支付，不受企业所有制性质、经济效益和支付能力的影响。

（1）社会保险。社会保险是社会保障制度的一个重要组成部分，主要包括养老保险、失业保险、医疗保险、工伤保险、生育保险。

（2）法定节假日。目前，我国全年法定节假日有元旦、春节、清明节、国际劳动节、端午节、中秋节、国庆节等。

（3）特殊情况下的工资支付。特殊情况下的工资支付是指除属于社会保险（如病假工资或疾病津贴、生育津贴）之外的特殊情况下的工资支付，如婚丧假工资。

（4）工资性津贴。工资性津贴包括上下班交通费补贴、洗理费、书报费等。

（5）工资总额外补贴项目。其包括计划生育独生子女补贴、冬季取暖补贴等。

2）补充福利

补充福利是指在国家法定的基本福利之外，由企业自定的福利项目。企业补充福利项目的多少、标准的高低，在很大程度上受到企业经济效益和支付能力的影响及企业出于自身某种目的的考虑。

补充福利的项目五花八门，常见的有：交通补贴；住房补助；工作餐；女工卫生费；通信补助；职工生活困难补助；财产保险；人寿保险；法律顾问；心理咨询；贷款担保；内部优惠商品；搬家补助；子女医疗费补助；等等。

2．集体福利与个人福利

1）集体福利

集体福利主要是指全部职工可以享受的公共福利设施。例如，职工集体生活设施，包括职工食堂、幼儿园等；集体文化体育设施，包括图书馆、阅览室、健身室、浴池、体育场等；医疗设施，包括医院、医疗室等。

2）个人福利

个人福利是指在个人具备国家及所在企业规定的条件时可以享受的福利，如探亲假、冬季取暖补贴、子女医疗补助、生活困难补助、租房补贴等。

3. 经济性福利与非经济性福利

1）经济性福利

（1）住房性福利：以成本价向员工出售住房、给予租房补贴等。

（2）交通性福利：为员工免费购买公共汽车月票或地铁月票、用班车接送员工上下班等。

（3）饮食性福利：免费供应午餐、慰问性的水果等。

（4）教育培训性福利：员工的脱产进修、短期培训等。

（5）医疗保健性福利：免费为员工进行例行体检、打预防针等。

（6）有薪节假日：节日、假日及事假、探亲假、带薪休假等。

（7）文化旅游性福利：为员工过生日而举办的活动、集体旅游、体育设施购置等。

（8）金融性福利：为员工购买住房提供低息贷款等。

（9）其他生活性福利：直接提供的工作服等。

（10）企业补充保险与商业保险：补充保险包括补充养老保险、补充医疗保险等。商业保险包括安全与健康保险，如人寿保险、意外死亡与肢体残伤保险、医疗保险、病假职业病疗养、特殊工作津贴等；养老保险金计划；家庭财产保险；等等。

2）非经济性福利

很多企业提供非经济性福利，其基本目的在于全面改善员工的“工作和生活质量”。这类福利包括以下几项。

（1）咨询性服务：免费提供法律咨询和员工心理健康咨询等。

（2）保护性服务：平等就业权利保护（反性别、年龄歧视等）、隐私权保护等。

（3）工作环境保护：实行弹性工作时间、缩短工作时间、员工参与民主化管理等。

9.1.3 员工福利的主要形式

1. 社会保险

1）社会保障与社会保险的含义

社会保障概念起源于20世纪30年代。1935年，美国最先建立了社会保障制度，颁布了第一部《社会保障法》。早期的社会保障与社会保险在概念和内涵上区分不很严谨，通常用社会保险代替社会保障，这是源于最初的社会保障具有社会救济的性质，救济对象主要是一些贫困者和失业者。随着社会保险制度的发展，社会保障与社会保险近乎同义。而后，西方一些福利国家实行多方位的社会福利政策，社会保障体系日益庞大，福利色彩浓厚。国家社会保险的范围和水平与国家经济实力和政府福利政策密切相关，从发展趋势来看，尽管发达国家的社会保障水平明显高于发展中国家，但是淡化高福利色彩、减轻政府开支、强化组织和个人保险意识是各国社会保障系统共同的改革目标和发展方向。

国际劳工局1989年将社会保障的定义为：社会通过一系列公共措施向其成员提供的用以抵御因疾病、生育、工伤、失业、伤残、年老、死亡而丧失收入或收入锐减引起的经济和社会灾难的保护、医疗保险的保护及有子女家庭的补贴。各国对社会保障的定义与国际劳工组织的定义大体相同，一般都认为社会保障是一种公共福利事业和社会救助体系，其目的是保障社会成员在遇到风险和灾难时，可以通过国家和社会的力量得到基本的物质保证。

社会保险是社会保障制度的核心，目的是使劳动者因为年老、患病、生育、伤残、死亡等原因暂时或永久丧失劳动能力时，或因为失去工作岗位而中断劳动时，能够从社会获得物质帮助和福利保护。它的运作方式是国家通过立法形式，采取强制手段，对国民收入进行分配和再分配，形成专门的消费基金，在劳动者遇到风险时，提供基本生活保障。社会保险与社会保障的主要区别是社会保险不包括社会救济和社会优抚，一些社会保障项目则带有福利和救济的性质。

组织员工作为社会劳动者的主要构成部分，是社会主要的保障对象，也是社会保险的主体，享受社会保险待遇是组织员工的基本权利。目前各国的社会保障体系不同，我国现行的社会保障体系如图 9-1 所示。

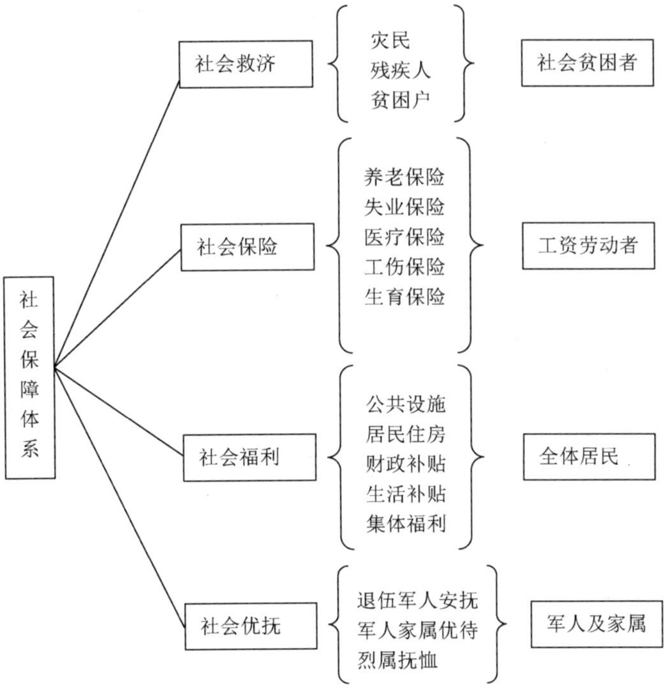

图 9-1 我国现行的社会保障体系

我国的社会保障体系包括社会救济、社会保险、社会福利和社会优抚等社会保障系统，各系统又包括不同的保障项目。其中社会保险是社会保障的核心，社会保险本身又是一个由功能各异的险种或项目结合而成的保险体系。

我国的社会保障制度在中华人民共和国成立以后逐步形成，并对社会保障的各个方面进行了统一规定和制度化管理，主要建成了社会福利、社会救济、优抚工作和员工保险等几大系统，并统一于社会保障概念之中。20 世纪 80 年代中期，我国开始了社会保险制度的改革，养老保险、失业保险、医疗保险等相继改革，新的适应市场经济需要的社会保险体系逐步建立。在此基础上，以社会保险为主体，与社会福利、社会救济和社会优抚有机结合的社会保障体系也日臻完善。

2）社会保险的特点

社会保险是社会保障体系的核心内容，但两者不但在范围和形式上，而且在性质和运作机制上存在着显著的区别，它们是两种不同的经济行为。这些可以通过社会保险的特点体现出来。

社会保险具有以下几大特点，这些特点通过保障项目和险种体现出来。

（1）强制性。社会保险是通过国家立法强制实施的，在法律规定的范围内，组织或用人单位都必须依法参加社会保险，按规定缴纳保险费；国家对无故迟缴或拒缴社会保险费的组织要征收滞缴金或者追究其法律责任。在各险种中，工伤保险的强制性特征最为明显。

（2）保障性。社会保险的主要目的是为劳动者提供基本的生活保证，符合国家法律规定的劳动者均可享受国家所提供的各种社会保险待遇。社会保险的保障范围与社会保障不同，受经济发展水平所限，在一定时期内，只在法律规定的范围内实施。

（3）互济性。社会保险是政府运用统筹调剂的办法，集中筹集和使用资金，以防范或解决不同层次、行业、职业劳动者由于各种劳动风险造成的生活困难。互济性与社会保险的社会性有密切的关系，它是运用社会力量进行风险分摊和损失补偿。由于各种劳动风险涉及的劳动群体不同，也由于受国家统筹能力的限制，所以在一定时期内，只能对一些劳动风险进行一定程度和水平的防范和补偿。换言之，社会保险的互济性和社会性具有相对意义，它主要是补偿劳动风险对劳动者造成的直接收入损失，是维持劳动力再生产的特定手段。例如，工伤保险、失业保险、医疗保险和养老保险等险种社会统筹的范围较大，互济性也较强，而生育保险相对较弱。这一特点与社会保障有所区别，社会保障不仅要承担所有国民可能遇到的一切风险，还要承担社会发展方面的责任，如义务教育、公共卫生和社会安全等。

（4）差别性。社会保险具有一定的福利性，但在享受保险待遇上也体现一定的差别性。当劳动者同样遇到年老、患病、死亡、失业、生育等风险时，由于个人的工龄、工资和缴纳的保险费用不同，其享受的保险待遇也会有差别。例如，一些国家组织员工的养老保险待遇，与组织和个人保险金缴纳数额有直接的关系，甚至为了保证员工年老时的生活水平和生活质量，大力发展多层次的社会养老保险制度，即鼓励组织补充养老保险和个人储蓄养老保险，作为社会养老保险制度的补充。

（5）风险防范性。由政府征集，组织和个人缴纳的各种社会保险基金是为防范风险所用，是为了在劳动者遇到劳动风险时，有足够的物质基础来提供资助，防范性是社会保险的一个基本特征。总体而言，各种社会保险基金都有防范风险的作用，但是一些险种（如工伤保险、生育保险）的风险概率基本稳定，采取“以支定收，收支平衡”的原则。但是对于一些风险周期长，风险概率不稳定，或者风险群体变化较大的险种，也会选择“积累式”等保险基金的筹集方式，以加大社会防范风险的能力。社会保险的防范性是与投保人的权利、义务相联系的，与投保人的给付水平、投保金额直接相关，只是在一定条件下根据保障对象的情况进行统筹。而社会保障分配一般不强调权利与义务的对应关系，多数情况下是国家、社会对保障者的单方援助，以保障其基本生活需要为目的。

3）法定社会保险的构成

大多数市场经济国家的组织都要面对很多按照法律规定必须提供的福利项目，这里主要介绍我国规定的五种法定社会保险形式：养老保险、失业保险、医疗保险、工伤保险和生育保险。

（1）养老保险。

法律规定的养老保险又称老年社会保障，是社会保障系统中的一项重要内容。它的基本模式包括国家统筹的养老保险模式、投保资助型养老保险模式和自我保障模式。

国家统筹的养老保险模式的主要特点：工薪劳动者在丧失劳动能力之后，均可享受国家法定的社会保险待遇，但国家不向劳动者本人征收任何老年保险费，老年保险需要的全部资金都来自国家的财政拨款。

自我保障模式又称强制储蓄模式。这种保险制度下的保险基金来自组织和劳动者两个方面，国家不进行投保资助，仅给予一定的政策性优惠。这种社会自我保障的做法，必然要求组织和劳动者的投保费较高，否则无法得到足够的基金。因此，必须在经济发展迅速而且水平也较高的情况下才能实行。

世界上大多数国家实行的是投保资助型养老保险模式，这是一种由社会共同负担、社会共享的保险模式。它规定每一个工薪劳动者和未在职的普通公民都属于社会保险的参加者和受保对象；在职的组织员工必须按工资的一定比例定期缴纳社会保险费，不在职的社会成员也必须向社会保险机构缴纳一定的养老保险费作为参加养老保险所履行的义务，才有资格享受社会保险；同时规定企业必须按企业工资总额的一定比例定期缴纳保险费。

（2）失业保险。

失业保险是为遭遇失业风险、收入暂时中断的失业者设置的一道安全网。它的覆盖范围通常包括社会经济活动中的所有劳动者。我国 2020 年发布的《失业保险条例》规定，用人单位按本单位全部职工平均人数和统计部门公布的上一年度全市职工平均货币工资乘积的 1%缴纳失业保险费，国家机关、人民团体和事业单位按全部劳动合同工人年平均人数和统计部门公布的上一年度全市职工平均货币工资额乘积的 1%缴纳失业保险费。

失业保险基金的开支范围：失业保险金；领取失业保险金期间的基本医疗保险费和医疗救助金；领取失业保险金期间死亡的失业人员的丧葬补助金和其遗属的抚恤金；领取失业保险金期间接受的职业培训补贴和职业介绍补贴；领取失业保险金期满日距法定退休年龄不足一年的失业人员的生活补助费；国务院规定或批准的与失业保险有关的其他费用。享受失业保险待遇的条件为：所在单位和本人按规定履行缴费义务满 1 年，非本人意愿中断就业，已办理失业登记并有求职要求，同时具备以上三个条件者才有申请资格。关于失业保险金的给付期限，具体的规定是：最长为 24 个月，最短为 12 个月，其中累计缴费时间满 1 年不足 5 年的，给付期最长为 12 个月；满 5 年不满 10 年的，给付期最长为 18 个月；10 年以上的，给付期最长为 24 个月。对连续工作满 1 年的农民合同工，根据其工作时间长短支付一次性生活补助。

（3）医疗保险。

医疗保险是指由国家立法，通过强制性社会保险原则和方法筹集医疗资金，保证人们平等地获得适当的医疗服务的一种制度。基本医疗保险费由用人单位和职工共同缴纳。

（4）工伤保险。

工伤保险是针对那些最容易发生工伤事故和职业病的工作人群制定的一种特殊社会保险。

我国的工伤保险制度最初建立于1950年，原劳动部在1996年颁布《企业职工工伤保险试行办法》。2003年4月16日，国务院第5次常务会议讨论并原则通过了《工伤保险条例》。新的工伤保险制度建立了基金体制，工伤保险费完全由组织负担，按照本组织职工工资总额的一定比例缴纳，职工个人不缴纳工伤保险费。

与养老、医疗、失业保险不同，工伤保险除体现社会调剂、分散风险的社会保险一般原则外，还体现工伤预防、减少事故和职业病的发生等原则，因此我国也采取了与国际接轨的做法，对于工伤保险费不实行统一的费率，而是根据各行业的伤亡事故风险和职业危害程度类别，实行不同的费率。在实行差别费率的情况下，政府还要根据各行业或企业的安全生产状况和费用收支情况，定期调整收费率，调整的幅度为本行业标准费率的5%～40%，这种通过定期调整组织所缴纳的保险费率的机制，体现了对于组织的安全工作进行奖励或惩罚的原则，有利于促进组织重视安全生产，加强安全生产工作。

（5）生育保险。

我国自20世纪60年代末以来，一直采取由女职工所在单位作为保险责任主体的做法，即由女职工所在的单位承担女职工的生育费用和由于生育而带来的经济损失的保险办法。这在当时并不是一种完全意义上的社会保险，而是一种组织保险。但是这种做法逐渐变得对女性的就业极为不利，因此1986年以后，我国理论界和实际工作部门开始了生育补偿方式的探索。1994年12月1日，原国家劳动部颁发了《企业职工生育保险试行办法》，对生育保险制度提出了一些原则性的意见。这份文件基本上肯定和采纳了生育费用由社会统筹的模式，提出由组织按其工资总额的一定比例向社会保险经办机构缴纳生育保险费，建立生育保险基金。生育保险费由当地人民政府根据实际情况确定，但最高不要超过工资总额的1%。组织缴纳的生育保险费列入组织管理费用，职工个人不缴纳生育保险费。女职工生育期间的检查费、接生费、手术费、住院费和医疗费都由生育保险基金支付，超出规定的医疗服务费和药费由职工个人负担。产假期间按照本组织上年度职工月平均工资发放的津贴，由生育保险基金支付。

2. 补充福利

1）组织补充养老金计划

前文讨论过的养老保险是社会保障的一部分，是法律所要求的退休福利。很多国家都鼓励组织在国家法定的养老保险之外，自行建立组织的补充养老金计划，其主要手段是提供税收方面的优惠。比如，美国的401K计划、403B计划就是为了鼓励组织建立补充养老保险而制订的税收减免计划。我国政府也鼓励组织在力所能及的情况下建立起组织的补充养老保险计划，但是由于政策方面的不配套，所以我国在组织补充养老保险方面尚未形成统一的模式，因此我们在这里主要就美国组织的补充养老保险情况做一个简要的阐述。

对员工的最主要的福利应该是为其退休后的生活提供经济保障。养老金计划有三种基本形式，分别是团体养老金计划、延期利润分享计划和储蓄计划。团体养老金计划是指组织向养老基金缴纳一定的养老金；延期利润分享计划是指组织会在每个员工的储蓄账户上贷记一笔数额一定的应得利润；储蓄计划是指员工从其工资中提取一定比例的储蓄金作为以后的养老金，与此同时，组织通常会付给员工相当于储蓄金金额一半或同样数额的补贴。在员工退休或死亡以后，这笔收入会发给员工本人或其遗属。

养老金的基本形式还可以按照其他标准划分，如把退休福利分为固定收益制和固定缴费制。固定收益制包括确定养老金数量的一套准则，这样就可以事先确定员工应得的养老金数额。这个计划说明，为了使员工在退休以后得到某一数量的养老金，究竟应该依据什么原则来确定员工缴纳的养老金费用。而固定缴费制则并不确定员工最终所得的养老金数量，只确定计划的定期缴纳额。在固定收益制中，员工在退休之前就可以事先确定他们的退休所得。而在固定缴费制中，员工并不能确定他们的养老金数额。员工的最终所得和养老基金的摊缴额和退休基金的投资收益情况密切相关。

2）集体人寿保险计划

集体人寿保险是市场经济国家的一些组织提供的一种常见福利。大多数组织都会为其员工提供集体人寿保险。这是因为一个适用于团体的寿险方案对组织和员工都有好处。作为一个群体的员工相对个人而言，可以以较低的费率购买到相同的保险，而且团体方案通常适用于所有的员工，不论他们的身体状况如何。多数情况下，组织会支付全部的基本保险费，承保金额相当于员工两年的薪酬收入，而附加的人寿保险则由员工自己承担。个别情况下，即使是基本保险费率也按一定的比率在组织和员工之间分摊，如 50：50 或 20：80。我国已经有不少组织开始为员工办理集体人寿保险。

3）健康医疗保险计划

健康医疗保险的目的是减少当员工生病或遭受事故时本人或其家庭所遭受的损失。这种组织补充保险形式主要是在一些经济发达国家使用。这种情况下，组织通常以两种方式提供这方面的福利：集体投保或者加入健康维护组织。

集体投保是指组织向保险公司支付一笔费用作为保险费，当员工生病或其家庭发生某些事故时，保险公司可以以部分或全部赔偿其损失。从长期来说，组织所交的保费应该等于保险公司向员工支付的赔偿金与保险公司的管理费用之和。但是保险项目必须界定清楚保险的范围以及赔偿金的比率。有些时候，有些组织为员工提供了自保的模式，也就是说，组织自己划出一部分资金作为员工的保险金，而不再向保险公司投保，这是一种控制健康保险成本的方式，但是，这种做法会将原来转嫁到保险公司的风险重新移回自己的头上。此外，组织还可以采取参加健康维护组织的方式来为员工提供健康医疗保险服务，它是一种保险公司和健康服务提供者的结合。它提供完善的健康服务，包括对住院病人和未住院病人提供照顾等。同时，和其他保险计划一样，它也有固定的缴费率，但是这种做法通常有助于降低组织的保险成本。

3. 法定休假

1）公休假日

公休假日是劳动者工作满一个工作周之后的休息时间。我国实行的是周 40 小时工作制，劳动者的公休假日为每周两天。《中华人民共和国劳动法》第三十八条规定：用人单位应当保证劳动者每周至少休息一日。

2）法定休假日

法定休假日即法定节日休假。我国法定的节假日包括元旦、春节、清明节、国际劳动节、端午节、中秋节、国庆节和法律法规规定的其他休假节日。《中华人民共和国劳动法》规定，法定休假日安排劳动者工作的，支付不低于工资的百分之三百的工资报酬。除劳动法规定的节假日以外，组织可以根据实际情况，在和员工协商的基础上，决定放假与否及加班工资。

3）带薪年休假

《中华人民共和国劳动法》第四十五条规定，国家实行带薪休假制度。劳动者连续工作一年以上的，享受带薪休假。

休假的目的在于使员工有一段时间可以离开繁重的工作，获得身心的双重休息，以便更好地投入到工作中去。带薪休假政策的一个关键问题在于，假期是否可以累计和转换，也就是说，如果组织给予员工每年 10 天的带薪休假福利，某一员工第一年没有使用这一权利，那么 10 天的假期是否可以顺延到第二年。如果组织规定带薪休假可以顺延，但是由于某些原因，到第二年，该员工的工作很忙也很重要，组织不能安排其休假，那么组织是否要对该员工进行赔偿，如果赔偿，那么需要赔偿多少？允许员工建立这种类似“假日银行”的做法，一方面会给组织带来潜在的高额成本，另一方面无法达到休假的根本目的。因此，大多数组织对员工可以累计的休假天数会做出上限的规定，超过某一天数之后，未休假的时间将不再累计。

4. 员工服务福利

1）员工援助计划

员工援助计划是组织针对诸如酗酒、吸毒、赌博或压力问题等向员工提供咨询或治疗的正式计划。基本模式有 4 种：在内部模式中，由公司自行雇用全部援助人员；在外部模式中，公司与第三方签订合同，由第三方提供员工援助服务所需的工作人员和服务内容，提供服务可以在第三方的上班地点、本公司的上班地点或者是二者的结合；在合作模式中，多个公司集中他们的资源共同制订一个员工援助计划；在加盟模式中，第三方已经与公司签订了合同，但第三方将合同转包给一个地方性的专业机构，而不是利用自己的员工来执行合同。如果实施员工援助计划的第三方在客户公司所在地没有办公地点，就通常采用加盟模式向客户公司的员工提供服务。

2）咨询服务

组织可以向员工提供广泛的咨询服务。咨询服务包括财务咨询（如怎样克服现存的债务问题）、家庭咨询（如婚姻问题）、职业生涯咨询（如分析个人能力倾向并选择相应职业）、重新谋职咨询（如帮助被解雇者寻找新工作）和退休咨询等。在条件允许的情况下，组织还可以向员工提供法律咨询。

3）教育援助计划

教育援助计划是针对那些想接受继续教育或完成教育的员工实施的一种很普遍的福利计划。教育援助计划分为内部援助计划和外部援助计划两种。内部援助计划主要是指组织内部的培训。例如，一些组织尝试在组织内开设自己的大学课程（如 MBA 课程），并聘请大学教师来讲课。外部援助计划主要是指学费报销计划。学费的报销可以采取全额报销、部分报销的方式，也可以采取每年给予固定金额的补助方式。

4）儿童看护帮助

儿童看护帮助可以根据公司介入程度的不同划分为多种形式。组织参与程度最低的一种是，组织向员工提供或帮助员工查找儿童看护服务的成本和质量方面的一些信息。在儿童看护帮助方面，较高参与程度的组织对于那些已经购买了儿童看护服务的员工提供补贴。在最高的组织参与层次上，组织直接向员工提供工作场所中的儿童看护服务。多项调查显示，提供儿童看护帮助的组织，员工的缺勤现象很少，生产率也有一定程度的上升。

5）老人护理服务

随着人口平均年龄的提高，组织和个人越来越关心老年人的护理问题。与儿童照顾有些类似，老年护理计划的目的是帮助员工照顾不能充分自理的年迈父母。从组织的角度来说，老年护理福利之所以如此重要，其原因与儿童照顾福利一样：帮助员工照顾他们年迈的家人会提高员工的工作绩效。组织提供的老年护理福利主要包括弹性工作时间、长期保健保险项目及公司资助的老年人照顾中心等。

6）饮食服务

很多组织为员工提供某种形式的饮食服务，让员工以较低的价格购买膳食、快餐或饮料。在公司内部，这些饮食设施通常是非营利性质的，有的组织甚至以低于成本的价格提供饮食服务。这种做法对员工的好处是显而易见的，对组织来说，则意味着员工不需要花费很长的就餐时间。即使不提供全部就餐设施的组织，往往也会提供饮水或自动售货机服务以方便员工，那些不提供饮食服务的组织可能就要为其不完善的工作设施付出补偿性的差别工资，或者提供饮食补助。

7）健康服务

健康服务是员工福利中被使用最多的福利项目，也是最受重视的福利项目之一。员工日常需要的健康服务通常是法律规定的退休、工伤保险所不能提供的。大多数情况下，健康服务包括为员工提供健身的场所和器械，以及为员工举办健康讲座等。

9.2 员工福利计划概述

9.2.1 员工福利计划的含义

员工福利计划的概念比较笼统，指的是除工资、奖金外员工福利报酬的一揽子计划。通常员工福利计划需要综合考虑以下问题：响应法律要求；确立福利受众资格；合理的福利结构和福利项目；福利的支付水平；福利资金筹集和合理分配使用；国家、雇主、员工三者的保险费用分担问题；员工福利管理形式。福利设计旨在提高员工工作效率，受我国法律环境和管理习惯的影响，我国福利设计尚存在一些不足，但在逐渐加大重视福利设计的自由性。

好的员工福利计划能使企业和员工双向获益。从企业的角度来说，员工的内在需要得到满足，满意度和工作效率进一步提高，既能吸引外部优秀人才又能留住内部优秀员工，企业的竞争力进一步加强；从员工的角度来说，薪酬管理更加人性化，员工的基本生活得到进一步保障，有助于员工安心工作。此外，股权、期权等福利项目还可以帮助员工获得额外收入。好的员工福利计划通常是恰当的、可支付的、易理解的、可操作的、灵活的。说明好的员工福利计划一般与其他企业相比具有竞争性又不会造成企业经济压力，企业支付得起；能被员工清楚理解；福利计划切实可行；能迎合各类员工的不同需求，可选择。

9.2.2 常见的员工福利计划

1．弹性福利计划

在福利提供的实际过程中，不同员工由于年龄、性别、婚育状况等的不同，对福利项目的偏好各有不同，此时如果企业硬性规定福利项目内容，既不能迎合员工实际需求，又浪费了企业成本，违背了福利的本质意义。弹性福利计划由此应运而生。弹性福利是在企业根据员工工资、家庭状况等设定福利限额的前提下，员工从企业提供的福利菜单上选择适合自己的福利项目，因而弹性福利计划又称“自助餐式福利计划”或“菜单式福利模式”。有的企业还会实行员工参与制订福利计划，弹性的福利设计理念愈发明显。

弹性福利计划的主要类型如表 9-1 所示。

表 9-1 弹性福利计划的主要类型

类　型	主要内容
自助型弹性福利	企业提供原有固定福利可选择，若不满意，另有多样化的福利项目像菜单一样陈列出来，员工在确定福利限额和福利物品定价后，可以完全自由地在福利菜单上选择搭配自己满意的福利组合。若福利组合价值低于原有固定福利，则可得到差额补偿或“储蓄”利息；若福利组合价值高于固定福利，则可适当预支或用部分薪酬抵扣
套餐型弹性福利	企业提供多种福利套餐，每种套餐内容固定，员工可选择某一种套餐，而不能自行单项组合
专用账户型弹性福利	员工每年可拨出一定的税前收入用作福利专用账户，来选购福利项目，不过要求必须当年使用，且不能兑换现金，不能挪作他用
核心加选择型弹性福利	核心福利部分是固定的，另外还有部分福利是可以在限额范围内自由选择的

弹性福利计划具有以下优点。

（1）福利项目的多样性使福利计划更具适应性。由于个体化差异的存在，每个员工都会有自己的福利项目偏好。例如，年龄层越低的员工可能越偏好经济形式直接支付的福利项目；年龄层越高的员工可能更关注养老保险、医疗保险类的福利项目；抚养人数越多的员工可能越偏好企业为其提供家属津贴、假期等福利项目。单一的福利计划众口难调，起不到应有的作用、弹性福利计划就是为了迎合不同员工的不同需求而存在的，可以提高员工的满意度。

（2）降低企业不必要的福利成本。福利属于企业的一项支出，如果不能发挥预想的作用，就会造成浪费。弹性福利计划为员工提供了选择空间，这样一来企业就可避免为员工提供他们不需要的福利，有助于节省成本。

（3）弹性福利计划是合理范围内的弹性。福利计划具有弹性，福利项目可供选择，但并不是毫无限制、任意选择的。企业根据员工的薪资状况、家庭因素等设定福利限额，这使得福利计划在灵活的同时更具合理性。

弹性福利计划具有以下缺点。

（1）给福利管理带来难度。员工需求虽然有相似的，或许能归纳成某些种类的福利项目，但福利项目种类较过去还是明显增多了。员工自由选择空间的加大给具体的福利实施带来了难度，统计、核算及管理的工作量都大幅度增加，消耗了更多的福利管理成本。

（2）员工可能出现非理性选择行为。在福利限额内为达到金额最大化，员工可能盲目选择一些本身不需要的福利项目，造成浪费，同时可能出现考虑不周而盲目透支现象。

（3）福利项目不集中，规模效应减弱。员工可以进行自由选择，可能出现福利项目不统一的情况，减弱了规模效应，增加了企业福利购买成本。

虽然弹性福利计划存在不足，但较之以前的福利计划具有很大进步，正是因为弹性福利计划十分人性化，兼顾了员工多样的需求和节省了企业成本，所以这种双向获益的福利计划被越来越多的企业关注和采用。

2. 员工健康计划

员工健康计划也是常见的福利计划，通常包含人身健康保险计划、健康咨询及心理咨询等内容。员工健康计划不是为了治疗疾病，而是属于预防性的福利计划，旨在改变员工可能导致身心健康问题的行为。提供健康福利计划可以降低企业的医疗花费，增强企业的生产力和凝聚力。

健康计划分消极的健康计划和积极的健康计划两种。消极的健康计划并不代表有害，其主要靠员工自己去发现所存在的健康问题，并积极解决，改正不良行为，但是这样往往收效甚微。积极的健康计划除从意识上改变员工的健康观念外，同时会为员工提供实际性的帮助，鼓励并协助他们改正不利于健康的行为。积极的健康计划常用指导和跟踪的形式，有时会为员工制订个人健康计划，设立合理的训练目标，甚至提供专门的咨询顾问，对表现好的员工还会给予适当的奖励，以促使其配合健康计划的实施。

尽管消极的健康计划成本更低，也更容易管理，但积极的健康计划更具有实践意义且效果更佳，所以被认可度更高。

9.2.3　员工福利计划的设计

1. 员工福利计划设计的原则

1）公平性原则

员工福利设计既应该满足外部公平性也应该满足内部公平性。从企业外部来看，企业福利水平一般应设计得不低于社会平均福利水平和行业平均福利水平，且企业福利水平在社会和行业福利水平分布上的大致位置与企业发展状况和实力直接相关，这样企业的福利水平才能设计得具有外部公平性。

内部公平性包括无差异性的内部公平和有差异性的内部公平。前者指的是在与员工职位、工资、服务年资等无直接联系的福利内容上，应使内部员工间无差别，享受的福利待遇水平一致。后者指的是虽然员工间实际所得福利存在差别，但由于确定福利的依据是相同的（如员工人寿保险额度的计算方式是员工年薪乘以固定倍数，养老金的依据是服务年资），所以仍然是公平的。

2）报酬性原则

很多项员工福利内容被看作员工的"未来工资收入"，包括工伤津贴、失业保障等，福利和薪酬越来越密不可分。

3）系统性原则

福利相对于薪酬管理中的其他内容并不是一个孤立的概念，员工福利设计也无法独立进行。福利是薪酬管理的一环，薪酬又是人力资源管理的一环，环环相扣，设计员工福利必须综合考虑其他环节，在大的战略背景下来展开，才能避免盲目性，且为企业人力资源的战略设计做贡献。

同时，员工福利本身包含复杂的内容，类别也很丰富，从经济性的到非经济性的，从货币到实物。企业为支付员工福利花费的成本大多属于沉没成本，福利标准也只会日渐升高，所以员工福利设计是企业进行薪酬设计时需要系统考虑的问题。

4）成本最小化原则

员工福利计划涉及的成本有两部分，一是福利项目本身带来的成本（如各类津贴、设施购买等），二是进行福利计划管理需花费的成本（如福利计划管理人员薪酬、实物福利的保管费等），二者共同构成员工福利计划总成本。那么，在进行员工福利设计时需综合考虑两部分成本，尽量使二者相加总成本最小。福利是为了进一步提高员工满意度存在的，达到此目的的福利项目花费才是有价值的成本，否则只会造成成本浪费，所以企业着重迎合员工实际需要的精简的福利计划才能使福利项目本身成本最小。如果仅达到福利项目成本低，但福利管理难度加大，造成不必要的管理成本，也是得不偿失的。最好的情况是员工福利标准得到提高的同时其管理费用在下降。

2. 员工福利计划设计的要点

1）企业战略分析

企业管理的所有内容都要响应企业战略，员工福利管理也不例外。企业在不同时期有不同的战略目标，则相应阶段的福利设计应当是有所不同的。另外，社会经济发展形势和劳动力市场的变化对现在的企业福利设计方案提出了新要求，只有顺应时代变化、跟进战略需求的福利管理才能取得成功。

"竞争战略之父"迈克尔·波特提出了企业三大基本外部战略，分别是低成本战略、差异化战略和目标集聚战略（见图 9-2）。外部战略定位的不同造成了人力资源管理侧重的不同，进而影响员工福利计划的设计和管理。

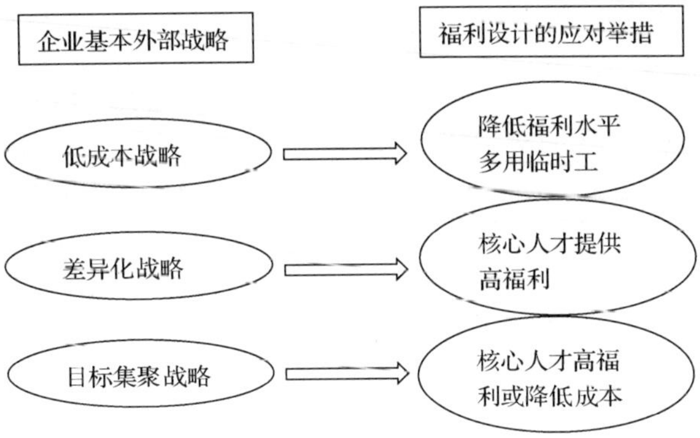

图 9-2 基本外部战略的福利设计思想

2）员工需求调查

福利是为了进一步提高员工满意度而存在的，故只有真正满足员工内在需求、符合员工期望的福利设计才是有价值的、高效的。除一些固定的福利项目（如法定福利）不可变更外，其他福利项目特别是一些激励性的福利项目，与员工需求的联系越发紧密。要设计出优异的福利计划，进行员工需求调查必不可少。

3）福利项目设立的效率性与导向性

在具体福利项目的设立中，法定福利是刚性的、强制性的，一般不能随意变更内容，且企业必须设立。其他福利项目的设立则相对灵活，应在做到效率性的同时具有导向性。要做到高度的效率性，则要求福利项目设立具有针对性，企业应将不同员工及不同的员工福利需求进行分类，有针对性地制订福利计划，这样才能最大限度地产生保障或激励作用；同时，福利计划中的缺陷或重复会降低其效率，应将它们找出并予以更正，员工福利与员工利益紧密相关，虽然福利设计是为了给员工提供生活保障，提高员工满意度，但是企业的最终目的仍是激励员工努力工作，所以企业具体想导向怎样的员工行为，应该通过具体的福利项目体现，因此福利项目设计应具有明确的导向性。

4）定期诊断更新

福利计划不能一成不变，随着外部环境的变化和企业的发展，福利计划应发生合理的适应性改变。例如，企业发展初期支付的员工薪酬水平不高，额外获得的每月几十元的津贴也能对员工起到激励作用，但在企业发展到一定阶段，员工薪酬水平大幅度提高后，这种津贴就是九牛一毛，员工不会为之所动，这时更高的津贴或其他形式的福利才能满足员工新的需求。灵活的福利计划能使组织更加具有生机与活力。当企业对员工福利计划进行了更新时应及时将变更信息告知员工，并保持定期诊断评估。

9.2.4 员工福利计划的实施

1. 确定福利项目

福利项目的确定是员工福利实施的基础环节，不同企业为其员工提供的福利项目有所不同。企业应该为员工提供哪些福利项目，取决于员工有哪些内在需求，所以在实施福利计划前可进行员工需求调查。由于个体的差异，不同员工会产生不同的需求，这种需求差异通过马斯洛需求层次理论可以理解。需求差异的存在使得企业为满足员工的不同需求必须设立多样化的福利项目。而在具体操作中，要满足员工的所有需求并不实际，福利项目设立得过多既会减弱规模效应又会盲目增加企业成本，所以在确立具体福利项目前，会从员工需求调查中进行筛选，汇聚成切实可行的福利项目。此外，福利项目还应该恰到好处地迎合员工的关键需求，更好地发挥激励作用。

2．确定福利限额

企业为员工提供的福利是有限的，福利限额即员工所能获得福利的上限。不同员工由于对企业的贡献程度不同，所获得的报酬会存在差异，福利也是如此，企业通常依据员工的薪资、家庭因素等设定福利限额。一种福利限额的表示形式是看福利占基本工资的比例，如按照 6：2：2 的比例发放基本工资、奖金和福利时，可说福利限额为基本工资的 1/3。用基本工资为基准表示福利限额，既直观又具有说服力，原因在于基本工资将员工的职位和个人因素均考虑在内，直观体现出员工对企业的价值贡献，所以基于基本工资确定福利限额十分公平。

3．确定提供福利的形式

福利的形式有很多种。福利项目像菜单一样陈列出来，员工在确定福利限额和福利物品定价后，可以完全自由地在福利菜单上选择搭配自己满意的福利组合，这样的形式为“自助餐式福利”。企业提供的是多种福利套餐，每种套餐内容固定，员工可选择某一种套餐，而不能自行单项组合，这种福利形式为“标准组件式福利”。员工每年可拨出一定的税前收入用作福利“专用账户”，来选购福利项目，不过要求必须当年使用，且不能兑换现金，不能挪作他用，这种福利形式称为“弹性支用账户式福利”。还有一种，核心福利部分是固定的，另外还有部分福利是可以在限额范围内自由选择的，这种福利形式称为“核心外加式福利”。

“自助餐式福利”的优点在于其具有较高的灵活性，自由搭配更好地迎合了员工个性化的需求，但也由于员工福利项目选择的自由，这种形式的福利计划存在操作困难和管理困难的缺点，常带来烦琐的行政工作。“标准组件式福利”较之“自助餐式福利”更容易管理，同时套餐内容固定，企业可以大规模购买有限的几种福利项目，规模效应有效地降低了企业成本消耗，但套餐的形式使福利计划灵活性降低，员工只能选择套餐 A 或套餐 B，无法自由选择具体内容。“弹性支用账户式福利”的优点是不用缴税，在需要的时候再用账户自由购买福利项目，缺点是“专款专用”，不能次年使用，也不能兑换现金或在福利范围外使用。“核心外加式福利”的灵活性最差，但企业通过固定核心福利掌握了控制权，员工只能在此之外少量选择。

福利提供形式的灵活性越强，越能更好地迎合员工多样化、个性化的需求，福利发挥出来的作用越大。但过分追求灵活性会造成企业薪酬管理难度加大，企业成本增加。具体使用哪种福利形式，取决于企业的实际经济状况和管理能力，采用越灵活的福利形式，就会对企业管理能力提出越高的要求。

4．建立沟通渠道

在福利计划的实施过程中，有效的沟通必不可少。如果精心设计的福利计划不能被员工理解，员工就无法体会企业对员工的心意和在福利管理上的付出，难以显示福利计划的优越性，这样福利计划就更难以有效实施。沟通渠道的建立就是为了让员工清晰地了解到企业为其提供了怎样的福利内容，以及这种福利待遇具有怎样的市场价值。

沟通包括事前、事中和事后三个阶段。事前沟通可以通过员工需求调查体现，企业在制订福利计划前对员工的需求和期望进行了解，通过沟通获得的信息能更好地指导具体福利计划的建立，使其更具针对性。事中沟通发生在福利计划执行过程中，企业可以通过编写福利手册对员工进行各项福利计划的传达，同时在福利计划执行时，需沟通具体福利项目该如何购买，这类的沟通对福利计划的有效执行至关重要。事后沟通发生在福利计划实行之后，福利计划制订者、执行者及员工就福利计划实施中出现的问题进行沟通，及时改正并制订修订方案。

沟通的形式可采用问卷调查、访谈、小组会议等，以方便、高效等特点为选择的主要考虑。

5．建立监督协调机制

监督协调机制的功能是督促福利计划的实行，对福利计划中存在的问题能及时诊断和反馈，制订福利修订方案，同时可以处理福利计划实施过程中的信息发布、意外纠纷等问题。

9.3　企业年金

9.3.1　企业年金的概念

企业年金又称职业养老金计划，是在国家养老金强制实施的条件下，由国家宏观指导，企业结合自身经济情况，自愿为员工提供的补充性的养老保障。企业年金可看作第二养老金计划，作为辅助性的养老金计划，其与基本养老保险、个人储蓄性养老保险共同组成了我国多层次的养老保险制度体系，并在人力资源管理中发挥着重要作用。随着养老制度的发展，补充性养老计划形式也层出不穷，企业年金的意义越来越重大，故被企业广泛应用，成为战略福利体系的一部分。

企业年金属于福利，但又与一般福利不同，主要的不同点体现在以下三个方面。

（1）普通福利发生在当期内，而企业年金发生在未来，属于未来消费，是在退休之后才可以享受的福利待遇。

（2）普通福利内容多与需求直接相关，不以个体身份、级别为区别，属于普惠式的，主要讲求公平；而企业年金与企业经济效益、个人贡献等直接相关，工资、年资等的不同会导致企业年金的不同，企业年金主要讲求的是效率。

（3）普通福利多通过建立基金再分配使用，而企业年金是直接发生的，属于一次分配的内容。

由此可见，企业年金属于福利计划又高于普通福利计划，它使员工福利进一步提高，帮助企业解决了福利实施中的部分难题，使企业凝聚力增强。

9.3.2 企业年金的类型

第一，根据依靠法律的程度进行分类，企业年金有自愿性企业年金和强制性企业年金两种类型。

（1）自愿性企业年金。在美国、日本等国家，国家负责制定基本政策、法律、法规等起引导和辅助作用的立法，并制定基本规则，企业自主选择参加与否；选择参加补充保险的企业，必须合法、合规经营运作；具体方案的选择、待遇水平的确定、基金模式的确立由企业自行负责；企业员工可参与缴费，也可不参与。

（2）强制性企业年金。在澳大利亚、法国等国家，国家通过制定法律强制实施保险制度，法律覆盖范围内所有企业都必须为其员工办理相应的保险；具体方案的选择、待遇水平的确定、基金模式的确立都是由国家进行规定，企业无法选择。

第二，根据资金来源和运作模式的不同进行分类，企业年金有缴费确定制和收益确定制两种。

（1）缴费确定制企业年金，简称 DC 计划。它的主要形式为建立个人账户，企业和员工按比分担缴纳保险费，员工个人缴纳较少或不缴，也可看作企业以固定形式向员工退休基金或储蓄基金捐款。它不决定员工最终获得的养老金数量，只是确定缴纳额。员工退休时所得的实际养老金由基金的缴纳额及其投资收益决定。这种类型的企业年金具有以下四个基本特征：简单，容易操作，流程十分透明化；缴纳水平可依据企业经济形势动态调整；企业与员工缴纳的保险费均无征税，投资回报还可以享受减免税；员工独自承担相应的投资风险，原则上，企业除定期缴纳保险费外不担负其他保险金给付义务。

DC 计划的优点：操作简便，责任清晰，雇主只需按预估养老金数额确定其缴费率，并不承担以后准确数额的养老金义务及相关责任。精算的责任可由人寿保险公司担负，与雇主无关；养老金全部纳入员工个人账户，对员工具有极强的吸引力，即使在退休前终止养老金计划，员工也可以自行决定如何处置其账户余额；在 DC 计划下，若养老金计划终止可不参加再保险，且当员工遭遇重大经济困难需终止养老金计划时，是不用担负任何责任的。

DC 计划的不足：员工个人账户中的养老金数额决定了其退休时能领取到的实际养老金，因此不同年龄阶段的员工参与进养老金计划，在退休后所获养老金水平会有明显差异；投资环境的变化和通货膨胀的出现对个人账户里的养老金影响较大，若通货膨胀持续，投资收益低迷，养老金反而可能贬值；计划建议员工退休时一次性领取完全部养老金并终止养老保险关系，但一次性领取高额的养老金通常伴随着要支付较高的所得税率；另外，DC 计划的养老金完全不同于社会保障计划中的养老金，不同养老金替代比率容易出现过高或过低现象。

（2）收益确定制企业年金，又称 DB 计划。在这种计划下，员工退休所得的养老金数额是确定的。它包含确定养老金数额的一系列准则，会清楚说明如何计算出最终领取的养老金数额，以及如何确定员工应缴纳养老费占其年薪的比例。在 DB 计划下，员工退休能领取的养老金取决于员工薪酬的高低和员工工龄。其体现在计算公式上为：员工退休养老金=员工个人退休前若干年的平均工资×系数×工龄，其中，员工个人退休前若干年的平均工资作为计算基数，可以用退休前那年的工资或 2～5 年内的平均工资表示，系数由员工工龄决定。

DB 计划具有以下基本特征：收入替代率可以固定，员工所得企业年金比较稳定，不会有大幅度波动；基金的积累数额和水平受实际工资水平的影响；由于员工所得养老金比较稳定，故社会经济波动的风险由企业承担；员工工龄达 10 年及 10 年以上才有资格享受养老金待遇，且享受到的养老金额通常设定了上限和下限；员工未退休前不能预支本计划下的养老金，若发生工作流动也不能转移，在意外死亡的情况下，员工本人的养老金不能转给家属，只能以一次性支付一定数额的抚恤金作为补偿。表 9-2 所示为两种不同类型企业年金的比较。

表 9-2　两种不同类型企业年金的比较

类　型	筹资方式	发放方式	支付方
收益确定制企业年金（DB 计划）	员工退休能领取的养老金取决于员工薪酬的高低和员工工龄，再通过预测整体的养老金支付额确定应筹集多少养老资金	养老金从员工退休开始发放一直到员工及其配偶死亡才停止	企业
缴费确定制企业年金（DC 计划）	企业和员工按比分担缴纳保险费，且全部进入员工个人账户，养老金的发放金额按退休时员工个人账户的资金积累确定	建议员工退休时一次性支取全部保险金，也可以分次进行，直到个人账户全部取完为止	员工

9.3.3　企业年金的设计与管理

1. 资金筹集

我国普遍推行的是缴费确定制企业年金，即缴纳保险费的时候企业和员工按比分摊。这种计划的执行都靠企业和员工共同协商完成，二者的保险费分摊比例也是通过集体协商来确定的。

《企业年金试行办法》的第八条明确规定：“企业缴费每年不超过本企业上年度职工工资总额的十二分之一。企业和职工个人缴费合计一般不超过本企业上年度职工工资总额的六分之一。”换算即有企业缴纳的企业年金费最多为企业上半年度员工工资总额的 8.33%，与员工个人缴纳部分相加后最多为企业上年度员工工资总额的 16.6%。实际在我国的企业中，企业年金一般通过外部托管进行，企业和员工缴纳各自负责的保险金部分后，首先被划入企业年金基金的托管人账户上，由受托人负责企业年金基金的管理，而不是直接归入员工个人账户。财务部和人力资源部配合完成保险金从企业和员工处的收取工作。

现今我国企业主要采取的缴费计算方法有以下几种。

1）企业效益与员工工龄确定缴费法

企业年金与个人储蓄性保险配合实行，企业缴纳年金费与员工缴纳个人储蓄性保险费成比例。其中个人储蓄性保险是指员工个人自愿参加并自行决定投保金额的保险项目。员工个人储蓄性保险费缴纳额度可超过企业缴费最大值。

企业每月都为员工进行企业年金缴费，缴费额度由企业缴费基数和员工工龄决定，关系式如下：

$$Y=a+bX$$

其中，Y代表企业每月年金缴费额；a代表根据企业经营效益确定的缴费基数；b代表工龄系数；X代表员工工龄。

下面举例来对此公式进行理解。例如，企业缴费基数为10元，某员工工龄为20年，工龄系数为1，那么企业每月年金缴费额为30（10+1×20=30）元。企业缴纳年金费与员工缴纳个人储蓄性保险费比例为1∶1，则若要享受全额企业年金，则个人储蓄性保险费应缴30元，而个人实际可缴纳金额是无上限的，但企业按标准支付30元即可。

2）企业为员工单方缴费法

企业为员工单方缴纳的企业年金可分为均等的工龄性补充年金和岗位补充性年金两项。前一项的主要根据是员工工龄的长短，依工龄段划分为若干段来定工龄性补充年金数额；后一项的主要根据是员工所处岗位，依员工的连续工作年限、工作表现、所做贡献来确定岗位补充性年金数额。

3）工资基值法

综合考虑职务、工龄、岗位、老龄补偿等多方面因素，整合出综合系数并制定企业年金的分配标准。企业年金每月储存金额为企业缴存费与个人缴存费相加，其中：

企业缴存费=企业缴存基数×个人综合系数+老龄补偿费

个人缴费=企业缴存费×1/2（或1/3）

其中，个人综合系数等于职务系数、工龄系数、奖励系数、岗位系数四项相加，企业缴存基数由企业缴费水平决定，职务系数由员工具体职务决定，工龄系数由连续工龄或企业工龄决定，奖励系数针对做过特殊贡献的员工而设定，老龄补偿费从建立企业年金开始到距退休年龄若干年定一个标准（如距离退休年龄少于5年、5～10年、10～15年分别有不同的标准）。

4）工资比例法

每月纳入员工个人账户的企业年金数额，是将员工一定时期的工资所得乘以固定比例计算得出，或再乘以系数加以调节。员工每月的企业年金要通过参加保险的缴费年限和指数化员工月平均工资来算。

员工缴费年限每增加一年，指数化月平均工资就增长0.7%，再计算出企业年金金额纳入员工个人账户；企业内员工工龄每增加一年，指数化月平均工资在增长0.7%后再增长0.5%，后经计算出企业年金金额纳入员工个人账户。

年度企业年金总缴费金额=（企业月缴费金额+员工个人月缴费金额）×12。其中，12表示一年有12个月，企业月缴费金额=上年度员工企业年金缴费基值×企业每年的缴费比例×系数一×系数二÷12，上年度员工企业年金缴费基值等于员工个人工资中的基本工资与岗位津贴相加。

5）绝对额分配法

（1）依据企业的工龄划分档次，按一定标准，确定不同档次应缴付的企业年金额，员工也依据对应档次享受企业年金待遇。

（2）依据所做贡献划分档次。企业按薪酬总额的一定比例（通常为4%）为员工缴纳企业年金，存进员工个人账户。

（3）补充加奖励法。企业在为其员工提供企业年金的基础上，还可为做出特殊贡献的员工额外颁发一次性奖励并存入员工企业年金个人账户。一次性颁发奖励的标准是依据企业上年度某段时间的月平均工资。

在企业年金的缴费水平和缴费方法的确定上一定要结合企业自身情况，不能照搬照抄，要遵循满意而不是最优原则。具体采用哪种缴费方法，要在听取企业相关部门合理意见的前提下，寻找与企业分配特点相适应的方式，还应注意具体的补充或奖励水平上不能高低相差悬殊。

2. 风险管理

进行企业年金风险管理的过程复杂而漫长，其间应着重关注风险管理相关的制度安排和运作效率。

1）信用风险管理

国家应设立严格的制度为投资管理人、账户管理人和受托人的进入与退出严格把关。企业年金的监管机制应对申请机构的资本规模、资信水平、经营业绩、治理结构和人员素质等进行全面核查，严格而详细的监管规则能首先排除不够资格的申请机构，降低或避免信用风险的发生。运行过程中违规操作的机构，应予以严厉惩罚甚至取消经营资格。为了防止被取缔的某些违规机构死灰复燃，监管机构应及时建立企业年金从业机构和主要人员的信用档案信息系统，并利用网络渠道与证监会、银保监会及时共享相关信息。企业年金从业机构和人员均具有明确的独立性，这样避免了从业机构之间利益交错的发生，切实保障企业年金受益人的利益。

建立严密的相互制衡机制。投资管理人、账户管理人和受托人间相互依存，互相制约。若托管人发现正常交易程序下投资管理人的已生效的投资指令违法或违规，可及时通知投资管理人，同时报告给受托人和其他相关监管部门。

如果企业年金金额较大，则应分给较多的投资管理人予以管理，以分摊信用风险。这采用的是损失抑制的方法，即当某个投资管理人出现信用危机时，由于风险分摊，产生的损失也会受到抑制，不会对整个企业年金造成很大的影响。

2）投资风险管理

对已知风险很大的投资行为明令禁止，直接规避风险。例如，禁止企业年金基金用作贷款和担保等信用交易，禁止投资管理人进行使企业年金基金承担巨大责任的投资等。

确定企业年金中各投资工具的比例并加以规定，限制高风险投资工具（如股票）的比例，抑制风险损失。某个投资管理人将所管理的企业年金财产用于投资某企业发行的证券或单只证券投资基金，也属于损失抑制行为。

实施企业年金有计划的风险自留，风险自留也是财务风险管理的一种手段。有计划的风险自留指的是风险管理者预知风险的存在，并估算出会造成的期望损失，但还是决定用自有的或借入的资金弥补损失的行为。企业年金有计划的风险自留形式：投资管理人每年将收取到的一定数量的管理费用作为建立投资风险准备金，专门用来填补企业年金基金投资亏损；受托人通常将一部分企业年金基金的净收益用作建立风险准备金，专门用来填补投资风险准备金不足造成的重大亏损。

3）综合性风险管理

投资管理人、受托人、账户管理人和托管人均应承担、完善分别对应的内部控制制度的责任。内部控制制度是一种基本的风险管理制度，良好的内部控制可以有效化解机构可能遭遇的外部风险，隔断风险传递，进而降低企业年金整体运作风险。

完善信息披露机制。及时进行信息沟通，有利于快速发现并解决从业机构本身存在的问题，可以及早扼杀各种风险因素。在每季度和年度工作结束后的有限时间内，按规定受托人要对委托人交付企业年金基金管理报告，账户管理人对受托人也应交付相应企业年金基金账户管理报告，托管人要对受托人交付企业年金基金托管和财务会计报告，投资管理人向受托人交付经托管人核实后的企业年金基金管理报告。同时需建立相关定期审计的制度，对相应报告进行审计，如委托人要通过专业会计师对企业年金财务报告审计后才能确定报告的合理性并作为当事人绩效考核的根据。

建立定期风险评估制度。企业年金可能面临的风险在种类、频率、程度上都处于动态变化中，因而风险管理措施应适时进行调整以动态适应社会、经济、政治环境的变化，则企业年金的受托人要定期进行风险评估，判断现行风险管理措施的适用情况，是否需要改变，进而整理风险评估报告并提交给委托人。

3. 支付管理

企业年金的支付是最后一个环节，支付方式的选择会对员工福利满意度产生直接影响。通常，企业支付企业年金遵照大数原则，即参考企业员工的经验生命表，用退休前企业年金个人账户积累除以员工退休后的平均余命，得出员工退休后每年或每月所能领取的企业年金额度。

例如，某企业男性员工的平均寿命为 81 岁，平均退休年龄为 60 岁，则所有男性员工退休后平均剩余寿命为 21 年，计算得其每月领取的企业年金=企业年金年度个人账户积累÷21÷12。除此之外，还有变额计发、累增和累退计发等多种平均支付方式。

9.4 员工福利的发展趋势

1. 弹性福利趋势

在实际生活中，传统的福利难以满足员工多样化的需求，激励效果也不理想。因此，一些企业开始针对员工的需求来设计福利，于是弹性福利计划逐渐兴起并成为员工福利发展的新趋势。弹性福利又称“自助式福利”或“弹性福利计划”，即员工可以从企业提供的一系列福利项目的福利菜单中，按照自己的需求选择福利。弹性福利体现的是一种灵活性，非常强调员工的参与过程。但是，实际上实行弹性福利的企业并不会让员工毫无限制地选择自己的福利，员工的选择不是完全自由的。企业会根据员工的薪资水平、家庭背景等设定员工所拥有的福利限额，同时福利菜单上的每一项福利也有金额备注，员工能在自己的限额内自由选择福利组合，除此之外有些还是必选选项，如社会保险等法定福利。

企业都是根据自己的薪酬战略来制订弹性福利方案的，薪酬战略不同，弹性福利在结构和发放方式上会有很大差异。弹性福利一般由几种核心福利项目和多种辅助福利项目组成。核心福利项目是基本固定的，也是员工必选的项目；辅助福利项目就是指弹性的部分，员工根据自己的福利限额自由选择。

弹性福利有四种类型：核心外加计划、标准组建计划、工资/薪水下调计划、酬金转换计划。第一种：核心外加计划，它有一个统一的核心项目单，其他的是可以由员工自己选择的。第二种：标准组建计划，标准组建的好处是降低了管理难度，否则选择太多。弹性化福利最核心的部分在于选择权。第三种：工资/薪水下调计划，少要工资多要福利，对个人和企业的好处都是可以减免税费，对企业来说福利可以归入成本里面。第四种：酬金转换计划，典型的是销售人员，到年底一起发奖金的话，数额太大；如果放弃一部分工资而选择福利，这样就可以将福利设为车、生活物品等。它的哲学：在员工可选择的情况下，福利形式支出的效用是巨大的。例如，发放 3 000 元钱让员工去旅游，如果没有选择权，即使不去也不能得到钱的时候，没有去的人是有意见的。弹性福利计划的意思不是灵活，而是可以选择，突出的是选择权。

实施弹性福利的优势：①员工按照自己的需求选择属于自己的福利套餐，能够很好地体现个性化需求；②强调员工参与、自主选择，促进企业与员工的沟通交流，增强员工与企业间的信任，提高员工工作满意度和工作积极性；③具有成本优势，提高福利成本的投资回报率。同样弹性福利也有劣势，其主要劣势：①福利项目设计有技术难度；②需要更多的行政管理工作的支持。

2. 福利与绩效结合的趋势

福利作为一种长期投资，其实是比较难以客观衡量投资回报的。有文章指出，若员工所获福利均等那就没什么意思了，因为福利均等就相当于吃“大锅饭”，不仅不能起到提高员工积极性的激励作用，反而可能养成员工不思进取的消极工作态度。将福利与绩效结合起来能够对福利进行客观的评估，员工通过自己努力可获得高福利，具有激励效果。但企业在将福利与绩效联系起来时，要将其与奖金分开，避免福利奖金化。已有公司在实践福利与绩效结合这一新趋势了。在上海贝尔股份有限公司，员工福利与其工作绩效相结合，以员工的绩效贡献的大小来确定福利的多少，尽量拉大福利之间的差距，旨在激励员工力争上游。

3. 专业化趋势

福利专业化是指由专门的人来进行福利管理。员工福利的主要目的是提高员工的积极性，起到激励作用。如今的员工福利管理不仅仅是福利的购买、发放等事务性工作，更主要的是福利的设计与管理，设计什么样的福利项目，怎样的发放方式能够满足员工需求，以达到有效的激励目的。此外，企业是有福利成本的，怎样获得较高的投资回报率、减少福利成本是企业必须考虑的。福利管理正从事务性向战略性发展，因而对专业化的要求越来越高。

4. 福利外包趋势

福利的专业化趋势催生了福利外包的趋势。福利的设计与管理工作专业性较强，企业需要配备专业的薪酬管理人员。福利外包是将企业的福利管理业务全权交由专业的第三方企业打理，由它们负责企业福利制度的设计、福利产品的购买与发放等。承担福利外包的企业一般是专门从事人力资源管理、薪酬管理的第三方企业，在福利设计与管理上有丰富的经验，能够满足外包企业的需求。福利外包能够使企业将人力、物力投入到核心业务上，获得专项上的突破。一般小型公司、虚拟公司会选择福利外包。但是福利外包同样也存在问题，承担福利外包的第三方企业对福利外包企业的了解程度肯定比不上企业内部人力资源部。因此，企业在选择福利外包前，需要对第三方公司进行深入的调查与沟通。

【本章小结】

员工福利是薪酬的重要组成内容，与薪资一起共同构成了一个组织平等的、有竞争性的整体的薪酬体系。福利涵盖面很广，形式多样，且成本也高，但是在企业对员工的支付中，员工福利越来越受到员工和企业的重视。

因此，企业应该借助科学的方法进行企业福利的设计与管理，员工福利设计的实施步骤：确定福利项目，确定福利限额，确定提供福利的形式，建立沟通渠道，建立监督协调机制。

【复习思考题】

1. 什么是员工福利？员工福利包括哪些内容？
2. 员工福利的特点是什么？员工福利对企业和员工分别有什么意义？
3. 常见的员工福利计划有哪些？
4. 员工福利的发展趋势是什么？

【案例分析】

N公司的福利政策为何遭到冷遇？

N公司是某跨国公司的中国分公司，在全国有多家分支机构，该公司的发展势头很好。该分支机构的负责人张总经理为了稳稳地把握中国市场，开始想办法稳定分公司的核心员工。各个分支机构的高级管理人员都是通过内部晋升选拔上来的，经过多年的摸爬滚打，已经都是能够独当一面的行家里手。张总经理开始注意到国内的同行开始用高薪吸引人才，他已经能够闻到这种战斗的火药味，意识到稳定人才队伍是当务之急。张总经理不缺经费，缺的是做事方法。

近段时间，张总经理一直在琢磨启动人才战略的切入点。他的目标是将员工的工资普遍调高的同时，要对核心员工实行有针对性的福利政策。经过调查核实后，张总经理发现这些核心员工大多 30 岁出头，这个年龄段的人一般都与房和车联系在一起，于是张总经理开始着手从这两个方面做文章，构建激励员工的福利政策。

张总经理经过与其他领导讨论，决定将每位核心员工的工资按照级别上浮 24 000 元左右，级别较高的员工上涨幅度更大。在此基础上，张总经理决定给每位核心员工配一辆价值 18 万元的轿车，公司负责一半价款，分五年按月汇入员工的账户中。随后张总经理又给核心员工发放购房补贴。公司规定按 120 平方米为计算基础，核心员工支付首付款以外的款项，按 20 年分期付款计算。公司还为核心员工承担月供的 60%，公司会将购房补贴按月汇入员工的账户。但是房屋的产权在员工退休前归公司所有，在员工办理退休手续的时候，一并将房屋产权归还员工。

个性化补贴政策是张总经理的得意之作，因为这项政策的出台需要足够的资金支撑。在推出之后，张总经理本来认为可以引起轰动效应，但事实并非如此。于是张总经理开始宣布新政策暂停，并对不同城市的公司员工进行调查，通过广泛收集意见，张总经理弄清楚了原因。人们对张总经理提出的提高福利待遇的政策非常欢迎，但认为应该结合不同城市的实际考虑问题，因为在不同城市，生活成本是有差别的，用绝对数的方式涨工资，对于生活成本较低的城市而言是好事，生活成本高的城市的员工就觉得有失公允。在配备轿车这件事情上，大家有不同的看法，很多人已经有了轿车，再配备一辆轿车觉得没有必要。此外，并不是所有人都喜欢车，有些人对车不感兴趣，所以与其配车还不如补贴一笔现金。大家对房子的反映是比较强烈的，表面上看公司为员工提供了很多的补贴，但这都是以员工不离开 N 公司和始终是 N 公司的核心员工为前提的。在以后 20 年的分期付款中世事难料，公司的发展前景也会受到很多因素的影响。如果公司的未来发展不是很好，员工如果选择离开 N 公司，就相当于 40%月供为公司做了补贴，这种情况下就不是公司补贴员工了。员工之间的竞争如此激烈，今天是核心员工的人，明天也许就不再是核心员工了，如果员工的身份发生了这方面的变化，那么这些员工曾经享受的待遇将如何处理呢？

张总经理推行的为大家“多分钱”的政策表面上看很诱人，但仔细分析一下，其中还有很多方面需要细化。张总经理本来要给大家带来一个“惊喜”，但是政策刚刚推出后就让大家有了很多的担心。每个员工都不愿意用实在的付出换取一个“莫须有”的补贴。张总经理的政策草草收兵之后，大家的心情并没有平复下来。人们开始感觉张总经理在福利政策上有些感情用事。一些还没有成为核心员工的普通员工开始选择流动到其他制度相对成熟的公司中就职，核心员工对未来的公司政策开始担心。担心张总经理会出台类似的政策，让自己从口袋中掏钱买“担心”。张总经理的办公室开始收到各类有关福利调整政策的“匿名信”，大家“仁者见仁、智者见智”，张总经理吃不好饭、睡不好觉，变得头痛起来。

资料来源：孟祥林.“公司激励性福利补贴政策遭到冷遇”一案的启示[J]. 上海商学院学报，2014，15（3）：73-79.

1. N 公司的福利政策存在哪些问题？为何会出现这些问题？
2. N 公司应如何改进其福利政策？

【本章实训】

员工福利：沃尔玛的员工分享计划

作为全球最大的私人雇主之一，沃尔玛没有把员工当作“雇工”来看待，而是将员工视为重要的“合伙人”。合伙人的概念表明沃尔玛的管理者和员工之间是为了共同的目标而努力的合作伙伴，而不是矛盾敌对的双方；是共生共赢的关系，而不是你赢我输的对手。

基于“员工是合伙人”的概念，沃尔玛提出了三个相互补充的计划：利润分享计划、员工购股计划、损耗奖励计划。这些计划可以帮助员工参与经济利润的分享。沃尔玛认为，管理层如何对待员工，员工就会如何对待顾客。因此，只有和员工一起分享公司的利润，让员工有主人翁的感觉，员工才会以主动、热情的态度去对待顾客，使企业赢得顾客，从而获得更多的利润和更大的发展空间。

利润分享计划：凡是加入公司一年以上、每年工作时间不低于 1 000 小时的员工，都有权分享公司的一部分利润。公司根据利润情况，按员工薪酬的一定百分比提留，一般为 6%，用于购买公司股票。由于公司股票价格会随着业绩越来越好而提高，当员工离开公司或是退休时，就可以得到一笔数目可观的现金或公司股票。

员工购股计划：本着自愿的原则，员工可以购买公司的股票，并享有比市价低 15%的折扣，可以交现金，也可以从工资中扣除。目前，沃尔玛 80%的员工都持有公司的股票，真正成了公司的股东，其中有些员工甚至身价百万或千万。沃尔玛的许多员工通过这两个计划获得了高额收益。沃尔玛把员工和企业结合成一个利益共同体，增加了员工对公司的认同感，从而使员工更加努力工作。

损耗奖励计划：为了降低损耗率和失窃率，控制经营开支，沃尔玛又提出了损耗奖励计划。如果商店可以把损耗控制在公司既定的目标之内，则该商店每个员工都可以得到奖金，最多可达 200 美元。这个计划实施后，公司的耗损率大幅度下降，只有同行业平均水平的一半。员工之间的信任感也大大加强。

资料来源：张宝生. 薪酬管理[M]. 北京：北京理工大学出版社，2018.

参考文献

[1] 张宝生. 薪酬管理[M]. 北京：北京理工大学出版社，2018.
[2] 桂萍，赵琛徽. 薪酬管理[M]. 北京：科学出版社，2015.
[3] 胡华成. 薪酬管理与设计全案[M]. 北京：清华大学出版社，2019.
[4] 文跃然. 薪酬管理原理[M]. 上海：复旦大学出版社，2004.
[5] 孙利虎. 战略薪酬管理：理论与实务[M]. 大连：东北财经大学出版社，2015.
[6] 卿涛，郭志刚. 薪酬管理[M]. 大连：东北财经大学出版社，2014.
[7] 樊技飞，杨娜. 现代企业管理[M]. 2 版. 西安：西安交通大学出版社，2013.
[8] 李志畴. 薪酬体系设计与管理实务[M]. 南京：凤凰出版社，2012.
[9] 郑晓明. 人力资源管理导论[M]. 北京：机械工业出版社，2011.